4 LK 3 1154

Bruel, Alexandre,

1880

Pouillés des Diocèses de Clermont et de Saint-Flour du XIVe au XVIIIe siècle,

BIBLIOTHÈQUE NATIONALE
R.F.
IMPRIMÉS

POUILLÉS DES DIOCÈSES

DE

CLERMONT ET DE SAINT-FLOUR

DU XIVe AU XVIIIe SIÈCLE.

EXTRAIT DES DOCUMENTS INÉDITS

PUBLIÉS PAR LES SOINS DU MINISTÈRE DE L'INSTRUCTION PUBLIQUE.

POUILLÉS DES DIOCÈSES

DE

CLERMONT ET DE SAINT-FLOUR

BIBLIOTHÈQUE NATIONALE R.F. IMPRIMÉS

DU XIVe AU XVIIIe SIÈCLE,

PAR M. ALEXANDRE BRUEL,

ARCHIVISTE AUX ARCHIVES NATIONALES.

PARIS.

IMPRIMERIE NATIONALE.

M DCCC LXXX.

POUILLÉS DES DIOCÈSES

DE

CLERMONT ET DE SAINT-FLOUR

DU XIVe AU XVIIIe SIÈCLE.

INTRODUCTION.

La découverte que nous fîmes, il y a déjà plusieurs années, aux Archives nationales, en classant le fonds dit *Papiers de la maison de Bouillon*, du registre dont se servait un archidiacre de Saint-Flour au XIVe siècle, nommé Guillaume Trascol (*Guillelmus Trascolli*), pour recueillir les procurations qui lui étaient dues dans son archidiaconé, a été le point de départ du présent travail. Ce registre en forme de pouillé, le plus ancien que l'on possède, à notre connaissance, d'une partie au moins du diocèse de Clermont avant son démembrement par la création de celui de Saint-Flour en 1317, nous parut de suite mériter les honneurs de l'impression, et le Comité des travaux historiques, sur la proposition de notre regretté confrère M. Boutaric, fut de cet avis. Il l'accepta pour un volume des *Mélanges*, tout en nous invitant à augmenter ce document. Le désir qui nous en fut exprimé nous engagea à comparer ce pouillé avec ceux des diocèses de Clermont et de Saint-Flour auxquels il se rattache, et comme les seuls qui aient été imprimés jusqu'à ce jour sont en français et assez récents ou fort défectueux, ainsi qu'on verra bientôt, nous avons dû recourir aux manuscrits. Nous avons été assez heureux pour recueillir, mais seulement successivement, et après de longues recherches pour l'un et l'autre diocèse, plusieurs pouillés latins, auxquels se joignent des comptes de décimes, qui vont du xve au xviiie siècle; ils permettent d'établir une comparaison sérieuse avec le registre de G. Trascol, et de montrer la place que l'archidiaconé de Saint-Flour tenait dans l'ancien diocèse de Clermont. La recherche et la préparation de ces documents nous ont occupé pendant plusieurs années; mais nous estimons que ce n'est pas du temps perdu, et qu'il y a aujourd'hui un intérêt sérieux, pour la topographie ecclésiastique d'une région considérable de notre pays, à publier *in extenso*, à la suite du registre, objet primitif de ce travail et qui en devient comme le premier chapitre, le pouillé complet de l'ancien diocèse d'Auvergne, divisé en deux autres chapitres comprenant, l'un un pouillé du diocèse de Clermont, l'autre un compte de décimes en forme de pouillé du diocèse de Saint-Flour, tous deux inédits.

Nous devons faire précéder notre travail, ainsi notablement augmenté, de quelques explications indispensables sur l'ancienneté et l'étendue du diocèse d'Auvergne, sur ses limites, sa subdivision en archidiaconés et en archiprêtrés, le nombre et les fonctions des archidiacres et des archiprêtres et l'époque à laquelle on peut faire remonter les uns et les autres.

Nous donnerons ensuite la description de tous les manuscrits que nous avons employés, le classement que nous leur avons assigné, et nous terminerons par l'exposé du plan que nous avons suivi pour l'établissement du texte et des notes que nous y avons jointes.

I.

LE DIOCÈSE DE CLERMONT OU D'AUVERGNE AVANT ET APRÈS LA CRÉATION DE CELUI DE SAINT-FLOUR.

L'évêché d'Auvergne dut sa création à saint Austremoine, un des sept missionnaires qui furent envoyés pour prêcher l'Évangile dans les Gaules, au milieu du iiie siècle, par le pape saint Fabien, comme le rapporte Grégoire de Tours[1].

[1] *Historia Francorum*, lib. I, c. xxviii.

Quant à l'étendue du diocèse d'Auvergne, il est certain qu'avant son démembrement par Jean XXII il s'étendait à toute la province, c'est-à-dire à tout l'ancien *pagus Arvernicus*, celui-ci étant l'équivalent de la *Civitas;* en effet, la correspondance des premières circonscriptions diocésaines et des *Civitates* gallo-romaines est un fait généralement admis aujourd'hui par les savants. Or, la *Notitia provinciarum* place dans la première Aquitaine, sous la métropole de Bourges, en premier lieu la *Civitas Arvernorum* [1]; le diocèse de Clermont a été et est encore le premier suffragant de l'archevêché de Bourges.

Il est établi aujourd'hui que les limites des évêchés variaient peu et que les évêques savaient repousser les prétentions de leurs collègues des sièges voisins et maintenir l'intégrité de leurs circonscriptions [2].

On pourrait citer toutefois, en ce qui concerne l'Auvergne, certaines paroisses de la province, notamment celles du pays de Combrailles, qui sont comprises depuis le XIIIe siècle dans le diocèse de Limoges [3] et qui originairement devaient faire partie de la *Civitas Arverna*, car elles ont toujours été considérées comme pays d'Auvergne et elles dépendaient encore, au XVIIIe siècle, du gouvernement général de la province d'Auvergne [4].

On voit aussi à la suite du pouillé du diocèse de Lyon, publié par Aug. Bernard, sous le titre de : « Liste des paroisses, annexes et succursales qui ont été successivement adjointes au Lyonnais et qui sont entrées pour la plupart à l'époque de la Révolution dans la composition du nouveau diocèse ou département de Rhône-et-Loire », une série de dix-neuf paroisses ou parcelles distraites du diocèse de Clermont [5]. Mais ce ne sont pour la plupart que des fractions de paroisses, dont l'autre partie est restée dans le diocèse primitif, et leur réunion au Lyonnais

[1] Voy. Guérard, *Divisions territoriales de la Gaule*, p. 78 et suiv. — Longnon, *Pouillé de Cahors*, p. 3 et 4.

[2] Guérard, *Div. territ. de la Gaule*, p. 83 et suiv. — Longnon, *ouvrage cité*, p. 5.

[3] Baluze rapporte un arrêt du Parlement de 1276, qui adjugea Évaux à l'évêché de Limoges; mais cet arrêt même montre qu'il y avait contestation à cet égard.

[4] Expilly, *Dictionnaire de la France*, t. I, p. 398.

[5] *Cartulaire de l'abb. de Savigny*, p. 1040.

n'a guère eu lieu qu'à l'époque de la Révolution, c'est-à-dire après la date à laquelle s'arrête notre travail.

Le diocèse d'Autun aurait fait, lui aussi, un emprunt à celui de Clermont, s'il était vrai, comme on le lit dans la *Bibliotheca Cluniacensis*, col. 1736 *e*, que Souvigny eût fait partie à une certaine époque du diocèse d'Autun. Mais il nous semble certain que c'est une erreur qui s'est glissée dans le catalogue des prieurés de l'abbaye de Cluny[1].

II.

DIVISIONS DE L'ANCIEN DIOCÈSE DE CLERMONT.

Il était divisé en archidiaconés, et ceux-ci en archiprêtrés. Les archidiacres et les archiprêtres paraissent avoir été créés en même temps en Auvergne, comme ailleurs. Il n'y eut d'abord qu'un seul archidiacre et un seul archiprêtre par diocèse. Mais à partir du VIe siècle, leur nombre fut augmenté en vue d'affaiblir l'institution des chorévêques, dont la suppression fut presque générale à la fin du VIIIe siècle[2].

§ 1er. Archidiaconés.

Les archidiacres sont antérieurs aux archidiaconés; on trouve des

[1] Cette assertion est facile à prouver. En effet, le diocèse d'Auvergne comprenait le comté de ce nom. Or, Souvigny faisait certainement partie du comté d'Auvergne : « In comitatu quoque Arvernensi, Silviniacum monasterium » (*Bullar. Clun.*, p. 10 *b* et *passim*). D. Marrier lui-même, imprimant le *Catalogus abbatiarum*, vrai pouillé de l'ordre de Cluny, n'a pas remarqué que ce document place Souvigny dans la province d'Auvergne (*Bibl. Clun.*, col. 1736 *e*), tandis que s'il était du diocèse d'Autun, il aurait dû figurer dans la province de Lyon, col. 1705 et suiv. Enfin, on voit dans les notes de Du Chesne, *Bibl. Clun.*, col. 64, une charte de Pons, évêque d'Auvergne, de l'an 1173, qui s'occupe de relever le monastère de Souvigny, alors en ruines; ce n'était donc pas l'évêque d'Autun qui était le diocésain, mais celui de Clermont. Nous devons une partie de ces observations à M. l'abbé Cucherat, le savant aumônier de Paray-le-Monial. Ajoutons que dans les chapitres généraux de l'ordre de Cluny qui datent du XIVe siècle et qui sont contemporains du *Catalogus abbatiarum*, notamment dans ceux de 1323, 1324, 1344, le prieuré de Souvigny se trouve dans les *Diffinitiones Arverniæ*. Nous avons cru devoir relever cette erreur, parce qu'elle a été souvent reproduite, et récemment encore dans l'ouvrage de M. H. Pignot sur l'Ordre de Cluny, t. II, p. 568.

[2] Guérard, *ouvrage cité*, p. 94 et 96.

archidiacres bien avant le VIIIe siècle, mais ils étaient alors simplement attachés à la personne des évêques. C'est dans ce sens probablement que Grégoire de Tours est qualifié *archidiaconus* dans l'Obituaire de Clermont[1], et que l'on trouve aux VIe et VIIe siècles les archidiacres S. Gal, Cautin, S. Genès. Remarquons qu'à partir du VIe siècle l'archidiacre se trouve le premier dignitaire du diocèse, au-dessus même des archiprêtres.

Au Xe siècle, on trouve simultanément deux archidiacres, Robert et Joseph; au XIIe, deux archidiacres figurent aussi dans la donation de l'église d'Auteyrac faite au monastère de Pébrac par Aimeri, évêque de Clermont, à la date du 7 février 1127[2]. Les mêmes archidiacres, nommés *Petrus Fulcherii* et *Guillelmus*, sont témoins avec le même évêque dans un acte solennel, en date du 21 septembre 1131[3]. Il faut probablement leur adjoindre l'archidiacre *Calo*, qui souscrivit après l'évêque Aimeri un acte de 1136 en faveur d'Étienne, abbé de la Chaise-Dieu[4].

A la fin du XIIe siècle, leur nombre a augmenté, et nous en trouvons cinq dans un acte de 1195, rapporté par le *Gallia christiana;* savoir : *G. de Cros*, *Bert[ran]nus de Muroliis*, *Ponc[ius]*, *abbas S. Genesii*, *J. de Cervam* ou *Cervant*, qualifié aussi *canonicus*, *W. de Rodes*[5].

Pour le XVe siècle, nous possédons un document important relatif aux archidiaconés du diocèse. Des lettres de l'évêque de Clermont de l'année 1409, dont nous reparlerons bientôt, nous apprennent qu'à cette époque ils étaient au nombre de six : *dicti archidiaconatus, qui sunt sex in numero in dicta nostra ecclesia;* malheureusement, l'acte ne nous indique pas quels étaient ces archidiaconés; nous pouvons y

[1] «S. Gregorius Arvernensis archidiaconus et archiepiscopus Turonensis. XV K. dec., depositio ejus » (*Obit. Clar.*, Bibl. nat., ms. lat. 9085, fol. 54.) On connaît deux archidiacres de saint Allyre, évêque d'Auvergne vers 370, Juste (Greg. Tur., *Hist. Franc.*, l. I, c. XL) et S. Tygride (Savaron, *De Sanctis eccles.*, l. I, c. XXXIV).

[2] *Cartularium sive Terrarium Piperacensis monasterii*, pub. par J. B. Payrard, Anicii, 1875, in-8°, p. 14, n° XI.

[3] *Gallia christiana*, t. II, pr., col. 80-81.

[4] *Ibidem*, t. II, col. 268 *c*.

[5] *Gallia christ.*, t. II, col. 273 *d.*, et *Instr.*, col. 83 *d*. Cf. Baluze, *Maison d'Auvergne*, t. II, p. 72.

suppléer, il est vrai, en partie au moyen des listes d'archidiacres, qui nous montrent en dehors de Clermont six archidiaconés depuis le XIIIe siècle au moins. Mais il nous faut arriver jusqu'au XVIe siècle pour rencontrer, dans les pouillés de cette époque, l'énumération positive des archidiaconés dans leur ordre d'ancienneté ou d'importance. Les voici :

1. *Archidiaconatus Claromontis, hunc obtinet præpositus Claromontis.*
2. *Archidiaconatus Silviniaci.*
3. *Archidiaconatus Cussiaci.*
4. *Archidiaconatus Billomæi.*
5. *Archidiaconatus Brivatensis.*
6. *Archidiaconatus Sancti-Flori.*
7. *Archidiaconatus Auriliaci*[1].

Au XVIIIe siècle, les pouillés ne mentionnent plus les archidiaconés, ni les archidiacres indépendamment des cures dont ils avaient la présentation; ces offices paraissent s'être transformés en titres purement honorifiques.

On trouve dans quelques ouvrages des listes d'archidiacres de Clermont, et de Saint-Flour[2]; nous avons vérifié et complété ces listes par nos recherches, et nous avons essayé de classer les archidiacres d'après les archidiaconés, en suivant l'ordre qui leur est assigné dans nos pouillés. Ce classement nous a montré que les archidiacres les plus anciens sont ceux de Clermont, que nous trouvons ainsi désignés depuis le XIe siècle. Les autres archidiacres ne se présentent qu'à partir du XIIIe siècle et semblent avoir été créés tous vers la même époque.

Indépendamment de ceux-là, il en est resté un grand nombre dont

[1] Voyez ci-dessous le pouillé A. Les archidiaconés sont les mêmes dans le *Liber taxæ* de 1535, qui en compte six, sans mentionner Clermont; un pouillé de la fin du XVIe siècle (D) en énumère également sept; mais le compte des décimes de 1516 n'en reconnaît que quatre.

[2] *Gallia christiana*, t. II, col. 435. *Dict. du Cantal*, t. III, p. 380 et *passim*. A. Tardieu, *Histoire de Clermont-Ferrand*, t. I, p. 207.

nous n'avons pas pu déterminer le siège. Nous les avons classés dans l'ordre purement chronologique[1].

Les archidiacres dont nous avons pu recueillir les noms étaient en même temps archiprêtres ou officiaux, et le plus souvent chanoines; depuis le XIIIe siècle, ils ont presque toujours cette dernière qualité, ou possèdent quelque dignité du chapitre, comme celle de prévôt ou doyen.

L'usage, dans l'église de Clermont, de ne conférer les archidiaconés qu'aux personnages déjà revêtus de la dignité de chanoine fut reconnu dès 1206 par Robert d'Auvergne, pour lui et ses successeurs, par des lettres qui nous ont été conservées[2]. Ce droit fut, en effet, maintenu dans la suite par les autres évêques et notamment par Henri de la Tour, 75e évêque de Clermont, qui donna un *vidimus* de la charte de 1206, l'approuva et la confirma de nouveau pour lui et ses successeurs, par un acte solennel passé à Clermont le 23 novembre 1409[3].

Ainsi, les archidiacres étaient pris uniquement, dès le XIIIe siècle, parmi les chanoines de la cathédrale de Clermont; quels étaient leurs droits et leurs prérogatives? Les archives capitulaires nous fournissent encore deux actes fort curieux qui établissent le caractère des fonctions des archidiacres. Par des lettres en date du 7 novembre 1314, l'évêque Aubert Aycelin de Montaigu déclare qu'aucun archidiaconé de son église, qui en possède plusieurs, n'est ni une dignité, ni un personnat, et qu'il ne possède aucune prérogative ni dans le chœur, ni dans le chapitre, ni dans les processions, ni dans les votes, ni autrement d'aucune manière. Aucun archidiacre n'a le droit d'interdire, d'excommunier, de suspendre, de juger les causes; il n'a point de juridiction ni criminelle, ni autre, mais seulement il visite les églises de son archidiaconé et il reçoit de ces églises les droits de procuration. Si dans sa visite il trouve quelque chose à reprendre, il doit en référer à l'évêque. C'est pourquoi l'évêque de Clermont déclare les archidiaconés *simples offices* pour le présent et pour l'avenir[4].

[1] Voir ci-après l'appendice, n° VII.
[2] Voir à l'appendice, n° I.
[3] Appendice, n° V.
[4] Appendice, n° II.

Quelques années après, en 1331, intervint entre les chanoines et les autres officiers de l'église de Clermont un accord qui confirmait entièrement la précédente sentence, et insistait, en outre, sur ce point que les archidiacres ne devaient avoir aucun privilège dans les prébendes, distributions et autres émoluments, et que l'usage conforme existait de temps immémorial et sans interruption[1]. On peut voir par ces faits quelle était la puissance de ce chapitre, dont les membres ne voulaient pas souffrir la prééminence des archidiacres et savaient imposer leurs volontés à l'évêque qu'ils avaient élu.

Une question fort difficile à résoudre est celle des limites des archidiaconés. Un seul renseignement, très important, il est vrai, nous est fourni en réponse à cette question par le registre de G. Trascol, archidiacre de Saint-Flour. Son livre, qui lui servait à recueillir les procurations qui lui étaient dues en raison de son office, nous donne l'état exact de l'archidiaconé de Saint-Flour au XIVe siècle. Nous y voyons qu'il se composait de cinq archiprêtrés :

1° Merdogne.
2° Issoire.
3° Ardes.
4° Blesle.
5° Saint-Flour.

De ces cinq archiprêtrés, les trois premiers ont continué à faire partie du diocèse de Clermont; les deux derniers sont entrés dans la composition du diocèse de Saint-Flour, lors de sa création en 1317.

Or, si l'on consulte une carte, on verra que cet archidiaconé occupait une large bande de pays, au sud de Clermont, jusqu'aux extrémités du diocèse. A l'ouest se trouvait l'archidiaconé d'Aurillac, qui devait répondre à l'archiprêtré du même nom; et à l'est, celui de Brioude, qui comprenait vraisemblablement les archiprêtrés de Langeac et de Brioude. Quant au reste des archiprêtrés, le manque de documents ne nous permet pas actuellement de les répartir entre les autres archidiaconés.

[1] Appendice, n° III.

Le registre de G. Trascol est, comme on l'a vu, antérieur à la création du diocèse de Saint-Flour; nous sommes obligé maintenant de nous occuper séparément de chacun des deux diocèses, en abordant la question des archiprêtrés.

§ 2. Archiprêtrés.

A. Diocèse de Clermont. — Cette division, suivant M. Guérard[1], date de la même époque environ que les archidiaconés; toutefois, dans le diocèse de Clermont, les archiprêtrés ne paraissent guère qu'à partir du XIIe ou du XIIIe siècle. A cette époque, la répartition par archiprêtrés paraît usuelle pour les livres des fiefs[2].

La division du diocèse de Clermont en quinze archiprêtrés remonte au moins au XIVe siècle, puisque les trois que nous trouvons dans le registre de Trascol se sont conservés dans les siècles suivants. On voit cette division dans tous les pouillés et les comptes de décimes depuis le XVIe jusqu'au XVIIIe siècle. L'ordre seulement diffère quelque peu. Voici celui qui est généralement adopté et en même temps celui qui est le plus ancien :

1° Clermont.
2° Limagne.
3° Souvigny.
4° Cusset.
5° Billom.
6° Livradois.
7° Sauxillanges.
8° Issoire.
9° Merdogne.
10° Ardes.
11° Mauriac.
12° Rochefort.
13° Herment.
14° Menat.
15° Blot.

Cet ordre se trouve dans le *Gallia christiana*, t. II, p. 224, et dans nos pouillés du XVIe siècle A et D.

Il est le même dans les pouillés du XVIIe siècle (B^1, B^2, B^3), sauf

[1] *Division territoriale de la Gaule*, p. 96.

[2] Nous lisons dans le *Gallia christiana*, t. II, instrum., col. 86 *b* : «Idem præsul Robertus duos libros perutiles, in archivo episcopali etiamnum asservatos, curavit scribendos; homagiorum alterum, alterum feudorum et *hunc divisum per archipresbyteratus, anno 1219.*»

une interversion : le quinzième archiprêtré Blot est devenu le quatorzième, et Menat le quinzième. Le *Liber Taxæ* de 1535, semblable à l'ordre ci-dessus pour les treize premiers archiprêtrés, n'ayant point l'archiprêtré de Menat, nous ne savons s'il appartient à la première ou à la seconde de ces catégories.

3° Le compte de décimes de 1516 (B) offre un ordre différent. Le voici :

1° Clermont.	9° Issoire.
2° Limagne.	10° Livradois.
3° Billom.	11° Cusset.
4° Sauxillanges.	12° Herment.
5° Ardes.	13° Merdogne.
6° Mauriac.	14° Rochefort.
7° Blot.	15° Menat.
8° Souvigny.	

4° Le pouillé publié par Alliot en 1648 a aussi un classement particulier :

1° Clermont.	9° Menat.
2° Limagne.	10° Blot.
3° Souvigny.	11° Issoire.
4° Cusset.	12° Ardes.
5° Billom.	13° Merdogne.
6° Livradois.	14° Herment.
7° Sauxillanges.	15° Rochefort.
8° Mauriac.	

5° Enfin le pouillé du XVIIIe siècle (imprimé en 1767) reproduit le premier ordre, sauf que l'archiprêtré de Mauriac, du 11e rang, est passé au 13e.

L'étendue des archiprêtrés est déterminée exactement par l'énumération des églises qui font partie de chacun d'eux; elle est restée sensiblement la même depuis le XIVe siècle jusqu'à la fin du XVIIIe siècle, au moins pour le diocèse de Clermont[1].

[1] Il faut peut être faire exception pour l'archiprêtré de Souvigny. Voir plus loin

B. Diocèse de Saint-Flour. — En ce qui concerne le diocèse de Saint-Flour, lors de sa création en 1317, le pape Jean XXII détacha de celui de Clermont un certain nombre de paroisses pour former la nouvelle circonscription[1]. On ne respecta point alors la division ancienne en archidiaconés, sans quoi le diocèse de Saint-Flour aurait dû posséder les archiprêtrés de Merdogne, Issoire et Ardes, qui faisaient partie de l'archidiaconé de Saint-Flour. Mais le nouveau diocèse comprit seulement les deux archiprêtrés de Blesle et de Saint-Flour, auxquels on adjoignit celui d'Aurillac, qui correspondait sans doute à l'archidiaconé du même nom, et ceux de Brioude et de Langeac, qui formaient probablement l'archidiaconé de Brioude. Ainsi le diocèse se composa de tout ou partie de trois des sept archidiaconés de l'ancien diocèse de Clermont.

Ces trois archidiaconés fournirent cinq archiprêtrés que l'on trouve énumérés dès le xive siècle dans l'ordre suivant :

1° Saint-Flour.
2° Aurillac.
3° Langeac.
4° Brioude.
5° Blesle.

Cet ordre, qui est celui des pouillés A et D, paraît avoir été remplacé dès le xvie siècle par cet autre :

1° Saint-Flour.
2° Blesle.
3° Brioude (quelquefois à tort Vieille-Brioude).
4° Langeac.
5° Aurillac.

(pouillés B, B[1], B[2], B[3] et C)[2].

L'étendue de ces archiprêtrés est également déterminée par l'énu-

[1] Le *Gallia christiana* compte 295 paroisses distraites du diocèse de Clermont (t. II, p. 420). La bulle qui énumérait ces églises n'a malheureusement pas été conservée, on n'a que la bulle d'érection du diocèse (*Dictionnaire du Cantal*, t. III, p. 429; *Bullar. ampl. collectio*, edit. Romana, t. III, pars II, p. 150).

[2] Le titre d'archiprêtre a été porté encore dans le diocèse de Saint-Flour par d'autres que les cinq archiprêtres désignés ci-dessus, sans que l'on puisse affirmer que ces titres

mération de leurs églises, mais ils ont éprouvé avec le temps quelques variations [1].

Ayant ainsi fait connaître l'étendue et les divisions des deux diocèses de Clermont et de Saint-Flour, nous passons à l'examen et à la description des manuscrits et des imprimés qui nous ont servi à établir les pouillés de ces diocèses.

III.

POUILLÉS ET COMPTES DE DÉCIMES, MANUSCRITS ET IMPRIMÉS.

§ 1. Registre du droit de procuration de Guillaume Trascol, archidiacre de Saint-Flour, au diocèse de Clermont, pour ledit archidiaconé, vers la fin du XIVe siècle.

En classant les titres du fonds Bouillon, aux Archives nationales, nous avons rencontré un petit registre [2], en papier de chiffe, qui commence ainsi : « S'est ce que messire Jehan Chevalier, prestre, ha balhé et fait porter de Clermont à Oliergues, receu par Monsr de Chalmazel. » Suit une énumération de livres et de meubles ou hardes qui n'est pas sans présenter un certain intérêt. Voir l'appendice, n° VI.

Mais si l'on retourne ce registre, écrit par les deux bouts, on y trouve une liste par archiprêtrés des églises de l'archidiaconé de Saint-Flour

correspondaient à d'autres archiprêtrés. C'est ainsi que, dans une donation de *Villa* (La Mothe) à l'abbaye de Pébrac, on voit parmi les signatures celle de *Domni Bertrandi, archipresbiteri de Fornols,* mai 1072 (*Cartul. sive Terr. Piperac.*, p. 10, n° VI). En 1118, Aymeri, évêque de Clermont, donne mission à P., abbé d'Artonne, P. Fouchier et *B., archipresbitero de Fornols,* d'examiner les plaintes des moines de Saint-Chaffre contre les chanoines de Pébrac (*Ibidem*, p. 23, n° XXIV).

De même, Jean Conques, qui s'intitulait *archiprêtre de Saint-Mary-le-Plain,* fit en 1430 sa reconnaissance au prieur de Bredon pour une rente d'un septier de seigle (*Diction. histor. du Cantal,* t. IV, p. 185).

[1] Il semble résulter de l'étude comparative du pouillé A avec le registre de G. Trascol qu'il s'est produit quelques changements entre le XIVe et le XVe siècle dans les limites des archidiaconés de Saint-Flour, de Blesle et de Brioude. C'est ainsi, par exemple, que l'on trouve au XIVe siècle, dans l'archiprêtré de Saint-Flour, les églises de Saint-Mary (le Cros et le Plain) et celle de Tanavelle, qui sont placées au siècle suivant dans l'archiprêtré de Blesle, et celles de Lastic et de Pont-de-Léry qui ont passé de l'archiprêtré de Blesle dans celui de Brioude. Donc, entre ces deux époques, les archiprêtrés de Saint-Flour et de Blesle ont été modifiés.

[2] Archives nationales, R² 156*, *Olim*, boîte 77¹.

dans l'église, c'est-à-dire dans le diocèse de Clermont. Cette sorte de pouillé de l'archidiaconé de Saint-Flour servait à G. Trascol, archidiacre de Saint-Flour, de livre de recette pour son droit de procuration, comme on le voit aux folios 26, 37 et 38 de ce volume. Il est facile d'établir que ce document est antérieur à la création du diocèse de Saint-Flour en 1317, car les cinq archiprêtrés dont se compose cet archidiaconé, savoir : 1° Merdogne, 2° Issoire, 3° Ardes, 4° Blesle, 5° Saint-Flour, sont mentionnés dans le registre comme dépendant du diocèse de Clermont; or les deux derniers ont été démembrés et placés, après 1317, dans le diocèse nouveau qu'ils ont servi à former avec les archiprêtrés de Brioude, Langeac et Aurillac.

Cependant G. Trascol vivait vers la fin du XIVe siècle, comme le montrent plusieurs obligations qu'il avait soin de faire souscrire par les curés qui lui devaient le droit de procuration, et que nous trouvons dans son registre; telles sont celles de Geraud de Vernières, curé de Chassagnes, en 1369; de Pons Brugeyra ou Brugière, curé de Clemensat, 1371 (1372); et celle de Maurice de Châteauneuf, prieur d'Allanche[1]. Malheureusement comme ces églises sont restées dans le

[1] «Ego Giraldus de Verneriis, curatus de Chassanhas, confiteor me debere domino Guillelmo Trascolli, archidiacono Sancti Flori, ratione procurationis sue de anno Domini M°CCCLXIX, videlicet IIII gros, quos promitto sibi solvere in instanti sinodo Sancti Luce. Datum sub signo meo manu mea inscripto (?) die Jovis post festum Penthecostes anno Domini M° CCC LXXXI. (Sic signatum.) G. de Verneriis, ita est» (fol. 26).

«Confitetur dominus Poncius Brugeyra, rector de Clemensac, se debere domino Guillelmo Trascol, canonico Claromontensi, pie ad hec Johano Chaneyras clerico etc. et hec etc. videlicet quinque grossos turones argenti boni ponderis, restantes ad solvendum eidem canonico et archidiacono Claromontensi in ecclesia Sancti Flori (*lisez* archidiacono S. Flori, in ecclesia Clarom.), de visitatione sua de anno LXX nono, solvere ad sinodum Penthecostes et literam promisit jur. oblig. voluit, sine mo. et li. et per cor. et quod non admittatur etc. Datum Sabbati ante Annunciationem Dominicam, anno octuagesimo. G. Boni, ita est. Offic. concessa est» (fol. 2 v°).

«Confitetur religiosus et honestus vir dominus Maurinus de Castro Novo, prior prioratus Alanchie, Claromontensis diocesis, se debere venerabili et discreto viro domino Guillelmo Trascolli, canonico Claromontensi et archidiacono Sancti Flori in ecclesia Claromontensi, pie et re sexdecim grossos turonenses argenti boni ponderis qui restant sibi solvendi de vizitatione sua de anno Domini millesimo CCC LXX° nono, etc. solvere ad

diocèse de Clermont, on comprend que ces actes ne puissent nous donner aucun nouvel éclaircissement sur la question de savoir si le document est antérieur à la création du diocèse de Saint-Flour.

Ce registre est le document le plus ancien, à notre connaissance, que l'on ait conservé sur la consistance de l'ancien diocèse de Clermont[1]. C'est le seul que l'on possède pour le XIVe siècle.

Quoique incomplet, puisqu'il ne renferme qu'un archidiaconé sur les sept que comprenait l'ancien diocèse d'Auvergne, il offre cependant un grand intérêt et des points de comparaison fort utiles avec les pouillés et comptes de décimes qui vont suivre.

Il est rédigé en latin, divisé par archiprêtrés, et donne la nomenclature des églises soumises ou non au droit de procuration; malheureusement il ne fournit ni les vocables ni les collateurs, ce qui empêche de le classer parmi les véritables pouillés. L'original est un petit registre couvert de parchemin, d'environ 20 centimètres de long sur 15 de large. Il se composait originairement de trois cahiers de 16 feuilles chacun, soit 48 feuilles; mais, par suite de l'enlèvement de 8 feuillets, il n'en compte plus que 39 tant écrits que blancs. Les lignes sont très espacées; quelques-unes sont biffées par double emploi, nous les indiquerons en note. Ce registre faisait partie des titres de la maison d'Olliergues, branche puînée des seigneurs de la Tour, devenus à la fin du XVIe siècle ducs de Bouillon, et au XVIIe siècle comtes d'Auvergne.

Micaelem, et literam juravit, obligavit se prioratum suum voluit per cap. con[pet.] et per quemcumque judicem conpetentem, etc. Testibus Bartholomeo Bona, alias Cordoaneyra, et Gregorii Reallis, clericis, et Johanne Bonet Alanchie. Datum die Jovis in festo beati Benedicti, anno Domini millesimo CCC^mo^ octuagesimo. Constat deinterinari continenter priorem suum, cunque. Offic. concessa est. P. Floyrac, ita est» (fol. 3).

«Confitetur dominus Guillelmus de Sancto Cirico, monachus cellerarius de claustro... pro se et ut procurator... » (fol. 3 v°). (La suite manque.)

[1] Nous devons cependant noter ici, comme énumérant un grand nombre d'églises de l'ancien diocèse de Clermont, les *Acta Visitationis provinciarum Burdegalensis et Bituricensis factæ a Simone* DE BELLO *Loco, archiepiscopo Bituricensi* ab anno 1284 ad annum 1291 (Baluze, *Miscellanea*, t. IV, pp. 257 et 333).

§ 2. Diocèse de Clermont.

1. Pouillé des bénéfices du diocèse de Clermont au xvie siècle (A)[1]. — Ce pouillé, qui nous semble le plus ancien de tous ceux que nous avons pu consulter[2], nous est parvenu sous la forme d'un cahier de papier couvert de parchemin. Cette copie, d'une écriture fort nette, est datée de 1699 et signée : Sahut, curé de Saint-Gal-de-Vandon; elle appartient à M. Alexandre Bellaigue de Bughas, à qui nous en devons l'obligeante communication.

Quelle que soit la date avec laquelle il se présente, nous pensons que ce pouillé est plus ancien et peut remonter au xvie siècle.

Une première remarque à faire, en effet, c'est que si ce pouillé appartenait au xviie siècle, il aurait été rédigé non plus en latin, mais en français, comme le sont généralement ceux de cette époque. L'étude attentive du texte confirme cette première impression. Le pouillé doit être antérieur à 1653, car le prieuré de Saint-Bonnet, qui est marqué comme dépendant de l'abbaye de Saint-Allyre, a cessé de lui appartenir à cette date. Il est même antérieur à 1630. En effet, le seigneur de Bosredon, qui possédait la présentation de la cure de Notre-Dame-des-Arts de Volvic, l'a perdue cette année même[3]. Nous pouvons encore remonter plus haut. Le pouillé ne mentionne pas la dignité d'abbé de Saint-Cerneuf de Billom, érigée en 1568 (n° 383).

Mais, d'autre part, il est postérieur à 1546, puisqu'il renferme le chapitre du Broc créé en 1546, et même à 1548, puisqu'il passe sous silence le prieuré de Saint-André-du-Mont qui existait encore en 1548[4], et qui figure au moins dans le *Liber taxæ de 1535*. (Voir le pouillé n° 516*.)

Donc il nous paraît que l'original qui a servi de type à la copie de 1699 et qui fait le fond de ce pouillé devait remonter à 1550 envi-

[1] Nous avons donné à chacun de nos documents une lettre de l'alphabet, sous laquelle nous le désignerons, dans la suite de ce travail.

[2] Voir la note de la page précédente.

[3] *Pouillé de Clermont*, n° 94.

[4] A. Tardieu, *Dictionnaire du Puy-de-Dôme*, article *Saint-André près Busséol.*

ron, c'est-à-dire au milieu du XVIe siècle. C'est la véritable date que l'on peut assigner à ce document.

Il est vrai que l'on y voit figurer les jésuites de Billom, remplaçant le prieur de Moissat (nos 497-501); or, l'union du prieuré au collège des jésuites eut lieu en 1618. On y remarque l'absence de la paroisse de *Donna-Vignat* (C. 69), réunie à celle de Saint-Beauzire à partir de 1664. Il est vrai encore que plusieurs églises à la présentation de l'abbaye de Chantoin sont dites à la présentation des Carmes déchaussés, établis à Clermont en 1633 seulement (nos 68, 76, 85, 716)[1]. On voudra bien remarquer toutefois qu'il ne s'agit pas ici d'églises nouvelles, mais seulement de suppressions ou de changements dans les présentateurs ou collateurs; et cela est si vrai que, sous le numéro 722, on a laissé subsister, par inadvertance, le nom de l'abbé de Chantoin comme présentateur à la cure d'Antoing. On est en droit de conclure que ces changements doivent être attribués au copiste du XVIIe siècle, dont le texte remanié est seul parvenu jusqu'à nous.

La date de ce pouillé une fois établie, nous remarquerons qu'il énumère les églises dans l'ordre suivant d'une manière invariable : les chapitres et les abbayes avec leurs offices claustraux, les prieurés, les hôpitaux, les commanderies et enfin les cures; il donne les vocables et les noms des collateurs, ces deux renseignements si utiles pour l'étude de la géographie historique. Nous dirons en terminant que le texte de ce pouillé est généralement correct, et qu'il méritait à ces titres divers d'être pris pour base de notre travail.

2. Compte de décimes de 1516 (B). — Les comptes de décimes sont de véritables pouillés, sauf qu'ils ne donnent point les noms des collateurs. Ce sont les rôles comprenant tous les bénéficiers d'un diocèse, et qui ont servi à la répartition des décimes. La collection s'en trouve dans les papiers de l'Agence du clergé, qui sont conservés aujourd'hui aux Archives nationales, série G8. Pour le diocèse de Clermont,

[1] Ce sont les églises de Saint-Martin de Ceyrat, de Notre-Dame de Poliac de Pont-du-Château, de Saint-Rustique d'Aulnat et de Saint-Floret.

nous avons quatre comptes de décimes que nous désignerons par les lettres B, B[1], B[2] et B[3]. Ils sont tous quatre en français. Le plus ancien est celui de 1516. Il fait partie d'un recueil en quatre volumes intitulé : *Département des décimes de 1516* [1].

Le tome II commence ainsi : « Du compte des décimes des diocèses de Clermont, Saint-Flour, Mande et Vabres, rendu par Simon Cistel[2], commis par le Roy, nostre Sire, par ses lettres patentes données à Amboise le XIIIme jour de Septembre, pour l'année mil cinq cens seize, a esté extraict la recepte qui ensuit.

« Le Diocèse de Clermont, fol. 515 à 563. »

Ce compte de décimes est souvent abrégé ; lorsqu'il se trouve une église dont le nom est formé d'un vocable suivi d'un nom de lieu, le compte ne donne généralement que le premier de ces noms, par exemple *cure de Saint-Jean, cure de Saint-Julien,* au lieu de *Saint-Jean* et *Saint-Julien de Vensat,* etc. Il est visiblement traduit en français sur le texte latin, comme on le constate en de nombreux endroits. Nous n'avons besoin pour le prouver que de citer les noms des archiprêtrés : *Selsines* (*Celsiniacensis*) pour Sauxillanges, *Ardeles* (de *Ardilis*) pour Ardes, *Ysodere* (de *Iciodorum*) pour Issoire, *Libratense* (*Libratensis*) pour le Livradois, *Hermence* (*Hermenci*) pour Herment, etc.

L'ordre des quinze archiprêtrés diffère de celui du pouillé ci-dessus. Il paraît même être le plus ancien. Quant au classement des églises dans chaque archiprêtré, le compte énonce d'abord les cha-

[1] G[8] 2*. Les comptes de recettes étaient conservés à la Chambre des comptes, comme on le voit dans l'*Inventaire* G[8] 2852.

[2] Cistel était d'une ancienne famille de Montferrand, à laquelle appartenait sans doute Pierre Cistel, bourgeois de cette ville, qui, en sa qualité de receveur des subsides, avait été chargé de recueillir l'argent réuni par les soins de l'évêque Jean de Mello pour la rançon du roi Jean, le 13 juillet 1361. Audigier, *Hist. de Clermont*, B. N., ms. fr. 11486, p. 246-247. On connaît encore Blaise Cistel, abbé de N.-D. de Quarante, élu prévôt de la cathédrale de Clermont en 1553, prieur et seigneur de Godet, au dioc. du Puy ; et enfin Pierre Cistel, son frère, vicaire général et official de Guillaume Du Prat, évêque de Clermont (1550-1560), son parent. *Gallia christ.*, t. II, col. 307 *b*, et le *Nobil. d'Auvergne.*

pitres, les abbayes et prieurés, les cures, les communautés et enfin les vicairies et chapellenies; il y joint aussi les *Luminaires* ou fabriques des églises (fol. 536 v°, archiprêtré de Billom).

Il existe une autre copie de ce compte de 1516, que nous désignerons par la cote B²; elle provient de la bibliothèque du chancelier Séguier et paraît dater de la seconde moitié du XVIIe siècle; mais elle n'est pas moins défectueuse que la première [1].

3. Taxe du Don gratuit de 1535 (C). — Le roi François Ier se trouvant en guerre, d'une part avec le duc de Milan, François Sforza, qui avait fait mettre à mort, l'an 1533, l'ambassadeur du roi de France, et, d'autre part, avec le duc de Savoie, que l'empereur se disposait à soutenir, obtint du clergé du diocèse de Clermont une taxe extraordinaire équivalant à trois décimes et qui devait porter sur tous les bénéfices, commanderies, offices et lieux ecclésiastiques, tant réguliers que séculiers, exempts et non exempts, dudit diocèse.

La taxe fut imposée par les députés du clergé, savoir : Me Jean de Colombes, licencié ès droits, chanoine de Clermont et vicaire général de Guillaume Du Prat, évêque du diocèse; François de Bort, abbé de Menat [2]; Gabriel de Chovigny de Blot, abbé d'Ébreuil [3]; Antoine de Murat, abbé de Thiers [4]; Guillaume d'Oultre, abbé de Chantoin et chanoine de Clermont [5]; Hugues Gontard, abbé de Saint-Genès et cha-

[1] Bibliothèque nationale, ms. fr. 15717 (*olim* Saint-Germain-des-Prés, 878²). Voy. *Catalogue des mss. du chancelier Séguier*, Paris, 1686, p. 57, «Denombrement des archevechez, evechez et autres bénéfices de France, in-fol., veau, 3 vol.»

[2] François de Bort, abbé de Menat, transigea en 1528 avec le chapitre de la Chaise-Dieu pour les dîmes du prieuré de Teilhède, d'après le *Gallia christiana*. Cet ouvrage mentionne en 1534 Jacques II de Bort. Le document que nous publions montre que François était encore abbé en 1535, et permet de rectifier la liste du *Gallia christiana*, t. II, col. 368.

[3] Gabriel de Chovigny ou Chauvigny de Blot, XXIVe abbé d'Ébreuil. Le *Gallia christiana*, t. II, col. 371, le cite seulement à partir de 1545. On voit que son gouvernement remonte à 1535.

[4] Antoine II de Murat, abbé de Thiers. *Gallia christiana*, t. II, col. 366.

[5] Guillaume IV d'Oultre, abbé commendataire de Chantoin, chanoine et abbé du chapitre de Clermont, n'était connu jusqu'ici que par les Actes capitulaires de cette église,

noine de Clermont[1]; Bertrand Apchier, licencié ès droits, trésorier de la Sainte-Chapelle de Riom, et Jean Comte, chantre et chanoine de Chamalières. La taxe fut imposée le 20 août 1535.

Le rôle original, déposé dans les archives de la Chambre des comptes, est conservé aujourd'hui aux Archives nationales, en un petit volume de 87 folios de papier relié en basane brune[2]. Malheureusement, il ne renferme que 14 archiprêtrés, celui de Menat manque. Il est à peu près semblable au pouillé A, et il procède d'un même original que le compte de décimes B, qu'il suit à peu près textuellement, sauf pour l'ordre des archiprêtrés; il complète ces deux documents en ce qu'il donne les dignités ou offices des abbayes et prieurés et les communautés de prêtres attachés aux paroisses. Ce texte à date certaine, et bien meilleur que B, nous a paru mériter d'être placé en regard du pouillé A, qu'il suit assez régulièrement d'ailleurs.

Il est rédigé en latin. Quant à la date, notre compte paraît avoir été transcrit sur un pouillé qui peut se rapporter à l'année 1520 environ. En effet, il nomme le chapitre de Vic-le-Comte comme nouvellement érigé; or, ce chapitre fut fondé par Jean Stuart, duc d'Albanie, et Anne de la Tour, sa femme, comtesse d'Auvergne, en vertu d'une bulle du pape Léon X, du 21 juin 1520[3]. Il serait donc de peu d'années postérieur au compte de 1516, et le texte en est bien préférable[4].

4. Pouillé de la fin du xvie siècle (D). — Ce pouillé, qui appartient à la Bibliothèque de Clermont-Ferrand (ms. Auv., n° 66 *bis*), est le seul que possède cette ville[5]; les Archives de la préfecture n'en ayant aucun. Il nous a été obligeamment communiqué.

en 1549 et 1560. Voy. *Gallia christiana*, t. II, col. 309 et 396.

[1] Hugues Gontard, abbé de Saint-Genès depuis 1519 et chanoine de Clermont. Il fit construire le grand autel de l'église de Saint-Genès. *Gallia christiana*, t. II, col. 319.

[2] Archives nationales, P. 942, *olim* Dépôt des Terriers, n° 2, pièce remise avant l'incendie du 27 octobre 1737, d'après l'inventaire PP 94.

[3] Cette bulle est rapportée en entier dans l'*Histoire de la comté d'Auvergne*, de Bielawski, Clermont, 1868, in-8°, p. 148-163.

[4] On le trouvera ci-dessous en regard du pouillé.

[5] Il a été acquis depuis 1849.

Ce manuscrit, qui porte le cachet du sieur Michel, avocat à Clermont-Ferrand, se compose de 289 pages petit in-folio, sans compter la table. Il est d'une écriture du XVIIIe siècle et renferme une bonne copie du pouillé du diocèse, en latin, avec les noms des collateurs. Le nom français des églises a été placé assez souvent à la suite du nom latin.

Le pouillé commence par l'énumération des sept archidiaconés et des quinze archiprêtrés avec les cures y annexées. En tête de chaque archiprêtré, on a eu soin d'indiquer le nombre des chapitres, abbayes, prieurés, cures, hôpitaux, commanderies, vicairies, et aussi celui des monastères d'hommes et de femmes, des congrégations de prêtres séculiers, des séminaires, des associations de sœurs des pauvres, qui ne se trouvent point dans les pouillés précédents et que nous avons cru devoir recueillir en un supplément. Mais tandis que l'ordre suivi pour les archiprêtrés est celui du *Gallia christiana* et de A, celui des églises dans chaque archiprêtré est particulier à notre manuscrit.

Quant à la date de ce texte, voici les indications qu'une étude attentive nous a données. Il faut distinguer le pouillé proprement dit du supplément. Le pouillé doit être antérieur à 1653, car, à cette époque, le prieuré de Saint-Bonnet a cessé d'appartenir à Saint-Allyre. Il l'est encore à 1633, puisqu'il ne fait pas mention des Carmes déchaussés et conserve encore à l'abbé de Chantoin certaines églises qu'il a perdues à cette date (n°s 56, 65, 77, 809, 817 [1]). Il est même antérieur à 1618, puisqu'il attribue encore au prieur de Moissat la présentation de certaines églises (n°s 563 et suivants[2]) qui furent données aux Jésuites de Billom cette même année, par suite d'union à leur maison dudit prieuré de Moissat.

Mais il est postérieur à 1568, puisque nous lisons, sous le n° 452 : « Capitulum S. Cirenei oppidi Billomei habet dignitates... abbatiam *de novo erectam* ad præs. dom. du Terrail. » Or, cette création eut lieu

[1] Ces églises sont les mêmes que ci-dessus, p. 18, note 1, plus celle de Saint-Gal d'Antoing et son annexe de Bergonne.

[2] Savoir celles de Notre-Dame et Saint-Denis de Seychalles, de Saint-Pourçain et Saint-Barthélemy de Bort, de Sain-tPierre de Moissat, de Saint-Remy d'Espezen et de Saint-André de Bouzel.

en 1568[1]. Donc, la date de ce pouillé doit se placer entre les années 1568 et 1618, plus près de la première que de la dernière, et même nous ne croyons pas nous tromper beaucoup en le datant de la fin du XVIe siècle.

Toutefois nous devons avouer : 1° que le pouillé ne mentionne plus le sieur de Bosredon comme collateur de la cure de Notre-Dame-des-Arts de Volvic, collation qu'il perdit en 1630 pour la céder à l'abbé de Mozat (n° 89); 2° il fait mention de l'union de l'abbaye de Chantoin aux Carmes déchaussés de Clermont, union qui eut lieu en 1633 (n° 14); 3° enfin, il nomme Saint-Allyre comme appartenant à la congrégation de Saint-Maur; or, on sait que cette abbaye entra dans la réforme en 1634 seulement (n° 15); mais ces modifications peuvent fort bien être l'œuvre du copiste du XVIIe ou du XVIIIe siècle, et nous croyons qu'elles ne suffisent pas pour effacer les caractères généraux d'ancienneté de ce document qui se rapportent au XVIe siècle.

Il en est de même, à notre avis, de ce qui forme le supplément de ce pouillé et qui consiste surtout dans l'énumération des monastères d'hommes et de femmes et des communautés de sœurs, etc. Ce sont là incontestablement, croyons-nous, des additions au pouillé primitif qui datent du XVIIe ou peut-être du XVIIIe siècle.

5. Département des décimes de 1641 et de 1645[2] (B^1 et B^2). — Le compte de 1641 est en français et calqué sur celui de 1516; mais il est divisé en deux séries : la première comprenant les chapitres, les abbayes et quelques cures entre lesquelles est répartie, par l'assemblée du clergé, la somme la plus forte des décimes.

Une seconde série comprend les doyens, prieurs, curés, archidiacres, les communautés de prêtres séculiers, les vicairies, les couvents d'hommes et de femmes qui ne sont pas compris au rôle précédent et entre lesquels est réparti le reste des décimes par l'évêque de Clermont, le syndic et les députés du diocèse. L'ordre des archi-

[1] Chabrol, *Coutumes d'Auvergne*, t. IV, p. 99.

[2] Archives nationales, G^8, nos 257 et 259.

prêtrés est le même que dans le pouillé du XVIe siècle, sauf pour les deux derniers, Blot devenant le quatorzième et Menat le quinzième. L'ordre des cures est le même que dans B (en tenant compte de la division en deux séries), sauf pourtant quelques additions. Le compte donne aussi les communautés régulières telles que D les mentionne. Le nom de chaque église est suivi du chiffre de la taxe. Quant au texte, il est fautif et très altéré. Ainsi, n° 40 : *Montpellier*, lisez Montpensier;

N° 59 : *Font Saulnier*, lisez Font-Salive;

N° 223 : *Le chapitre de Guinche avec la cure de Chambon*, pour le chapitre de la Queuilhe, etc.

N° 226 : *Le prieur de Maucler*, lisez le prieur de Maulte, etc., etc.

Le compte de 1645 est exactement copié sur celui de 1641, dont il reproduit presque toutes les fautes; mais il ne comprend que la première série des églises et ne fournit aucun renseignement nouveau.

6. Pouillé publié par Alliot en 1648 (F) : « Bénéfices dépendans de l'évêché de Clermont. » — Le début annonce que tout le diocèse de Clermont est divisé en quatorze archiprêtrés, qui sont ceux déjà connus, sauf celui d'Herment; mais dans la suite le pouillé renferme les quinze archiprêtrés ordinaires.

Les églises sont rangées dans un ordre particulier, savoir : les cures, les chapitres, chapelles et vicairies, et à la fin de chaque archiprêtré, les abbayes et les prieurés. Il n'y est pas question des communautés.

Ce texte est en français et renferme beaucoup de noms altérés; il suffira d'en citer quelques exemples :

Cure de Dusandre pour cure du Cendre (p. 3). *Domare-Vignau* pour Domnas-Vignas (p. 5). *Cure d'Artan* pour Artonne (p. 7). *Cure de Saint-Perdouldor* pour Saint-Pardou Lacroy (p. 8). *Cure de Saint-Dompnis avec Baurasat, son annexe*, au lieu de cure de Saint-Domny Combarnazat (p. 9). *Cure de Flore avec Tuzay* pour Floré avec Trezel. *Cure de Saint-Bonet des Cadres* pour Saint-Bonnet des Quarts, etc., etc. (p. 13).

A la fin du pouillé on trouve la liste des cures qui appartiennent de plein droit à l'évêque de Clermont (p. 46) et le pouillé de l'abbaye de la Chaise-Dieu (p. 48); les abbayes du diocèses de Clermont (p. 55), les prieurés; les bénéfices soumis à l'abbé de Mauzac (p. 57), au prieur de Sauxillanges (p. 58), à l'abbaye de Thiers (p. 59); le pouillé du prieur de Souvigny, et enfin les maladreries du [diocèse] de Clermont (p. 62). Tous ces documents sont particuliers à ce pouillé[1].

7. Compte du xviiie siècle (B³). — Il est intitulé : « Diocèse de Clermont. Revenu suivant le pouillé du diocèse[2]. » Ce compte, vraisemblablement dressé par l'assemblée du clergé pour le Département des décimes de 1760[3], est rédigé en français et comprend une seule série d'églises dans l'ordre ordinairement suivi : chapitres, abbayes, cures, fabriques, vicairies et communautés. Il renferme 66 feuilles ou tableaux, les archiprêtrés suivent le même ordre que dans les comptes de décimes précédents. Sous chaque archiprêtré, les cures sont classées suivant l'ordre alphabétique des noms de lieux. Ce compte ajoute au pouillé A quelques prieurés, un certain nombre de vicairies et beaucoup de communautés.

8. Pouillé général du diocèse de Clermont, publié en 1767 (E)[4]. — Ce pouillé, en français, est précédé de la liste des quinze archiprêtrés avec leur annexe. L'ordre est le même que dans A, sauf pour les 11e, 12e et 13e, comme nous l'avons fait remarquer ci-dessus.

Les églises sont rangées ainsi qu'il suit : les chapitres, les abbayes, les prieurés et vicairies, les cures. Il n'y a pas mention de chapelles.

[1] On trouve indiqué, dans le *Dict. hist. et stat. du Cantal*, art. de M. Em. Delalo, t. IV, p. 239, *in fine*, un pouillé ms. de l'évêché de Clermont de la fin du xviie siècle. Malgré nos recherches, nous n'avons pu savoir au juste ce qu'était ce document et dans quel dépôt il est conservé.

[2] Archives nationales, G⁸, n° 520. Volume in-fol., relié en basane fauve.

[3] Voyez Arch. nat., G⁸, 2852*, fol. 273.

[4] *Étrennes ecclésiastiques*, curieuses, utiles et édifiantes, à l'usage de la province d'Auvergne, dédiées à M^rs du chapitre cathédral de Clermont. A Clermont, chez Vial-lanes. In-12.

Nous en connaissons trois éditions : 1764, 1766 et 1767. Cette dernière est préférable. Le pouillé occupe les pages 21 à 72.

Le nom de chaque église est précédé du nom du patron et suivi de celui du présentateur ou collateur.

Ce pouillé reproduit presque exactement le manuscrit A qui sert de base à notre travail; parfois il s'en écarte un peu, mais plus souvent il le complète. Il nous a été aussi fort utile pour vérifier les changements qui se sont produits dans les vocables des églises et dans les présentations entre le XVIe et le XVIIIe siècle.

§ 3. Diocèse de Saint-Flour.

1. Pouillé du diocèse de Saint-Flour, du XVe siècle (A). — Le document que nous désignons ainsi est celui qui offre la nomenclature complète des églises du diocèse de Saint-Flour, la plus ancienne que nous ayons rencontrée jusqu'ici. Il se présente avec un double caractère; si, d'une part, il prend la forme d'un compte de décimes et classe les églises selon qu'elles sont ou non soumises à la taxe, d'autre part il mentionne les collateurs (ce que ne font pas les comptes de décimes), et par là il est un véritable pouillé. Nous croyons donc pouvoir lui conserver ce nom.

Il fait partie du manuscrit latin 17050 de la Bibliothèque nationale (*olim* Gaignières, 147) intitulé : «Abbayes, mémoires et pouillés,» fol. 218. Cette copie paraît avoir été écrite au XVIIe siècle; elle est d'une écriture cursive et offre beaucoup d'abréviations. Nous chercherons tout à l'heure à déterminer la date du texte en lui-même.

Notre document se compose de deux parties, toutes deux divisées par archiprêtrés.

La première, qui forme à proprement parler le pouillé, diffère des documents de ce genre en ce qu'elle n'énumère pas les églises dans l'ordre de leur importance par chapitres, abbayes, etc., mais elle classe les bénéfices au point de vue des décimes en trois catégories : 1° les exempts, 2° les non exempts, 3° les églises, bénéfices et offices autres que les abbayes et prieurés de la première classe, non taxés à la dîme. A la fin de l'archiprêtré de Saint-Flour, on a placé les églises dépendant de la mense épiscopale et celles de la mense du chapitre, dans chacune desquelles se trouve un vicaire perpétuel[1].

La seconde partie, sous le titre de : *Visitationes Diœcesis Sancti Flori*, est une simple nomenclature des églises soumises à la procuration; cette liste les divise en deux classes, suivant qu'elles doivent les *procurationes integræ*, ou les *procurationes concordatæ*, celles-ci ayant été l'objet d'un accord ou d'une modération de taxe entre le curé et l'évêque.

On observe que dans cette seconde partie les églises ne figurent pas toujours sous le même archiprêtré que dans la première; exemple : nos 498 et 499, les églises de Champagnac et de Saint-Hilaire, placées sous l'archiprêtré de Saint-Flour, font dans le pouillé partie de celui de Brioude. De même pour les nos 559 à 567 qui figurent dans l'archiprêtré de Langeac et qui appartiennent en réalité à celui d'Aurillac. Mais ce sont peut-être des erreurs de copie tenant au déplacement des rubriques qui distinguent les archiprêtrés.

Nous avons cependant cru devoir reproduire cette nomenclature, parce qu'elle donne quelques noms d'églises de plus que la première partie de notre document.

Arrivant à la question de la date, notre opinion est que ce pouillé, transcrit au XVIIe siècle, est de beaucoup plus ancien. D'abord il est certain qu'il est antérieur à 1622, car il ne mentionne pas encore la paroisse de Murat; or, en cette année, le prieur de Bredon renonça à ses droits spirituels sur Murat, afin que la ville eût une paroisse[2]. Mais nous pouvons remonter plus haut. On ne voit pas figurer dans le pouillé l'église de la Besserette érigée en paroisse en 1506[3].

Le no 230 n'indique point l'union de l'église d'Arpajon (à la collation de l'évêque) à la communauté des prêtres d'Aurillac. Or, cette

[1] Les églises sont souvent mentionnées deux fois; une fois dans l'archiprêtré dont elles dépendent, une seconde fois dans l'archiprêtré de leur situation. Ainsi Boisset se trouve aux numéros 104 et 180.

[2] Le registre de Trascol nomme bien l'église de Murat, mais comme dépendance ou annexe de celle de Bredon (no 231). La paroisse ne fut réellement établie d'une manière indépendante qu'en 1732. (*Dict. histor. du Cantal*, t. IV, p. 450.)

[3] *Dictionnaire du Cantal*, t. I, p. 259.

union fut consacrée par une bulle du pape Sixte IV en date de 1481[1].

Ce texte ne rapporte point, à la suite du n° 463, l'acte de collation de la Magdeleine de Challet de l'an 1449[2], ni celle de l'église de Montpeyroux par Grégoire Magnaderio, faite en 1417 (n° 302), qui se trouvent toutes deux indiquées dans Alliot.

Enfin notre pouillé ne mentionne pas le chapitre d'Oradour, qui se trouve dans les autres textes que nous examinerons ci-dessous (B, B[1] et C.), et qui fut érigé en 1417 par l'évêque de Saint-Flour et confirmé en 1429[3].

De tout ce qui précède, nous concluons que le pouillé est probablement antérieur à 1417 et certainement, pour le moins, de la première moitié du xve siècle.

Il faut peut-être même le reculer encore, car il se trouve transcrit à la fin du vieux cartulaire de l'évêché de Saint-Flour, qui remonte au xive siècle environ, et il nous semble probable que c'est sur l'original du cartulaire, qui existait alors et dont Baluze a recueilli le sommaire, qu'a dû être faite, au xviie siècle, la copie que nous possédons dans le manuscrit 17050. Mais il resterait à établir à quelle époque a été faite cette addition au cartulaire, dont les actes s'étendent de 1207 à 1305[4].

Le texte de ce pouillé est assez souvent défectueux, comme on s'en apercevra, quoique nous ayons corrigé les fautes les plus grossières. Il nous a été possible de rectifier les noms de lieux[5] au moyen des autres pouillés et notamment de celui d'Alliot qui, quoique fort altéré,

[1] *Dictionnaire du Cantal*, t. I, p. 92.

[2] Voy. ci-dessous, p. 31, pour cette date.

[3] *Dictionnaire du Cantal*, t. IV, p. 572-573.

[4] Voy. Baluze, *Armoires*, t. LXXIII, fol. 59 et suiv. On trouve dans ces extraits les rubriques des principales divisions de notre pouillé, savoir, fol. 112 : «Ecclesiæ taxatæ et ad quos spectat collatio et presentatio;» fol. 114 : «Sunt etiam in dicta ecclesia S. Flori et ditior (*sic*) alia beneficia non taxata ad decimam quæ sequuntur;» fol. 124 : «Visitationes diocesis S. Flori.» Cette simple comparaison montre l'identité des deux textes.

[5] Le copiste a mis partout *ra* pour *in*, *Ladrahaco* pour *Ladinhaco*. Il écrit *r* pour *x* et *s*; exemple : *Tereriis Lerbolièr* pour *Texeriis Lesboliès* (Tessières-les-Bouliès).

offre cependant quelquefois la bonne leçon. Le pouillé A, étant en latin, nous donne souvent la forme la plus ancienne des noms de lieux. Malheureusement il omet les vocables des églises; c'est là son principal défaut.

2. Pouillé des bénéfices de l'archiprêtré d'Aurillac au xvie siècle, d'après le registre du notaire Léonard Lagarrigue (A^2). — Ce volume, qui appartient à la Bibliothèque de la ville de Clermont-Ferrand [1], est un petit in-folio, couvert en basane, de 276 feuillets.

C'est un registre d'extraits faits, de 1684 à 1702 environ, par Léonard Lagarrigue, notaire royal à Aurillac, fils de Nicolas Garrigue, aussi notaire royal, et relatifs aux possessions et aux droits de l'abbaye Saint-Géraud d'Aurillac, dont Léonard paraît avoir été le notaire et dans les archives de laquelle il avait accès. Ces extraits ont une grande valeur parce qu'ils ont été faits sur les actes eux-mêmes et sont signés par le notaire, qui leur a donné ainsi un caractère authentique. Nous ne mentionnerons ici que ceux qui regardent le pouillé du diocèse de Saint-Flour. On rencontre d'abord, du folio 3 [2] au folio 64, une liste des bénéfices de l'archiprêtré d'Aurillac au diocèse de Saint-Flour, avec des détails sur chaque cure ou prieuré et les fondations qui en dépendaient.

Au folio 66 : *Pancharta seu descriptio beneficiorum diocesis Sancti-Flori.* Ce pouillé est précédé d'une note qui nous apprend que, le 17 février 1573, Jacques Bonafé, procureur fiscal de l'église cathédrale de Saint-Flour, présenta à Jean Carrière, notaire royal et greffier des insinuations ecclésiastiques du diocèse de Saint-Flour, la susdite pancarte ou description des bénéfices pour la faire enregistrer, ce qui fut fait à Aurillac [3]. Malheureusement, Léonard Lagarrigue n'a transcrit que les

[1] Ms. Auvergne, n° 98.

[2] Les folios 1 et 2 manquent.

[3] Le pouillé de l'archiprêtré d'Aurillac est précédé de la mention suivante : «Pancharta seu descriptio beneficiorum diœcesis Sancti Flori. In nomine Domini, Amen. Noverint universi et singuli, quod anno Domini millesimo quingentesimo septuagesimo tertio et die decima septima mensis februarii, coram me Joanne Carriere, notario regio et graffe-

bénéfices de l'archiprêtré d'Aurillac. Quoi qu'il en soit, ce pouillé était certainement plus ancien que 1573 et remontait probablement au commencement du XVIe siècle, sinon plus haut, car ce seul archiprêtré, comparé avec le pouillé A, s'y est trouvé conforme, et on peut lui appliquer en partie ce que nous avons avancé ci-dessus au sujet de la date de A. Nous avons cependant relevé un certain nombre de variantes et quelques additions qui paraissent postérieures au manuscrit A, notamment aux numéros du pouillé 134, 151, 157, 160, 168, 169, 180, 189 et 230. Nous aurons bientôt occasion de revenir sur ce point. Malgré ces légères différences, il est probable que le pouillé tout entier était semblable à celui que nous avons pris pour base de notre texte.

La suite du manuscrit comprend, au folio 71, le dénombrement des bénéfices unis à la mense abbatiale de Saint-Géraud d'Aurillac;

Folio 73, un dénombrement des chapelles ou commissions de messes, fondées dans les églises de l'archiprêtré d'Aurillac, avec les patrons et collateurs desdites chapelles;

Folio 152, le pouillé de l'archidiacre de Marmanhac ou d'Aurillac, en date du 26 mai 1503;

rio insinuationum ecclesiasticarum diœcesis Sancti Flori, Aurillaci ordinato grafferio, comparuit magister Jacobus Bonnafé, ut procurator fiscalis nobilis capituli ecclesiæ cathedralis Sancti Flori, sede episcopali vacante, qui mihi præsentavit pancartam seu descriptionem omnium et quorumcunque beneficiorum ejusdem diœcesis Sancti Flori taxari decimæ [solitorum] et jus patronatus, ad quas nominatio, præsentatio et collatio pertineat et expectet, quam requisivit insinuari et registrari in registris dictæ graffariæ ad perpetuam rei memoriam et ut ex eadem possit haberi reversus tempore et loco opportunis omnibus quorum interest, seu interesse poterit in futurum, super nominationem, præsentationem et collationem prædictorum beneficiorum, qua per me visa eandem pancartam seu descriptionem insinuari et registrari in registris ejusdem groffarii pro serviendo ut jus erit ens (*sic*) rationis, et de præmissis eidem procuratori concessi præsentem actum pro serviendo omnibus quorum interest aut in futurum intererit. Acta fuerunt hæc Aurillaci, in præsentia magistri Claudii Girault et Petri Jadom, patriorum Aurillacensium, in quorum fidem præmissorum præsens instrumentum seu actum more solito duxi corroborandum die et anno prædictis. Signatum Bonnafé, procurator, et Carriere, greffarius.»

Suit le pouillé. Chaque bénéfice est accompagné de la somme qu'il représentait.

Folio 178, le pouillé des bénéfices dépendants de l'abbaye Saint-Géraud. Ce texte est meilleur que la copie imprimée par Alliot à la suite de ses bénéfices du diocèse de Saint-Flour; enfin, on trouve au folio 275 une liste des prieurés dépendants de l'abbaye de Saint-Géraud d'Aurillac, avec les noms des prieurs au commencement du XVIIIe siècle.

3. POUILLÉ DU XVIe SIÈCLE, publié par Alliot en 1648 (D). — Il est intitulé : *Bénéfices de l'évesché de Saint-Flour*. Il est en français et traduit assez mal sur le latin; les fautes de copie et d'impression sont si nombreuses qu'il ne mérite pas qu'on le réimprime. Il ressemble beaucoup au pouillé A qu'il reproduit assez exactement; l'ordre des archiprêtrés est le même, ainsi que celui des églises sous chacun d'eux. En plusieurs endroits, cependant, le pouillé d'Alliot ajoute des mentions d'une date plus récente, et notamment, à la fin de l'archiprêtré de Blesle, il a inséré une longue note sur l'église de la Magdeleine de Challet, conférée en 1449[1] à Antoine Champes, clerc, sur la présentation de noble Jean de Léotoing, seigneur du château de Challet. (Page 27.)

Ce qui est digne de remarque, c'est que pour l'archiprêtré d'Aurillac, le seul malheureusement pour lequel nous puissions faire la comparaison, le texte d'Alliot est identique à celui de A², sauf bien entendu que le latin a été traduit en français. En voici un exemple, numéro 189 :

« Infra præfatam ecclesiam de Sansaco est quoddam castrum nuncupatum de Marmieysse, juxta quod castrum est quædam capella Sancti Avitii, cujus quidem præsentatio dictæ capellæ spectat ad dominum sive ad dominam dicti castri, cui domino, sive dominæ præsentat curatus dicti loci de Sansaco, et curatus præsentatur domino episcopo Sancti Flori. »

[1] Le texte imprimé porte 1049; mais c'est une faute évidente. En effet, l'église de la Magdeleine fut conférée par Jacques Le Loup, évêque de Saint-Flour de 1427 à 1451. D'autre part, dans un acte du 28 mars 1492, Beraud et Antoine de Léotoing, père et fils, se portent héritiers de Jean de Léotoing, sr du Bac. (Arch. nat., P 1376[1], cote 2603.) Si cet acte s'applique à notre personnage, l'année 1409 n'est pas non plus acceptable; ceci justifie la date de 1449, que nous avons adoptée.

Or, Alliot a traduit ainsi ce passage, page 12 : « Dans la paroisse de Sausaco est un certain chasteau, appelé de Marmeyras, dans lequel est une chapelle Sancti Amiti. La présentation de cette chapelle appartient au seigneur ou à la dame dudit chasteau. Lorsque le seigneur ou la dame présente au curé dudit lieu de Sausaco, le curé la présente à l'évesque[1]. »

Il suit de là que le pouillé d'Alliot a été traduit sur un original latin semblable à A², et qu'il remonte à la même époque, c'est-à-dire au commencement du XVIe siècle. Notons ici en finissant qu'à la suite du pouillé se trouvent la liste des abbayes du diocèse (page 27), le pouillé de l'abbaye d'Aurillac (page 28), celui du prieuré de la Voulte (page 31) et l'état des maladreries du diocèse (page 32).

4. Compte de décimes de 1516 (B). — On a vu ci-dessus ce qu'étaient les comptes de décimes. Ceux du diocèse de Saint-Flour se trouvent dans les mêmes registres que ceux du diocèse de Clermont. Le compte de 1516 occupe les folios 563-571 du tome II du Département des décimes de 1516[2]. Il est divisé par archiprêtrés dans un ordre un peu différent de A, savoir : Saint-Flour, Blesle, Vieille-Brioude (au lieu de Brioude), Langeac et Aurillac. Ce compte est en français et calqué évidemment sur un document latin qui a été mal traduit. Il ne suit pas pour les églises le même ordre que le pouillé. Les prieurés, en effet, au lieu d'être placés en tête, sont disséminés; le classement des cures est aussi tout différent. A la fin on a ajouté la liste des vicairies ou chapelles, que l'on ne trouve pas dans A. Il ne nous a pas paru possible de placer ce compte en regard de notre premier texte, tant à cause des différences que nous venons de signaler, que des fautes assez nombreuses que l'on peut y relever.

[1] Ce passage, que nous avons cité en entier pour établir la similitude des deux textes, montre combien la traduction d'Alliot est défectueuse. Il fallait traduire, semble-t-il : « La présentation de ladite chapelle appartient au seigneur ou à la dame dudit château, auxquels le curé dudit lieu de Sansac présente un candidat, et le curé lui-même est présenté au seigneur évêque de Saint-Flour. »

[2] Archives nationales, G⁸ 2*.

5. Département des décimes de 1641 (B[1]). — Ce compte se trouve dans le tome III du Département de 1641, folios 116 v° à 135[1].

Il est divisé en trois séries : la première comprend les prieurés et les cures imposés par l'assemblée générale du clergé; la seconde, les prieurés, cures, fabriques, chapelles et autres bénéfices payant décimes, non compris au rôle précédent (fol. 121); la troisième, les chapellenies et les communautés religieuses entre lesquelles la répartition de la taxe est faite par l'évêque (fol. 135). Ce compte est fort complet, mais malheureusement le texte en est altéré par de nombreuses fautes de copie, telles que celles-ci : le prieur de *Cessiac*, pour Thiézac; le prieur de *Pollumilly*, pour Polminhac, etc. Il suit d'ailleurs le même ordre que A, sauf les changements nécessités par la division en trois séries.

6. Compte de décimes de 1645 (B[2]). — Ce compte fait partie du Département du clergé de France de 1645 et 1646[2] (fol. 194 à 199).

Il est semblable à celui de 1641, dont il reproduit seulement la première partie. Cependant le texte est quelquefois meilleur et paraît remonter à l'original même qui a servi pour établir le compte de 1641.

7. Compte du xviiie siècle (B[3]). — Il est tiré du même registre que celui de Clermont décrit ci-dessus sous le numéro 7, et est intitulé : *Diocèse de Saint-Flour. Revenus suivant le pouillé dudit diocèse*[3]. Il comprend 45 feuilles et se rapporte, comme nous l'avons déjà dit, au Département des décimes de 1760.

Il renferme toutes les églises du diocèse dans l'ordre suivant : en tête l'évêché, puis les chapitres et leurs dignités, les cures en trois séries, les communautés des prêtres obituaires, suivies de quelques bénéfices sous le noms d'*obits*, les fabriques, les prieurés, les abbayes, les menses conventuelles et les offices claustraux, les abbesses et prieures, les prieurés, les vicairies et chapellenies, les communautés d'hommes

[1] Archives nationales, G[8] 257*. — [2] *Ibidem*, G[8] 259*. — [3] *Ibidem*, G[3] 520.

et de femmes, et enfin l'ordre de Malte qui se trouve représenté par une seule commanderie; chacune de ces diverses catégories étant subdivisée suivant les cinq archiprêtrés classés dans l'ordre habituel indiqué ci-dessus.

Ce texte, qui est, suivant l'usage du temps, rédigé en français, nous a fourni un assez bon nombre d'additions et de variantes.

8. Pouillé général du diocèse de Saint-Flour, publié en 1767 (C). — Ce pouillé, qui est imprimé dans les *Étrennes ecclésiastiques*, comme celui du diocèse de Clermont[1], renferme les cinq archiprêtrés dans l'ordre accoutumé; les églises sont classées en chapitres, prieurés et cures, à la suite desquelles on trouve les chapellenies.

Mais le classement des églises dans chaque archiprêtré est particulier à ce document et ne ressemble point à celui qui a été suivi dans les autres. Du reste, le pouillé est dressé exactement sur le même plan que celui de Clermont qui est imprimé dans le même volume, c'est-à-dire qu'il donne les noms des saints, patrons des églises, ainsi que ceux des collateurs. Ce texte complète celui de A et nous a été d'un grand secours pour la connaissance des vocables des églises, qui manquent dans tous les autres pouillés du diocèse de Saint-Flour, décrits ci-dessus.

IV.

PLAN DU TRAVAIL.

En publiant ces documents, nous avons eu surtout pour but de mettre à la disposition de tous, en un texte aussi correct que possible, non seulement le document le plus ancien relatif à un archidiaconé de l'ancien diocèse de Clermont, mais encore le pouillé complet de toute la province.

Il n'entrait pas dans notre pensée de donner actuellement un pouillé historique de l'Auvergne, avec l'origine des églises et leurs transfor-

[1] *Étrennes ecclésiastiques*, etc., p. 73. Voy. ci-dessus, p. 25.

mations successives[1], travail qui aurait exigé un temps considérable, comme on pourra en juger, si l'on songe que les deux diocèses de Clermont et de Saint-Flour ne comprennent pas moins de quinze cents églises, sans compter les chapelles[2].

Nous nous sommes donc borné, pour le registre de G. Trascol, à donner à côté des noms latins les noms modernes que nous avons vérifiés sur les autres pouillés.

Pour les diocèses de Clermont et de Saint-Flour, nous avons pris comme base de notre travail le texte le plus ancien, sur lequel nous avons collationné tous les autres. Ce rapprochement, pour quelques textes, nous offrait de grandes difficultés et a nécessité un travail long et minutieux à cause de la différence qui existe dans l'ordre des églises.

Pour le diocèse de Clermont, nous avons trouvé un document original, à date certaine, que nous avons décrit ci-dessus, le *Liber Taxæ doni gratuiti de 1535*. Nous avons pensé, en conséquence, qu'il était utile de placer en regard du pouillé du XVIe siècle, le plus ancien de tous, un texte qui le confirme et l'éclaircit en beaucoup d'endroits.

Lorsqu'il s'est trouvé dans le *Liber Taxæ* des églises ou communautés qui ne figuraient point dans le pouillé, nous les avons ajoutées sous le numéro correspondant avec addition de *bis*, *ter*, *quater*, etc.

Pour les deux pouillés de Clermont et de Saint-Flour, nous avons mis au bas des pages, sous les mêmes numéros, les noms modernes des

[1] Ce travail a été fait pour un archiprêtré par un savant prêtre du diocèse de Clermont, M. l'abbé Chaix de Lavarène,

[2] Le nombre des paroisses proprement dites nous a été conservé, pour le XIVe siècle, dans un registre de la Chambre des comptes renfermant un état intitulé : «Les paroisses et les feux des baillies et séneschaussées de France. Baillie d'Auvergne : Somme des paroisses, 727 ; Somme des feux, 90,621 desquels il y a sept-vingts dix-neuf qui sont du bailliage et du ressort de Bourges. Baillie des montaignes d'Auvergne : Somme des paroisses, 215 ; Somme des feux, 27,382.» Reg. *Noster*, fol. 364. Arch. nat., P. 2289, pag. 797. Cet état a été imprimé d'après d'autres mss. par M. Dureau de La Malle, dans la *Bibl. de l'École des Chartes*, 2e année, p. 174-175. Le chiffre des paroisses est exactement celui qui est donné par Saugrain, *Nouveau dénombrement*, 1720, part. I, p. 147-162.

localités, en ayant soin d'indiquer pour les écarts le nom de la commune.

En particulier pour le diocèse de Saint-Flour, dont le pouillé ne donne point les vocables des églises, nous les avons ajoutés en note et nous y avons aussi joint quelques variantes et notes complémentaires, les plus indispensables, sur les églises mentionnées dans le pouillé.

Supplément. — Indépendamment de ces additions, nous avons trouvé, pour nos deux diocèses, la matière d'un Supplément important dans plusieurs textes des pouillés ou des comptes de décimes. Nous y avons réuni aussi un assez grand nombre d'églises et de chapelles omises dans les pouillés et qui sont marquées, soit sur la carte de Cassini, soit sur celle de l'État-major, ainsi que les lieux désignés par un nom de saint comme ayant été, à un moment donné, le siège d'un établissement religieux, à l'instar de ce qu'a fait M. Longnon pour le *Pouillé de Cahors*. Nous avons divisé ce Supplément par archiprêtrés et nous avons classé les églises et les chapelles dans l'ordre alphabétique des noms; toutefois, en ce qui concerne spécialement le Supplément plus étendu du diocèse de Saint-Flour, chaque archiprêtré est subdivisé en trois parties : la première comprend les chapitres et cures; la deuxième, les communautés régulières d'hommes et de femmes, qui ne figurent pas en général dans les pouillés; la troisième enfin, les vicairies et chapellenies, qui ne sont énoncées que dans quelques pouillés des XVIIe et XVIIIe siècles. Nous avons cru cependant devoir les ajouter parce qu'elles offrent un certain intérêt pour la topographie et l'histoire locale.

Nous ne terminerons pas sans adresser nos remercîments à notre confrère, M. A. Chassaing, juge au Puy, qui a bien voulu revoir nos épreuves, ainsi qu'à MM. Lachenal et P. Le Blanc, de Brioude, qui nous ont envoyé de précieuses indications.

APPENDICE.

I.

Lettres de Robert d'Auvergne, évêque de Clermont, par lesquelles il reconnaît le droit et l'usage établis dans l'église de Clermont de ne conférer les archidiaconés qu'aux chanoines de ladite église, et promet, pour lui et ses successeurs, que ce droit sera maintenu à l'avenir[1].

Décembre 1206.

« Robertus, Dei gratia Claromontensis episcopus. Noverint universi quod nos in Claromontense capitulo residentes, recognovimus jus, consuetudines ecclesie Claromontensis capituli, ut nulli nisi canonico Claromontensi archidiaconatus aliquis conferatur; hoc quod futuris temporibus statuimus observandum, promittentes per nos et successores nostros, quod nulli, nisi sit canonicus Claromontensis, archidiaconatum amodo conferam, et hoc Claromontensibus canonicis, presentibus et futuris, sigilli nostri testimonio confirmamus. Actum anno Incarnationis millesimo ducentesimo sexto, mense decembris[2]. »

(Original. Le sceau manque. Archives départementales du Puy-de-Dôme. G. IX. Armoire 2, sac A, cote 18.)

II.

Lettres d'Aubert Aycelin de Montaigu, évêque de Clermont, déterminant les droits et les prérogatives des archidiaconés qui ne sont que de simples offices.

7 novembre 1314.

Nos Arbertus, permissione divina Arvernorum episcopus. Notum facimus universis presentibus et futuris, quod in nostra Claromontense ecclesia plures

[1] Cette pièce et celles qui la suivent, extraites des Archives de la préfecture du Puy-de-Dôme, nous ont été obligeamment communiquées par notre collègue M. M. Cohendy.

[2] On trouve une copie vidimée de cet acte dans les lettres de Henri de la Tour, n° V, ci-dessous. En voici les variantes :
Ligne 2, *jus*, ajoutez *et*.
Ligne 6, *conferam*, lisez *conferamus*.
Ligne 7, *confirmamus*, lisez *confirmavimus*.

archidiaconatus existunt, de quorum numero archidiaconatus Biliomi in ipsa ecclesia est, quorum neuter de consuetudine ipsius ecclesie a tanto tempore quod in contrarium memoria non existit, habetur in ipsa ecclesia pro dignitate vel personatu, nec in choro, nec in capitulo, nec processionnaliter incedendo, nec in voce, nec aliter quolibet modo, ante alios simplices canonicos aliquam obtinet prerogativam. Preterea aliquis dictorum archidiaconorum non interdicit, non excommunicat, non suspendit, non habet cognitionem causarum, nec correctionem judicialem, nec aliam juridictionem, set tantum ecclesias archidiaconatus visitat et procurationes recipit ab ecclesiis visitatis; et si quid visitando corrigendum inveniat, nobis prefato episcopo debèt corrigendum referre. Quapropter nos, habito super hoc consilio cum predictis, neutrum dictorum archidiaconatuum dignitatem aut personatum aut curatum beneficium, set tantum simplex officium reputamus et hoc servari in posterum declaramus, statuimus et eciam diffinimus.

Datum sub sigillo nostro, in testimonium premissorum, die Jovis post festum Omnium sanctorum, anno Domini millesimo trecentesimo quarto decimo.

(Original. Fragments du sceau de l'évêque, en cire verte. Archives départementales du Puy-de-Dôme, même cote que ci-dessus.)

III.

Acte capitulaire duquel il appert que les archidiaconés ne sont dans l'église de Clermont que de simples offices.

8 avril 1331.

Nos capitulum Clarmontense. Notum facimus universis presentes licteras inspecturis, quod archidiachonatus nostre ecclesie Clarmontensis per capitulum nostrum et canonicos nostros et alios habentes noticiam status nostre Clarmontensis ecclesie, non reputantur esse dignitates vel personatus, set simplex officium; quodquidem archidiachoni qui ipsos archidiachonatus in nostra Clarmontense ecclesia obtinent, non reputantur habere in nostra Clarmontensi ecclesia dignitatem vel personatum, set simplex officium; quodquidem ipsi archidiaconi in nostra Clarmontensi ecclesia archidiaconatus obtinentes nullam habent in nostra Clarmontensi ecclesia prerogativam seu prehemineneiam; quodquidem in stallo, in choro et loco ac voce in capitulo, et in processionibus et in prebendis, ac distribucionibus, et aliis emolumentis de communibus bonis capituli assequendis ut ceteri simplices canonici se habent et tractantur; quodquidem premissa, sicut supradictum est, sic se habuerunt, et reputata et servata ac tractata fuerunt actenus continue a tanto tempore quod de contrario memoria hominum non existit. In quorum testimonium, sigillum nostrum presentibus licteris duximus apponendum. Datum et actum in capitulo nostro, octava die intrantis (?) mensis aprilis, anno Domini [M°] CCC° XXX° primo.

(Original. Archives du Puy-de-Dôme. G[1]. Armoire 2, sac A, cote 18.)

IV.

Henri de la Tour, évêque de Clermont, confère à Guillaume de la Tour, chanoine de Clermont, l'archidiaconé de Saint-Flour, vacant par la mort de Hugues de Neuville.

4 août 1408.

Henricus, miseratione divina Claromontensis episcopus, dilecto nobis in Christo, nobili et venerabili viro Guillelmo de Turre, bacalario in legibus, canonico ecclesie nostre Claromontensis, salutem in Domino sempiternam. Archidiaconatum Sancti Flori in dicta nostra ecclesia Claromontensi per canonicos ipsius ecclesiæ possideri et detineri consuetum, nunc liberum et vacantem per mortem seu decessum deffuncti Hugonis de Novavilla, condam ipsius ecclesie canonico, ultimum archidiaconum ejusdem archidiaconatus, et ad collationem nostram ac dispositionem plenariam spectantem, vobis tanquam sufficienti et ydoneo dictum archidiaconatum sic vacantem aut alio quovis modo vaccet conferimus et donamus cum omnibus, universis et singulis suis juribus pertinentibus et connexis; et de eodem vobis providimus et providemus ac investivimus et investimus et etiam induximus in possessionem ejusdem per concessionem presentium litterarum.

Mandamus serie presentium litterarum capitulo Claromontensi singulisque aliis personis ipsius ecclesie ac aliis quibus pertinet et pertinere potest, quatinus vos ad dictum archidiaconatum recipiant et admittant in archidiaconum et in possessionem realem et corporalem ejusdem ponant et inducant, seu poni et induci faciant. Mandamusque etiam universis et singulis abbatibus, prioribus, curatis et personis aliis dicti archidiaconatus Sancti Flori quibus pertinuerit, quathinus vobis ut vero archidiacono pareant et obediant et de fructibus, proventibus, redditibus et emolumentis vobis debitis et debendis ad causam dicti archidiaconatus respondeant a cetero et satisfaciant. In quorum premissorum testimonium presentes litteras fieri fecimus et sigilli nostri appensione muniri ac signo et subscriptione notarii publici subscripti signari et subscribi. Actum et datum in nostra civitate et infra nostrum hospitium episcopale Claromontis, die quarta m[ensis] augusti, circa horam vesperorum, anno Domini M°CCCC octavo, indictione prima, ab electione Petri de Luna ultimo in papam [ele]cti, qui dudum tercius decimus Benedictus dicebatur, anno XIIII, presentibus venerabili viro domino Guillelmo de Tiherno, preposito Claromontensi, et Guillelmo de Fonte, canonico Sancti Genesii Claromontensis, testibus ad premissa vocatis.

(Seing.) Et ego Johannes Maurandi de Ruppe, Clarom. dioc., publica auctoritate apostolica et imperiali notarius, dictæ collationi provisionis premissisque aliis omnibus et singulis, dum sic prout suprascripta sunt fierent et agerentur, presens fui una cum dictis testibus et ea omnia de mandato ipsius domini Claromontensis episcopi in hanc formam publicam reddegi, hicque me subscripsi et signo meo solito signavi, una cum appositione sigilli ipsius Domini, requisitus.

(Original. Le sceau manque. Archives nationales, R², n° 5. Pièce cotée n° 4 des titres de Guillaume de la Tour d'Olliergues, évêque de Rodez et patriarche d'Antioche.)

V.

Vidimus de Henri de la Tour, évêque de Clermont, des lettres de Robert d'Auvergne, son prédécesseur.

23 novembre 1409.

Henricus, miseratione divina Claromontensis episcopus. Notum facimus universis, quod nos vidimus quasdam litteras a bone memorie domino Roberto, Dei gracia quondam Claromontense episcopo, predecessore nostro, emanatas ejusque sigillo sigillatas, in archivis capituli dicte nostre ecclesie rep[osi]tas, cujus tenor talis est : « Rotbertus Dei gracia Claromontensis episcopus, etc. » (Voy. ci-dessus, n° I.)

Nos vero, certi de consuetudine predicta acthenus observata, scilicet quod dicti archidiaconatus, qui sunt sex in numero in dicta nostra ecclesia, consueverunt per nos et predecessores nostros conferri canonicis dicte nostre ecclesie et non alteri, eandem consuetudinem et observanciam laudamus et approbamus ac etiam confirmamus, statuentes eandem per nos et successores nostros perpetuis temporibus observandam. In cujus rei testimonium hiis presentibus licteris sigillum nostrum duximus apponendum. Actum et datum in domo nostra episcopali Claromontis, die XXIII mensis novembris, anno Domini millesimo quatercentesimo nono.

J. ARBERTI, avec parafe. Facta est collatio cum originale.

(Original. Archives du Puy-de-Dôme. Fonds du chapitre cathédral. Armoire 2, sac A, cote 18.)

VI.

Inventaire de livres et effets mobiliers ayant appartenu à Guillaume de la Tour, seigneur d'Olliergues, archidiacre de Saint-Flour. Vers 1416[1].

S'est ce que messire Jehan Chivalier, prestre, ha balhé et fait pourter de Clarmont à Oliergues, receu par Monsr de Chalmazel[2].

1. Primo ung livre de papier dez Feys du concel de Constance[3].
2. Item ung Code de grant volume covert de pel verde.
3. Item ung Decret de grant volume et covert de pel verde, et ha grans cleux.
4. Item ung livre de papier des Cronicas, eu les pans de papier covertes de pel verde.
5. Item ung grant livre covert de noir qui sa commense : *Urpianus* (*Ulpianus*) *votis quam semper*.

[1] Ce document se trouve dans le registre de G. Trascol, à l'opposé du Pouillé. De ce côté, la couverture du volume porte ces mots : « C'est le papier de l'Inventaire. »

[2] Il s'agit sans doute, ici, de Jean de Talaru, seign[r] de Chalmazel, second fils de Mathieu de Talaru, deuxième du nom, seign[r] de Nouailly, qui avait épousé Catherine de la Tour d'Olliergues, par contrat du 16 septembre 1388, et testa en 1417. Il était, par son mariage, beau-frère de Guillaume de la Tour, seign[r] d'Olliergues et archidiacre de Saint-Flour, et eut pour fils Agne ou Annet de Talaru, aussi seign[r] de Chalmazel, qui est cité dans des actes de 1435 et 1445.

Voy. Arch. nat., P. 493, cote 987 (nommée du 18 avril 1411); le P. Anselme, t. II, p. 456 *d, e*, t. IV, p. 535 *a*, et Baluze, *Hist. d'Auvergne*, t. I, p. 387, 392 et 397.

[3] Voy. Baluze, *Maison d'Auvergne*, t. I, p. 393, où il est question d'un manuscrit du Concile de Constance conféré à l'original par ordre de Guillaume de la Tour, seign[r] d'Olliergues, lors archidiacre de Saint-Flour et depuis évêque de Rodez et patriarche d'Antioche en 1415. Le registre de Guillaume Trascol a dû servir à Guillaume de la Tour, et c'est pour cela qu'il s'est trouvé parmi les titres des seigneurs de la Tour, ducs de Bouillon. Les livres et effets portés en l'inventaire semblent avoir appartenu au même personnage.

6. Item ung livre de Costitucions foredeuq covert de une coverte verde vielhe.

7. Item ung autre, eu la premiere r[ubrique] escript : *Incipit liber de novo codice faciendo*, covert de vert.

8. Item ung autre qui est *Sextus decretalium Bonifacii optavi* (*octavi*), covert juques au mi.

9. Item ung autre *de Imspectionibus*, covert de pel verde vielhe.

10. Item ung autre qui sa commense *Glosarium Diversitatis*, en pargimin covert de pargimin.

11. Item deux livres come de glose em papier, tous desliés, dedans une pel roge.

12. Item ung autre papier de notes sans coverture.

13. Item ung autre papier dez cas sur tout le codice en summe.

14. Item ung Romans des dis dez philosophes translaté par maistre Guilhaume de Chembonville.

15. Item ung gevessier[1] roge, dedans ung senhet pour sennher escudeles[2].

16. Item ung petit cofre plen de sédules.

17. Item une coverte neuve faite à la guize du pays sur le jone.

18. Item ung livre *De disciplo et magistro*, covert de roge en petit volume.

19. Item ung Robemant[3] de maistre Johan de Mehun, em papier.

20. Item autre plen pargemin, plein de papiers de divers volumes.

21. Item le Songe maistre Eustachi Maurel, en romans et en papier.

22. Item ung Procès de la pourceute de l'aveschié de Clermon *contra dominum Martinum episcopum*[4] *pro ecclesia* (?) *Carnotensi*.

23. Item ung livre de Compost en papier sans pans.

24. Item ung livre de Glose en papier escript de dessus en lettre brizée menude.

25. Item ung Romans de une force d'amors.

26. Item ung papier plen de sédules.

27. Item ung Romans petit sur l'eustenement du Dieu d'amors.

28. Item ung papier bien paut escript.

[1] Gibecière, Du Cange, Gloss. franç. : Gibessier. Gl. *Gibaçaria*.

[2] Lisez *es cedules*.

[3] Roman.

[4] Martin Gouge, dit de Charpaigne, successeur de Henri de la Tour sur le siège épiscopal de Clermont en 1415, était auparavant évêque de Chartres.

29. Item ung crofe[1] grant, dedans v comptes, troes ho quatre bulhes et d'autres letres.

30. Item ung lit de la grant moison[2], guerni de cussin, de deux ourilhiers et une serge roge.

31. Item autres tres lis petit, eu deux cussins et une coverte de mainage.

32. Item une soute perce[3].

33. Item deux bassins lavadors.

34. Item deux eguieres de covre.

35. Item ung parement de chapelle en telle tinte[4].

36. Item deux chapeaux de velut noer.

37. Item ung aumusse de grit[5].

38. Item une pieuce de telhe neuve, iiii^c agulhons ho environ.

39. Item une floyne[6] neuve et ung cossin de grant moison.

40. Item v lanceux de menage, troes de deux telhes et deux de telhe et dimeya.

41. Item une grosse toalhe de maynage toute plane sans ouvrage.

42. Item troes toalhes d'otar et ungs corporaulx.

43. Item deux carreaux ouvrés de papegais[7].

44. Item deux grands bassins de cozine.

45. Item une casse de covre.

46. Item deux chafeux grans à manière de crece.

47. Item autres deux petis en cornet en paleumes.

48. Item ung grant andier[8].

49. Item une chunoyze[9], deux cartes et deux pintes.

50. Item deux sallinions[10] d'estain.

51. Item quatre chandaliers dobles et deux simples de loton[11].

52. Item XXII escuelhes et VIII plas, quatre grans et petits d'estain.

53. Item ung aste de fer[12].

[1] Pour coffre, de *cofrus*.

[2] Mesure.

[3] Coute(?) perse, bleue.

[4] C'est-à-dire peinte.

[5] Petit-gris.

[6] Gl. *Flaine*, taie d'oreiller ou bonnet de nuit (?).

[7] Pour papegaus, perroquets.

[8] Gloss. *Anderius*, andier.

[9] Gl. *Chænica* ou chopine, mesure de deux setiers.

[10] Salières ?

[11] Laiton. Gl. *Lotonnus*.

[12] Broche en fer.

VII.

Liste des archidiacres de l'ancien diocèse de Clermont.

1° Archidiacres de Clermont.

1095. Falco ou Foulques, doyen du chapitre cathédral, archidiacre de la cathédrale. — Le même souscrit un acte émané de Guillaume V, comte d'Auvergne, et de Philippie, sa femme, de 1031 à 1052. (Baluze, *Histoire d'Auvergne*, t. II, p. 48.) — Le même, archidiacre de l'église d'Auvergne, fait don d'une réfection aux chanoines de la cathédrale, sous l'évêque Durand, de 1077 à 1093. (Cohendy, *Chartes antérieures au XIIIe siècle des Archives du Puy-de-Dôme*, p. 53.) — Le même figure dans trois autres actes, de 1096 à 1109 (*Ibid.*, p. 68, 71 et 73.)

1097-1110. Hugues II, prévôt du chapitre cathédral de Clermont, archidiacre de la cathédrale, moine de Marmoutier. (*Gallia christ.*, t. II, col. 304 *d*[1].)

1131. Petrus Fulcherii, chanoine de Clermont, archidiacre. (*Gallia christ.*, t. II, instr., col. 80-81; *Cartulaire de Sauxillanges*, fol. 246, n° 945.) Nous rattachons cet archidiacre à Clermont parce qu'il figure avec l'évêque Aimeri dans un acte solennel daté de cette ville.

1195. Pon[cius], abbé de Saint-Genès, archidiacre. (*Gallia christ.*, t. II, col. 273 *d*, et instrum., col. 83; Baluze, *Maison d'Auvergne*, t. II, p. 72.)

Vers 1200. [Pierre de Vinchia, chanoine du chapitre cathédral, archidiacre et official[2].]

1201-1203. Guillaume I, doyen du chapitre cathédral. (*Gallia christ.*, t. II, col. 313 *b*.)

XIIe siècle. Ebrardus, chanoine. Mentionné au 6 des ides de mars. (*Obit. Clar.*, fol. 18. Bibl. nat., Ms. lat. n° 9085.)

[1] Il semble, d'après le pouillé de Clermont imprimé ci-dessus, que le prévôt de Clermont était de droit archidiacre, comme on voit que le fut Hugues II; mais cette règle fut peu observée, ainsi que l'on peut s'en convaincre en comparant la liste des prévôts avec celle des archidiacres de Clermont.

[2] Nous plaçons entre crochets les noms des archidiacres cités dans la liste dressée par l'auteur de l'*Histoire de Clermont-Ferrand*, M. A. Tardieu, lorsque nous n'avons pu parvenir à les vérifier. Comme cette liste ne fournit aucune indication de sources, nous donnons ces noms à titre de simples indications.

XIIe siècle. Radulphus de Roire, diacre et chanoine, archidiacre et archiprêtre de Clermont et chanoine. L'*Obituaire de Clermont* (fol. 40 v°) le mentionne au 13 des calendes de septembre.

1248. [R. de Lavergne.]

1285. [Étienne de Malbec (de Malobecco).]

XIIIe siècle. Henri du Vernet, chanoine. (*Pridie nonas febr. Obit. Clar.*, fol. 14.)

1312-1316. J. de Forgettes, archidiacre de Clermont, enquêteur royal dans la sénéchaussée de Lyon et dans le bailliage de Mâcon [1].

1316. Pierre Bertrand, archidiacre de l'église de Clermont, fut commis par lettres de Philippe le Long, en date du 29 novembre 1316, pour juger une requête présentée par Raoul de Presles et sa femme. (Lancelot, *Mémoire sur Raoul de Presles* dans les *Mémoires de l'Académie des Inscriptions*, 1740, in-4°, t. XIII, p. 611.)

Vers 1360. Guillaume de Grisac ou Guillaume de Grimoard, fils de Grimoard, s^r de Grisac, depuis pape sous le nom d'Urbain V. (*L'ancienne Auvergne*, par A. Michel, t. II, p. 349.)

1517. [Thomas du Prat, bachelier en décret, évêque de Clermont de 1517 à 1528.]

1698. [L'abbé de Pruines.]

1738. [Massillon (Jean-Baptiste), neveu de l'évêque de Clermont du même nom, chanoine du chapitre cathédral, archidiacre de la cathédrale et abbé commendataire d'Ébreuil.

2° Archidiacres de Billom.

1259-1270. Gaston de Saint-Nectaire, chanoine du chapitre cathédral et

[1] On lisait dans un registre de la Chambre des comptes de Paris : «Condemnationes «factæ per magistrum J. de Forgetis, archi«diaconum Claromontensem, et B. de Meso «inquisitores deputatos in ballivia Matisco«nensi contra officiarios regis annis 1312 et «1313.» (*Notes de Vyon d'Hérouval* sur les enquêteurs royaux, publiées par A. Bruel, Paris, 1868, in-8°, p. 15.) On le trouve encore parmi les enquêteurs envoyés dans le même bailliage en vertu de lettres du roi du 20 février 1316 (Arch. nat., JJ 93, n° XXVIII), et non pas en novembre 1362, comme on le voit dans les extraits de Dulaure, qui n'a pas remarqué que l'acte de 1362 est un *vidimus*. (Bibl. de Clermont-Ferrand, ms. *Auv.* n° 63, t. II, p. 469.) Le *Gallia christ.* cite un *Johannes de Fargetis*, chanoine de Clermont en 1306 ou 1307, qui nous paraît être le même personnage (t. II, c. 284 *a*).

archidiacre. — « Castum de Sancto Necterio, archidiaconum Biliomensem, » 1270. (Baluze, *Maison d'Auvergne*, t. II, p. 515.)

1480-1490. Jean de Montamat, successivement archidiacre de Billom, prieur de Roussy en 1462 et 1490, et prieur de Polminhac de 1500 à 1520. (*Dictionnaire historique du Cantal*, t. III, p. 247, et t. V, p. 145.)

3° Archidiacres de Brioude.

1231, avril. Eble d'Ussel. (Arch. nat., M. 309, nunc R². 18.)

1278. [Guillaume de Cussac, chanoine du chapitre cathédral de 1276 à 1296.]

xiiie-xive siècles. W. ou Guillaume de Vetula Brivata (*de Velhebreude*), archidiacre. (*Fragments d'obituaire de Saint-Julien de Brioude* [1].)

1419. [Jean de Florac, chanoine de Clermont, doyen du chapitre d'Herment en 1418, archidiacre de Brioude et chanoine de Chamalières en 1419 [2].]

1461-1468. Pierre Louvel (ou Boniol), acte du 27 janvier 1467, v. s. (Biblioth. de la ville de Cluny, n° 425 [3].)

4° Archidiacres de Souvigny.

1241. Jean, figure dans un acte du 25 juillet de cette année. (Archives nat., P. 1358², cote 553¹, analysé dans Huillard-Bréholles, *Titres de la maison de Bourbon*, n° 219.)

1652. [Claude Laborieux, chanoine du chapitre cathédral.]

5° Archidiacres de Cusset.

xive siècle. Pierre Fortet, mort en 1391, maître ès arts, licencié en l'un et l'autre droit, archidiacre de « Cussiac », dans l'église de Clermont, chanoine de l'église Notre-Dame à Paris, fondateur du collège de Fortet. (Ms. 98, *Auvergne*, Bibl. de la ville de Clermont-Ferrand, fol. 147.)

[1] Ms. appartenant à M. l'abbé Souligoux, à Brioude (Haute-Loire).

[2] A. Tardieu, *Hist. de Clermont-Ferrand*, t. I, p. 256-264.

[3] Cet archidiacre, que l'on trouve nommé aussi P. Bouviel et Voniol, soutint, de 1461 à 1468, un procès au sujet de ses droits de procuration contre le prieur de La Voute, de l'ordre de Cluny. (*Inventaire ms. des Archives de Cluny.*)

6° Archidiacres de Saint-Flour.

1276-1279. [Guillaume Odon[1], prévôt du chapitre cathédral, 1251-1273. Était mort en 1288.]

1369-1370. Guillaume Trascol, chanoine de Clermont. (Arch. nat., Registre R², 156 [2].)

Avant 1408. Hugues de Neuville, cité dans la nomination de son successeur. (Archives nat., R², n° 5.)

1408. Guillaume de la Tour, chanoine de Clermont. Nommé par lettres de Henri de la Tour, évêque de Clermont, du 4 août 1408. (Archives nat., R², 5.) Il l'était encore en 1415. Il fut évêque de Rodez et patriarche d'Antioche (1398-1416). (Cf. Baluze, *Maison d'Auvergne*, t. I, p. 393.)

1434-1435. Jean de Charpaignes. (Archives nat., S. 3300, *Titres des offices de la Chaise-Dieu. Lettres de Charles VII du 29 octobre 1434 et du 26 avril 1435.*)

1476. Jean de Brezons, d'après la bulle de sécularisation du monastère de Saint-Flour. (*Gallia christ.*, t. II, col. 435 *d*. Cf. col. 429.)

1498-1514. Bernard de *Malarocha*, seu de *Malarupe*. (*Gallia christ.*, t. II, col. 435 *d*.)

1527-1530. Jacques de Joyeuse, chanoine de Saint-Flour et vicaire général de Louis de Joyeuse, évêque. (*Ibid.*)

1546. François de Jouvenroux. (*Ibid.*)

1581-1586. Antoine d'Estaing, d'une illustre famille du Rouergue. (*Ibid.*)

xvi° siècle. Louis de Pons de la Grange se démet en faveur du suivant. (*Ibid.*)

1594-1614. André Ier de Pons de la Grange, seigneur de Frugères [3]. (*Ibid.*)

1636. Pierre Ier de Pons de la Grange. (*Ibid.*)

1639. André II de Pons de la Grange. (*Ibid.*)

1656. Pierre II de Pons de la Grange, chanoine-comte de Lyon. (*Ibid.*)

1666 + 1680. Philibert Ier de Ponsonaille de Grizols. (*Ibid.*)

[1] Guillaume IV Odon est cité dans le *Gallia christ.* comme prévôt de Clermont, mais non comme archidiacre (t. II, col. 305).

[2] G. Trascol figure dans la liste des chanoines du chapitre cathédral de Clermont, sous la date de 1391. (A. Tardieu, *Histoire de Clermont-Ferrand*, t. I, p. 264 *b*.)

[3] Le *Gallia chr.* dit à tort Frugières.

1673 + 1695. Philibert II de Ponsonaille de Grizols, depuis vicaire général. (*Gallia christ.*, t. II, col. 435 *d.*)

1695 + 1710. Philibert III de Ponsonaille de Grizols, frère du précédent. (*Ibid.*)

1710. Jean-François de Ponsonaille de Grizols, auparavant chanoine de Saint-Flour. (*Ibid.*)

1774. Raymond-Maurice de Molen de la Vernède, grand vicaire et abbé de Beaulieu et prieur de Bonnac. (*Dictionnaire du Cantal*, t. I, p. 269.)

7° Archidiacres d'Aurillac.

1235. [Girard d'Astorg (?), chanoine du chapitre cathédral[1].]

1256. Ademar de Cros, cité dans une sentence de Bernard de Paulhac, abbé de la Chaise-Dieu, en faveur de Robert V, comte de Clermont et d'Auvergne, 27 juin 1256. (Archives nat., R² 1, n° 8.) — Le même, en 1280. (*Dictionnaire du Cantal*, t. V, p. 88.)

1303. Bertrand de Reillac, archidiacre de Saint-Géraud, c'est-à-dire, sans doute, d'Aurillac. (Bouange, *Aurillac et son illustre abbaye*, p. 533.)

1343. Jean de Flourac. (*Dictionnaire du Cantal*, t. IV, p. 134.)

1346. Pons d'Aurouse. (*Ibid.*, t. V, p. 88.)

1503. Mᵉ Jean d'Angeny, prêtre. (Biblioth. de Clermont, Ms. *Auvergne*, 98, fol. 152.)

xviᵉ siècle. Pierre de Montal de Cruèghe[2]. (*Dictionnaire du Cantal*, t. IV, p. 134.)

1600-1601. [René de la Ferté, abbé du chapitre cathédral de Clermont.] Cf. *Gallia christ.*[3], t. II, col. 310 *e.*

1677. Raymond du Buisson de Bournazel, archidiacre de Marmanhac ou d'Aurillac (Biblioth. de Clermont, Ms. *Auvergne*, n° 98, fol. 153), est aussi qualifié prieur de Reilhac. (*Dictionnaire du Cantal*, t. V, p. 88.)

1748. N. Papin. (*Dictionnaire du Cantal*, t. IV, p. 134.)

1790. Charles Gavoty, archidiacre et prieur de Marmanhac et de Reilhac. (Déclaration ecclésiastique du 27 février 1790. Arch. nat., S. 7544.)

[1] Ce Girard ou Geraud d'Astorg aurait été archidiacre de la Marche en 1227, suivant le *Dict. du Cantal*, t. I, p. 96.

[2] Il posséda le prieuré de Marmanhac.

[3] Le *Gallia christ.* ne dit point s'il fut archidiacre.

8° Archidiacres du diocèse dont le siège n'a pu être déterminé.

Au xe siècle, on trouve dans les actes de 936 à 976 deux archidiacres, Robert et Joseph. (Cohendy, *Inventaire*, etc., p. 7.)

1043. Un archidiacre, N... (*Ibid.*, p. 41.)

1127, 7 février. Trois archidiacres figurent dans une donation de l'évêque Aimeri à cette date. (Voir ci-dessus, p. 7.)

1131. Guillaume, chanoine de Clermont, est témoin dans un acte solennel avec l'évêque Aimeri. (*Gallia christ.*, t. II, instrum., col. 80-81; *Cartulaire de Sauxillanges*, fol. 246, n° 945.)

1136. Calo souscrit une charte avec le même évêque. (*Gallia christ.*, t. II, col. 268 *c*.)

1145. [Hugues de Cussac, chanoine du chapitre cathédral.]

1145. [Guillaume de Verneuil, *id.*]

1193. N..., archidiacre. (Cohendy, ouvrage cité, p. 95-96.)

1195. G. de Cros, depuis archevêque de Bourges en 1209. (*Gallia christ.*, t. II, col. 273 *d*, et instr., col. 83; Baluze, *Maison d'Auvergne*, t. II, p. 72.)

1195. Bertrand de Murol (*Bertrannus de Muroliis*). (*Ibid.*)

1195. Jean de Cervant, chanoine du chapitre cathédral (*ibid.*); il est encore cité au 12 des calendes de décembre. (*Obit. Clarom.*, fol. 54 v°.)

1195. W. de Rodes. (*Ibid.*)

xiie siècle. [Raoul, chanoine du chapitre cathédral et archiprêtre.]

xiie siècle. W. d'Aidac, chanoine du chapitre cathédral, cité au 7 des calendes de juillet. (*Obit. Clarom.*, fol. 31 v°.)

xiie-xiiie siècles. Hugues Chambrier (*Hugo Camerarius*), chanoine, cité au 8 des calendes d'août. (*Ibid.*, fol. 36 v°.)

xiie-xiiie siècles. Hugues, chanoine, cité au 16 des calendes de septembre comme ayant légué 19 sous au chapitre. (*Ibid.*, fol. 40.)

xiie-xiiie siècles. Guy le Comte (*Guido Comes*), chanoine, cité au 17 des calendes d'août (?). (*Ibid.*, fol. 34 v°.)

xiie-xiiie siècles. Girius, 15 des calendes d'août. (*Ibid.*, fol. 35.)

xiie-xiiie siècles. G. Dalmas, 11 des calendes de février. (*Ibid.*, fol. 11 v°.)

xiie-xiiie siècles. P. official, 6 des ides d'août. (*Ibid.*, fol. 39.)

xiie-xiiie siècles. Pierre de Romagnat, diacre, 4 des calendes de mai. (*Ibid.*, fol. 23 v°.)

1218. HUGUES REVEL, chanoine du chapitre cathédral, cité au 9 des calendes d'avril, au 1er juin et au 7 des ides de septembre, qui étaient trois anniversaires. (*Obit. Clarom.*, fol. 20, 28 et 43 v°.)

1224. HUGUES DE RIOM, chanoine du chapitre cathédral, 1er février et 2 des calendes de septembre, an 1224. (*Ibid.*, fol. 13 v° et 42 v°.)

1226. GUILLAUME, pénitencier et archidiacre, cité au 2 des ides d'août : «Anno Domini 1226, obiit in obsidione Avinionensi.» (*Ibid.*, fol. 39 v°[1].)

1230. HUGUES DE QUINCY, chanoine du chapitre cathédral, 4 des calendes de septembre, an 1230. (*Ibid.*, fol. 42 v°.)

1231. GUILLAUME DU CHÂTEAU, chanoine du chapitre cathédral, 3 des ides de juin, «anno Domini 1231.» (*Ibid.*, fol. 29.)

1270. [Autre HUGUES DE RIOM, chanoine du chapitre cathédral.]

XIIIe siècle. HUGUES DE CUSSET (*de Cuciaco*), diacre et chanoine, 6 des ides d'avril. (*Obit. Clarom.*, fol. 21.)

XIIIe siècle. GUILLAUME DE MURAT, chanoine de Clermont, 11 des calendes d'octobre. (*Ibid.*, fol. 46 v°.)

XIIIe siècle. [JEAN, chanoine du chapitre cathédral.]

XIIIe siècle. [B. DALMAS, *id.*]

XIIIe siècle. [W. DE CHALVET, *id.*][2]

[1] La mention de ce Guillaume dans l'Obituaire de Clermont nous fait penser qu'il appartenait à l'Auvergne; mais, malgré nos recherches, nous n'avons pu appuyer cette conjecture sur aucune preuve positive.

[2] On remarquera que tous ces noms sont antérieurs au XIVe siècle; en effet, à partir de cette époque, le nom de l'archidiacre est presque toujours accompagné de celui du siège auquel l'archidiacre était attaché.

TABLE DES ABRÉVIATIONS.

Tr. Registre de procuration de G. Trascol (Pouillé de l'archidiaconé de Saint-Flour), xive siècle.

Diocèse de Clermont.

A. Pouillé des bénéfices du diocèse au xvie siècle, appartenant à M. Al. Bellaigue de Bughas.

B. Compte de décimes de 1516. (Archives nat., G^{8} 2.)

B^{a}. Idem. (Bibl. nat., ms. fr. 15717, fol. 164.)

B^{1}. Département des décimes de 1641. (Arch. nat., G^{8} 257.)

B^{2}. Département des décimes de 1645. (*Ibid.*, G^{8} 259.)

B^{3}. Revenu suivant le pouillé, xviiie siècle. (*Ibid.*, G^{8} 520.)

C. Taxe du don gratuit de 1535. (*Ibid.*, P. 942.)

D. Pouillé de la fin du xvie siècle. (Bibliothèque de Clermont-Ferrand, ms. *Auvergne*, n° 66 *bis*.)

E. Pouillé général du diocèse au xviiie siècle, imprimé.

F. Pouillé publié par Alliot en 1648.

Diocèse de Saint-Flour.

A. Pouillé du xve siècle. (Bibl. nat., ms. lat. 17050.)

A^{2}. Pouillé de l'archiprêtré d'Aurillac, au xvie siècle. (Bibliothèque de Clermont-Ferrand, ms. *Auv.*, n° 98.)

B. Compte des décimes de 1516. (Arch. nat., G^{8} 2.)

B^{a}. Idem. (Bibl. nat., ms. fr. 15717, fol. 218.)

B^{1}. Département des décimes de 1641. (Arch. nat., G^{8} 257.)

B^{2}. Département des décimes de 1645. (*Ibid.*, G^{8} 259.)

B^{3}. Revenu suivant le pouillé, xviiie siècle. (*Ibid.*, G^{8} 520.)

C. Pouillé général du diocèse au xviiie siècle, imprimé.

D. Pouillé publié par Alliot en 1648.

I.

REGISTRE DE GUILLAUME TRASCOL.

Sequntur (*sic*) omnes ecclesie site infra limites archidiaconatus Sancti Flori, in ecclesia Claromontensi, infra quas limites sunt quinque archipresbiteratus, videlicet archipresbiteratus Mardonie, cum ecclesiis suis tam exemptis quam non exemptis; archipresbiteratus Yssiodori, cum ecclesiis suis exemptis et non exemptis; archipresbiteratus d'Ardes, cum suis ecclesiis exemptis et non exemptis; archipresbiteratus Blasilie, cum suis ecclesiis exemptis et non exemptis; archipresbiteratus Sancti Flori, cum ecclesiis suis exemptis et non exemptis.

Et primo sequitur predictus archipresbiteratus Mardonie, cum omnibus ecclesiis suis dictis supra.

I.

Archipresbiteratus Mardonie [*Merdogne*] et ejus ecclesie.

1. Ecclesia Mardonie [*Merdogne*[1]] debet integram procurationem archidiacono.

2. Ecclesia Sancti Saturnini [*Saint-Saturnin*[2]] debet, etc., scilicet prior.

[1] Toutes les églises de cet archiprêtré et du suivant font aujourd'hui partie du département du Puy-de-Dôme. En sus de cette indication, on s'est borné ici à donner le nom moderne de chaque localité, en ajoutant le chef-lieu de la commune, lorsqu'il s'agit d'un écart. Pour plus de détails, voir les pouillés de Clermont et de Saint-Flour qui suivent le registre de Trascol.

[2] La formule *debet integram procurationem archidiacono* étant toujours la même, sauf que le mot *archidiacono* manque souvent, ce qui est sans importance, nous ne la répéterons pas à chaque église.

3. Ecclesia Sancti Amancii [*Saint-Amant-Tallende*[1]] debet, etc.

4. Ecclesia Sancti Sindulphi [*Saint-Sandoux*] debet, etc.

5. Ecclesia Montis Rotundi [*Montredon*] debet, etc.

6. Ecclesia de Las Chamlz [*Laschamp*[2]] debet, etc.

7. Ecclesia Sancti Necterii [*Saint-Nectaire*] debet, etc.

8. Ecclesia de Murol [*Murol*] debet (?).

9. Ecclesia Sancti Desiderii [*Saint-Diéry*] debet, etc.

10. Ecclesia de Colaminas [*Saint-Pierre-Colamine*] debet, etc.

11. Ecclesia de Veyreyriis [*Verrières*].

12. Ecclesia Sancti Juliani Dedac [*Saint-Julien*[3]] debet, etc.

13. Ecclesia Sancti Bartholomei Dedac [*Saint-Barthélemy-d'Aydat*] debet, etc.

14. Ecclesia de Lhauzu [*Lieuson*[4]] debet, etc., scilicet curatus.

15. Ecclesia de Lopdessa [*Ludesse*] debet, etc.

16. Ecclesia de Plauzac [*Plauzat*] debet, etc., scilicet prior Cluniasci[5].

Ecclesia predicta debet aliam, videlicet prior Chauchensis.

17. Ecclesia de Oltazac [*Authezat*] habet procurationis privilegium.

18. Ecclesia de Coysde [*Coudes*] debet procurationem.

19. Ecclesia Talendis majoris [*Tallende-le-Grand*] debet procurationem.

20. Ecclesia Talendis minoris [*Tallende-le-Petit*] habet procurationis privilegium[6].

21. Ecclesia Cresti [*le Crest*] debet, etc.

22. Ecclesia Juliasci [*Julia*[7]].

[1] En marge : *Leo*.

[2] Hameau, commune de Saint-Genès-Champanelle.

[3] Hameau, commune d'Aydat.

[4] Église ruinée, sur le territoire actuel de la commune d'Olloix.

[5] C'est-à-dire le prieur de Sauxillanges, de l'ordre de Cluny. En marge, en face de la ligne 16 et de la suivante, on lit le mot *unam*. — *Chauchensis*, lisez *Cantoennensis*, Chantoin.

[6] Le Grand et le Petit Tallende sont réunis en commune depuis quelques années sous le nom de Tallende; auparavant ils étaient de la commune de Veyre.

[7] Château, commune du Crest.

23. Ecclesia Jusciaci [*Jussat*[1]] debet procurationem.

24. Ecclesia Ruppis de Donazac [*Donnezat*[2]] debet procurationem.

25. Ecclesia de Urceto [*Orcet*] debet, etc.

26. Ecclesia Chanonasci [*Chanonat*] debet, etc.

27. Ecclesia Sancti Marcialis [*des Martres-de-Veyre*] debet, etc.

28. Ecclesia Sancti Ylarii [*Saint-Alyre*[3]] debet, etc.

29. Ecclesia Montonis [*Monton*[4]] cum Sancto Ilario. Est eadem.

30. Ecclesia Chambonis [*Chambon*] debet, etc.

31. Ecclesia Sancti Victoris [*Saint-Victor*] debet, etc.

32. Ecclesia Sancti Genesii de Champanelhas [*Saint-Genès-Champanelle*] debet procurationem.

33. Ecclesia de Sauzet [*Saulzet-le-Froid*] debet procurationem.

34. Ecclesia de Verneto [*le Vernet*] debet procurationem.

35. Ecclesia de Lauzu debet[5], etc.

36. Ecclesia d'Oloys [*Olloix*]. Vacans quia superius est[6].

37. Ecclesia de Lhentis [*Lempty*][7].

II.

ARCHIPRESBITERATUS YSSIDORENSIS [*ISSOIRE*], CUM SUIS DICTIS ECCLESIIS.

38. Ecclesia major Yssiodorii [*Issoire*[8]] habet procurationis privilegium.

39. Ecclesia Sancti Pauli [*Saint-Paul-d'Issoire*] debet, etc., scilicet curatus.

40. Ecclesia Sancti Aviti [*Saint-Avit-d'Issoire*] debet procurationem integram.

[1] Hameau, commune de Chanonat.

[2] Ou la Roche-de-Donnezat, aujourd'hui La Roche-Blanche.

[3] Domaine, commune de Veyre-Monton.

[4] Hameau, commune de Veyre.

[5] Ligne barrée. Voy. n° 14. On avait écrit d'abord *ecclesia Leothonis*, confondant Léotoing avec Lieuson. Le mot a été effacé.

[6] Cette église n'est pas indiquée ci-dessus.

[7] Ligne barrée. L'église de Lempty, en effet, est en dehors de l'archiprêtré de Merdogne; elle fait partie de celui de Billom. Voy. ci-après le pouillé de Clermont.

[8] L'abbaye de Saint-Austremoine.

41. Ecclesia de Auzac subtus Chaylus [*Auzat-sous-Chalus*] debet, etc., prior.

42. Ecclesia de Ginhac [*Gignat*] debet procurationem.

43. Ecclesia d'Antoinh [*Antoingt*] debet, etc., scilicet curatus.

43 *bis*. Ecclesia de Bergona [*Bergonne*][1] cum ecclesia Antonii.

44. Ecclesia de Solinhac [*Solignat*] debet dymidiam procurationem archidiacono, scilicet curatus.

45. Ecclesia Marologii [*Mareugheol*] debet, etc., scilicet curatus[2].

46. Ecclesia Colaminarum prope Vodabulam [*Collamine-en-Vodable*] debet, etc., scilicet prior[3].

47. Capella del Merchadial Vodabule [*Vodable*][4].

48. Capella castri Vodabule [*le château de Vodable*].

49. Capella Sancti Georgii Vodabule [*Saint-Georges-de-Vodable*][5].

50. Ecclesia Rongeriarum [*Ronzières*] debet, etc., scilicet curatus.

51. Ecclesia Sancti Flori de Castro [*Saint-Floret*] debet, etc., scilicet curatus.

52. Ecclesia de Clamensac [*Clémensat*] debet procurationem integram.

52 *bis*. Ecclesia Sancti Vincentii [*Saint-Vincent*] debet procurationem.

53. Ecclesia Sancti Cirici [*Saint-Cirgues*] debet procurationem.

54. Ecclesia de Chydrac [*Chidrac*] debet procurationem.

55. Ecclesia de Malhau [*Meilhaud*] debet procurationem.

56. Ecclesia de Perers [*Periers*] debet procurationem.

57. Ecclesia de Pardinas [*Pardines*] debet procurationem.

58. Ecclesia Sancti Yvonii [*Saint-Yvoine*] debet, etc.[6], videlicet prior.

59. Ecclesia Salvanhasci [*Sauvagnat*[7]].

[1] Un mot barré, tel que *eadem*?

[2] Ici une ligne tout à fait barrée : *Duplex, Ecclesia Sancti Amancii.*

[3] Hameau, commune de Vodable.

[4] Dans la langue de l'Auvergne, *Merchadial* désigne le champ de foire ou le marché.

[5] Le prieuré. Voy. le pouillé de Clermont, n° 683. — Cette ligne et les deux précédentes sont barrées dans l'original.

[6] On avait écrit d'abord : *Scilicet curatus.*

[7] Ligne barrée.

60. Ecclesia de Chadaleou [*Chadeleuf*] debet procurationem integram.

61. Ecclesia de Neschers [*Neschers*] debet, etc., scilicet curatus.

62. Ecclesia major de Champeylhs [*Champeix*] debet, etc., scilicet prior.

63. Ecclesia castri de Champeylhs [*Champeix*] debet, etc.

64. Ecclesia Montis Acuti [*Montaigut*] debet, etc., scilicet prior.

65. Ecclesia de Grandayrols [*Grandeyrolles*] debet procurationem.

66. Ecclesia de Crestas [*Crest*] debet procurationem.

67. Ecclesia de Gergoilh [*Courgoul*] debet procurationem.

68. Ecclesia de Saurias [*Saurier*] debet, etc., scilicet curatus.

69. Capella de Breone [*Brionne*[1]], non.

70. Ecclesia de Bessa [*Besse-en-Chandesse*] debet, etc., scilicet curatus.

71. Ecclesia de Chandeza [*Chandesse*[2]] debet procurationem.

72. Ecclesia d'Anglars [*Anglard*[3]] debet procurationem.

73. Ecclesia de Valbeles [*Valbeleix*] debet, etc.

74. Ecclesia de S. Ostayze [*Saint-Anastaize*] debet, etc.

75. Ecclesia de Conpens [*Compains*] debet, etc., scilicet curatus.

76. Ecclesia de Espinchalm [*Espinchal*], capella de Breo (?) [*Brions*[4]].

77. Ecclesia de Colaminas lo Peuy [*Saint-Pierre-Collamines*] debet, etc., scilicet prior[5].

78. Ecclesia predicta debet aliam procurationem archidiacono, scilicet curatus.

79. Ecclesia d'Espinchalm [*Espinchal*[6]]. Eadem est cum ecclesia de Compens.

[1] Ligne barrée, sauf le dernier mot. Brionne, h., commune de Saurier.

[2] Hameau, commune de Besse.

[3] Hameau, commune de Saint-Anastaize.

[4] Ligne barrée. Brions, h., commune de Compains. Voy. n° 79.

[5] Ce lieu se nommait, au XVIIIe siècle, *Colamine Le Puy*. Les deux derniers mots du texte sont barrés, ainsi que la ligne suivante. Voy. n° 10 ci-dessus.

[6] Les deux premiers mots de cette ligne sont barrés.

80. Ecclesia de Lacmayra [*La Meyrand*] debet procurationem.

81. Ecclesia de Rochacirla [*Roche-Charles*] debet procurationem.

82. Ecclesia de Salhens [*Saillant*[1]] debet, etc.[2]

83. Ecclesia de Chassanhas [*Chassagne*] debet, etc., scilicet curatus.

84. Ecclesia de Dauzat [*Dauzat*] debet, etc., scilicet prior.

85. Ecclesia Sancti Herennii [*Saint-Hérent*] debet, etc., scilicet prior.

86. Ecclesia Godivelle [*La Godivelle*[3]].

87. Ecclesia Capelle desubtus Marcossa [*La Chapelle-sous-Marcousse*] debet procurationem[4].

III.

ARCHIPRESBITERATUS D'ARDES [*ARDES*] CUM DICTIS SUIS ECCLESIIS.

88. Ecclesia d'Ardes [*Ardes*[5]] debet, etc., prior.

89. Ecclesia Resenteriarum [*Rentières*] debet, etc., videlicet prioressa.

90. Ecclesia d'Acchiac [*Apchat*] debet, etc., videlicet prior.

91. Ecclesia d'Aunhac [*Augnat*] debet, etc., scilicet curatus.

92. Ecclesia Sancti Gervasii [*Saint-Gervazy*] debet, etc., scilicet curatus.

92 *bis*. Ecclesia Mercoris [*Mercœur*[6]].

[1] Hameau, commune de Saint-Nectaire.

[2] Une ligne barrée : *Capella de Breon, supra, n° 69*.

[3] Ligne barrée.

[4] Ligne barrée : *Ecclesia de Salhens, alibi est.* Voy. *supra*, n° 82. Il est à remarquer que parmi les églises de l'archiprêtré d'Issoire, il manque celles de Mégemont (abbaye), de Ternant, marquée sur Cassini comme succursale, de Chalus ou Chalus-Lembron, et enfin celle de Villeneuve, qui fut érigée par démembrement de celle de Marcugheol au commencement du XVIe siècle ou à la fin du XVe, et qui figurent dans le pouillé de Clermont, ci-après.

[5] Les églises de cet archiprêtré et des deux suivants font actuellement partie du département du Cantal, sauf une vingtaine qui se répartissent entre la Haute-Loire, le Puy-de-Dôme et l'Aveyron. L'église d'Ardes et les six suivantes font partie du département du Puy-de-Dôme. Nous indiquons ci-dessous celles des autres départements.

[6] Ligne barrée. Nous avons laissé dans le texte les noms des églises, même barrés, lorsqu'elles ne se retrouvent pas ailleurs dans le registre de Trascol. Il ne reste aujourd'hui de Mercœur qu'un château en ruines, dans la commune d'Ardes-sur-Couze, arrondissement d'Issoire.

93. Ecclesia Mauriasci [*Maurial*] debet, etc., scilicet curatus.
94. Ecclesia de Chaslada [*Cheylade*] debet, etc., scilicet curatus.
95. Ecclesia de Marchastel [*Marchastel*] debet, etc.
96. Ecclesia Sancti Amandini [*Saint-Amandin*] debet, etc.
97. Ecclesia de Lucgardi [*Lugardo*] debet, etc., scilicet curatus.
98. Ecclesia Sancti Saturnini in monte [*Saint-Saturnin*] debet, etc.
99. Ecclesia de Segur [*Ségur*] debet, etc.
100. Ecclesia Sancti Boniti [*Saint-Bonnet*] debet, etc.
101. Ecclesia de Marsenac [*Marcenat*] debet, etc., scilicet curatus.
102. Ecclesia de Ecclesia nova [*Église-Neuve*[1]] debet, etc., scilicet curatus.
103. Ecclesia de Condat [*Condat-en-Feniers*] h[abet procur. privil.[2]?].
104. Ecclesia de Mongreles [*Montgreleix*] debet, etc.
105. Ecclesia de Alancha [*Allanche*] debet, etc.
106. Ecclesia de Aveza [*Vèze*] debet, etc., scilicet prior.
107. Ecclesia de Chanet [*Chanet*] debet, etc., scilicet priorissa.
108. Ecclesia de Moledas [*Molèdes*] debet, etc.
109. Ecclesia de Lupsalt [*Lussaud*[3]] debet integram procurationem.
110. Ecclesia de Las Vals [*Leyvaux*] debet, etc., scilicet priorissa.
111. Ecclesia de Anzac [*Anzat-le-Luguet*] debet, etc., scil. curatus.
112. Ecclesia de Aultrac [*Autrac*[4]] debet, etc., scilicet priorissa.
113. Ecclesia de Bosseyrago [*Bousselargues*[5]] debet, etc., scilicet curatus.
114. Ecclesia de Torsiac [*Torsiac*] debet, etc., scilicet curatus.
115. Ecclesia de Mazoyris [*Mazoires*] debet, etc., scilicet prior.

[1] Église-Neuve-d'Entraigues, Puy-de-Dôme, arrondissement d'Issoire, canton de Besse.

[2] Ligne barrée.

[3] Hameau, commune de Laurie.

[4] L'église d'Autrac et les deux suivantes sont du département de la Haute-Loire; il en est de même des suivantes : Saint-Pierre et Saint-Martin de Blesle (n°s 118, 119), Chambezon (n° 120), Léotoing (n° 127), Grenier-Montgon (n° 135), Chapelle d'Alagnon (n° 141), Lubilhac (n° 144) et Saint-Étienne-sur-Blesle (n° 155).

[5] Hameau, commune de Blesle.

116. Ecclesia Sancti Illidii [*Saint-Alyre*[1]] debet, etc., scilicet curatus.

117. Ecclesia de Valancinas [*Valentines*[2]] debet, etc., scilicet curatus ecclesie Vernonis (?).

IV.

ARCHIPRESBITERATUS BLASILIE [*BLESLE*], CUM SUIS ECCLESIIS[3].

118. Ecclesia Sancti Petri Blasilie [*Saint-Pierre de Blesle*] habet procurationis privilegium.

119. Ecclesia Sancti Martini Blasilie [*Saint-Martin de Blesle*] debet, etc., scilicet curatus.

120. Ecclesia de Chambezo [*Chambezon*] debet, etc., scilicet prior.

121. Ecclesia Sancti Mari de Crozo [*Saint-Mary-le-Cros*] debet, etc.

122. Ecclesia de Jursac [*Joursac*] debet, etc.

123. Ecclesia de Moyssac [*Moissac*] debet integram.

124. Ecclesia de Auriaco [*Auriac*] debet, etc.[4]

125. Ecclesia de Peyrussa [*Peyrusse*] debet, etc., scilicet curatus[5].

126. Ecclesia de Brennac [*Bonnac*] debet procurationem[6].

127. Ecclesia de Leutoinh [*Léotoing*] debet integram procurationem.

128. Ecclesia de Charmensac [*Charmensac*] debet, etc.

129. Ecclesia de Rochafforti [*Rochefort*[7]] debet, etc., scilicet prior.

130. Ecclesia Vallis Clare [*Vauclair*[8]] debet, etc., prior.

131. Ecclesia de Molenpizi [*Molompize*[9]] debet, etc.

132. Ecclesia de Val Joyoso [*Valjouze*] debet, etc.

133. Ecclesia de S. Ostayze [*Sainte-Anastasie*[10]] debet integram (*et au-dessus*) dymidiam procurationem archidiacono.

[1] Saint-Alyre-ès-Montagnes.

[2] Valentines, hameau de la commune de Ségur (Cantal), voisin de Vernols.

[3] Pour compléter cet archiprêtré, il faudrait ajouter seulement l'abbaye de Féniers.

[4] Ligne barrée. *Ecclesia de Sauriac. Alibi est.* N° 68.

[5] Ligne barrée. *Ecclesia de Moyssac debet*, etc. *Alibi est.* N° 123.

[6] Brennac est pour Bonnac. *Infra*, n° 152. Ligne barrée. *Ecclesia de Clamensac.* Voy. n° 52.

[7] Hameau, commune de Saint-Poncy.

[8] Chapelle et hameau, commune de Molompize.

[9] En latin : *Ecclesia Molendini Pisini.*

[10] *Ostayze*, forme vulgaire du mot *Anastasia.*

134. Ecclesia de Velhaespessa [*Vieillespesse*] debet, etc., scilicet prior.

135. Ecclesia de Graners [*Grenier-Montgon*] debet, etc., scilicet prior.

135 *bis*. Ecclesia de Vernomps [*Vernols*][1].

136. Ecclesia Del Laurens [*La Chapelle-Laurent*] debet, etc., scilicet curatus.

137. Ecclesia de Lorbarses [*Loubaresse*[2]] debet, etc.

138. Ecclesia de Dyana [*Dienne*] debet, etc., scilicet priorissa.

139. Ecclesia de Landayrac [*Landeyrat*] debet, etc.

140. Ecclesia de Chanilhargis [*Chalinargues*] debet, etc.

141. Ecclesia Capelle d'Alanho [*Chapelle d'Alagnon*[3]] debet, etc., scilicet priorissa.

142. Ecclesia de Veyrargis [*Virargues*] debet, etc.

143. Ecclesia Sancti Poncii [*Saint-Poncy*] debet, etc., scilicet curatus.

144. Ecclesia de Lobilhac [*Lubilhac*] debet, etc., scilicet curatus.

145. Ecclesia de Chastel [*Chastel-sur-Murat*] debet, etc.

146. Ecclesia de Fornols [*Fournols*] debet, etc.

146 *bis*. Ecclesia de Chavanhac [*Chavagnac*[4]].

147. Ecclesia Sancti Mari dez Plas [*Saint-Mary-le-Plain*] debet, etc., scilicet curatus.

148. Ecclesia de Massiat [*Massiac*] debet, etc., scilicet curatus.

149. Ecclesia de Saint Victor [*Saint-Victor*[5]] debet, etc., scilicet curatus.

150. Ecclesia Del Astic (*sic*) [*Lastic*] debet, etc.

151. Ecclesia de Pont de Lyri [*Pont-de-Léry*[6]] debet, etc., scilicet rector sive prior.

[1] Ligne barrée.

[2] Hameau, commune de La Chapelle-Laurent.

[3] Lieu ruiné, de la commune de Blesle.

[4] Ligne barrée.

[5] Saint-Victor, près Massiac.

[6] Les églises de Lastic et Pont-de-Léry ont passé plus tard dans l'archiprêtré de Brioude. Voir ci-après le pouillé de Saint-Flour, n°s 414-416. — Pont-de-Léry est aujourd'hui un hameau de la commune de Vieillespesse.

152. Ecclesia de Bonnat [*Bonnat*] debet, etc., scilicet prior.

153. Ecclesia de Montchalmo [*Montchamp*[1]] debet, etc.

154. Ecclesia de Lauria [*Laurie*] debet, etc.

155. Ecclesia Sancti Stephani prope Blasiliam [*Saint-Étienne-sur-Blesle*] debet integram.

V.

Archipresbiteratus Sancti Flori [*Saint-Flour*], cum suis ecclesiis.

156. Major ecclesia Sancti Flori [*Saint-Flour*], scilicet cura, habet privilegium.

157. Ecclesia Beate Marie Sancti Flori [*Notre-Dame de Saint-Flour*] habet privilegium.

158. Ecclesia de Coltinas [*Coltines*] debet, etc.

159. Ecclesia de Bredom [*Bredon*] debet, etc.

160. Ecclesia de Selas [*Celles*] debet integram.

161. Ecclesia de Thalaizac [*Talizat*] debet, etc.

162. Roffiac [*Roffiac*] debet integram.

163. Ecclesia de Talapart [......] debet procurationem[2].

164. Ecclesia de Brezoms [*Brezons*] debet, etc.

165. Ecclesia de Salhens [*Le Saillant*[3]] debet, etc.

166. Ecclesia de Andalac [*Andelat*] debet, etc.

167. Ecclesia Sancti Michaelis [*Saint-Michel*[4]] debet, etc.

168. Ecclesia de Mentheyris [*Mentières*] debet, etc., scilicet curatus.

169. Ecclesia de Lhautadez [*Lieutadès*] debet, etc.

170. Ecclesia Sancti Ostazie (*sic*) [*Sainte-Anastasie*] debet[5], etc.

171. Ecclesia de Thyveyr [*Tiviers*] debet, etc.

172. Ecclesia Sancti Urcisii [*Saint-Urcize*] debet, etc[6].

[1] Cette église a fait partie plus tard de l'archiprêtré de Saint-Flour. (Pouillé, n° 82.)

[2] Double du n° 161? *Talapart* semble être une faute de copie, pour *Talaizac*.

[3] Hameau, commune d'Andelat.

[4] Hameau, commune de Saint-Georges.

[5] Double. Voy. n° 133.

[6] *Monchalm debet integram. Alibi est. — Ecclesia de Montchalmi. Vacat quia alibi est.* Voy. n° 153. Ces deux lignes sont barrées.

173. Ecclesia Sancti Georgii [*Saint-Georges*] debet, etc.
174. Ecclesia de Melet [*Mallet*[1]] debet, etc.
175. Ecclesia Sancti Galli [*Saint-Gal*[2]] debet, etc.
176. Ecclesia de Paulhenc [*Paulhenc*] debet, etc.
177. Ecclesia de Vabres [*Vabres*] debet, etc.
178. Ecclesia Ruynarum [*Ruines*] debet, etc.
179. Ecclesia Corberiarum [*Corbière*[3]] cum Chaleyrio. Alibi est.
180. Ecclesia de Favayrolas [*Faverolles*[4]] debet integram.
181. Ecclesia de Valorseyra [*Lorcières*].
182. Ecclesia de Valle [*Laval*], vacat, h.[5]
183. Ecclesia Sancti Justi [*Saint-Just*] debet[6], etc.
184. Ecclesia d'Anglars [*Anglards*] habet privilegium.
185. Ecclesia de Corent [*Coren*] debet, etc., scilicet priorissa.
186. Ecclesia del Morle [*Le Morle*[7]] debet, etc.
187. Ecclesia de La Calm [*Lacalm*[8]] debet, etc.
188. Ecclesia de Chaleyrs [*Chaliers*] debet, etc.
189. Ecclesia Sancti Mari [*Saint-Mary*] debet[9], etc.
190. Ecclesia de La Vastria [*La Vastrie*] debet, etc.
191. Ecclesia de Manhac [*Magnac*] debet[10], etc.
192. Ecclesia Sancti Remigii [*Saint-Remy*] debet integram[11].
193. Ecclesia de Favayrolas [*Faverolles*] debet, etc.[12]
194. Ecclesia de Ucello [*Ussel*] debet, etc.

[1] Hameau, commune de Sarrus.

[2] Hameau, commune de Vabres.

[3] Ligne barrée. Corbière, h., commune de Chaliers. Voy. n° 188 pour Chaliers.

[4] Hameau, commune de Pierrefort.

[5] Ligne barrée sauf la lettre h. Il n'y a pas d'église de ce nom dans l'archiprêtré de Saint-Flour. Laval (Haute-Loire, arr. de Brioude, canton de La Chaise-Dieu) fait partie de celui de Brioude.

[6] Ligne barrée : *Ecclesia Beati Michaelis. Vacat quia alibi est.* N° 167.

[7] Hameau, commune de Ruines.

[8] Aveyron, arrondissement d'Espalion, commune de Sainte-Geneviève.

[9] Il doit y avoir ici double emploi, comme au n° 216 ci-dessous, car on ne connait dans cette région que Saint-Mary-le-Gros et Saint-Mary-le-Plain, qui font tous deux partie de l'archiprêtré de Blesle. Voy. ci-dessus, n°s 121 et 147.

[10] Hameau, commune de Sarrus.

[11] Ligne barrée.

[12] Voy. ci-dessus, n° 180 ; à moins qu'il ne s'agisse de Faverolles, h. de la commune de Pierrefort.

195. Ecclesia de Saurruc [*Sarrus*] debet, etc.

196. Ecclesia de Enter Rios [*Antérieux*] debet, etc.

197. Ecclesia de Claveyr [*Clavières*] debet, etc., scilicet priorissa.

198. Ecclesia de Maurinas [*Maurines*] debet, etc.

198 *bis*. La Vestria debet integram [*La Vastrie*[1]].

199. Ecclesia de Monbru [*Montbrun*[2]] debet, etc.

200. Ecclesia Sancti Marcii [*Saint-Marc*[3]] debet, etc.

201. Ecclesia Sancti Benigni [*Saint-Bérain*] debet, etc.

202. Ecclesia de Jabru [*Jabrun*] debet, etc.

203. Ecclesia de Bello Loco [*Beaulieu*[4]] debet[5], etc.

204. Ecclesia de Ricestar [*Requista*[6]] debet, etc.

205. Ecclesia de Duabus Virgis [*Deux-Verges*] debet, etc.

206. Ecclesia de Chavers, sive de Clavers [*Clavières*] debet[7], etc.

207. Ecclesia de Orador [*Oradour*] debet, etc.

208. Ecclesia de Sainta Maria [*Sainte-Marie*] debet[8], etc.

209. Ecclesia de Paulhac [*Paulhac*] debet, etc.

210. Ecclesia de Bossac [*Boussac*[9]] debet, etc.

211. Ecclesia Sancti Martini [*Saint-Martin*] debet, etc.

212. Ecclesia de Vigoros [*Vigouroux*[10]] debet, etc.

213. Ecclesia dicta Nova Ecclesia [*Neuvéglise*] debet, etc.

214. Ecclesia de Vernhac [*Narnhac?*] debet[11], etc.

215. Ecclesia de Sezens [*Cezens*] debet, etc.

216. Ecclesia Sancti Mari [*Saint-Mary*] debet[12], etc.

[1] Ligne barrée. Voy. n° 190.

[2] Hameau, commune de La Vastrie.

[3] Jadis Saint-Marc de Recoux.

[4] Hameau, commune de Ruines.

[5] Ligne barrée : *Ecclesia Sancti Urcisii. Alibi est.* N° 172.

[6] Hameau, commune de Jabrun.

[7] Deux lignes barrées : *Ecclesia de Clavers h. Alibi est.* N° 197. — *Ecclesia Sancti Remigii. Alibi est supra.* N° 192.

[8] Ligne barrée : *Ecclesia de Roffiac... Alibi est.* N° 162.

[9] Simple chapelle de la commune de Pierrefort.

[10] Hameau, commune de Saint-Martin-sous-Vigouroux.

[11] *Vernhac* paraît être une faute de copie pour *Narnhac*. Voy. le pouillé de Saint-Flour, n° 49, ci-après.

[12] Voy. ci-dessus n° 189 et la note.

217. Ecclesia de Gordeuga [*Gourdièges*] debet, etc.

218. Ecclesia de Cussac [*Cussac*] debet, etc.

219. Ecclesia d'Aleuyze [*Alleuze*] debet, etc.

220. Ecclesia de La Baffia [*La Baffie*[1]] debet, etc.

221. Ecclesia de Serrers [*Sériers*] debet, etc.

222. Ecclesia de Chers [*Le Cher*[2]] debet, etc.

223. Ecclesia de Lespinassa [*Espinasse*] debet, etc.

224. Ecclesia Ville Dei [*Ville-Dieu*] debet, etc.

225. Ecclesia sive capella d'Alanho [*La Chapelle-d'Alagnon*] debet, etc.

226. Ecclesia de Verniaco [*Narnhac*] debet[3], etc.

227. Ecclesia Sancti Mauricii [*Saint-Maurice*[4]] debet, etc.

228. Ecclesia de Bayssenet [*La Veissenet*] debet, etc.

229. Ecclesia de Malbos [*Malbo*] debet, etc.

230. Ecclesia Pontis de Lyri [*Pont-de-Léry*] debet, etc., scilicet rector seu prior. Alibi est, videlicet in archipresbiteratu Blasilie[5].

231. Ecclesia Murati [*Murat*] debet, etc., cum ecclesia de Bredons[6].

232. Ecclesia de Valoiol [*Valuéjols*[7]] debet, etc.

233. Ecclesia de Valhelhas [*Valeilhes*[8]] debet, etc.

234. Ecclesia Thanavielle [*Tanavelle*] debet, etc.

235. Ecclesia Sancti Marcialis [*Saint-Martial*] debet integram.

236. Ecclesia de Bornhoncle [*Bournoncles*] debet, etc.

237. Ecclesia sive capella de Berres [*La Capelle-Barrès*] debet, etc.

238. Ecclesia de Trinitate [*La Trinitat*] debet, etc.

239. Ecclesia de Chaniert [*Chaniez*[9]] debet, etc.

240. Ecclesia de Calidis Aquis [*Chaudesaigues*] debet, etc.

[1] On ne connaît que La Baffie, commune de Saint-Just-de-Baffie, canton de Viverols, arrondissement d'Ambert, qui fait partie de l'archiprêtré du Livradois.

[2] Chapelle détruite, à l'est du Cantal.

[3] Voy. n° 214.

[4] Hameau, commune de Valuéjols.

[5] Voy. n° 151.

[6] Voy. n° 159, au sujet de Bredon.

[7] On avait écrit d'abord et on a barré ensuite *Valeyrol*.

[8] Aujourd'hui Rochegonde, h., commune de Neuvéglise.

[9] Hameau, commune de Cantoin (*Dict. de l'Aveyron*). La carte de l'État-major le nomme *La Capelle-Chaniez*.

241. Ecclesia de Serraz [*Serres*] debet, etc.

242. Ecclesia de La Garda [*La Garde*[1]] debet, etc.

[1] Hameau, commune de Lieutadès. On constate, dans cet archiprêtré, l'absence des deux églises de Pierrefort et des Ternes, celle-ci au moins fort ancienne, et que l'on retrouvera dans le Pouillé de Saint-Flour, sous les nos 101 et 84.

II.

POUILLÉ

DES BÉNÉFICES DU DIOCÈSE DE CLERMONT.

SACERDOTIA

DIŒCESIS CLAROMONTANÆ[1].

Episcopatus Claromontensis ad nominationem christianissimi regis Galliæ.

Archidiaconatus septem :

Claromontis, hunc obtinet præpositus Claromontis.
Silviniaci, Souvigny.
Cussiaci, Cusset.
Billomæi, Billom.
Brivatensis, Brioude.
Sancti Flori, Saint-Flour.
Auriliaci, Aurillac.

Archipræsbiteratus quindecim :

I.	Clermont	Cum parochiali ecclesia sibi annexa, ad omnimodam dispositionem domini episcopi Claromontensis[3].
II.	Limaigne	
III.	Souvigny	
IV.	Cusset	
V.	Billom	
VI.	[Livradois][2]	
VII.	Sauxillanges	
VIII.	Issoire	
IX.	Merdogne	
X.	Ardes	
XI.	Mauriac	
XII.	Rochefort	
XIII.	Herment	
XIV.	Menat	
XV.	Blot	

[1] Le premier feuillet porte ce titre : Sacerdotia diœcesis Claromontanæ transcripta anno Domini 1699.

[2] Il faut ajouter ici le Livradois, sans lequel il n'y aurait que 14 archiprêtrés au lieu de 15 qui sont annoncés, et que l'on trouvera dans la suite du pouillé.

[3] Le ms. D nous fournit les noms des cures annexées à chacun des archiprêtrés :
I. Claromonti, cum cura S. Petri du Gendre, sibi annexa.
II. Limanice, cum cura de Lespinasse, sibi annexa.
III. Silviniaci, cum cura Mauricii, sibi annexa.

Liber taxe doni gratuiti concessi christianissimo Regi nostro, de valore et extimatione trium decimarum secundum novissimas impositiones fructuum, proventuum et redditnum omnium et singulorum beneficiorum, preceptoriarum, officiorum et locorum ecclesiasticorum, tam religiosorum quam secularium, exemptorum et non exemptorum, in diocesi Claromontensi existentium, et sumptuum pro illis imponendis, levandis et defferendis cleri congregatione et aliis ejusdem cleri negociis et processibus, ad subveniendum necessitatibus urgentissimis prefati domini nostri Regis ad tuitionem regni sui, ecclesiarum et regnicolarum adversus infideles hostes, conspiratores et malignantes contra Regiam ejus majestatem; quod quidem donum gratuitum concessit idem clerus indicendum et imponendum per infra nominatos specialiter a prefato clero deputatos, videlicet discretum virum magistrum Joannem de Colombes, jurium licentiatum, canonicum Claromontensem ac vicarium generalem Reverendi in Christo patris et domini, domini Guillelmi Du Prat episcopi Claromontensis, Reverendos patres et dominos Franciscum de Borto, abbatem Menati, Gabrielem de Chovigny, alias de Blot, abbatem Ebrolii, et Antonium de Murat, abbatem Thierni, discretos viros magistros Guillelmum d'Oultre, abbatem Chanthoennii ac canonicum Claromontensem, Hugonem Gontard, abbatem Sancti Genesii, canonicumque Claromontensem, Bertrandum Apchier jurium licenciatum, thesaurarium sancte capelle Riomensis, et Joannem Comte cantorem et canonicum Camalarie, que quidem taxa fuit imposita et perfecta per predictos die vigesima mensis Augusti, anno Domini millesimo quingentesimo tricesimo quinto.

Archidiaconus Silvigniaci	XVI l. X s.
Archidiaconus Cussiaci	XXVII l. XV s.
Archidiaconus Billomi	XXXVI l.
Archidiaconus Brivatensis	X l. X s.
Archidiaconus Sancti Flori	XII l.
Archidiaconus Orlhaci	LIIII l.

IV. Cussiaci, cum cura SS. Cirici et Julliæ de Sansset, sibi annexa.

V. Billomei, cum cura S. Lupi, sibi annexa.

VI. Libratensis, cum cura S. Præjecti de Bertignat, sibi annexa.

VII. Salciniarum, cum cura S. Martialis de Collange, sibi annexa.

VIII. Issidori, cum cura S. Jacobi d'Augnat, sibi annexa. [Au XVIIIe siècle, cette cure fut remplacée par celle de St-Remi de Meilhau. E.]

IX. Merdoniæ, cum cura S. Marguaritæ de Vernet, sibi annexa.

X. Ardilis, cum cura S. Illidii in titulo, sibi annexa.

XI. Mauriaci, cum cura S. Thuonii (lisez *S. Thyrsi*, en français *Saint-Thyrse*) d'Anglards, sibi annexa.

XII. Rupifortis, cum cura S. Bonneti in titulo, sibi annexa.

XIII. Hermenci, cum cura S. Aviti in titulo, sibi annexa.

XIV. Menati, cum cura S. Petri de Gouttières, sibi annexa.

XV. Bloti, cum cura de Loubeyras, sibi annexa.

I. ARCHIPRESBITERATUS CLAROMONTENSIS.

In archipræsbyteratu Claromonti ecclesiæ sæculares et collegiatæ :

1. Capitulum ecclesiæ cathedralis Beatæ Mariæ Claromontensis civitatis. Dignitates :

Præpositura.	Ad collationem et omnimodam dispositionem ejusdem capituli.
Abbatia.	
Decanatus.	
Cantoria cum præbenda.	

Canonicatus et præbendæ 35 ex quibus sex sacerdotales in duodecim semipræbendas statuto ejusdem capituli supremæ curiæ Parlamenti Parisiensis placito auditis audiendis confirmarunt (confirmato) divisæ.

2. Capitulum ecclesiæ sæcularis et collegiatæ principalis Beatæ Mariæ Portus civitatis Claromontensis. Dignitates :

Decanatus	Ad coll. et omnimodam disp. domini episcopi pleno jure.
Cantoria.	Ad omnimodam disp. ejusdem capituli.
Canonicatus et præbendæ 15. . . .	Ad coll. et omnimodam disp. domini episcopi.

3. Capitulum ecclesiæ sæcularis et collegiatæ Sancti Genesii Claromontis. Dignitates :

Abbatia pro duobus.	Ad collationem et omnimodam dispositionem ejusdem capituli.
Cantoria.	
Canonicatus et præbendæ 14.	

4. Capitulum ecclesiæ sæcularis et collegiatæ Sancti Petri Claromontis. Dignitates :

Decanatus.	Ad collationem et omnimodam dispositionem ejusdem capituli.
Cantoria.	
Canonicatus et præbendæ 15.	

5. Capitulum ecclesiæ sæcularis et colleg. Beatæ Mariæ Camalariæ trans civitatem Claromontensem. Dignitates :

Decanatus.	Ad omnimodam dispositionem ejusdem capituli.
Cantoria.	
Canonicatus et præbendæ 13.	

6. Capitulum B. Mariæ Montisferrandi oppidi. Officium :

Cantoria.	Ad coll. et omnimodam disp. ejusdem capituli.
Canonicatus et præbendæ 13.	

7. Capitulum ecclesiæ sæcularis et colleg. Sancti Stephani Cebaziaci. Dignitas :

Decanatus pro duobus	Ad coll. et omnimodam disp. ejusdem capituli.
Canonicatus et præbendæ 11.	

8. Capitulum ecclesiæ sæcul. et colleg. Sancti Ludovici basilicæ seu palatii Riomi :

Thesauraria pro duobus.	Ad omnimod. disp. christianissimi regis Galliæ.
Præbendæ 13	
Semipræbendæ 6.	Ad omnimodam disp. capituli, chorariis tantum affectæ.

IN ARCHIPRESBITERATU CLAROMONTENSI.

Dominus episcopus Claromontensis.................... xv l. ix s.

1. Capitulum Claromontense, comprehensis decimis eidem de novo unitis pro curis Pompignaci et Perpeziaci.................. iii^{c}xliii l. ii s. vi d.

1^{2}. Prepositus Claromontensis.............................. xii l. i s. vi d.

1^{3}. Abbas Claromontensis.................................. xix l. x s.

1^{4}. Decanus Claromontensis................................ xi l. v s.

1^{5}. Cantor Claromontensis................................. xi l. v s.

2. Capitulum B. Marie Portus Claromontensis, cum annexa Jaleraci.. xlvi l. x s.

2^{2}. Decanus ejusdem ecclesie............................... cv s.

3. Capitulum S. Genesii Claromontensis cum cura eidem annexa..... xlvi l. x s.

4. Capitulum S. Petri Claromontensis.......................... xvi l. xiii s. vi d.

5. Capitulum B. Marie de Camalaria............................ xlvii l. x s.

5^{2}. Decanus ejusdem ecclesie.............................. li s.

6. Capitulum Montisferrandi.................................. xlv l. viii s.

7. Capitulum Cebaziaci....................................... xliii l. x s.

8. Collegium palatii Riomi.................................... l l.

1. Clermont, chef-lieu du dép^{t} du Puy-de-Dôme. Cette ville s'appelle Clermont-Ferrand depuis l'édit de 1630, qui lui a uni la ville voisine de Montferrand.

2. Clermont, église de Notre-Dame-du-Port. — Saint-Martin-de-Jalleyrac (Cantal, arr. et c^{on} de Mauriac).

3. Clermont, église de Saint-Genès.

4. Clermont, église de Saint-Pierre.

5. Chamalières. (Les noms de lieu qui ne sont suivis d'aucune mention de département appartiennent au Puy-de-Dôme.)

6. Montferrand, c^{ne} de Clermont-Ferrand.

7. Cébazat.

8. Riom, chef-lieu d'arr. du Puy-de-Dôme.

9. Capitulum ecclesiæ sæcularis et colleg. Sancti Amabilis Riomi. Dignitates :

Decanatus pro duobus..........	Ad collationem et omnimodam dispositionem ejusdem capituli.
Præpositura Marthureti........	
Cantoria....................	
Curionatus..................	
Canonicatus et præbendæ 19 sacerdotales................	
Semi-præbendæ sex affectæ pueris chori....................	

10. Capitulum eccles. sæcul. et colleg. Beatæ Mariæ Marthureti ejusdem oppidi Riomi :

Præpositura.................	Ad coll. capituli S. Amabilis, ut supra.
Canonicatus et præbendæ 10....	Ad coll. capituli Marthureti.
Insuper duæ præbendæ.........	Ad omnimodam disp. domini de Langheat.

11. Capitulum eccles. sæcul. et colleg. SS. Victoris et Coronæ d'Enezat :

Decanatus..................	Ad collationem et omnimodam dispositionem ejusdem capituli.
Cantoria..................	
Canonicatus et præbendæ 12, semi-præbendæ 2.	

12. Capitulum Beatæ Mariæ Pontis Castri eccles. sæcul. et colleg. de novo erectum a domino comite De Dalet :

Decanatus..................	Ad præsentationem domini temporalis ejusdem loci et institutionem domini episcopi.
Canonicatus et præbendæ 15....	

13. Capitulum eccles. sæcul. et colleg. S. Martini Cornoni :

Decanatus..................	Ad omnimodam disp. ejusdem capituli.
Canonicatus et præbendæ 10.....	Ad omnimodam disp. domini episcopi et ejusdem capituli alternatim.

ABBATIÆ.

14. Abbatia monasterii regularis Sancti Petri de Chantoin prope Claromontum, ordinis S. Augustini, beneficium electivum. Officia :

Sacristia.
Prioratus claustralis.
Cameraria.
Infirmaria.
Unita est cum omnibus suis dependentiis conventui Carmelitarum discalceatorum ibidem erecto, de quo infra.

15. Abbatia monasterii monialium Sanctæ Claræ in suburbiis ejusdem civitatis Claromontensis.

16. Abbatia monasterii regularis S. Illidii, ordinis Sancti Benedicti de Cazali, in suburbiis ejusdem civitatis, ad collationem et omnimodam dispositionem conventus ejusdem loci, soletque triennali electione conferri.

9. Abbas et conventus Sancti Amabilis Riomi, cum officiariis dicti conventus . . . . cxii l. x s.

10. Collegium B. Mariæ Martureti . . . . xxx l.

11. Capitulum Enneziaci, cum decano . . . . cxi l.

12. Collegium de novo erectum apud Pontem Castrum . . . . xiii l. x s.

13. Capitulum Cornoni . . . . xxxiii l.

14. Abbas Chanthoennii . . . . viii l. v s.

15 [1].

16. Abbas S. Illidii, cum suis annexis, tam pro conventu quam pro officiis unitis mense abbatie et hiis que percipiunt apud Agellam. ii^{c}xxviii l. xviii s.

9. RIOM, église de Saint-Amable.

10. *Idem*, église du Marthuret.

11. ENNEZAT.

12. PONT-DU-CHÂTEAU. Le rédacteur du pouillé semble avoir eu en vue le seigneur (et non pas le comte) de Dallet, seigneurie voisine de Pont-du-Château; mais c'est une erreur. Ce chapitre fut fondé, au commencement du XIVe siècle, par Jacques de Beaufort, marquis de Canillac et comte d'Alais, seigneur de Pont-du-Château. (Chabrol, *Coutumes d'Auvergne*, t. IV, p. 419-420.)

13. COURNON.

14. CHANTOIN, à Clermont-Ferrand, près la barrière des Jacobins, au nord-est de la ville.

15. CLERMONT (Abbaye au faubourg de).

16. SAINT-ALYRE, c^{ne} de Clermont-Ferrand, et GELLES, ancien prieuré de cette abbaye. (Voy. ci-dessous, n° 946.)

[1] La ligne en regard du n° 15 ainsi que celles que l'on trouvera en blanc par la suite se rapportent à des églises qui manquent dans la Taxe de 1535.

17. Abbatia monasterii regularis Sancti Andreæ prope Claromontum, ordinis Præmonstratensis, beneficium electivum, cujus officia claustralia sunt :

Prioratus....................	Ad omnimodam dispositionem abbatis et conventus.
Sacristia....................	

18. Abbatia monasterii regularis monialium S. Petri de Bellomonte oppidulo, ordinis Sancti Benedicti, beneficium electivum.

19. Abbatia monasterii regularis SS. Petri et Pauli de Mozac, ordinis Sancti Benedicti Cluniacensis, beneficium electivum, cujus officia sunt :

Prioratus claustralis............	Ad omnimodam dispositionem abbatis et monasterii.
Cameraria....................	
Eleemosinaria................	
Sacristia....................	
Cantoria.....................	
Refectuaria..................	
Infirmaria...................	Hæc tria sunt unita conventui.
Annonaria....................	
Pictantiaria.................	

PRIORATUS.

20. P. Sancti Boniti extra muros civitatis Claromont[is]....................	Ad coll. abb. S. Illidii.
21. P. S. Cassii prope S. Illidium........	Ad coll. abb. ejusdem S. Illidii.
22. P. S. Petri de Chantoin.............	Ad coll. abb. ejusdem monasterii.
23. P. S. Andreæ......................	Ad coll. abb. ejusdem loci.

24. P. de Royat unitus mensæ abbatiali de Mozac.

25. P. regularis de Gondole, pendet a priorata de Sauviat.

26. P. de Marmillac prope Lende, unitus abbatiæ Casæ Dei.

27. P. S. Martini d'Alloches, alias des Martres d'Artières, unitus conventui Moziaci, nunc mensæ abbatiali de consensu conventus.

28. P. seu decanatus de Chavaroux unitus mensæ abbatiali Cluniac.

29. P. d'Uriac et Jose.

30. P. de Tessonnières..................	Ad præsentationem abbatis S. Simphoriani Thierni.
31. P. de Gerzat......................	Ad coll. abb. S. Illidii.
32. P. ruralis S. Leonardi de Lortige prope Malintrat, ord. S. Aug.............	Ad omnimodam disp. (*sic*).
33. P. conventualis Sancti Roberti de Monferrand.........................	Ad disp. abb. Casæ Dei.

34. P. de Menestrol, unitus mensæ abbatiali Moziaci.

35. P. S. Joannis de Riom, unitus capitulo Sancti Amabilis de Riom.

17. Abbas S. Andree prope Claromontem........................ vii^{xx}x l.
Conventus ejusdem........................ lxix s.
Prior dicti conventus........................ xliii s. vi d.
Sacrista supradicti conventus Sancti Andree........................ vi l. xv s.
18. Abbatissa Bellimontis........................ xxx l.
19. Abbas Moziaci, cum suis annexis Rubiaci, Volvici, Trilbiaci, Sane nicture [culture?], Munsrolii et Plombier (*sic*)........................ viii^{xx}xviii l. x s.
19^{2}. Camerarius dicti conventus cum prioratu Dreturiaci........................ xvi l. xvii s. vi d.
19^{3}. Eleemosinarius dicti conventus........................ x l. x s.
19^{4}. Sacrista dicti conventus........................ xii l.
19^{5}. Cantor dicti conventus........................ xlv s.
19^{6}. Conventus dicti loci cum infirmaria et prioratibus de Alochiis et Martris.
20. Prior S. Boniti extra muros Claromontis........................ viii l. v s.
21.
22.
23.
24. (Vide supra n° 19.)
25. Prior de Gondolle........................ lxvii s. vi d.
26. (Vide infra n° 516.)
27. (Vide supra n° 19^{6}.)
28. Decanus de Chavaroux, membrum unitum abbatie Cluniacensi... xxxvi l.
29. Prior Uriaci cum Joza........................ viii l. v s.
30. Priorissa de Teissonnières........................ lxxv s.
31. Prior Gerziaci........................ ix l.
32. Prior de Lortige........................ vi l. xv s.
33. Prior Montisferrandi cum Bremone........................ xlv l.
34. (Vide supra n° 19.)
35. Prior S. Joannis Riomi........................ x l. x s.

17. Clermont-Ferrand (Saint-André, près).
18. Beaumont.
19. Mozac et ses annexes : Royat, Volvic, Seuillet (*Sulhiaci*) (voy. n° 312), Saint-Coust, Ménétrol (*Monistrolii*), Crouzier-le-Neuf (voy. n° 311).
19^{2}. Prieuré de Droiturier (Allier).
20. Clermont-Ferrand, église détruite de Saint-Bonnet.
21. *Idem*, église détruite de Saint-Cassi.
22. Chantoin (voy. n° 14).
23. Clermont-Ferrand (Saint-André, près).
24. Royat.
25. Gondole, château, c^{ne} du Cendre.
26. Marmillat, domaine, c^{ne} de Lempdes.
27. Martres d'Artières. Les Allochs était l'ancien nom de cette localité, qui a reçu ensuite celui du ruisseau d'Artières. (Chabrol, *Coutumes d'Auvergne*, t. IV, p. 316.)
28. Chavaroux.
29. Joze. Le nom d'Uriat s'est conservé en un lieu dit *Pré d'Uriat*, f., c^{ne} de Joze.
30. La Tissonnière, h., c^{ne} de Joze.
31. Gerzat.
32. Lortige ou l'Ortige.
33. Montferrand, c^{ne} de Clermont-Ferrand et Bromont-la-Mothe (voy. ci-dessous n° 958).
34. Ménétrol.
35. Riom, église de Saint-Jean.

36. P. conventualis monialium S. Benedicti, ordinis Cluniac., de Marsac......... Ad omnimodam disp. domini abb. de Mozac.

37. P. S. Præjecti de Volvic, unitus mensæ abbatiali de Mozac.

38. P. de Marsat, olim unitus officio claustrali de Mozac, anno vero Domini 1545, XIII kal. junii, sub SS. D. N. P. Paulo III, pontificatus ejusdem anno 11, unitus mensæ conventuali prioratus monialium ejusdem loci cum prioratu de Giac.

39. Hospitale seu hospitium Riomi oppidi... Ad omnimodam disp. capituli S. Amabilis.

40. Hospitale hierosolimitanæ familiæ S. Johannis, ordinis Augustiniani, in agro suburbano Montisferrandi Arvernorum.

41. Præceptoria S. Johannis ordinis hierosolimitani in sacello S. Joan. de Ségur.

42. Præceptoria S. Antonii Montisferrandi, congregationis Viennensis.

43. Vicaria in Leprosorum diversorio Montisferrandi prope oppidum, in loco d'Herbez...................... Ad præsent. Consulum Montisferrandi.

CURÆ.

44. C. Sanctæ Crucis seu Salvatoris in ecclesia cathedrali per duos vicarios regi solita, quorum alter ab episcopo, alter a capitulo pleno jure instituitur.

45. C. Beatæ Mariæ Portus............. 46. C. S. Laurentii...................	Sunt jam unitæ ad præsentationem ejusdem capituli Portus.
47. C. S. Genesii unita capitulo ejusdem ecclesiæ, die vero 21 julii 1514 separata.	Ad præsentationem ejusdem capituli.
48. C. S. Petri de Clermont.............	Ad præsent. capituli ejusdem ecclesiæ.
49. C. SS. Boniti et Ferreoli........... 50. C. S. Cassii......................	Ad præsentationem abbatis S. Illidii seu S. Allyre.
51. C. SS. Stephani et Patrocli.......... 52. C. S. Cirici trans Clarom[ontem]....... 53. C. SS. Lupi et Saturnini de Romaniac... 54. C. S. Lupi de Cormède............ 55. C. S. Baudelii, vulgo Saint-Bozire, cum annexa de Chappes............... 56. C. S. Genesii Infantis............... 57. C. S. Juliani de Volvic.............. 58. C. S. Crucis et S. Clementis de Pompignat, cum annexa Beatæ Mariæ Magdalenæ de Chateaugay............ 59. C. Juliani d'Orcines................ 60. C. S. Germani de Mazayes............	Ad præsentationem capituli ecclesiæ cathedralis Claromontensis.

36. Marsat. La chapelle était sans doute celle du château fort qui existait jadis en ce lieu.

37. Volvic, église de Saint-Priest. D et E donnent à ce prieuré le titre de Saint-Julien au lieu de Saint-Priest, peut-être par suite de confusion avec le patron de la cure. (Voir ci-dessous le n° 57.)

36. Prior Marsiaci cum capella Rupisfortis........................ XII l.
37. (Vid. supra n° 19.)
38.
39.
40. Præceptor S. Joannis Montisferrandi........................ IIII^xx IIII l.
41.
42. Præceptor S. Antonii Montisferrandi........................ XL l. VII s.
43.
44. C. S. Crucis Claromontensis........................ C s. VI d.
45. C. B. Marie Portus Claromontensis........................ X l. II s. VI d.
46. C. S. Laurentii Claromontensis........................ IIII l. X s.
47.
48. C. S. Petri Claromontensis........................ X l. II s. VI d.
49. C. S. Boniti extra muros Claromontis........................ XXXIIII s. VI d.
50. C. S. Cassii........................ IIII l. X s.
51. C. S. Stephani extra muros Claromontis........................ XXII s. VI d.
52. C. S. Cirici........................ LXVII s. VI d.
53. C. Romagniaci........................ VI l. X s.
54. C. de Cromede........................ LX s.
55. C. Dominarum Vinearum........................ XXXIIII s. VI d.
56. C. S. Genesii Infantis........................ XLV s.
57. C. S. Juliani Volvici........................ LXXII s.
58. C. Pompignaci........................ VI l.
59. C. Urcinarum........................ IIII l. X s.
60. C. de Mazayes........................ XII l. X s. VI d.

38. Marsat, second prieuré de ce nom. (Voir le n° 36 et le n° 949 ci-dessous.)

39. Riom.

40. Montferrand, c^ne de Clermont-Ferrand.

41. Saint-Jean, h., c^ne de Clermont-Ferrand, nommé Saint-Jean-de-Ségur dans Cassini.

42. Montferrand, c^ne de Clermont-Ferrand.

43. Herbet, h., c^ne de Clermont-Ferrand.

44. Clermont-Ferrand. La cure de Sainte-Croix, après la destruction de l'église de ce nom, fut placée dans la cathédrale elle-même.

45. *Idem.* Église paroissiale de Notre-Dame du Port.

46. *Idem.* Église détruite de Saint-Laurent.

47. *Idem.* Église paroissiale de Saint-Genès-les-Carmes.

48. *Idem.* Église détruite de Saint-Pierre.

49. Clermont-Ferrand. Église détruite de Saint-Bonnet ou Saint-Ferréol.

50. Clermont-Ferrand. Église détruite de St-Cassi.

51. *Idem.* Église de Saint-Étienne, Saint-Patrocle ou Saint-Eutrope, reconstruite de 1858 à 1862.

52. *Idem.* Ancien monastère de Saint-Cirgues devenu église paroissiale, aujourd'hui détruite.

53. Romagnat.

54. Cormède, h., c^ne des Martres d'Artières.

55. Saint-Beauzire et Chappes. D ajoute : «Annexa S. Radegundis de Chappes.» L'église, mentionnée dans C, est celle des SS. Agricole et Vital de Donna-Vignat, qui avait été unie à celle de Saint-Beauzire en 1664 et qui figure dans le pouillé du XVIIIe siècle.

56. Saint-Genès-l'Enfant.

57. Volvic. (Voir le n° 37.)

58. Pompignat, h., c^ne de Châteaugay, et Châteaugay appelé Vioochs jusqu'à la fin du XIVe siècle.

59. Orcines.

60. Mazaye.

61. C. S. Adjutoris in suburbiis Clarom[ontis].	Ad præsent. capituli S. Amabilis de Riom.
62. C. S. Andreæ trans Clarom[ontem]....	Ad præsentationem abbatis ejusdem loci.
63. C. S. Mariæ de Chamalières..........	Ad præsentationem capituli ejusd. ecclesiæ.
64. C. S. Leodegarii de Royat...........	Ad præsentationem abbatis de Mozac.
65. C. S. Petri de Beaumont............	Ad præsentationem abbatissæ ejusdem loci de Beaumont.
66. C. B. Mariæ dud. Beaumont.........	
67. C. S. Petri de Malintrat.............	
68. C. S. Martini de Ceyrat.............	Ad præsentationem des Carmes deschaussez de Clermont.
69. C. S. Barnabæ d'Omme.............	Ad præsent. domini temporalis ejusdem loci.
70. C. S. Martini d'Aubière.............	Ad præsent. abbatis Casæ Dei.
71. C. S. Michaelis du Petit Pérignat......	Ad præsent. domini temporalis ejusdem loci.
72. C. S. Petri du Cendre, annexa archipræsbyteratui Claromontensi.	
73. C. S. Hilarii de Cornom.............	Ad omnimodam disp. domini episcopi.
74. C. S. Martini de Cornon.............	Ad præsentationem capituli ejusdem loci.
75. C. S. Stephani de Lende.............	Ad præsentationem abbatis Casæ Dei, ratione prioratus de Marmillat.
76. C. B. Mariæ de Poliac..............	Ad præsent. Carmelitarum discalceatorum Claromont., ratione prioratus de Chazal.
77. C. S. Martinæ du Pont du Chateau.....	Ad præsent. priorissæ de Laveno.
78. C. S. Martini d'Alloches et Martres d'Artières.........................	Ad præsent. conventus Moziaci, nunc abbatis, ut videre est supra in prioratu.
79. C. S. Leodegarii de Ghavaroux........	Ad præsent. abbatis Cluniacensis.
80. C. S. Geraldi d'Uriac, cum annexa B. Mariæ de Joze..................	Ad præsent. prioris ejusdem loci.
81. C. S. Desiderati de Salignat, cum annexa B. Mariæ de Tessonnières..........	Ad præsent. abbatis S. Simphoriani Thierni.
82. C. S. Lauri in titulo................	Ad præsent. abbatis Cluniac., ratione decanatus de Chavaroux.
83. C. SS. Victoris et Coronæ d'Enezat, cum annexa d'Entraigues...............	Ad præsent. capituli ejusdem loci.
84. C. S. Boniti de Gerzat..............	Ad præsent. abbatis de Saint-Allyre.
85. C. S. Rustici d'Aulnat	Ad præsent. des Carmes deschaussez de Clermont.
86. C. S. Roberti de Montferrand.........	Ad præsent. prioris ejusdem loci.
87. C. S. Martini de Ménestrol...........	Ad præsentationem abbatis de Mozac.

61. CLERMONT-FERRAND. Église détruite de Saint-Adjutor.

62. *Idem*. Voy. n° 17, ci-dessus.

63. CHAMALIÈRES.

64. ROYAT.

65. BEAUMONT.

66. *Idem*, ancienne église de Notre-Dame de la Rivière.

67. MALINTRAT.

68. CEYRAT.

61. C. S. Adjutoris .... IIII l. X s.
62. C. S. Andree .... LXIII s.
63. C. B. Marie de Camelaria .... XLIII s. VI d.
64. C. Rubiaci .... LX s.
65. C. S. Petri Bellimontis .... C s. VI d.
66. C. B. Marie Ripariæ Bellimontis .... IIII l. V s. VI d.
67. C. Mali Introitus .... V l. VIII s.
68. C. Ceriaci .... IIII l. X s.
69. C. d'Ompme .... LXIII s.
70. C. Alberie .... XII l.
71. C. Perigniaci supra Alberiam .... LXXII s.
72. C. du Sandre, cum archipresbiteratu Claromontensi .... VI l. X s.
73. C. S. Hilarii Cornoni .... XXXVII s. VI d.
74. C. S. Martini Cornoni .... XXXVII s. VI d.
75. C. de Lempde .... IIII l. X s.
76. C. Poulhaci Pontis Castri .... IIII l. X s.
77. C. Sancte Martine Pontis Castri .... VI l.
78. C. de Martris Arterie .... IX l. XVIII s.
79. C. de Chavaroux .... XLII s.
80. C. Uziaci (*sic*) cum Joza .... CVI s. VI d.
81. C. Tessoneriarum .... XXXVI s.
82. C. S. Lauri .... LXX s. VI d.
83. C. Ennaziaci .... VI l. XV s.
C. de Interaquis .... IIII l. X s.
84. C. Gerziaci .... X l. X s.
85. C. Alniaci .... VI l. II s.
86. C. Montisferrandi .... XV l.
87. C. Ministrolii .... L s.

69. Opme ou Opmne, h., c^ne^ de Romagnat.

70. Aubière. B[1] 324 : Communauté des prêtres d'Aubière.

71. Le Petit-Pérignat, h., c^ne^ d'Aubière.

72. Le Cendre.

73. Cournon.

74. *Idem.*

75. Lempdes.

76. Pont-du-Château ; l'église est dite Notre-Dame-de-Paulhat.

77. Pont-du-Château.

78. Martres-d'Artières. (Cf. n° 27.)

79. Chavaroux.

80. Uriat et Joze. (Voy. ci-dessus n° 29.)

81. La Tissonière, c^ne^ de Joze. Solignat ne se trouve point sur les cartes de Cassini et de l'État-major. L'annexe, comme cela est arrivé souvent, est devenue l'église principale.

82. Saint-Laure.

83. Ennezat et Entraigues.

84. Gerzat.

85. Aulnat.

86. Montferrand, c^ne^ de Clermont.

87. Ménétrol. (Voy. n° 34.)

88. C. S. Pauli de Mozac }
89. C. S. Martini de Mozac } Ad præsentationem abbatis de Mozac.
90. C. B. Mariæ de Marsac }
91. C. S. Amabilis de Riom } Ad præsentationem capituli
92. C. S. Joannis Riomi } ejusdem ecclesiæ.
93. C. S. Præjecti de Volvic. Ad præsent. conventus de Mozac.
94. C. B. Mariæ des Arz de Volvic. Ad præsent. domini de Borsdon[1].
95. C. S. Stephani de Cébazat unita capitulo ejusdem ecclesiæ.
96. C. S. Vincentii cum annexa S. Pardulphi de Blanzat. Ad præsent. abb. de S. Allyre de Clermont.
97. C. S. Martialis de Nohanem unita cantoriæ ecclesiæ cathedralis.
98. C. S. Petri de Lussat[2]. Ad præsent. prioris de Riz.

II. ARCHIPRÆSBITERATUS LIMANIÆ.

99. Capitulum ecclesiæ sæcul. et colleg. S. Martini d'Artonne:
Abbatia }
Cantoria } Ad collationem et omnimodam dispositionem ejusdem capituli.
Canonicatus et præbendæ 13 }

100. Capitulum eccles. sæcul. et colleg. B. Mariæ d'Aigueperce:
Canonicatus et præbendæ 12. Ad coll. ejusd. capituli et capituli Thierni alternatim.

101. Collegium s. basilicæ B. Ludovici ejusdem loci d'Aigueperce:
Thesauraria }
Canonicatus et præbendæ 8 } Ad coll. et omnimodam dispositionem domini temporalis ducis de Montpensier.
Semi-præbendæ 8 }

102. Collegium canonicorum hebdomadariorum ecclesiæ Sancti Venerandi de Veausse:
Prioratus. Ad collationem et omnimodam dispositionem domini abbatis d'Ebreulle.
Curionatus. Ad præs. prædicti abbatis et institutionem domini episcopi.
Præbendæ quatuor. Ad præsent. domini temporalis et institutionem prædicti abbatis.

103. Abbatia S. Leodegarii d'Esbreule, ordinis S. Benedicti, officia claustralia:
103[2]. Prioratus claustralis }
103[3]. Decanatus }
103[4]. Celeraria } Ad collationem et omnimodam dispositionem domini abbatis ejusdem loci.
103[5]. Eleemosinaria }
103[6]. Cameraria }

[1] Lisez *Bosredon*. — [2] Le ms. porte ici en marge le chiffre 53, mais il y a en réalité 55 cures dans l'archiprêtré, sans compter les annexes.

88. C. S. Pauli Moziaci .... LII s. VI d.
89. C. S. Martini Moziaci .... IIII l. X s.
90. C. Marsiaci .... CVIII s.
91. C. S. Amabilis Riomi .... XVII l. XII s. VI d.
92.
93. C. S. Prejecti Volvici .... CV s.
94. C. B. Mariæ Volvici .... XV s.
95. C. Cebaziaci .... XLIII s. VI d.
96. C. S. Vincentii cum annexa Blanziaci .... VII l. II s. VI d.
97. [Cure unie à la chantrerie du chapitre cathédral.]
98. C. Lupsiaci .... CVIII s.
98². Communitas Gerziaci .... XVII l. X s.
98³. Communitas Pontisgibaldi .... XVII l. X s.
98⁴. Communitas Ste Martine Pontiscastri .... IIII l.
98⁵. Communitas ecclesiarum Volvici .... LXXV s.
98⁶. Communitas Romagnaci .... IIII l.

Summa totalis presentis archipresbiteratus Claromontensis ascendit tres mille (*sic*) quinque centum triginta quattuor libras turonensium.

Ideo hic .... III^m V^c XXXIIII l.

IN ARCHIPRESBITERATU LIMANIE.

99. Capitulum Arthone cum cura Davayaci eidem unita .... XLV l.
Abbas dicti capituli .... LXX s. VI d.
100. Capitulum Aquesparse .... LII l. X s.
Communitas chorariorum dicti collegii .... XXI l. XV s.
101. Collegium S^ti Ludovici Aquesparse .... XXXIIII l. X s.
102.
103. Abbas Esbrolii cum prioratu Montisfirmini .... VIII^xx X l.
103². Decanus dicti conventus .... IX l.
103³. Celerarius dicti conventus .... LXXV s.
103⁵. Elecmosinarius dicti conventus .... VI l. XVIII s.
103⁶. Camerarius dicti conventus cum prioratu S. Genesii de Rethe .... XIIII l. V s.

88. MOZAC.
89. *Idem.*
90. MARSAT.
91. RIOM.
92. *Idem.*
93. VOLVIC.
94. *Idem.*
95. CÉBAZAT.
96. SAINT-VINCENT, us., c^ne de Blanzat. — BLANZAT.
97. NOHANENT.
98. LUSSAT.
98². Ce numéro et les suivants manquent dans A.
98³. PONTGIBAUD, annexe de Saint-Pierre-le-Châtel, est de l'archiprêtré d'Herment.
99. ARTONNE.
100. AIGUEPERSE.
101. *Idem.*
102. VEAUCE (Allier).
103. ÉBREUIL (Allier).
103⁶. SAINT-GENÈS-DU-RETZ.

103^7. Sacristia......................
103^8. Cantoria......................
103^9. Refectuaria...................
} Ad collationem et omnimodam dispositionem domini abbatis ejusdem loci.

104. Abbatia monasterii S. Gilberti, aliter Neufontaine, ordinis Præmonstratensis, diœces. Clarom. in parochia S. Desiderii.

[PRIORATUS.]

105. P. conventualis B. Mariæ Magdalenæ Lacus Rubei, vulgo Lacroüay, ordinis S. Aug. electivus :
Sacristia.
Cameraria.

106. P. d'Aubiat unitus capitulo Riomi, alias ad omnimodam disp. ejusdem capituli.

107. P. de la Chapele d'Andelot.......... Ad omnimodam disp. abbatis Casæ Dei.
Sacristia ejusdem prioratus....... Ad prioris dispositionem.

108. P. de Besilhac.................... Ad omnimodam disp. prioris de Lacroüay.

109. P. de Sussat...................... Ad omnim. disp. abbatis Menati, unitus annualariæ ejusdem.

110. P. Velchiæ, vulgo Veausse.......... Ad omnimodam disp. abbatis Ebrolii.

111. P. S. Dionisii Ducret (*sic*).......... Ad omnimodam disp. abbatis Ebrolii, unitus camerariæ.

112. P. S. Stephani de Gannat...........
113. P. S. Jacobi de Gannat............
} Ad omnimodam dispositionem abbatis d'Issoire.

114. P. de Genzat...................... Ad omnim. disp. abbatis de Souvigni.

115. P. S. Petronillæ d'Aubeterre près Escole, in parœcia du Vernet....... Ad coll. abbatis S. Gilberti, unitus conventui monialium ejusdem prioratus.

116. P. de Broust..................... Ad omnimodam disp. prioris de Souvigny.

117. P. S. Boniti de Chamberrande in parœcia S. Pontii, annectitur mensæ abbatiali monasterii S. Menelai-Menati.

118. P. de Sauzet près Gannat.......... Ad præs. prioris S. Porciani.

119. P. de Vendat, annectitur capitulo B. Mariæ Magdalenæ de Vezelay près Auxerre.

120. P. de Fontsaline près Vichy, in parœcia d'Auteribe.................. Ad omnimodam disp. abbatis Portus Dei, Lemovicensis diœcesis.

121. P. monasterii conventualis de Pontratier in parœcia de Charmes. Ibidem priorissa eligitur quoque triennio et electa confirmatur per abbatissam de Fontevrault.

122. P. de Montpensier................ Ad omnimodam disp. abbatis Moziaci.

123. Decanatus de Mons, unitus mensæ abbatiali de Cluny.

124. P. de Beauvoir in parœcia S. Silvestri... Ad omnimodam disp. abb. S. Illidii.

125. P. de Luzillac...................... Ad omnimodam disp. abb. Casæ Dei.

103^{7}. Sacrista dicti conventus........ xii l.
103^{8}. Cantor dicti conventus........ xlii s.
103^{9}. Reffectuarius dicti conventus........ xv s.
104. Abbas S. Gilberti........ vi^{xx} l.
105. Prior Lacus Ruber........ lxii l.
Sacrista ejusdem Lacus Ruber........ xxxiiii s. vi d.
Camerarius dicti loci........ lxxv s.
106. Prior Albiaci........ xx l.
107. Prior Capelle d'Andellot........ xx l.
108. Prior de Bezilhac prope Capellam d'Andellot........ iiii l. x s.
109. Prior Suriaci (Suciaci)........ vii l. x s.
110. Prior Velchie........ xvi l. x. s.
111. (Vide supra 103^{a}).
112. Prior S. Stephani Ganniaci........ lx l.
113. Prior S. Jacobi Ganniaci........ lxvii s. vi d.
114. Prior Gerziaci (Genziaci)........ lvii l. x s.
115. Prior d'Aubeterre prope Escolle........ vi l.
116. Prior de Broco (?)........ xlv l.
117.
118. Prior Saulzeti........ xlv s.
119. Prior de Vendaco........ xxxvi l.
120. Prior Fontissalive........ vii l. x s.
121. Prior Pontis Raterii........ xviii l.
122. Prior Montispanserii........ xlv l.
123. Decanus de Mons, membrum unitum abbatie Cluniacensi........ lx l.
123^{2}. Decanus Escuroliarum, membrum unitum dicte abbatie Cluniacensi. xi^{xx} l.
124. Prior de Bellovisu........ xxv l.
125. Prior de Luzilhaco........ lv l.

104. Saint-Gilbert, h., c^{ne} de Saint-Didier (Allier).
105. Saint-Hilaire-la-Croix.
106. Aubiat.
107. La Chapelle-d'Andelot, h., c^{ne} de Saint-Pries-d'Andelot (Allier).
108. Bénissat (?), h., c^{ne} de Saint-Priest-d'Andelot (Allier), paraît représenter le Grand et le Petit-Bézillat de la carte de Cassini.
109. Sussat (Allier). Le ms. porte Lussat. «Annularius, vulgo *Annulier*, inter schedas Mabillonii; officium monasticum etiamnunc apud Menatenses monachos, cujus munia ignorantur.» (Du Cange, t. II, 265 c, *hoc verbo*.)
110. Veauce (Allier).
111. Saint-Genès-du-Retz et non pas Saint-Denis. Cf. C. n° 103^{4} où il faut lire *S. Genesii du Rets*.
112. Gannat (Allier).
113. *Idem*.
114. Jenzat (Allier).
115. Aubeterre, h., c^{ne} de Brout-Vernet (Allier).
116. Brout-Vernet (Allier).
117. Chambarande, chât., c^{ne} de Saint-Pont (Allier).
118. Saulzet (Allier).
119. Vendat (Allier).
120. Fontsalive, h., c^{ne} d'Hauterive (Allier).
121. Pontratier, h., c^{ne} de Charmes (Allier).
122. Montpensier.
123. Mons.
123^{2}. Escurolles (Allier). Le doyenné d'Escurolles n'est pas indiqué dans A.
124. Beauvezet, h., c^{ne} de Saint-Sylvestre.
125. Luzillat.

126. P. de Maringues.................. Ad omnimodam disp. abb. Casæ Dei. Sacristia.

127. P. S. Dionisii de Barnazat, unitus mensæ conventuali Casæ Dei.

128. P. S. Austremonii de Fermignat in parœcia S. Clementis de Reignat... Ad omnim. disp. abb. d'Issoire.

129. P. Thureti unitus mensæ abbatiali de Saint-Allyre.

CURÆ.

130. C. B. Mariæ d'Aubiac............. Ad præs. capituli S. Amabilis de Riom.

131. C. S. Joannis d'Artonne............
132. C. S. Aquilini, vulgo Saint-Agoulin...
133. C. S. Petri de Chatuzat............
} Ad præsentationem capituli Sancti Martini d'Artonne.

134. C. B. Mariæ d'Aigueperce cum præbenda annexa.................. Ad præs. capituli S. Genesii de Thiers.

135. C. S. Joannis de Vensat............ Ad præs. capituli ecclesiæ cathedralis Claromont.

136. C. S. Juliani de Vensat............. Ad præs. prioris de la Chapele d'Andelot.

137. C. B. Mariæ de la Chapele d'Andelot... Ad præs. ejusd. prioris d'Andelot.

138. C. S. Præjecti d'Andelot........... Ad præs. abbatis Ebrolii.

139. C. S. Galli in titulo............... Ad præs. ejusd. abbatis Ebrolii.

140. C. S. Georgii de Marsilhac, dit la Bazerne....................... Ad præs. ejusd. abb. Ebrolii.

141. C. S. Christophori de Jozeram....... Olim ad præs. archipræsbyteri Limaniæ, nunc per usurpationem ad præsent. domini temporalis ejusd. loci.

142. C. S. Pardulphi, près Lacroüay......
143. C. S. Hilarii de Lacroüay...........
144. C. S. Petri de Champs.............
} Ad præsentationem prioris de Lacroüay, qui sont MM. de Saint-Lazare, de Paris.

145. C. S. Petri de Chouvigni........... Ad præs. domini temporalis ejusd. loci.

146. C. S. Boniti de Sussat............. Ad præs. abbatis Menati.

147. C. S. Boniti de Servant............
148. C. B. Mariæ de Lizole.............
149. C. S. Mauricii de Vic..............
} Ad præsentationem abbatis S. Leodegarii Ebrolii, sive d'Esbreule.

126. Maringues.

127. Saint-Denis-Combarnazat. Au xviiie siècle, S. Domnic cum Barnazac.

128. On ne trouve plus aucune localité de ce nom dans la commune de Saint-Clément-de-Régnat.

129. Thuret. En marge 26. Il n'y a cependant que 25 prieurés.

129². Mayet-d'École (Allier). Ancienne dépendance de la commanderie de Marche et Mayet.

129³. Le Temple. Cassini marque la commanderie du Temple à l'est de Saint-Pourçain. On n'en trouve plus trace sur la carte de l'État-major.

130. Aubiat.

131. Artonne.

132. Saint-Agoulin.

133. Chaptuzat.

134. Aigueperse.

135. Vensat.

136. *Idem.*

137. La Chapelle-d'Andelot (Allier).

126. Prior Manergii.. L l.
Sacrista ejusdem Manergii.. LV s. VI d.
127. (Vide infra n° 516[1]).
128. Prior Firmignaci.. IIII l. X s.
129.
129[2]. Preceptor S. Joannis Mayeti d'Escolle cum preceptoria de la Marche... VIII[xx] V l.
129[3]. Preceptoria S. Johannis du Temple prope Sanctum Porcianum.... XL l.
130. C. Albiaci.. LXVII s. VI d.
131. C. Arthone.. IIII l. X s.
132. C. S. Aquilini.. LXXV s.
133. C. Chatuziaci.. VII l. XVII s. VI d.
134. C. Aquesparse.. XVI l. X s.
135. C. S. Joannis Vensiaci.. CV s.
136. C. S. Juliani Vensiaci.. IIII l. VII s.
137. C. Capelle d'Andellot.. XXVIII s. VI d.
138. C. S. Prejecti d'Andellot.. VII l. II s. VI d.
139. C. S. Galli.. VI l.
140. C. Marcilliaci.. LXXV s.
141. C. de Jozerent.. XXII s. VI d.
142. C. S. Perdulphi.. XLIII s. VI d.
143. C. Lacus Rubei.. XV s.
144. C. de Campis.. VII l. II s. VI d.
145. C. de Chalvignes (?).. XVIII s.
145[2]. C. de Moreule.. IIII l. XIII s. VI d.
145[3]. C. de Naides.. LXIX s.
146. C. Succiaci.. LXXV s.
147. C. de Servanto.. VI l. XV s.
148. C. Lizollie.. XLIII s. VI d.
149. C. de Vico.. CV s.

138. Saint-Priest-d'Andelot (Allier).
139. Saint-Gal.
140. Marcillat.
141. Jozerant.
142. Saint-Pardoux.
143. Saint-Hilaire-la-Croix.
144. Champs.
145. Chouvigny (Allier).
145[2]. Moureuille. D. «C. S. Juliani de Mareul, ad præs. archiprosbiteri Limaniæ.» E. «Saint-Julien de Moureille, à l'évêque.»
145[3]. Nades (Allier). D. «C. S. Jacobi de Nades, ad præs. dom. temporal. ejusd. loci.» E. «Saint-Jacques de Nades, au seigneur temporel du lieu.»
146. Sussat (Allier). Le ms. A porte Lussat.
147. Servant.
148. La Lizolle (Allier).
149. Vicq (Allier).

150. C. B. Mariæ d'Esbreule............	Ad præsentationem abbatis S. Leodegarii Ebrolii, sive d'Esbreule.
151. C. S. Veneraudi de Veausse.........	
152. C. S. Boniti de Rochefort...........	
153. C. S. Quintini près Ébreule.........	Ad. præsent. priorissæ B. Mariæ de Charanton, ordinis S. Benedicti, diœcesis Bituricensis. Nota quod dominus abbas d'Esbreule præsentavit dominum Serre cum dicta priorissa an. 1698 [1].
154. C. S. Agnani de Bègues............	Ad præsentationem abbatis d'Esbreule.
155. C. S. Genesii du Rech.............	
156. C. S. Saturnini de Mazerier.........	Ad præsentationem abbatis S. Austremonii d'Issoire.
157. C. S. Saturnini ecclesiæ S. Crucis de Gannat......................	
158. C. S. Stephani de Gannat...........	
159. C. S. Clementis de Reignat..........	
160. C. S. Martini de Genzat............	Ad præsentationem prioris Silviniaci, seu Souvigny.
161. C. S. Magerani de Brout...........	
162. C. S. Georgii du Vernet, près École...	Ad præs. prioris S. Portiani.
163. C. SS. Maioli et Pontii.............	Ad præs. [abb.] S. Menalai (*sic*) Menati.
164. C. S. Desiderii in titulo............	Ad præs. abbat. S. Gilberti, ordinis Præmonstratensis.
165. C. S. Austremonii de Loriges........	Ad præs. abbatis Moziaci.
166. C. S. Mauritii de Paret sous Brialhe...	Ad præsentationem abbatis S. Portiani.
167. C. S. Amantii de Louzat...........	
168. C. B. Mariæ de Villenes............	
169. C. S. Remigii in titulo............	Ad præsent. abbatis Moziaci.
170. C. S. Petri de Charmeil............	Ad præsentationem abbatis Sancti Illidii Claromontensis.
171. C. S. Boniti de Chassignolles, alias Villeneufve des Cerfs.............	
172. C. S. Leodegarii de Vendat.........	Ad præsentationem capituli B. Mariæ Vazeliensis oppidi, diœces. Æduensis sive Autun, ratione prioratus de Vendat.
173. C. S. Pardulphi de Vazeilles.........	
174. C. S. Lauriani de Besse............	Ad præs. archidiaconi de Souvigny.
175. C. S. Petri d'Auteribe.............	Ad præsent. capituli ecclesiæ cathedralis Claromontensis [2], nunc ad præsent. domini temporalis d'Effiat.
176. C. S. Joannis de Servanes...........	
177. C. S. Martini de Brughat...........	
178. C. S. Severini d'Espinasse unita huic archipræsbiteratui..............	Ad omnim. disp. dom. episcopi.

[1] Cette note paraît être une addition faite à l'ancien pouillé par l'auteur de la copie que nous avons eue sous les yeux.

[2] Ce qui suit ce mot paraît écrit d'une autre main.

150. C. Esbrolii .... vii l. ii s. vi d.
151. C. Velchie .... lxxv s.
152. C. S. Boniti Rupisfortis .... vi l.
153. C. S. Quintini .... lxxv s.
154. C. de Begues .... vii l. x s.
155. C. S. Genesii de Recte .... cv s.
156. C. Mazeriaci .... ix l.
157. C. Sancte Crucis Ganniaci .... vi l. xv s.
158. C. S. Stephani Ganniaci .... ix l.
159. C. S. Clementis .... vi l. x s. vi d.
160. C. Gerziaci (Genziaci) .... iiii l. x s.
161. C. de Broco (?) .... cv s.
162. C. Verneti .... lx s.
163. C. S. Poncii .... lxvii s. vi d.
164. C. S. Desiderii .... ix l.
165. C. de Lorges .... xi l. v s.
166. C. Paredi .... ix l.
167.
168. C. de Villenes .... xiii l. x s.
169. C. S. Remigii .... vi l.
170. C. de Charmeil .... xxxiiii s. vi d.
171. C. de Chassignolles, alias Villenove Cervorum .... iiii l. x. s.
172. C. de Vendaco .... vii l. x s.
173. C. Vozellarum .... vii l. ii s. vi d.
174. C. Bessie .... xii l. xv s.
175. C. Alte Ripe .... lxix s.
176. C. Serbanarum .... iiii l. x s.
177. C. de Bruzac .... lxxii s.
178. C. Espinassie cum archipresbiteratu Limanie .... ix l. iiii s. vi d.

150. Ébreuil (Allier).
151. Veauce (Allier).
152. Saint-Bonnet-de-Rochefort (Allier).
153. Saint-Quintin.
154. Bègues (Allier).
155. Saint-Genès-du-Retz.
156. Mazerier (Allier).
157. Gannat (Allier).
158. *Idem.*
159. Saint-Clément-de-Régnat.
160. Jenzat (Allier).
161. Brout-Vernet (Allier).
162. Le Vernet, h., c[ne] de Brout-Vernet (Allier).
163. Saint-Pont (Allier).
164. Saint-Didier (Allier).
165. Loriges (Allier).
166. Paray-sous-Briailles (Allier).
167. Lonzat, h., c[ne] de Marcenat-sur-Allier (Allier).
168. Marcenat-sur-Allier (Allier), jadis Villaine.
169. Saint-Remy-en-Rollat (Allier).
170. Charmeil (Allier).
171. Villeneuve-les-Cerfs. Le nom de Chassignolles ne paraît point sur les cartes.
172. Vendat (Allier).
173. Vozelle, h., c[ne] d'Espinasse-Vozelle (Allier).
174. Vesse (Allier).
175. Hauterive (Allier).
176. Serbannes (Allier).
177. Brugheas (Allier).
178. Espinasse-Vozelle (Allier).

179. C. SS. Cirici et Julitæ d'Escuroles.....	Ad præsentationem abbatis Cluniacensis seu de Cluny.
180. C. S. Juliani de Sauzet.............	
181. C. S. Radegundis de Cognat	
182. C. S. Simphoriani de Biozat.........	
183. C. S. Martini de Charmes...........	
184. C. S. Martini des Alloches seu Auliat...	
185. C. S. Martini de Montignet.........	Ad præsentationem abbatis Sancti Gilberti.
186. C. S. Juliani de Lezat.............	
187. C. S. Juliani de Poizat.............	Ad omnim. dispos. domini episcopi Claromont.
188. C. B. Annæ de Denone............	Ad præsentationem abbatis Moziaci.
189. C. S. Boniti de Montpensier.........	
190. C. S. Blazii d'Effiat...............	Ad præs. domini temporalis ejusd. loci.
191. C. S. Stephani de Bas.............	Ad præsent. prioris de Bulhon.
192. C. S. Joannis de Randan...........	Ad omnimod. dispositionem domini episcopi.
193. C. B. Mariæ de Jussat.............	Ad præsentationem prioris monasterii de Ris.
194. C. S. Godograndii de Beaumont, près Randan.....................	
195. C. B. Mariæ de Mons.............	Olim ad præsent. abbatis Cluniacensis, nunc vero ad præsent. domini de Perigères, domini temporalis eorumdem locorum [1].
196. C. S. Silvestri in titulo............	
197. C. S. Præjecti de Bramefan.........	
198. C. S. Hilarii de Limon.............	
199. C. S. Ignatii, près Maringues........	
200. C. S. Stephani de Luzillac..........	Ad præsentationem prioris de Luzillac.
201. C. S. Martini de Vialle cum annexa S. Francisci de Charnat............	
202. C. B. Mariæ de Maringues..........	Ad præsent. prioris ejusd. oppidi.
203. C. S. Andreæ des Paignans.........	Ad præs. abbatis de Mozac.
204. C. S. Dionisii cum Barnazat.........	Ad præsent. conventus Casæ Dei.

179. Escurolles (Allier).
180. Saulzet (Allier).
181. Cognat ou Cognat-Lyonne (Allier).
182. Biozat (Allier).
183. Charmes (Allier).
184. Olhat, h., cne d'Effiat.
185. Montaignet (Allier).
186. Lezat, h., cne Bas-et-Lezat.
187. Poëzat (Allier).
188. Denone, h., cne d'Effiat.
189. Montpensier.
190. Effiat.
191. Bas-et-Lezat.
192. Randan.
193. Jussat, h., cne de Randan.
194. Beaumont-les-Randan.
195. Mons.
196. Saint-Sylvestre.
197. Saint-Priest-Bramefant.
198. Limons.

[1] Ces quatre derniers mots sont de la même main qu'au n° 177.

179. C. Escuroliarum........ ix l.
180. C. Saulzeti........ c s. vi d.
181. C. Cognaci........ ix l.
182. C. Bioziaci........ ix l.
183. C. de Charmes........ xii l.
184. C. Allochiarum........ cv s.
185. C. Montigneti........ xiii l. x s.
186. C. de Lezat........ iiii l. ii s. vi d.
187. C. Poiziaci........ vii l. x s.
188. C. de Denone........ vi l.
189. C. Montispanserii........ lxxv s.
190. C. Effiaci........ cv s.
191. C. de Bas........ cv s.
192. C. de Randanis........ ix l.
193. C. Jussiaci........ iiii l. x s.
194. C. Bellimontis........ cv s.
195. C. de Montibus........ iiii l. x s.
196. C. S. Silvestri........ vi l. xv s.
197. C. S. Prejecti de Bramaphan........ vii l. ii s. vi d.
198. C. de Limons........ vi l. x s. vi d.
199. C. S. Ignacii........ vi l.
200. C. Luzilliaci........ li s.
201. C. de Vialle........ xv l.
202. C. Manergii........ vii l. ii s. vi d.
203. C. S. Andree........ xviii l.
204. C. S. Dompnini cum Barnazat........ cv s.

199. Saint-Ignat.
200. Luzillat.
201. Vialle, h., c^{ne} de Luzillat et Charnat.
202. Maringues.
203. Saint-André. Dans cette commune se trouve le hameau de Pagnant; mais l'église était à Saint-André.
204. Saint-Denis-Combarnazat, alias Saint-Dournin-Combarnazat (Cassini). Sur cette carte, Dournin est une erreur : il faut lire Domnin.

205. C. S. Limini de Thuret............. Ad præsent. abbatis S. Illidii Claromont.

206. C. SS. Innocentium de la Bussière.... Ad præsent. domini temporalis d'Effiat[1].

III. ARCHIPRÆSBITERATUS SILVINIACI SEU SOUVIGNY.

207. Capitulum ecclesiæ sæcularis et collegiatæ S. Petri de Vernolio, vulgo de Verneuilh, in parœcia de Saulert :

Decanatus.................. }
Cantoria.................... } Ad collationem et omnimodam dispositionem
Canonicatus et præbendæ sex... } Ducis Borbonii seu de Borbon.

208. Præceptoria S. Joannis Hierosolimitani.

209. Præceptoria S. Joannis de Charroux.

210. Prioratus S. Germani de Salles....... Ad coll. et omnim. disp. abb. de Vézelay.

211. P. monasterii conventualis S. Crucis oppidi S. Porciani............... Ad omnimodam dispos. abbatis monasterii de Trenochio, vulgo Tournu, ordinis S. Benedicti, diœcesis Cabilonensis sive de Chalon.

212. Pr. conventualis in loco sancto B. Mariæ de Rhuny, ordinis S. Augustini, in parœcia de la Féline........... Fundatus per illustrissimum dominum de Borbon et ideo ad dispositionem omnimodam christianissimi regis Galliæ.

213. P. du Puy S. Ambroise.

214. P. monasterii conventualis S. Maioli de Souvigni, ord. S. Benedicti Cluniacensis :

214^{2}. Sacristia.

214^{3}. Cameraria.

214^{4}. Pictantiaria.

214^{5}. Eleemosinaria.

214^{6}. Infirmaria.

214^{7}. Cantoria.

215. P. de Besson..................... Ad omnimodam dispos. prioris S. Porciani.

216. P. S. Joannis de Moladier, in parœcia de Besson.................... Ad omnimodam dispositionem abb. S. Gilberti, ordinis Præmonstratensis.

205. THURET.

206. BUSSIÈRES-ET-PRUNS.

206[1]. Au lieu de Thuret, B[1] porte : communauté des prestres Saint-Bonnet.

207. VERNEUIL, dans la paroisse, auj. commune de Saulcet (Allier).

208. LA RACHERIE, h., cne de Contigny (Allier).

209. CHARROUX (Allier). La commanderie elle-même portait le nom de La Marche. (Voy. Cassini.)

210. SAINT-GERMAIN-DE-SALLES (Allier).

211. SAINT-POURÇAIN (Allier).

212. REUGNY, domaine, cne de la Féline (Allier).

[1] En marge le chiffre 68. Mais il y a en réalité 77 cures.

205. C. Thuriaci........ LXXV s.
206. C. Busserie........ XL. X s.
206². Communitas Manergii........ XXXV l.
206³. Communitas Ganniaci........ LII l. X s.
206⁴. Communitas Ebrolii........ LX s.
206⁵. Communitas Escuroliarum........ C s.
206⁶. Communitas Thureti........ IIII l.

Summa totalis presentis archipresbiteratus Limanie ascendit duo mille (*sic*) centum quattuor viginti novem libras unum solidum.

Ideo hic........ II^m CIIII^{xx} IX l. I s.

IN ARCHIPRESBITERATU SILVIGNIACI.

207. Collegium Vernolii........ LX l.
208. Preceptor S. Joannis de la Racherie........ CV l.
209. Preceptor S. Antonii Carroti (Carrofi)........ XLII l.
210. Prior S. Germani de Salis........ LII l. X s.
211. Prior S. Porciani........ III^c LXXV l.
211². Decanus ejusdem........ IIII l. X s.
211³. Reffectuarius ejusdem........ XVIII s.
211⁴. Camerarius ejusdem........ XXI l. XV s.
211⁵. Sacrista ejusdem........ LXXV s.
211⁶. Infirmarius ejusdem........ LXXV s.
211⁷. Cantor ejusdem........ VI l.
212. Prior de Reignet........ XXII l. X s.
213. Prior Podii S. Ambrosii [in archipresbiteratu Cussiaci]........ XXV l.
214. Prior Silvigniaci cum annexis suis in diœcesi Claromontensi dumtaxat existentibus........ IIII^c l.
214². Sacrista dicti prioratus........ XXXVIII l. X s.
214³. Camerarius ejusdem........ XV l.
214⁴. Pictantiarius ejusdem........ XX l.
214⁵. Elemosinarius ejusdem........ XV l.
214⁶. Infirmarius ejusdem........ XI l. X s.
214⁷. Cantor ejusdem........ IIII l. X s.
215.
216. Prior de Molendario........ XIIII l. V s.

213. LE PUY (St-Ambreuil), c^{ne} St-Léon (Allier).
214. SOUVIGNY (Allier).
215. BESSON (Allier).
216. MOLADIER, forêt, c^{ne} de Besson (Allier).

217. P. S. Marci de Castro Castellano, alias de Boschatel, in parœcia prope oppidum S. Porciani.	Ad omnimodam dispositionem prioris prioratus conventualis de Artigia, ordinis S. Augustini, diœcesis Lemovicensis.

[CURÆ.]

218. C. S. Joannis Baptistæ de Charroux. . .	Ad præsent. præceptoris de la Marche.
219. C. S. Martini de Sintrac.	Ad præsent. prioris de Souvigny.
220. C. S. Cipriani.	Ad præsent. prioris S. Germani de Salles.
221. C. S. Andr[e]æ de Barbent cum annexa de Persenat	Ad præsentationem prioris Sancti Portiani, ordinis Sancti Benedicti.
222. C. S. Blasii de Chardz.	
223. C. S. Marcelli de Bayet	
224. C. S. Christophori de Marteils.	
225. C. B. Mariæ de Nérignet.	
226. C. S. Martini de Soster.	
227. C. S. Martini de Montdor.	Ad præsentationem prioris S. Porciani, ord. S. Benedicti, nunc MM. de Saint-Lazare de Paris.
228. C. S. Porciani de Louchy.	
229. C. S. Gervasii de Montfan	
230. C. S. Georgii de Saint-Poursain.	
231. C. S. Crucis de Saint-Poursain.	
232. C. S. Georgii de Bransac.	
233. C. S. Martini de la Féline.	
234. C. S. Juliani de Saulert	
235. C. S. Martialis de Contigni.	
236. C. S. Martini de Besson.	
237. C. S. Germani de Salles.	Ad præsent. prioris ejusdem loci.
238. C. B. Mariæ de Salles.	Ad præsent. præceptoris de la Marche.
239. C. S. Georgii d'Estroussat.	Ad præsent. capituli ecclesiæ cathedralis Claromont.
240. C. S. Martini de Monestay	Ad præsentationem prioris de Souvigny, ordinis Sancti Benedicti.
241. C. S. Laurentii du Château de Neufvre. .	
242. C. S. Martini de Meilhardz.	
243. C. S. Bartholomæi de Brenay.	
244. C. S. Germani d'Entrevaux	
245. C. S. Dionisii de Chemilly.	

217. Beauchâtel, h., cne de Chareil-Cintrat (Allier).

218. Charroux (Allier).

219. Cintrat, h., cne de Chareil-Cintrat (Allier).

220. Saint-Cyprien, h., cne de Saint-Germain-de-Salles (Allier).

221. Barberier et Percenat, h., cne de Barberier (Allier).

222. Chareil-Cintrat (Allier).

223. Bayet (Allier).

224. Martilly, h., cne de Bayet (Allier).

217. Preceptoria de Bouchastel .... x l.
218. C. Carroti (Carrofi) .... IX l. XV s.
219. C. Sintriaci .... VI l.
220. C. S. Cipriani .... IIII l. XVII s. VI d.
221. C. Barberiaci .... VII l. II s. VI d.
222. C. Charedi .... X l. X s.
223. C. Bayeti .... VII l. II s. VI d.
224.
225. C. Nerigniaci .... IIII l. XVII s. VI d.
226. C. de Suites .... X l. X s.
227. C. Montis Aurei .... VI l. VII s. VI d.
228. C. de Lochy .... CXII s. VI d.
229. C. de Montephano .... CXII s. VI d.
230. C. SS. Porciani et Georgii .... XVIII l.
231.
232. C. Bransiaci .... VI l.
233. C. Pheline .... VII l. II s. VI d.
234. C. de Saulcet .... VI l.
235. C. Contigniaci .... XVIII l.
236. C. de Bessonio .... XII l.
237. C. S. Germani de Salis .... LXXV s.
238.
239. C. Estroussiaci .... VII l. X s.
240. C. Monasterii .... XIIII l. V s.
241. C. Castri Honoris .... VII l. X s.
242. C. de Melhars .... X l. X s.
243. C. de Brenaco .... VII l. X s.
244. C. S. Germani de Intervallibus .... X l. X s.
245. C. Chimilhiaci .... XIII l. II s. VI d.

225. Nérignet, h., c^ne de Branssat (Allier).
226. Souitte, h., c^ne de Saint-Pourçain (Allier).
227. Montord (Allier).
228. Louchy-Montfand (Allier).
229. Montfand, c^ne de Louchy-Montfand (Allier).
230. Saint-Pourçain (Allier).
231. *Idem.*
232. Branssat (Allier).
233. La Féline (Allier), auj. succursale.
234. Saulcet (Allier).
235. Contigny (Allier).
236. Besson (Allier).
237. Saint-Germain-de-Salles (Allier).
238. Salles, h., c^ne de Saint-Germain-de-Salles.
239. Étroussat (Allier).
240. Monétay-sur-Allier (Allier).
241. Châtel-de-Neuvre, ou mieux Deneuvre (Allier). La traduction latine est une erreur ou un jeu de mots.
242. Meillard (Allier).
243. Bresnay (Allier).
244. Saint-Germain, h., c^ne de Châtel-de-Neuvre (Allier).
245. Chemilly (Allier).

246. C. B. Mariæ de Soupposes (?)........ }
247. C. SS. Nicolai et Lazari de Souvigny... } Ad præsentationem prioris de Souvigny, ordinis Sancti Benedicti.
248. C. S. Salvatoris de Bressoles......... }
249. C. S. Hilarii de Neufvy............ Ad præsent. abbatissæ S. Menulphi, diœces. Bituricensis.
250. C. S. Petri de Vernolio............. Ad præs. decani et capituli ejusdem ecclesiæ et institutionem domini episcopi[1].

IV. ARCHIPRÆSBYTERATUS DE CUSSET.

251. Collegium canonicorum B. Mariæ oppidi de Cusset.
Cantoria pro duobus.......... } Ad omnim. dominæ
Canonicatus et præbendæ 12.... } abbatissæ ejusd. loci dispositionem.
252. Collegium canonicorum ecclesiæ sæcularis collegiatæ et parochialis de Varenes sur Teche.
Canonicatus et præbendæ sex... Ad præsentationem domini temporalis et institutionem domini episcopi.
253. Abbatia Montispetrosi, vulgo Montpeyroux, ordre de Cisteaux, in parœcia S. Illidii in Montanis.
254. Abbatia monialium B. Mariæ oppidi Cussiaci sive Cusset.
255. Præceptoria S. Antonii oppidi Cussiaci.

[PRIORATUS.]

256. Prioratus conventualis monasterii S. Sepulchri près Jaligny, petite ville.. Ad omnimodam dispositionem abbatis Casæ Dei.
257. P. monasterii conventualis Cælestinorum extra muros oppidi de Vichy.
258. P. conventualis B. Mariæ de Ris, ordinis S. Benedicti................ Ad dispositionem abbatis Cluniacensis.
Officia claustralia :
258[2]. Decanatus...................... }
258[3]. Cameraria..................... } Ad dispositionem
258[4]. Sacristia...................... } prioris ejusd. loci.
258[5]. Eleemosinaria.................. }
259. P. S. Illidii in Montanis............. Ad dispositionem abb. S. Michaëlis de l'Écluse in comitatu de Bar, in Lombardia.
260. P. S. Nicolai de Viers.............. Ad præs. prioris de Marceny.
261. P. du Château-des-Montagnes........ Unitus prioratui monialium de l'Avene.
261[2]. Sacristia ejusdem prioratus......... Ad omnimodam dispositionem priorissæ de Avena.

[1] En marge 33, chiffre exact des cures, mais cet archiprêtré semble avoir été quelque peu diminué.

246. C. Suppeziarum .... IX l.

247.

248. C. de Bressolles .... IX l.

249. C. de Novovico .... XXI l.

250. C. ejusdem Vernolii .... XLV s.

250². Communitas S. Porciani .... XXXV l.

250³. Communitas Carroti (Carrofi) .... XXII l. X s.

250⁴. Communitas Silvigniaci .... LX s.

Summa totalis presentis archipresbiteratus Silvigniaci ascendit mille quinque centum sexaginta novem libras, undecim solidos, sex denarios... MV^{c}LXIX l. XI s. VI d.

IN ARCHIPRESBITERATU CUSSIACI.

251. Collegium Cussiaci cum curis eidem annexis .... LVII l. X s.

252. Collegium de novo fundatum per dominum de Precord .... XV l.

253. Abbas Montispetrosi .... C l.

254. Abbatissa Cussiaci .... C l.

255. Præceptor S. Antonii Cussiaci .... XXVII l.

256. Prior monasterii prope Jaligniacum .... IX^{xx}V l.

257. Prior et conventus Celestinorum Vichiaci .... C l.

258. Prior de Rivis .... IIII^{xx}X l. X s.

258². Decanus dicti loci .... LXXII s.

258³. Camerarius ejusdem loci .... VI l. XV s.

258⁴. Sacrista ejusdem .... IX l.

258⁵. Elemosinarius ejusdem .... LXVII l. VI d.

259. Prior S. Illidii in Montanis .... VI l. XV s.

260. Prior S. Nycolai des Viefs .... XV s.

261. (Vid. n° 415 infra.)

261². Sacrista Castri in Montanis .... VI l. XV s.

246. Soupaise, chât., c^{ne} de Chemilly (Allier).
247. Souvigny (Allier).
248. Bressolles, chât. et chef-lieu de c^{on} (Allier).
249. Neuvy (Allier).
250. Verneuil (Allier).
251. Cusset (Allier).
252. Varennes-sur-Tèche (Allier). Précord est un château situé entre Varennes et la rivière de Bèbre.
253. Montpeyroux, h., c^{ne} de Puy-Guillaume.
254. Cusset (Allier).
255. Cusset (Allier).
256. Jaligny (Allier).
257. Vichy (Allier).
258. Ris.
259. Saint-Alyre, h., c^{ne} de Puy-Guillaume.
260. Saint-Nicolas-des-Biefs (Allier). *Sanctus Nicolaus ad Tres fontes* (bulle d'Urbain II pour les religieuses de Marcigny, 7 décembre 1095. — A. Chaix, *Bullaire de l'Auvergne*, n° LIII, en note).
261. Châtel-Montagne (Allier).

262. Decanatus d'Aronne...............	Unitus mensæ abbatiali de Cluny.
263. P. de S. Yorre, monialis...........	Ad omnimod. disposit. abbatissæ de Cusset.
264. P. S. Petri d'Albret, monialium......	
265. P. de Prémont, alias de Grandemont, près Cusset..................	Ad omnim. dispos. abbatis S. Illidii, près Clermont.
266. P. S. Illidii de Vichy, alias de Valenche, alias d'Alanche................	Ad omnimod. disposit. abbatis S. Illidii, près Clermont.
267. P. S. Germani des Fossés..........	Ad omnim. disp. abbatis Moziaci.
268. P. de Billy.	
269. Decanatus de Langy..............	Unitus mensæ abbatiali monasterii de Cluny.
270. P. de Dreturier..................	Unitus camerariæ Moziaci.
271. P. de Barrois sur Tesche...........	Ad. omnim. disp. abb. de Saint-Rigaud.
272. P. de Fontsaline.	
273. P. de Bessay.	
274. P. de Chappeau.	
275. P. monialium B. Mariæ de Marceigny, près Jaliny....................	Ad omnim. dispositionem abbatissæ Nivernensis.
276. P. de Firmilhac[1].	
277. P. de Bésillac.	
278. P. de Luzeray.	
279. P. S. Ambrosii.	
280. P. S. Lupi.	
281. P. monialium de Chassignoles[2].	

CURÆ.

282. C. S. Illidii des Montagnes..........	Ad præs. prioris ejusd. loci.
283. C. SS. Cirici et Jullitæ Maridi, alias de Marioux......................	Ad præsentationem archipræsbyteri Cussiaci seu Cusset.
284. C. S. Stephani de Vic...............	
285. C. B. Mariæ de Serbiers............	
286. C. S. Bartholomæi de Riz..........	Ad præsent. prioris de Riz.
287. C. S. Sulpitii de Chateldon..........	
288. C. S. Boniti de la Chaud...........	

262. Arronnes (Allier).
263. Saint-Yorre (Allier).
264. Abrest (Allier).
265. Grammond, h., c^ne de Creuzier-le-Neuf (Allier).
266. Sainte-Alyre, h., c^ne de Sanssat (Allier). St-Allire-de-Valence, d'après la carte de Cassini.

[1] Peut-être faut-il lire : *P. de Firmitate.* — [2] En marge 27, quoiqu'il n'y ait que 26 prieurés.

262. Decanus Arone, membrum unitum abbatie Cluniacensi.......... LI l.
263. Priorissa S. Aborrei.................................... XXXVII s. VI d.
264. Priorissa Abbreti....................................... XXXIIII s. VI d.
265. Prior de Premons, alias Grandimontis.................... IX l.
266. Prior Vichiaci et S. Illidii Valanchie.................. XVII l. X s.
267. Prior S. Germani de Fossatis............................ LI l.
268.
269. Decanus Langiaci, membrum unitum abbacie Cluniacensi....... LVIII l. X s.
270. (Vide supra n° 19[2].)
271. Prior de Barrois.. XIII l. X s.
272.
273.
274.
275. Priorissa de Marcigne................................... XV l.
276.
277.
278. Prior de Luzeray.. XI l. V s.
279.
280.
281. Priorissa de Chassignoles............................... VI l.
282. C. S. Illidii in Montanis................................ LX s.
283. C. de Marioux... LXXII s.
284. C. de Vico.. VII l. X s.
285. C. de Sorbiers.. LXVII s. VI d.
285[2]. C. Octovernis, ordinis S. Joannis........................ LVII s.
286. C. de Rivis... IIII l. XIII s.
287. C. Castri Odonis.. XII l. XV s.
288. C. de Calce... LXVII s. VI d.

267. SAINT-GERMAIN-DES-FOSSÉS (Allier).
268. BILLY (Allier).
269. LANGY (Allier).
270. DROITURIER (Allier).
271. BARRAIS-BUSSOLLES (Allier).
272. FONTSALIVE, h. (Allier). Cf. n° 120 ci-dessus. On remarquera que plusieurs de ces prieurés figurent déjà dans l'archiprêtré de Limagne.
273. BESSAY-SUR-ALLIER (Allier).
274. CHAPEAU (Allier).
275. MARSEIGNE, h., c[ne] de Jaligny (Allier).
276. LA FERTÉ-HAUTERIVE (?) (Allier).
277. BÉNISSAT (Allier). Cf. n° 108.
278. LURERAY (Allier).
279. LE PUY [Saint-Ambreuil], h., c[ne] de Saint-Léon. Cf. n° 213.
280. SAINT-LOUP (Allier).
281. CHASSIGNOL, h., c[ne] de Cusset (Allier).
282. SAINT-ALYRE, h., c[ne] de Puy-Guillaume, jadis Saint-Allire-ès-Montagnes.
283. MARIOL (Allier).
284. SAINT-ÉTIENNE-DE-VICQ (Allier).
285. SORBIER (Allier).
285[2]. LA COMMANDERIE D'HUVERT, h., c[ne] de Liernolles (Allier).
286. RIS.
287. CHÂTELDON.
288. LACHAUX.

289. C. S. Bartholomæi de Ferrières......	
290. C. S. Maioli de Chevalrigon........	Ad præsent. prioris de Riz.
291. C. S. Joannis de Molles............	
292. C. S. Joannis de la Prugne.........	Ad præs. abbatissæ Cussiaci.
293. C. S. Nicolai de Viers.............	Ad præs. prioris de Marcegny.
294. C. S. Joannis du Mayet des Montagnes.	
295. C. SS. Blasii et Bartholomæi de Nizerolles........................	
296. C. S. Boniti d'Isserpens............	Ad præsent. priorissæ Castri in Montanis,
297. C. B. Mariæ du Chasteau des Montagnes........................	qui est Madame la prieure du monastère de Lavene.
298. C. S. Clementis des Montagnes.......	
299. C. S. Pardulphi d'Arfeuilhe.........	
300. C. S. Christophori in titulo..........	
301. C. SS. Cosmæ et Damiani de la Chapelle des Montaignes.............	Ad præs. abbatissæ Cussiaci.
302. C. S. Leodegarii d'Aronne..........	Ad præs. abbatis Cluniacensis.
303. C. S. Vincentii de Busset...........	Ad omnimod. disp. domini episcopi pleno jure.
304. C. S. Georgii du Vernet............	Ad præs. prioris de Jaligny.
305. C. S. Eligii de Saint-Yorre..........	Ad præs. abbatissæ Cussiaci.
306. C. S. Hilarii d'Albret..............	Ad præs. ejusd. abbatissæ Cussiaci.
307. C. S. Saturnini de Cusset...........	Unita capitulo eccles. colleg. Cussiaci.
308. C. S. Crucis de Vichy cum annexa S. Blasii........................	Ad præs. abb. S. Illidii et prioris de Vichy.
309. C. S. Illidii, vulgo Saint-Allire de Valenche........................	Ad præs. ejusd. abbatis de Saint-Allire et prioris de Vichy.
310. C. S. Martini de Croziet le Vieux.....	Ad præs. capituli eccles. cathedral. Claromont.
311. C. S. Frontonis de Croziet le Neuf....	
312. C. S. Martialis de Sulhac...........	Ad præsent. abbatis de Mozac.
313. C. S. Germani des Fossez...........	
314. C. S. Nicolai de Billy..............	Ad præs. prioris de Jaligny.
315. C. SS. Cirici et Julitæ de Sanssat, unita archipræsbyteratui..............	Ad omnim. dispos. domini episcopi Claromontensis.

289. Ferrières (Allier).
290. Cheval-Rigon, h., cⁿᵉ de Ferrières (Allier).
291. Molles (Allier).
292. La Prugne (Allier).
293. Saint-Nicolas-des-Biefs (Allier).
294. Mayet-de-Montagne (Allier).
295. Nizerolles (Allier).
296. Isserpent (Allier).

289. C. Fereriarum........ IX l.
290. C. Equi Rigonis........ VII l. II s. VI d.
291. C. de Molis........ VI l. VII s. VI d.
292. C. de La Prugne........ LXXV s.
293. C. S. Nycolai des Biefz........ VII s. VI d.
294. C. Mayeti in Montanis........ X l. X s.
295. C. Nyzeroliarum........ VII l. II s. VI d.
296. C. d'Isserpens........ VI l.
297. C. Castri in Montanis........ LXX s. VI d.
298. C. S. Clementis........ VI l.
299. C. Arfolie........ XII l.
300. C. S. Christofori........ VI l. XV s.
301. C. Capelle........ IIII l. XIII s.
302. C. Arone........ VI l.
303. C. Busseti........ IX l.
304. C. Verneti........ XLIII s. VI d.
305. C. S. Aborrei........ LXX s.
306. C. Abreti........ CXII s. VI d.
307. (Vide supra n° 251.)
308. C. Vichiaci........ IX l.
309. C. S. Illidii Velanchie........ IIII l. X s.
310. C. Cruziaci Veteris........ X l. X s.
311. C. Cruziaci Novi........ IX l.
312. C. Sulhiaci........ VI l. VII s. VI d.
313. C. S. Germani de Fossatis........ IIII l. X s.
314. C. de Billy........ XIII l. X s.
315. C. Sanciaci cum archipresbiteratu Cussiaci........ XV l.

297. Châtel-Montagne (Allier).
298. Saint-Clément (Allier).
299. Arfeuilles (Allier).
300. Saint-Christophe (Allier).
301. La Chapelle (Allier).
302. Arronnes (Allier).
303. Busset (Allier).
304. Le Vernet (Allier).
305. Saint-Yorre (Allier).
306. Abrest (Allier).
307. Cusset (Allier).
308. Vichy (Allier). Saint-Blaise était le titre de la chapelle de la communauté des prêtres.
309. Sainte-Alyre, h., c^ne de Sanssat (Allier).
310. Creuzier-le-Vieux (Allier).
311. Creuzier-le-Neuf (Allier).
312. Seuillet (Allier).
313. Saint-Germain-des-Fossés (Allier).
314. Billy (Allier).
315. Sanssat (Allier).

Entrée	Présentation
316. C. S. Germani de Creschy.	Ad præsent. abbatis Cluniacensis ratione unionis decanatus ejusdem loci de Langi.
317. C. S. Sulpitii de Langi.	
318. C. S. Stephani de Bas.	
319. C. S. Saturnini de Maignet.	
320. C. S. Juliani de Saint-Géran le Puy.	
321. C. S. Fælicis.	Ad præsent. abbatis S. Illidii seu S. Allire.
322. C. S. Petri de Bos.	Ad omnimod. disposit. domini episcopi Claromontensis.
323. C. S. Stephani de Vic.	Ad præsent. archipræsbyteri de Cusset.
324. C. S. Petri de Périgni.	Ad præsent. abbatissæ de Cusset.
325. C. S. Præjecti sur la Palisse.	Ad præsentationem abbatis Moziaci.
326. C. SS. Cirici et Julitæ de Chastelus.	
327. C. B. Mariæ vel S. Blasii du Breuilh.	Ad præs. prioris de Souvigny.
328. C. S. Nicolai de Droiturier.	Ad præs. abb. et conventus Moziaci.
329. C. S. Juliani de Barrois cum annexa S. Leodegarii de Varenes sur Têche.	Ad præsent. abb. S. Rigaldi, diocèse de Mâcon, ordre de Saint-Benoid.
330. C. S. Petri de Valle, vulgo S. Pierre en Val.	
331. C. S. Martini de Trabs.	Ad præs. priorissæ et prioris monasterii conventualis monialium Belliloci seu Beaulieu, diocèse de Lyon, ordre de Fontevraud.
332. C. S. Boniti des Cardz.	Ad præsentationem prioris prioratus conventualis S. Martini de Ambieta (*sic pour* Amberta), ordinis Cluniacensis, diœcesis Lugdunensis.
333. C. S. Hippoliti de Torziers cum annexa S. Joan. Baptistæ de Croiziet.	
334. C. B. Mariæ de Changy.	
335. C. S. Silvestri d'Arsson.	
336. C. S. Stephani de Vivens.	
337. C. S. Simphoriani de Sac.	
338. C. S. Petri d'Ande.	
339. C. S. Petri de Rodde.	Ad præsent. prioris conventualis de Marcegny-les-Nonains, ordinis Cluniacensis, diœcesis Æduensis, sive Autun.
340. C. S. Gervasii de Brissoles (*sic*).	
341. C. B. Mariæ de Villezois.	
342. C. S. Maioli de Chaveroche.	Ad præsent. prioris de Souvigny.
343. C. B. Mariæ Magdalenæ de Rouzières.	
344. C. S. Petri d'Auteribe-la-Ferté.	
345. C. SS. Juliani et Boniti de Saint-Géran et Vaux (*sic*).	

316. Créchy (Allier).

317. Langy (Allier).

318. Saint-Étienne, h., c^ne de Saint-Gérand-le-Puy (Allier). Cassini le nomme Saint-Étienne-du-Bas.

319. Magnet (Allier).

320. Saint-Gérand-le-Puy (Allier).

321. Saint-Félix (Allier).

322. Bost (Allier).

316. C. Crechiaci .... XVIII l.
317. C. Langiaci .... IIII l. x s.
318. C. S. Stephani .... IIII l. x s.
319. C. Magneti .... x l. x s.
320. C. S. Gerani de Podio .... XII l. XV s.
321. C. S. Felicis .... IIII l. x s.
322. C. de Bosco .... IX l.
323. (Vide supra n° 284.) .... IIII l. x s.
324. C. Perigniaci .... VI l.
325. C. S. Prejecti supra Paliciam .... IX l.
326. C. de Chastellus .... VI l.
327. C. Brolii .... XV l.
328. C. Dreturiaci .... LXX s.
329. Prior et conventus Sancte Crucis Varenarum, una cum cura Varenarum supra Techiam et Barroys .... LXXV s.
330. C. S. Petri de Valle .... VII l. II s. VI d.
331. C. S. Martini de Trabis .... IX l. XV s.
332. C. S. Boniti de Cadris .... x l. x s.
333. C. Torziaci .... XII l. XV s.
334. C. Changiaci .... VI l. XV s.
335. C. d'Arson .... LXXV s.
336. C. Viventis .... VI l. XV s.
337. C. de Sal cum vicaria annexa .... IX l.
338. C. d'Ande .... V l. XII s. VI d.
339. C. de Lodde .... LII s. VI d.
340. C. de Bussolles .... XXX s.
341. C. Bilheziaci .... x l. x s.
342. C. Cave Rupis .... VII l. II s. VI d.
343. C. Rongeriarum .... VII l. x s.
344. C. Alte Ripe de la Fretay .... IIII l. V s. VI d.
345. C. S. Germani (Gerani) de Vallibus .... IX l.

323. Saint-Étienne-de-Vicq (Allier).
324. Périgny (Allier).
325. Saint-Prix (Allier).
326. Châtelus (Allier).
327. Le Breuil (Allier).
328. Droiturier (Allier).
329. Barrais-Bussolles (Allier). Cf. nos 252 et 271.
330. Saint-Pierre-Laval (Allier).
331. Saint-Martin-d'Estréaux (Loire).
332. Saint-Bonnet-des-Quarts (Loire).
333. Tourzy et Crozet, h., cne de la Pacaudière (Loire).
334. Chanoy (Loire).
335. Arçon (Loire).
336. Vivans (Loire).
337. Sail ou Sail-le-Châteaumorand (Loire).
338. Andelaroche (Allier).
339. Lodde (Allier).
340. Bussolles, h., cne de Barrais-Bussolles (Allier).
341. Billezois (Allier).
342. Chavroche (Allier).
343. Rongères (Allier).
344. La Ferté-Hauterive (Allier).
345. Saint-Gérand-de-Vaux (Allier).

Église	Collateur
346. C. S. Petri de Goize	
347. C. SS. Lazari et Christophori de Souvigni-le-Thion	
348. C. B. Mariæ de la Foy, alias de la Fay	Ad præsent. prioris de Souvigny.
349. C. S. Petri de Marsilliac le Vieux	
350. C. SS. Petri et Dionisii de Longpré	
351. C. SS. Petri et Martini de Sindré	
352. C. S. Martini de Voma	
353. C. cum prioratu S. Crucis de Floré cum annexa de Trezay	Ad præs. abbatis de Trenochio seu Tournu, diocèse de Chalon.
354. C. B. Mariæ de Lubié, cum annexa de la Palisse	Ad præsent. archidiaconi de Cusset.
355. C. B. Mariæ de Ciernat	
356. C. B. Annæ de Montaigu	
357. C. S. Eligii de Montordre	Ad præsent. prioris monasterii Sancti Sepulchri de Jaligny.
358. C. S. Mauricii de Tréteau	
359. C. SS. Marthæ et Martini de Tholon	
360. C. S. Georgii du Vernet	
361. C. S. Antonii de Bocé	Ad omnim. dispos. domini episcopi.
362. C. S. Georgii de Servilly	Ad præs. prioris curati de Floré.
363. C. S. Joannis Baptistæ de Vareines sur Allier	
364. C. S. Petri de Vouroux	
365. C. S. Lupi in titulo	
366. C. S. Martini de Bessay	Ad præsent. prioris Sancti Portiani.
367. C. S. Petri de Malefray	
368. C. S. Juliani de Neuf le Réal	
369. C. SS. Bartholomæi et Genesii de Chapeau	
370. C. S. Desiderii de Neuféglise	Ad præsent. abbatis S. Gilberti, ordinis Præmonstratensis.
371. C. B. Mariæ de Marceigne	Ad præs. abbatissæ de Nevers.
372. C. SS. Veri et Severi, vulgo Saint-Voir-le-Puy-Rogier	Ad præsentationem prioris monasterii Sancti Sepulchri près Jaligny.
373. C. S. Lamberti de Chazaux	

346. Gouise (Allier).

347. Souvigny-le-Thion, h., c^ne de Neuilly-le-Réal (Allier).

348. La Faye, h., c^ne de Montbeugny (Allier).

349. Mercy (Allier). Voy. le n° 373.

350. Longpré, h., c^ne de Mercy (Allier).

351. Cindré (Allier).

352. Vaumas (Allier).

346. C. de Goize	IIII l. x s.
347. C. Silvigniaci le Thion	VI l. XV s.
348. C. de Fide	IIII l. XIII s.
349. C. de Marcy	VI l. XV s.
350. C. Longe Prate	LXXII s.
351. C. Sindriaci	X l. X s.
352. C. de Vomas	XVIII l.
353. Prior Floriaci	XXXVII l. X s.
353. C. Floriaci cum Trezay	XII l. XV s.
354. C. Lubiaci cum Palicia	XV l.
355. C. de Ciernat	VI l.
356. C. Montisacuti le Blanc	VII l. II s. VI d.
357. C. Montis Ordinis	IX l.
358. C. de Treteaux	XVIII l.
359. C. de Tholon	XVI l. X s.
360. (Duplex est. Vide supra n° 304.)	
361. C. Bossiaci	X l.
362. C. Servilliaci	LXX s. VI d.
363. C. Varenarum supra Alligerim	VII l. II s. VI d.
364. C. de Voroux	X l. X s.
365. C. S. Lupi	XV l.
366. C. de Bessay	X l. X s.
367. C. de Mateffray (Maleffray)	XXI s.
368.	
369. C. de Chapeaux	VI l. VII s. VI d.
370. C. Ecclesie Nove	XII l. XV s.
371. C. de Marcegne	LXXII s.
372. C. S. Veri	X l. X s.
373. C. de Casalibus	XLV s.

353. FLORET, h., c^ne de Trezelle, et TREZELLE (Allier).

354. LUBIER, h., c^ne de la Palisse, et LA PALISSE (Allier).

355. CIERNAT, h., c^ne de Saint-Gérand-le-Puy (Allier).

356. MONTAIGU-LE-BLIN (Allier).

357. MONTOLDRE (Allier).

358. TRÉTEAU (Allior).

359. TOULON (Allior).

361. BOUCÉ (Allier).

362. SERVILLY (Allier).

363. VARENNES-SUR-ALLIER (Allier).

364. VOUROUX, h., c^ne de Varennes-sur-Allier.

365. SAINT-LOUP (Allier).

366. BESSAY-SUR-ALLIER (Allier).

367. MALEFRAY, domaino, c^ne de Neuilly-le-Réal (Allier).

368. NEUILLY-LE-RÉAL (Allier).

369. CHAPEAU (Allier).

370. NEUGLISE, h., c^ne de Bessay-sur-Allier (Allier).

371. MARSEIGNE (Allier).

372. SAINT-VOIR (Allier).

373. LES CHEZEAUX. Cette ancienne église, ruinée depuis longtemps, se trouvait sur la commune de Mercy (Allier), nommée jadis Marcy-les-Chezeaux et quelquefois Marcy-le-Vieux.

374. C. S. Reveriani in titulo............
375. C. S. Sepulchri monasterii prope Jalinacum cum annexa B. Mariæ de Thionnet.
376. C. S. Hyppoliti de Jaligny.......... } Ad præsentationem prioris monasterii Sancti Sepulchri près Jaligny.
377. C. S. Laurentii du Bec............. Ad præs. domini episcopi Clarom.
378. C. S. Petri de Chastel le Perron...... Ad præs. archidiaconi de Cusset.
379. C. SS. Cosmæ et Damiani de Saint-Léon........................ Ad præs. abb. de Mozac.
380. C. S. Georgii de Montpeyroux....... Ad præs. abb. de Mozac.
381. C. S. Catharinæ de Lineroles........ Ad præsent. præpositi S. Petri d'Yvoux.
382. C. S. Joannis de Montcombroux...... Ad præsent. camerarii de Parey-les-Nonains, Æduensis diœcesis sive Autun[1].

V. ARCHIPRESTRÉ DE BILLOM.

383. Capitulum ecclesiæ sæcularis et collegiatæ Sancti Ciræneі seu Saint-Cerneuf-de-Billom.
Decanatus.................
Cantoria.................. } Ad omnimodam dispositionem prædicti capituli de Billom.
Canonicatus et præbendæ 21... Ad omnim. disp. domini episcopi.
Canonicatus et præbendæ hebdomadariæ et sacerdotales tres.. Ad præsentationem domini temporalis de Montaigut-Listenois erecta a duce Albaniæ et institutionem domini episcopi.

384. Capitulum ecclesiæ sæcularis et collegiatæ S. Basilicæ et Coronæ oppidi de Vic-le-Comte.
Decanatus pro duobus.........
Canonicatus et præbendæ 8.....
Semipræbendæ 8............ } Ad omnimodam dispositionem comitis d'Auvergne.

385. Capitulum ecclesiæ sæcularis et collegiatæ S. Genesii de Thiers.
Præpositura................
Cantoria...................
Canonicatus et præbendæ 19.... } Ad omnimodam dispositionem ejusdem capituli.

386. Capitulum ecclesiæ sæcularis et collegiatæ Sancti Petri de Lezoux.
Præpositura................
Cantoria...................
Canonicatus et præbendæ 14.... } Ad omnimodam dispositionem ejusdem capituli.

387. Capitulum ecclesiæ sæcularis et collegiatæ B. Mariæ de Vertezon.
Præpositura pro duobus.......
Cantoria................... } Ad omnimodam dispositionem ejusdem capituli.
Canonicatus et præbendæ decem. Ad omnim. disp. domini episcopi.

[1] En marge 101, chiffre exact des cures.

374. C. S. Reverani .... LXXII s.
375. C. de Thione monasterii .... VIII l. V s.
376. C. Jaligniaci .... X l. X s.
377. C. de Bert .... XII l. XV s.
378. C. Castri le Perron .... LXXII s.
379. C. S. Leonci .... VII l. II s. VI d.
380. C. Montispetrosi .... LXVII s. VI d.
381. C. Lizeroliarum .... XV l.
382. C. Montiscombrosii .... LXVII s. VI d.
382[2]. Collegium Montisacuti .... XVIII l.
382[3]. Communitas Castri Odonis .... VI l.
382[4]. Communitas Vichiaci .... C s.
382[5]. Communitas Lubiaci cum Palicia .... LX s.
382[6]. Communitas Varenarum supra Alligerim .... LX s.
382[7]. Communitas Jaligniaci .... C s.
382[8]. Communitas Brolii .... LX s.

Summa totalis presentis archipresbiteratus Gussiaci ascendit octodecim centum novem libras, unum solidum tur.

Ideo hic .... XVIII^{c}IX l. I s.

IN ARCHIPRESBITERATU BILHOMI.

383. Capitulum Billomi .... II^{c} l.
384. Collegium de novo erectum in castro Vici .... XV l.
385. Capitulum Thierni .... VI^{xx}II l. X s.
386. Capitulum (ejusdem) Laudose .... LXV l.
Prepositus Laudose .... IIII l. X s.
387. Capitulum Vertasionis .... XL l.

374. Saint-Révérien, h., c^{ne} de Vaumas (Allier).
375. Jaligny et Thionne (Allier).
376. Jaligny (Allier).
377. Bert (Allier).
378. Châtel-Perron (Allier).
379. Saint-Léon (Allier), jadis Saint-Lian.
380. Montpeyroux, h., c^{ne} de Saint-Léon (Allier).
381. Liernolles (Allier). — Yvoux; *lisez :* Evaux.
382. Montcombroux (Allier).
382[2]. Montaiguet (?) (Allier).
383. Billom. D. ajoute parmi les dignités : «Abbatiam de novo erectam ad præs. dom. du Terrail.» Cette création eut lieu en 1568. (Chabrol, *Coutumes d'Auvergne*, t. IV, p. 99.)
384. Vic-le-Comte.
385. Thiers, chef-lieu d'arrondissement.
386. Lezoux.
387. Vertaizon.

388. Collegium canonicorum hebdomadariorum ecclesiæ sæcularis et collegiatæ B. Mariæ de Raigniat.

Canonicatus et præbendæ 8.....	Ad omnimod. dispos. domini de Montaigu Listenois, domini temporalis ejusd. loci.

389. Abbatia monasterii conventualis S. Sebastiani Magni Loci, vulgo Manlieu, ordinis S. Benedicti.

Cameraria..................	Ad omnimodam dispositionem abbatis ejusdem loci.
Eleemosinaria...............	
Infirmaria..................	
Sacristia....................	
Celeraria....................	
Pictantiaria.................	

390. Abbatia B. Mariæ du Bouschet in parœcia d'Ironde, ordinis Cisterciensis sive S. Bernardi.

Prioratus claustralis..........	Ad omnimodam dispositionem abbatis.
Sacristia....................	

391. Abbatia monasterii conventualis S. Simphoriani de Thiers, ordre de Cluny.

[PRIORATUS.]

392. P. S. Roberti de Poliat...........	Uniti mensæ conventuali Casæ Dei.
393. P. S. Cirici in parœcia S. Juliani.....	
394. P. de Marsillac....................	Unitus mensæ abbatiali de Manlieu.
395. P. B. Mariæ Magdalenæ de Randon, près Montmorin...............	Ad omnim. dispositionem abbatis d'Issoire.
396. P. S. Andreæ de Busséol	Unitus mensæ abbatiali Casæ Dei.
397. P. S. Simphoriani Diolii[1] avec Laroche Margnat.....................	Ad collationem abbatissæ de Beaumont.
398. P. ruralis S. Romani in parœcia S. Mauricii........................	Ad omnimodam dispositionem præpositi monasterii B. Mariæ Montis Salvii, ordinis S. Augustini, diœcesis S. Flori.
399. P. Sancti Petri de Vic-le-Comte......	Ad omnimod. disposit. abbatis de Manlieu.
400. P. S. Petri martyris, alias du Fayet-le-Vieux in parœcia de Salède.......	Ad omnimodam dispositionem prioris de Chavanon, ordre de Grammont.
401. P. B. Mariæ Ecclesiæ Novæ lès Billon..	Unitus mensæ abbatiali de Manlieu.
402. P. S. Simphoriani de Neufville.......	Ad omnim. dispos. abbatis d'Issoire.
403. P. S. Juliani de Bongbac.	
404. P. monasterii S. Desiderii, près Boissonnelles.....................	Unitus conventui Casæ Dei.

[1] *Lisez* : Drolii.

388. Collegium Regnaci .... xxv l. x s.

389. Abbas Magniloci .... cv l.

389^{2}. Communitas Magniloci .... lx l.

389^{3}. Camerarius ejusdem .... lvii l. x s.

389^{4}. Elemosinarius ejusdem .... iiii l. xvii s. vi d.

389^{5}. Infirmarius ejusdem .... xv l.

389^{6}. Sacrista ejusdem .... xv l.

389^{7}. Celerarius ejusdem cum prioratu Flaci in archipresbiteratu Celciniarum .... cxii s. vi d.

389^{8}. Pictantiarius ejusdem .... xv l.

390. Abbas Bocheti .... lxiiii l. x s.

391. Abbas Thierni .... lx l.

391^{2}. Camerarius dicti monasterii .... vi l.

391^{3}. Sacrista dicti loci .... vi l. x s.

392. (Vide infra n° 516.)

393. (Vide infra n° 516^{1}.)

394. Prior Martilhiaci [in archipresb. Silviniaci] .... vi l.

395. Prior de Randon .... lxvii s. vi d.

396.

397. Priorissa Drolii .... vi l. xv s.

397^{2}. Preceptor S. Antonii Billomi .... xl l.

398. Prior S. Romani .... iiii l. x s.

399. Prior de Vico .... xlv l.

400. Prior Fayeti .... ix l.

401.

402. Prior Noveville .... xlix s. vi d.

403.

404. (Vide infra n° 516^{1}.)

404^{2}. Sacrista S. Desiderii [in archipresb. Libratensi] .... lx s.

388. Régnat, h., c^{ne} de Saint-Clément-de-Régnat.

389. Manglieu.

390. Le Bouchet, f., c^{ne} d'Yronde et Buron.

391. Thiers, abbaye dite aussi Le Moûtier.

392. Pauliat, domaine, c^{ne} de Billom.

393. Saint-Cirgues, domaine, c^{ne} de Saint-Julien-de-Copel.

394. Marouillat, h., c^{ne} de Billom.

395. Randon, maison, c^{ne} de Sauxillanges (?).

396. Busséol.

397. Dreuil (lieu détruit) et La Roche-Noire.

397^{2}. Billom, anc^{ne} commanderie des Templiers.

398. Saint-Romain, chapelle sur le Puy de Saint-Romain, à 1 kilom. au nord de Saint-Maurice.

399. Vic-le-Comte.

400. Fayet, domaine, c^{ne} d'Yronde, à 3 kilom. 500 mètres au sud-ouest de Sallèdes.

401. Église-Neuve-près-Billom.

402. Neuville.

403. Bongheat. Ce prieuré appartenait à l'abbé de Manlieu, d'après E.

404. Saint-Dier-d'Auvergne.

405. P. conventualis S. Martini de Cunlhac.	Ad omnimodam disp. abbatis S. Michaëlis de l'Escluse, ord. S. Benedicti, diœcesis Turinensis.
406. P. S. Gervasii, près Oliergues.......	Unitus sacristiæ Casæ Dei.
407. P. conventualis monialium S. Martini de Courpière, ordinis S. Benedicti...	Ad omnim. dispos. abb. S. Simphoriani de Thiers.
408. P. monasterii conventualis S. Michaëlis de Sauviat, ordinis S. Benedicti....	Ad omnim. dispos. abb. S. Michaëlis de l'Escluse.
408[2]. Sacristia.	
409. P. S. Justi de Meymont............	Ad omn. disp. prioris de Cunlhac.
410. P. S. Georgii d'Augerolles..........	Ad omnim. disp. abb. de Cluny.
410[2]. Sacristia.	
411. P. S. Mauricii de Voulore...........	Ad omnim. disp. prioris de Sauviat.
411[2]. Sacristia.	
412. P. de Norestable..................	Unitus prioratui de Avena.
412[2]. Sacristia.	
413. P. B. Mariæ de Noalhac............	Ad omnim. disp. abb. d'Issoire, unitus decanatui.
414. P. conventualis SS. Agricolæ et Vitalis de Bulhon.....................	Ad omnim. disp. abb. Casæ Dei.
415. P. conventualis monialium S. Sepulchri de Avena.....................	Ad electionem monialium et institutionem abbatis de Cluny.
416. P. B. Mariæ de Médargues in parœcia de Cunlhac....................	Ad disp. abb. Casæ Dei.
417. P. B. Mariæ de Lezoux............	Ad omnim. disp. abbatis de Thiers.
418. P. conventualis S. Launomari et S. Crucis Magentiaci, alias de Messat....	Ad omnim. disp. abb. S. Launomarii in oppido de Blois.
418[2]. Sacristia.	
419. P. S. Joannis de Gleygnes..........	Ad omnim. disp. prioris de Sauviat.
420. P. S. Blasii de Sarliat, près Dalet....	Ad omnim. disp. abb. Casæ Dei.
421. P. S. Juliani de Choriac...........	Ad omnim. disp. prioris de Sauxillanges.
421[2]. Sacristia ejusdem loci.	
422. P. S. Martini de Chaz.............	Ad omnim. disp. abb. S. Theofredi, alias S. Chafre, diœcesis Aniciensis sive du Puy, ordre de St-Benoid.
423. P. seu vicaria et missarum commissio de Malebrèche, in parœcia de Bozeix...	Ad collat. prioris de Messat[1].

[1] En marge le chiffre 34. Lisez 32.

405. Prior de Cunlhat.. c l.
406. (Vide infra n° 516².)
407. Priorissa Curtepetre.. xxxvii l. x s.
408. Prior Salviaci.. c l.
408². Sacrista ejusdem.. xlv s.
409.
410. Prior Augeroliarum.. lx l.
410². Sacrista ejusdem.. vi s.
411. Prior Volubri.. xx l.
411². Sacrista ejusdem Volubri.. lxxv s.
412. (Vide n° 415.)
412². Sacrista Nigri Stabuli.. vi s.
413. (Vide n° 666³ infra.)
414. Prior de Bulhon.. lxxv l.
414². Sacrista de Bulhon.. xiii s. vi d.
415. Priorissa Avene cum prioratibus Castri in Montanis, Pontis Castri et Nigri Stabuli.. lxx l.
416. Prior de Medagnes.. x l. x s.
417. Prior Laudose.. viii l. v s.
418. Prior Magensiaci.. viii^{xx} l.
418². Sacrista ejusdem.. lxxii s.
419. Prior S. Joannis Glenarum cum vicaria de Interrivis.. ix l.
420. Prior de Sarlhaco.. xxvii l. x s.
421.
421². Sacrista Choriaci.. ix l.
422. Prior de Chas.. xxxii l. x s.
423.
423². Preceptoria fr. Cunlhaci en la Folhose.. lx l.
423³. Preceptoria Curteserre cum Bilhomo et Amberto, ordinis S. Joannis. cl l.

405. Cunlhat.
406. Saint-Gervais-sous-Maymont.
407. Courpière.
408. Sauviat.
409. Mémont, domaine, c^{ne} d'Olliergues.
410. Augerolles.
411. Vollore-Ville.
412. Noirétable (Loire).
413. Noalhat.
414. Bulhon.
415. Laveine, h., c^{ne} de Crevant.
416. Médagne, d^{ne}, c^{ne} de Culhat, d'après la carte de l'État-major.
417. Leroux.
418. Moissat-Bas, jadis Mayssat-le-Moustier.
419. Glaine-Montaigut.
420. Saint-Blaise-du-Sarlhat, près Dallet, d'après Cassini. Ce lieu ne figure plus sur la carte de l'État-major.
421. Chauriat. Il semble qu'il y a eu en ce lieu une seconde église du titre de Ste-Marie. (A. Chaix, *Bullaire de l'Auvergne*, n° lii, bulle d'Urbain II, du 7 décembre 1095.)
422. Chas.
423. L'État-major ne marque pas ce lieu nommé Malbrèore par Cassini. Bozeix est aujourd'hui Bouzel.
423². Fouillouse, h., c^{ne} de Culhat.
423³. Courteserre, h., c^{ne} de Courpière.

CURÆ.

424. C. S. Lupi de Billom, annexa archipræsbiteratui	Ad omnimodam dispositionem domini episcopi.
425. C. S. Cirenei, alias S. Cerneuf cum annexa S. Jacobi de Billom	
426. C. S. Michaëlis des Faubourgs	
427. C. S. Saturnini des Faubourgs	Ad præsent. capituli Sancti Ciræneí de Billom.
428. C. S. Amantii de Thuillac	
429. C. B. Mariæ de la Prade	
430. C. S. Juliani de Coppel	
431. C. S. Georgii in comitatu	
432. C. S. Stephani de Pérignet	Ad præsentationem abb. Casæ Dei ratione prioratus ejusdem Sancti Andreæ de Busséol.
433. C. S. Andreæ de Busséol	
434. C. S. Genesii de Milleflеurs	
435. C. S. Simphoriani du Dreuil[1], avec l'annexe de Saint-Barthélemy-de-La-roche-Margnat	Ad præsent. abbatissæ de Beaumont.
436. C. S. Mauricii, près Vic-le-Comte	
437. C. S. Petri de Vic-le-Comte	
438. C. S. Blasii de Laz	
439. C. B. Mariæ Magdalenæ de Pignol	Ad præsentationem abbatis Sancti Sebastiani de Manlieu.
440. C. S. Martini d'Ironde	
441. C. S. Babilli seu Saint-Babel	
442. C. S. Martini de Salède	
443. C. B. Mariæ de Manlieu	
444. C. S. Blasii de Fugières[2]	Ad omnim. disp. domini episcopi.
445. C. S. Martini de Brosse	Ad præs. abb. de Manlieu.
446. C. S. Juliani de Monboyssier	Ad præs. domini temporalis ejusd. loci.
447. C. S. Blasii d'Ozelles	Ad præs. domini temporalis ejusd. loci.
448. C. S. Joannis des Olières	Ad præs. conventus Casæ Dei ratione prioratus Sancti Desiderii.
449. C. S. Petri d'Isserteau	Ad præsent. præpositi cathedralis Claromont[3].
450. C. SS. Bartholomæi et Petri du Fayet	Ad omnim. disp. domini episcopi.
451. C. S. Antonii de Montmorin	Ad præs. conventus Casæ Dei.

[1] Le ms. du pouillé porte, par erreur, les mots : *C. S. Simphoriani du Croit.*

[2] Lisez *Sugières.*

[3] Sous-entendu *ecclesiæ.*

424. C. S. Lupi Billomi cum archipresbiteratu ejusdem	IX l.
425. C. S. Cirenei Billomi	VII l. II s. VI d.
426. C. S. Michaelis Billomi	LX s.
427. C. S. Saturnini Billomi	LX s.
428. C. de Tinlhac	XV s.
429. C. B. Marie de Prata	XXI l.
430. C. S. Juliani	XV l.
431. C. S. Georgii	VI l. VII s. VI d.
432. C. Perigniaci supra Alligerim	XII l.
433. C. S. Andree	IIII l. II s. VI d.
434.	
435. C. Drolii cum capella de Rupe	LX s.
436. C. S. Mauricii	CXII s. VI d.
437. C. de Vico	IX l.
438. C. de Las	IX l.
439. C. Pignoli	CXII s. VI d.
440. C. Yrondinis	IX l. XV s.
441. C. S. Babilli	IIII l. II s. VI d.
442. C. de Salede	CXII s. VI d.
443. C. Magniloci	VII l. II s. VI d.
444. C. Sugeriarum	XIII l. X s.
445. C. Brosse	LII s. VI d.
446. C. Montisbusserii	LXIIII s. VI d.
447. C. Auzelle	XXXVI l.
448. C. S. Joannis Oleriarum	CXII s. VI d.
449. C. d'Isserteaux	VI l.
450. C. Fayeti	VI l. XV s.
451. C. Montismorini	LX s.

424. Billom.
425. *Idem.*
426. *Idem.*
427. *Idem.*
428. Tinlhat, v., cne de Billom.
429. La Prade, dne, cne de Billom.
430. Saint-Julien-de-Copel.
431. Saint-Georges-ès-Allier.
432. Pérignat-ès-Allier.
433. Bussèol.
434. Mirefleurs.
435. La Roche-Noire et Dreuil, ancienne paroisse aujourd'hui supprimée, et dont l'église se trouvait au-dessous de la Roche-Noire. Voy. n° 397.
436. Saint-Maurice.
437. Vic-le-Comte.
438. Laps.
439. Pignols.
440. Yronde, ou autrement Yronde-et-Buron.
441. Saint-Babel.
442. Sallèdes.
443. Manglieu.
444. Sugères.
445. Brousse.
446. Montboissier, h., cne de Brousse.
447. Auzelles.
448. Saint-Jean-des-Ollières.
449. Isserteaux.
450. Fayet.
451. Monthorin.

452. C. B. Mariæ d'Eglise Neufve.........	Ad præs. abbatis Sancti Sebastiani de Manlieu.
453. C. S. Juliani de Bonghat...........	
454. C. S. Simphoriani de Neufville.......	Ad præs. abb. d'Issoire, prioris ejusdem loci.
455. C. S. Saturnini de Tréziol..........	Ad omnimod. dispos. dom. episcopi Claromontensis.
456. C. S. Michaëlis de Mauzum.........	
457. C. B. Mariæ d'Estandeuil...........	Ad præs. conventus Casæ Dei ratione prioratus S. Desiderii.
458. C. S. Desiderii, près Boissonnelles....	
459. C. B. Mariæ de Selhoux............	Ad omnim. disp. domini episcopi.
460. C. S. Martini de Culhac.	Ad præs. prioris prioratus conventualis ejusdem loci.
461. C. S. Georgii de Tours.............	Ad præsent. capituli ecclesiæ cathedralis Claromont.
462. C. S. Gervasii sur Oliergues........	Ad præs. sacristæ majoris Casæ Dei ratione prioratus ejusdem loci.
463. C. S. Lupi de Domèze...	Ad præs. prioris conventualis de Culhac.
464. C. S. Privati, loci S. Flori près Courpière.......................	Ad præs. prioris Sancti Michaëlis de Sauviat.
465. C. S. Lupi de Sanguier (*sic*)........	Ad præs. conventus Casæ Dei ratione prioratus S. Desiderii.
466. C. S. Martini de Courteserre........	Ad omnim. disp. dom. episcopi.
467. C. S. Boniti de Neyronde...........	Ad præs. abb. S. Simphoriani de Thiers.
468. C. B. Mariæ de Peschadoire.........	Ad præs. capituli S. Genesii de Thiers.
469. C. S. Martini de Courpière..........	Ad præs. abb. S. Simphoriani de Thiers.
470. C. S. Michaëlis de Sauviat..........	Ad præs. prioris ejusd. loci.
471. C. S. Martini de Chabasse, cum annexis B. Mariæ d'Oliergues et S. Petri de Meymont.....................	Ad omnim. disp. domini episcopi.
472. C. SS. Genesii et Clari de Marat......	Ad præs. prioris de Culhac.
473. C. S. Georgii d'Augerolles..........	Ad præs. prioris ejusdem loci.
474. C. S. Joannis d'Olmet.............	Ad omnim. disp. domini episcopi.
475. C. S. Severini d'Espinasse d'Aubusson.	Olim ad præs. capituli du Puy, nunc ad omnim. disp. dom. episcopi Claromont.
476. C. S. Mauricii de Voulore..........	Ad præs. prioris de Sauviat.
477. C. S. Sulpitii d'Escoutoux..........	Ad præs. abb. S. Simphoriani de Thiers.
478. C. S. Simphoriani de Thiers.........	Ad præs. abbatis ejusd. loci.
479. C. S. Genesii de Thiers.............	Ad præsentationem capituli Sancti Genesii de Thiers.
480. C. S. Joannis de Thiers.............	

452. Égliseneuve-près-Billom.
453. Bongheat.
454. Neuville.
455. Trézioux.

452. C. Nove Ecclesie supra Billomum........................ CXII s. VI d.
453. C. Bonghaci........................ IIII l. X s.
454. C. Noveville........................ VII l. II s. VI d.
455. C. Trigilii........................ IX l.
456. C. Moduni........................ XV s.
457. C. d'Estandoil........................ XLVIII s.
458. C. S. Desiderii........................ VI l.
459. C. de Seilhoux........................ XII l. XV s.
460. C. Cunlhaci........................ VIII l. XII s. VI d.
461. C. de Turribus........................ VII l. X s.
462. C. S. Gervasii........................ LX s.
463. C. Dumeziarum........................ XXI l.
464. C. S. Flori........................ LXIII s.
465. C. Sermentasionis........................ VI l. VII s. VI d.
466. C. Curteserre, ordinis S. Joannis........................ VII l. X s.
467. C. Nyrondinis........................ LXXV s.
468. C. Piscatoriarum........................ IX l.
469. C. Curte Petre........................ IX l.
470. C. Salviaci........................ LX s.
471. C. Cabassie........................ XXII l. X s.
472. C. de Marat........................ IIII l. XVII s. VI d.
473. C. Augeroliarum........................ IX l.
474. C. Ulmeti........................ IX l.
475. C. Espinassie........................ VII l. X s.
476. C. Volubri........................ VII l. II s. VI d.
477. C. d'Escoutoux........................ VI l. XV s.
478. C. Monasterii Thierni........................ LX s.
479. C. S. Genesii Thierni........................ IX l.
480. C. S. Joannis Thierni........................ VI l.

456. Mauzun.
457. Estandeuil.
458. Saint-Dier-d'Auvergne.
459. Ceilloux.
460. Cunlhat.
461. Tours.
462. Saint-Gervais-sous-Maymont. B ajoute: «Curé de St Just en la parroisse St Gervais.» Voy. n° 409.
463. Domaize.
464. Saint-Flour.
465. Sermentizon. Sanguier paraît être pour Sandier (St-Dié), titre du prieuré d'où dépendait cette cure.
466. Courte-Serre, h., c[ne] de Courpière.
467. Néronde.
468. Peschadoires.
469. Courpière.
470. Sauviat.
471. La Chabasse, d[ne], c[ne] d'Olliergues, avec Olliergues et Ménont, h., c[ne] d'Olliergues.
472. Marat.
473. Augerolles.
474. Olmet.
475. Aubusson. L'église d'Espinasse existe encore.
476. Vollore-Ville.
477. Escoutoux.
478. Thiers, cure du Moûtier.
479. *Idem.*
480. *Idem.*

481.	C. S. Remigii sur Thiers	Ad præsentationem capituli Sancti Genesii de Thiers.
482.	[C. S. Stephani sous Thiers[1]]	
483.	C. S. Juliani de Celle	
484.	C. S. Blasii d'Arconsac	Ad omnim. disp. domini episcopi.
485.	C. B. Mariæ de Norestable	Ad præs. priorissæ S. Sepulchri de Lavene ratione prioratus de Norestable.
486.	C. S. Victoris sur Thiers	
487.	C. B. Mariæ de Montmeneix (*sic*)	Ad præs. capituli S. Genesii de Thiers.
488.	C. B. Mariæ de Noalhac	Ad præsent. abb. d'Issoire, prioris ejusdem loci.
489.	C. S. Georgii de Palières	Ad præs. abb. S. Simphoriani de Thiers.
490.	C. SS. Agricolæ et Vitalis de Bulhon	Ad præsentationem prioris de Bulhon.
491.	C. SS. Cosmæ et Damiani de Vinzelles	
492.	C. S. Martini de Crevan	Ad præs. priorissæ de Lavene.
493.	C. S. Martini de Culhac, près Foulhiouse	Ad præs. præceptoris ejusdem loci.
494.	C. S. Juliani de Lenty	Ad præsentationem ejusd. capituli S. Petri de Lezoux.
495.	C. SS. Aventini et Stephani de Beauregard-Lévêque	
496.	C. S. Petri oppidi de Lezoux, cum sibi annexis canonicatu et præbenda ejusd. ecclesiæ	
497.	C. B. Mariæ et S. Dionisii de Seychale.	Alias ad præs. prioris S. Leodegarii et S. Crucis de Messat, nunc autem ad præs. PP. Jesuitarum de la ville de Billom.
498.	C. SS. Porciani et Bartholomæi de Bart.	
499.	C. S. Petri de Messat	
500.	C. S. Remigii d'Espozem	
501.	C. S. Andreæ de Bouzeix	
502.	C. S. Joannis de Gleynes	Ad præs. prioris de Sauviat.
503.	C. B. Mariæ de Salmanange	Ad præs. domini temp. de Ravel.
504.	C. SS. Juliani et Galli d'Espirat	Ad præs. capituli cathedralis Claromontensis.
505.	C. B. Mariæ de Vasselle	Ad præs. abb. de Chantoin, près Clermont.
506.	C. B. Mariæ de Vertezon	Ad præsentationem capituli ejusd. loci de Vertezon.
507.	C. S. Petri de Mezeix	

481. SAINT-REMY-SUR-DUROLLE.

482. DORAT. L'église de Saint-Étienne-sous-Thiers n'est autre que celle ainsi désignée dans le pouillé E: «Cure de St-Étienne-de-Dorat, au chapitre collégial de Thiers.»

483. CELLES.

484. ARCONSAT.

485. NOIRÉTABLE (Loire).

486. SAINT-VICTOR.

487. MONT-VIANAIX, h., c[ne] de Saint-Victor.

488. NOALHAT.

489. PASLIÈRES.

490. BULHON.

491. VINZELLES.

[1] Cette cure a été ajoutée après coup, mais de la même main, à ce qu'il nous semble.

481. C. S. Remigii .... IX l.
482. C. Dorati .... CV s.
483. C. Celle .... XI l. V s.
484. C. Arconsiaci .... XV l.
485. C. Nigri Stabuli .... IX l.
486. C. S. Victoris .... XII l. XV s.
487. C. de Montviones .... LXVII s. VI d.
488. C. de Nohalhat .... XXXVII s. VI d.
489. C. Palheriarum .... CXII s. VI d.
490. C. de Bulhon .... XLV s.
491. C. Vinzellarum .... VII l.
492. C. Creventis .... X l. X s.
493. C. Cunlhaci in Folhosa, ordinis S. Joannis .... IX l.
494. C. Lentini .... CXII s. VI d.
495. C. S. Aventini .... XIII l. X s.
495[2]. C. Orleaci .... XII l. XV s.
496. C. S. Petri Laudose .... LII s. VI d.
496[2]. C. Sancti Joannis de Vaulx .... VI l. VII s. VI d.
497. C. Sechalie cum capella Sancte Lucie .... VI l.
498. C. de Bort .... IX l.
499. C. S. Petri Magen[ciaci] .... VII l. II s. VI d.
500. C. d'Espezent .... LX s.
501. C. de Bozet .... LII s. VI d.
502. C. de Glenes .... VIII l. XII s. VI d.
503. C. Salmanengiarum .... VII l. X s.
504. C. d'Espirat .... IX l.
505. C. de Vassello .... IIII l. X s.
506. C. Vertasionis .... VII l. X s.
507. C. Mezeti .... IX l.

492. Crevant.
493. Culhat.
494. Lempty.
495. Beauregard-l'Évêque.
495[2]. Orléat. D : «C. S. Boniti d'Orleat, ad præs. capituli de Lezoux.» E : «St-Bonnet d'Orléat.»
496. Lezoux.
496[2]. D ajoute ici : «C. S. Joannis d'Heur, ad præs. capituli de Lezoux.» Saint-Jean-d'Heurs. Ne serait-ce pas la même église nommée à tort Saint-Jean-de-Vaux dans le Rôle de taxe?
497. Seychalles.
498. Bort.
499. Moissat (Église de Moissat-Bas).
500. Espezen, terroir de la c[ne] de Moissat.
501. Bouzel.
502. Glaine-Montaigut.
503. Ravel-Salmérange.
504. Espirat-Reignat.
505. Vassel.
506. Vertaizon.
507. Mezel.

508. C. S. Saturnini de Dalet	Ad præs. prioris S. Blasii de Sarliac.
509. C. S. Boniti sur Allier	Ad præs. abbatis de Chantoin, près Clermont.
510. C. S. Juliani de Choriac	Ad præs. prioris conventus de Sauxillanges.
511. C. S. Martini de Chaz	Ad præs. prioris ejusd. loci.
512. C. S. Roberti de Poliac cum annexa S. Antonii de Montmorin[1]	Ad præs. conventus Casæ Dei.
513. Vicaria in sacello hospitalis S. Joannis de Billom	Ad præs. domini temporalis de Montaigut Listenois.
514. Vicaria Montis Turelonii prope oppidum de Billom	Ad omnim. dispositionem domini episcopi.

515. Vicaria B. Mariæ de Bauzilloir vulgo nuncupata, intra fines parochiæ de Mauzum per defunctos nobiles Petrum Chambas et Joannam Deferry olim conjuges fundata et deservire ordinata per hujus præsent. ad ædiles seu, ut vocant, luminatores ecclesiæ parochialis de Mauzum ex institutione RR. domini episcopi.

VI. ARCHIPRESTRÉ DE LIVRADOIS.

516. Abbatia S. Roberti oppidi Casæ Dei, beneficium electivum cujus officia sunt :

516^{2}. Hospitalaria	Ad omnimodam dispositionem abbatis ejusdem loci Casæ Dei, sive de la Chaise-Dieu.
516^{3}. Infirmaria	
516^{4}. Sacristia	
516^{5}. Cameraria	
516^{6}. Operaria	
516^{7}. Eleemosinaria	
516^{8}. Cantoria	
516^{9}. Refectuaria	

508. DALLET.

509. SAINT-BONNET-PRÈS-CHAURIAT ou -LES-ALLIERS.

510. CHAURIAT.

511. CHAS.

512. PAULIAT, avec l'annexe de MONTMORIN.

513. BILLOM.

514. TURLURON, h., c^{ne} de Billom.

515. Cette chapelle était située dans la commune actuelle de MAUZUN.

516. LA CHAISE-DIEU (Haute-Loire); SAINT-BONNET-LE-BOURG; CHAMÉANE; SAINT-GENÈS-PRÈS-CHAMÉANE ou SAINT-GENÈS-LA-TOURETTE; SAINT-ANDRÉ-PRÈS-BUSSÉOL; PAULIAT, h., c^{ne} de Billom; MARMILLAT, h., c^{ne} de Lempdes; TEILHÈDE; GRÉZIN, h., c^{ne} du Broc.

516^{1}. LA CHAULME; SAILLANT; SAINT-DENIS-COMBARNAZAT; SAINT-DIER-D'AUVERGNE; SAINT-CIRGUES, h., c^{ne} de Saint-Julien-de-Copel; LE VERNET-LA-VARENNE; TRÉZIOUX; LEMPDES.

516^{2}. CHAMPAGNAT-LE-VIEUX (Haute-Loire); SAINT-URCIZE (Cantal).

516^{3}. MALVIÈRES (Haute-Loire); SAINT-ALYRE (*Sancta Helidia*).

516^{4}. JULLIANGES (Haute-Loire); LA CHAPELLE-AGNON; SAINT-GERVAIS-SOUS-MEYMONT.

516^{5}. LA CHAPELLE-GENESTE (Haute-Loire); ROCHE-SAVINE, h., c^{ne} du Monestier; GRANDVAL.

516^{6}. FOURNOLS; ECHANDELY.

516^{7}. DORE-L'ÉGLISE.

[1] En marge 88. Il y a 89 cures en comptant un numéro ajouté après coup.

508. C. Daleti. . . . . iiii l. x s.
509. C. S. Boniti. . . . . vi l. xv s.
510. C. Choriaci. . . . . cxii s. vi d.
511. C. de Chas. . . . . lxxii s.
512.
513.
514.
515.
515². Communitas S. Lupi Billomi. . . . . xxv l.
515³. Communitas de Vico. . . . . xlii l.
515⁴. Communitas Curtepetre. . . . . vi l.
515⁵. Communitas Auzelle. . . . . lx s.
515⁶. Communitas Cabassie. . . . . c s.
515⁷. Communitas Volubri. . . . . lx s.
515⁸. Communitas Augeroliarum. . . . . lx s.
515⁹. Communitas Creventis. . . . . xl s.

Summa totalis presentis archipresbiteratus Bilhomi ascendit duo mille (*sic*) sex centum sexaginta quinque libras, duos solidos turon. . . . . [ii^{m}vi^{c}lxv l. ii s.]

IN ARCHIPRESBITERATU LIBRATENSI.

516. Abbas Case Dei pro hiis que tenet in diocesi et prioratibus S. Boniti de Burgo, Case Medie, S. Genesii prope Casam Mediam, S. Andree de Monte, Paulhaci prope Billomum, Marmilhiaci, Teilhede et Greze. . . . . ii^{c}xxxi l.

516¹. Conventus Case Dei pro omnibus que tenet in diocesi, videlicet prioratibus de Calma, de Salhens, S. Dompnini cum Bornazat, S. Desiderii, S. Cirici, cum hiis que percipiunt in parrochia Verneti prope Celiinas (Celcinias), Trigilii, Lempde et decanatu unito eidem conventui. . . . . ii^{c}xxxi l.

516². Hostellarius dicti conventus pro prioratibus Champagnaci et Sancti Urci[sii]. . . . . xxxvii l. x s.

516³. Infirmarius dicti conventus pro prioratibus Malveriarum et Sancte Eulalie (S^e Illidie, *al.* Helidie). . . . . lxxv l.

516⁴. Sacrista dicte Case Dei pro prioratu de Julhanges, Capelle Anonis et S. Gervasii. . . . . liii l. x s.

516⁵. Camerarius dicti conventus pro prioratibus Capelle Geneste, Rupis-savine Monasterii et Grande Vallis. . . . . xlii l.

516⁶. Operarius dicti conventus pro prioratibus de Fornolis et de Chandelis. . . . . xlviii l. xv s.

516⁷. Eleemosinarius dicti loci pro prioratu de Dore. . . . . xi l. v s.
516⁸. Cantor dicti conventus. . . . . xi l. v s.
516⁹.

517. Præceptoria S. Antonii de Saint Vitour.	
518. P. S. Antonii loci Monasterii Rupis Savinæ sive Roche-Savine.........	Unitus camerariæ majoris abbatiæ Casæ Dei.
519. P. S. Petri de Grandval............	Unitus camerariæ Casæ Dei.
520. P. S. Blasii de La Chapelle Aignam...	Unitus sacristiæ Casæ Dei.
521. P. S. Ferreoli..................	Unitus conventui de Sauxillanges.
522. P. B. Mariæ de Fournoux..........	Unitus operariæ Casæ Dei.
523. P. S. Boniti le Bourg..............	Unitus mensæ conventuali Casæ Dei.
524. P. S. Illidii....................	Unitus infirmariæ Casæ Dei.
525. P. B. Mariæ de La Chapelle Geneste...	Unitus camerariæ Casæ Dei.
526. P. S. Petri du Bourg d'Arland.......	Ad omnim. disp. domini abbatis S. Michaëlis de l'Escluse in Pedemontana regione.
527. P. S. Salvatoris..................	Ad collationem ejusd. abbatis de l'Escluze.
528. P. S. Blasii de Dore...............	Unitus eleemosinariæ Casæ Dei.
529. P. S. Petri Malveriarum............	Unitus infirmariæ Casæ Dei.
530. P. S. Eugeniæ Bonæ Vallis..........	Unitus mensæ conventuali Vallis Dei sive de la Vaux Dieu.
531. P. de Julhanges..................	Unitus sacristiæ Casæ Dei.
532. P. S. Boniti.	
533. P. B. Mariæ Magdalenæ de Viverolz...	Ad collat. prioris de Sauxillanges.
534. P. de Salhems....................	Unitus mensæ conventuali Casæ Dei.
535. P. S. Joannis de la Chaux..........	Unitus eidem mensæ conventuali Casæ Dei.
536. P. S. Clementis..................	Ad collationem abb. Salviniaci, diœcesis Lugdunensis.
537. P. S. Antonii (Anthemii)...........	Ad coll. abb. de Manlieu.
538. P. S. Petri de Chaumont...........	Ad præs. prioris de Sauxillanges.
539. P. S. Lupi de Job................	Ad omnim. disp. abb. S. Simphoriani de Thiers.
540. P. SS. Juliani et Pelagii de Vertolaye..	Unitus mensæ abbatiali Magni loci sive Manlieu[1].

[VICARIÆ.]

541. Vicaria in domo hospitali S. Boniti le Château.	
542. Vicaria S. Nicolai hospitalis la Tour Goyon in parœcia de Job.............	Ad omnim. dispos. abbatis S. Simphoriani de Thiers.
543. Vicaria in sacello B. Mariæ Magd. des Issardz, in parœcia de Marsat....	Ad omnim. disp. abb. de Chantoin, près Clermont.

[1] En marge, le chiffre 23, nombre exact des prieurés.

517. Preceptor S. Victoris. . . . . lxv l.
518. (Vide supra 516^{5}.)
519. (Vide supra 516^{5}.)
520. (Vide supra 516^{4}.)
521. (Vide infra 605^{2}.)
522. (Vide supra 516^{6}.)
523. (Vide supra 516.)
524. (Vide supra 516^{3}.)
525. (Vide supra 516^{8}.)
526. Prior Burgi Arlenci. . . . . xx l.
526^{2}. Sacrista ejusdem. . . . . iiii l. x s.
527. Prior S. Salvatoris . . . . xxii l. x s.
528. (Vide supra 516^{7}.)
529. (Vide supra 516^{3}.)
530. Priorissa Bone Vallis. . . . . lxvii s. vi d.
531. (Vide supra 516^{4}.)
532.
533.
534. (Vide supra 516^{1}.)
535. (Vide supra 516^{1}.)
536. Prior S. Clementis. . . . . xii l. x s.
537. Prior S. Enthemii . . . . xxx l.
538. Prior Calvimontis cum Amberto, Marsat, Sancti Justi et Burières. . lx l.
538^{2}. Sacrista ejusdem . . . . xv s.
539. Prior de Jo. . . . . xxii l. x s.
540.
541.
542.
543.

517. Saint-Victor-sur-Arlanc (Haute-Loire).
518. Roche-Savine, h., c^ne du Monestier.
519. Grandval.
520. La Chapelle-Agnon.
521. Saint-Férréol-des-Côtes.
522. Fournols.
523. Saint-Bonnet-le-Bourg.
524. Saint-Alyre.
525. La Chapelle-Geneste (Haute-Loire).
526. Arlanc-le-Bourg.
527. Saint-Sauveur, jadis St-Sauveur-de-Clavelier.
528. Dore-l'Église.
529. Malvières (Haute-Loire).
530. Bonneval (Haute-Loire).
531. Jullianges (Haute-Loire).
532. Médeyrolles, église de Saint-Bonnet qui dépendait de l'abbaye de Pébrac.
533. Viverols.
534. Saillant.
535. La Chaulme.
536. Saint-Clément (autrement Saint-Clément-de-Valorgue).
537. Saint-Anthème.
538. Chaumont, Ambert, Marsat, Saint-Just-de-Baffie et Beurrières.
539. Job.
540. Vertolaye.
541. Saint-Bonnet-le-Chastel.
542. La Tour-Goyon, h., c^ne de Job.
543. Les Issards, h., c^ne de Marsac.

544. Vicaria in sacello S. Catharinæ, vulgo de l'Infirmerie supra Burgum d'Arland, in parœcia ejusd. burgi [ad præs. prioris ejusd. loci[1]] et institutionem dom. episcopi.
545. Vicaria in sacello de Montcavel.
546. Vicaria in sacello pagi de Bellomonte, parœciæ S. Victoris.
547. Vicaria in sacello de Monpcaloux.
548. Vicaria in sacello de la Roue.

CURÆ.

549. C. S. Præjecti de Bertiniat, annexa archipresbiteratui	Ad omnim. dispos. domini episcopi.
550. C. S. Blasii de la Chapelle Aignon	Ad præs. sacristæ majoris Casæ Dei ratione prioratus ejusd. loci.
551. C. S. Bartholomæi du lieu de Saint-Amand	Ad præs. dom. tempor. baronis de Roche Savine.
552. C. S. Andreæ de Roche Savine	
553. C. S. Antonii Monasterii de Roche Savine	Ad præs. sacristæ majoris Casæ Dei.
554. C. S. Petri de Granval[2]	
555. C. S. Eligii	Ad præsentationem prioris de Sauxillanges.
556. C. S. Silvestri de Thiolières	
557. C. S. Ferreoli de Costes	
558. C. B. Mariæ de Mone	
559. C. S. Sebastiani de Champestières	Ad præs. dom. temporalis ejusdem loci.
560. C. S. Blasii de Sandelanges	Ad præsentationem domini temporalis.
561. C. S. Petri de Novacelle	
562. C. S. Boniti le Château	
563. C. B. Mariæ de Fournoux	Ad præs. operarii Casæ Dei ut prioris.
564. C. S. Petri de Chambon	Ad præs. capituli B. Mariæ de la Queuille.
565. C. S. Boniti le Bourg	Ad præsentationem conventus Casæ Dei.
566. C. S. Juliani [de] Doranges	
567. C. S. Salvatoris cum annexa S. Hieronimi de Clavetier (Clavelier)	Ad præsent. prioris ejusd. loci.
568. C. S. Illidii	Ad præs. infirmarii majoris Casæ Dei.
569. C. B. Mariæ de la Chapelle Geneste	Ad præsent. camerarii majoris Casæ Dei.
570. C. S. Martini extra muros Casæ Dei	Ad omnimodam dispositionem abbatis Casæ Dei.
571. C. SS. Agricolæ et Vitalis intra muros	
572. C. B. Mariæ extra muros	

544. Arlanc-le-Bourg.
545. Montravel, v. et château, c^ne de Beurrières.
546. Beaumont, h., c^ne de Saint-Victor (Haute-Loire).

[1] Les mots entre crochets sont fournis par le pouillé D.
[2] Cette cure et la précédente appartinrent dès le XVIIe siècle au chambrier de la Chaise-Dieu.

544.
545.
546.
547.
548.
549. C. Bertigniaci in archipresbiteratu Libratensi .... XIIII l. XV s.
550. C. Capelle Anonis .... XV l.
551. C. S. Amancii .... VII l. II s. VI d.
552. C. Rupissavine .... XLV s.
553. C. Monasterii .... IIII l. XVII s. VI d.
554. C. Grandisvallis .... IIII l. X s.
555. C. S. Eligii .... XXX s.
556. C. Thioleriarum .... XXXVII s. VI d.
557. C. S. Ferreoli .... VI l. VII s. VI d.
558. C. de Montibus .... LXXII s.
559. C. Campesteriarum .... XXVII l. XV s.
560. C. Yssodolengiarum .... XLV s.
561. C. Novecelle .... VI l.
562. C. S. Boniti de Castro .... VI l. VII s. VI d.
563. C. de Fornolz .... LVII s. VI d.
564. (Vide infra n° 880.)
565. C. S. Boniti de Burgo .... LXXII s.
566. C. Dorengiarum .... X l. X s.
567. C. S. Salvatoris .... LXX s. VI d.
568. C. S[e] Ilidie (*sic*) .... XXXVII s. VI d.
569. C. Capelle Geneste .... LXIIII s. VI d.
570. C. S. Martini Case Dei .... IIII l. X s.
571. C. S[torum] Agricole et Vitalis .... VI l. VII s. VI d.
572. C. B. Marie Case Dei .... IIII l. XVII s. VI d.

547. Montpelloux.
548. La Roue, château, c[ne] de Saint-Anthème.
549. Bertignat.
550. La Chapelle-Agnon.
551. Saint-Amand-Roche-Savine.
552. Roche-Savine, h., c[ne] du Monestier.
553. Le Monestier.
554. Grandval.
555. Saint-Éloy.
556. Thiolières.
557. Saint-Férréol-des-Côtes.
558. Notre-Dame-de-Mons, h., c[ne] de Champetières.
559. Champetières.
560. Issandolanges, h., c[ne] de Novacelles.
561. Novacelles.
562. Saint-Bonnet-le-Chastel.
563. Fournols.
564. Chambon.
565. Saint-Bonnet-le-Bourg.
566. Doranges.
567. Saint-Sauveur et Claveliers, h. de ladite c[ne].
568. Saint-Alyre.
569. La Chapelle-Geneste (Haute-Loire).
570. La Chaise-Dieu (Haute-Loire).
571. *Idem.*
572. *Idem.*

573. C. S. Martini de Mayres	Ad præs. prioris et confratrum confraternitatis B. Mariæ ejusd. loci.
574. C. S. Petri du Bourg d'Arland	Ad præs. prioris ejusd. loci.
575. C. S. Blasii de Dore l'Eglise	Ad præs. eleemosinarii Casæ Dei.
576. C. S. Petri Malveriarum	Ad præs. infirmarii Casæ Dei.
577. C. S. Eugeniæ Bonæ Vallis	Ad præs. priorissæ monialium de la Vaux Dieu, alias de Combz.
578. C. SS. Petri et Andreæ de Julianges	Ad præs. sacristæ majoris Casæ Dei.
579. C. S. Antonii de Saint Victour	Ad præs. præceptoris ejusd. loci.
580. C. S. Joannis des Bregoux	Ad præs. prioris de Chamalières.
581. C. S. Boniti de Médeyrolles	Ad præs. abb. de Pébrac, diocèse de Saint-Flour.
582. C. B. Mariæ de Viverolz	Ad præs. prioris de Sauxillanges.
583. C. S. Hippoliti d'Eglizolles	Ad præsentationem conventus Casæ Dei, ratione prioratus de la Chaud.
584. C. S. Petri de Salhens, cum annexa de Monpcaloux	
585. C. S. Joannis de la Chaud	
586. C. S. Romani de Valenchières	
587. C. S. Juliani de la Chapelle, près Montarchier	Ad præsent. prioris S. Ramberti, diocèse de Lyon.
588. C. S. Clementis	Ad præs. prioris ejusd. loci.
589. C. S. Blasii loci de Saint-Anthème	Ad præs. abb. de Manlieu.
590. C. S. Blasii de Grandris	Ad præs. domini temporalis de la Rive et Montpcaloux.
591. C. S. Nicolai de Baffie	Ad præsentationem prioris de Chaumont.
592. C. S. Justi, près Baffie	
593. C. S. Margaritæ de Burrières	
594. C. S. Petri de Chaumont	
595. C. B. Mariæ de Marsat	
596. C. S. Joannis de la ville d'Ambert	
597. C. S. Martini des Olmes	Ad præs. capituli ecclesiæ cathedralis Claromont.
598. C. S. Laurentii de Valsévère	Ad omnim. disp. domini episcopi pleno jure.

573. MAYRES.

574. ARLANC-LE-BOURG.

575. DORE-L'ÉGLISE.

576. MALVIÈRES (Haute-Loire).

577. BONNEVAL (Haute-Loire).

578. JULLIANGES (Haute-Loire).

579. SAINT-VICTOR-SUR-ARLANC (Haute-Loire).

579[a]. D ajoute : «C. S. Antonii de Monestier, ad præs. prioris de Souvigny.» Cette cure paraît être la même que celle du Monestier, qui est attribuée au chambrier de la Chaise-Dieu. Il y avait contestation entre les deux au sujet de la présentation, ce qui explique une double inscription. Voy. n° 558.

580. SAINT-JEAN-D'AUBRIGOUX (Haute-Loire).

573. C. Mazeriarum (*sic*) .... VI l. VII s. VI d.
574. C. Burgi Arlenci .... VII l. II s. VI d.
575. C. Dore .... IX l.
576. C. Malveriarum .... LVII s.
577. C. Bonevallis .... IIII l. VII s. VI d.
578. C. Julhengiarum .... IIII l. X s.
579. C. S. Victoris .... XLV s.
580. C. S. Joannis dez Bregoux .... X l. X s.
581. C. Mederoliarum .... IX l. XV s.
582. C. Viveroliarum .... IIII l. X s.
583. C. Lizollie (*sic*) .... VI l. VII s. VI d.
584. C. de Sailhens .... LXX s. VI d.
585. C. de Calma .... XLV s.
586. C. S. Romani .... LXXII s.
587. C. Montisarcherii .... VII l. II s. VI d.
588. C. S. Clementis .... XLV s.
589. C. S. Enthemii .... IX l.
590. C. Grandis Rivi .... LXVII s. VI d.
591. C. Baffie .... XXXVI s.
592. C. S. Justi .... LXXII s.
593. C. Bureriarum .... VII l. II s. VI d.
594. C. Calvimontis .... XXXVI s.
595. C. de Marsat .... XV l.
596. C. Amberti .... XXVI l. XV s.
597. C. S. Martini de Ulmis .... XIIII l. XV s.
598. C. Vallissiverie .... IX l.

581. MÉDEYROLLES.

582. VIVEROLS.

582[a]. D : «C. S. Amantii de Roche Savine, ad omnim. disp. dom. episcopi.» Nous ignorons ce qu'étail cette cure et si elle se confondait avec celle de Roche-Savine, qui étoit sous le titre de Saint-Barthélemy et à la présentation du seigneur temporel du lieu. Voy. n° 551.

583. ÉGLISOLLES.

584. SAILLANT et MONTPELLOUX, château, c^ne de Saillant.

585. LA CHAULME.

586. SAINT-ROMAIN-DE-VALENCHÈRES ou SAINT-ROMAIN.

587. LA CHAPELLE-EN-LAFAYE (Loire). MONTARCHIER, aujourd'hui MONTARCHER, était du diocèse du Puy.

588. SAINT-CLÉMENT.

589. SAINT-ANTHÊME.

590. GRANDRIF, à la nomination du seigneur de la Roue et de Montpeloux. (Chabrol, *Coutumes d'Auvergne*, t. IV, p. 296 et 389.)

591. BAFFIE, h., c^ne de Saint-Just-de-Baffie.

592. SAINT-JUST-DE-BAFFIE.

593. BEURRIÈRES.

594. CHAUMONT.

595. MARSAC.

596. AMBERT.

597. SAINT-MARTIN-DES-OLMES.

598. VALCIVIÈRES.

599. C. S. Nicolai de la Tour Goyon....... Ad præs. domini temporalis de Bothonargue.

600. C. S. Lupi de Job................ Ad præsent. prioris ejusd. loci seu abb. de Thiers.

601. C. SS. Juliani et Pelagii de Vertolaye.. Ad præsent. abbatis Sancti Sebastiani Magni loci seu de Manlieu[1].

VII. ARCHIPRESTRÉ DE SAUXILLANGES.

602. Capitulum ecclesiæ sæcularis et collegiatæ S. Germani Lambron.

Sacristia cum canonicatu........... Ad omnimod. dispos. capituli S. Juliani de Brioude.

Canonicatus et præbendæ undecim... }
Semipræbendæ sex................ } Ad collationem ejusdem capituli de Saint-Germain.

603. Capitulum ecclesiæ sæcularis et collegiatæ B. Mariæ du Broc per dominum Jacobum Perdinel, quondam cantorem de Rhodez, fundatum an. Domini 1546, mense junio, cujus præbendæ et canonicatus non quibuslibet, sed filiis tantum ejusdem ecclesiæ, loci et parochiæ per idem capitulum conferendas voluit fundator infra quinque dies a die vacationis; aliter jus conferendi plenum prædictis nihilominus filiis ad dominum episcopum Claromontensem devolvi decrevit.

Decanatus cum cura seu vicaria perpetua principalis ecclesiæ.......... Ad nominationem conventus Casæ Dei et institutionem domini episcopi.

Cantoria........................ }
Canonicatus et præbendæ 12........ } Ad omnim. disp. ejusdem capituli, ut dictum est supra.

604. Præceptoria de Charbonniers, ordinis Sancti Joannis Hierosolimitani.

[PRIORATUS.]

605. P. conventualis monasterii oppidi de Sauxillanges, ordinis Cluniacensis.

606. P. conventualis monialium S. Leodegarii d'Esteilh, ordinis de Fontevraud, in parœcia d'Auzat............. Priorissa eligitur quoquo triennio.

607. P. conventualis S. Germani Lair...... Ad omnim. disp. abb. Casæ Dei.

Sacristia ejusd. loci.

599. LA TOUR-GOYON, h., cⁿᵉ de Job.
600. JOB.
601. VERTOLAYE.
602. SAINT-GERMAIN-LEMBRON.
603. LE BROC.

604. CHARBONNIER.
605. SAUXILLANGES (Saint-Pierre, Saint-Paul et Saint-Jean-l'Évangéliste, *Cartulaire de Sauxillanges*, nᵒˢ 16, 17, etc.); BRENAT; PAGNAT, il existe deux hameaux de ce nom; GIGNAT; SAINT-REMY-DE-CHARGNAT;

[1] En marge 53, chiffre exact des cures.

599. C. de Turre Goyon .... xv s.
600. C. de Jo .... cv s.
601. C. de Vertholoye .... xxx s.
601^{2}. Communitas presbiterorum Case Dei .... xxv l. x s.
601^{3}. Communitas Amberti .... l l.
601^{4}. Communitas Burgi Arlenci .... xxv l.
601^{5}. Communitas Marsiaci .... xxv l.
601^{6}. Communitas Dore ecclesie .... lx s.
601^{7}. Communitas S. Boniti de Castro .... xl s.
601^{8}. Communitas S. Boniti de Burgo .... xl s.

Summa totalis presentis archipresbiteratus Libratensis ascendit mille quattuor centum quadraginta octo libras, quinque solidos tur .... miiii^c^xlviii l. v s.

IN ARCHIPRESBITERATO CELCINIARUM.

602. Capitulum Sancti Germani Lembron .... xxxii l.
603. [1]
603^{2}. Capitulum Brivate[2] pro hiis que habet in diocesi Claromontensi ... iiii^xx^ii l. x s.
604. (Vide infra n° 769^{3}.)
605. Prior Celciniarum cum prioratibus de Brenaco, Pagnaco, Gignaco, Chargnaco, Colominarum, S. Eligii, de Montibus et Thioleriarum, d'Aiz .... iiii^c^xxvii l. x s.
605^{2}. Conventus pro se et prioratibus de Malhat et S. Ferreoli .... xviii l.
605^{3}. Celerarius ejusdem cum prioratu de Clefz, Ploziaci, Chalus sive de Layre et Uzete .... xxi l.
605^{4}. Camerarius dict. Celciniarum .... x l. x s.
605^{5}. Sacrista ill .... x l. x s.
605^{6}. Infirmarius dict. Celciniarum cum prioratu S. Stephani .... viii l. v s.
605^{7}. Elemosinarius dict. Celciniarum .... lxxv s.
605^{8}. Cantor dict. Celciniarum .... xlv s.
606. Prior et priorissa d'Esteil .... xviii l.
607. Prior S. Germani Lern (*sic*) .... cii l. x s.
607^{2}. Sacrista ejusdem .... xxx s.

Collamine, h., c^ne^ de Vodables; Saint-Éloy, c^ne^ de St-Amand-Roche-Savine; Notre-Dame-de-Mons, h., c^ne^ de Champetières; Thiolières et Aix-la-Fayette.

605^{2}. Mailhat, h., c^ne^ de Lamontgie; Saint-Féré ou -des-Côtes.

605^{3}. Beaulieu, autrement Clais; Plauzat (Le prieuré noir. Voy. ci-dessous, n°s 734 et 735); Chalus ou Laire, h., c^ne^ de Cellule, et Urbt, lieu détruit que l'on voit sur la carte de Cassini entre Cellule et Saint-Bonnet-Leschamps.

605^{6}. Saint-Étienne-sur-Usson.

606. Estril, h., c^ne^ d'Auzat-sur-Allier.

607. Saint-Germain-l'Herm.

607^{2}. D ajoute : «Ad disp. prioris S. Germani.»

[1] Le chapitre du Broc, n'ayant été fondé qu'en 1546, ne peut figurer dans le *Liber taxæ* qui est de 1535.

[2] Brioude est du diocèse de Saint-Flour.

608. P. d'Usson	Ad omnim. dispos. abbatis S. Rufi, oppidi Valentiæ in Delphinatu, vel prioris de Montsalvy.
609. P. S. Stephani sous Usson	Unitus infirmariæ monasterii de Sauxillanges.
610. P. monialis S. Blasii de Taveyrat, près Nonnete	Ad omnim. dispos. priorissæ de Saint-Genès-les-Monges.
611. P. S. Nicolai de Nonnete	Unitus conventui Casæ Dei.
612. P. B. Mariæ Magdalenæ d'Orçonnete	Unitus conventui Casæ Dei.
613. P. de Malhac	Unitus conventui de Sauxillanges.
614. P. de Champagnac	Unitus hospitalariæ Casæ Dei.
615. P. de Chalineaux[1]	Unitus conventui Casæ Dei.
616. P. de Champdelis	Unitus operariæ Casæ Dei.
617. P. de Flac	Unitus celerariæ de Manlieu.
618. P. B. Mariæ d'Orbeil	Ad omnim. disp. abb. d'Issoire.
619. P. S. Petri de Parantignac	Ad omnim. disp. abb. d'Issoire.
620. P. S. Bartholomæi, près du Breuil	Ad omnim. dispos. prioris de la Bajasse, près Brioude, diocèse de Saint-Flour.
621. P. S. Andreæ, près du Breuil	Ad omnim. dispos. abb. S. Andreæ, près Clermont, ordinis Præmonstratensis.
622. P. S. Stephani de Grésin avec le Broc	Unitus mensæ conventuali Casæ Dei.
623. P. S. Cirici de Monteillis cum cura	Ad præsentationem abbatis de Chantoin ratione curæ et institutionem domini episcopi.
624. P. de Boude	Ad omnim. disp. abbatis Casæ Dei.
625. P. de Clais	Unitus celerariæ de Sauxillanges[2].

CURÆ.

626. C. B. Mariæ de Sauxillanges, cum annexis SS. Martini et Quintini	Ad præsentationem prioris de Sauxillanges.
627. C. B. Mariæ Ecclesiæ Novæ	
628. C. S. Privati	
629. C. S. Bartholomæi de Brenat	
630. C. S. Remigii de Charniat	

608. Usson.
609. Saint-Étienne-sur-Usson.
610. Saint-Blaise, h., c^ne de Beaulieu. On lit dans B[1] : «Prieur St-Pierre de Taveyrat ou Laveyrat.» *Domus de Terverato*. (Bulle de Luce III, 1184.)
611. Nonette.

[1] *Lisez* : Chaméane.

[2] En marge 22, en comptant sans doute la commanderie de Charbonnier.

608. Prior Ussonis .... IIII l. XVII s. VI d.
609. (Vide supra n° 605⁶.)
610.
611. Prior Nonete .... XXX l.
612. Prior Orcenote (*sic*) .... XX l.
613. (Vide supra n° 605².)
614.
615.
616. (Vide supra n° 516⁶.)
617. (Vide supra n° 389⁷.)
618. Prior d'Orbeil .... XXXVII s. VI d.
619.
620.
621.
622. (Vide supra n° 516.)
623. Prior S. Cirici seu de Montcelles .... XII l.
624. Prior de Bosde .... XVI l. X s.
625. (Vide supra n° 605⁵.)
625². Preceptoria Cholhiaci prope S. Germanum Lambron .... X l.
625³. Preceptoria Sancte Anne de la Bastisse .... X l.
626. C. Celciniarum .... XXI l.
627. C. Ecclesie Nove .... LX s.
628. C. S. Privati .... LVII s.
629. C. Brenaci .... IIII l. X s.
630. C. Chargniaci .... VI l. VII s. VI d.

612. ORSONNETTE.

613. MAILHAT, h., c^ne de Lamontgie.

614. CHAMPAGNAT-LE-JEUNE.

615. CHAMÉANE.

616. ECHANDELY.

617. FLAT.

618. ORBEIL.

619. PARENTIGNAT.

620. SAINT-BARTHÉLEMY, d^ne, c^ne du Breuil.

621. LE BREUIL (prieuré dit du Pont-du-Breuil).

622. GRÉZIN, d^ne, c^ne du Broc et LE BROC.

623. Cette ancienne église n'est plus représentée aujourd'hui que par une tour dite TOUR DE MONTCELET, c^ne de Vichel.

624. BOUDES.

624¹. D ajoute : «Pr. B. Mariæ du Vernet, unitus conventui Casæ Dei.» — LE VERNET-LA-VARENNE. Cf. n° 516¹.

624². D : «P. S. Genesii, près Chaméane.» — SAINT-GENÈS-LA-TOURETTE. Ce prieuré était réuni au couvent de la Chaise-Dieu. Cf. n° 516.

625. LE CLAIS, d^ne, c^ne de Charbonnier. Ce prieuré semble avoir été nommé quelquefois par erreur P. de Saint-Clair ou de Sainte-Claire. (D et E.)

625². CHAULIAT, d^ne, c^ne de St-Germain-Lembron.

625³. SAINTE-ANNE. La carte de Cassini marque cette commanderie un peu au sud de Saint-Germain-Lembron; elle ne se trouve plus sur celle de l'État-major.

626. SAUXILLANGES et SAINT-QUENTIN. La chapelle St-Martin était située dans un faubourg de Sauxillanges.

627. ÉGLISENEUVE-DES-LIARDS.

628. SAINT-PRIVAT, h., c^ne d'Aulhat.

629. BRENAT.

630. SAINT-REMY-DE-CHARGNAT.

Bénéfice	Collation
631. C. S. Germani sous Usson, cum annexa S. Jacobi de Varènes	Ad præsentationem prioris de Sauxillanges.
632. C. S. Joannis en Val	
633. C. S. Stephani sous Usson	
634. C. B. Mariæ de Malhac	
635. C. S. Juliani d'Aix	
636. C. S. Martini de Clais, alias de Branlieu (Beaulieu)	
637. C. S. Mauricii d'Usson	Ad præs. prioris ejusdem loci.
638. C. S. Juliani la Chapelle, près Esteil	Ad præs. capitanei et castellani d'Usson.
639. C. S. Juliani de Bansac	Ad præsentationem conventus Casæ Dei, ratione prioratuum.
640. C. S. Nicolai de Nonnette	
641. C. S. Magdalenæ d'Orçonnette	
642. C. B. Mariæ d'Auzac, près Allier	Ad omnim. disp. domini episcopi.
643. C. S. Martini des Pleins	Ad præsent. abbatis de Manlieu.
644. C. S. Martini de Champagnac	Ad omnim. disp. domini episcopi.
645. C. S. Catharinæ du Fraisne	Ad præsentationem prioris ejusdem Sancti Germani Lair.
646. C. B. Mariæ du Vernet	
647. C. S. Germani Lair	
648. C. S. Petri de Chaméane	Ad præsentationem abbatis Casæ Dei.
649. C. S. Genesii, près Chaméane	
650. C. B. Mariæ de Champdelis	Ad præsent. operarii Casæ Dei, ratione prioratus ejusdem loci.
651. C. S. Petri de Condat, près Boissonnelles	Ad præs. abbatis de Chantoin, près Clermont.
652. C. S. Domnini de Flac	Ad præsent. abbatis de Manlieu.
653. C. S. Petri d'Olhaç	Ad præsentationem abbatis S. Austremonii d'Issoire.
654. C. B. Mariæ d'Orbeil	
655. C. S. Petri de Parantignac	
656. C. SS. Remigii et Blasii du Breuil	Ad præs. capituli ecclesiæ cathedralis Sancti Flori.
657. C. S. Stephani de Grésin, cum annexa B. Mariæ et decanatu capituli du Broc	Ad præsent. conventus Casæ Dei.
658. C. S. Germani Lambron	Ad præsentationem capituli Sancti Juliani de Brioude.
659. C. S. Joannis Lambron	
660. C. S. Clementis extra muros	

631. Saint-Germain-Petit, maison, cne de Varennes, et Varennes-sur-Usson.

632. Saint-Jean-en-Val.

633. Saint-Étienne-sur-Usson.

634. Mailhat, h., cne de Lamontgie.

635. Aix-la-Fayette.

631. C. S. Germani subtus Usson........................... XLV s.
632. C. S. Joannis in Valle........................... IIII l. X s.
633. C. S. Stephani subtus Usson........................... LXXII s.
634. C. de Mailhac........................... VI l. VII s. VI d.
635. C. d'Aiz........................... LXXII s.
636. C. Belliloci........................... XLII s.
637. C. Ussonis........................... LXXII s.
638. C. Capelle subtus Usson........................... XXI s.
639. C. de Bansaco........................... VII l. II s. VI d.
640. C. de Nonete........................... IIII l. XVII s. VI d.
641. C. d'Orcenede........................... XXXIII s.
642. C. d'Auzat........................... XIIII l. V s.
643. C. S. Martini de Planis........................... XLV s.
644. C. Champagnaci........................... IIII l. II s. VI d.
645. C. S. Catharine de Fraxino, cum vicaria Castri Novi........................... LXXII s.
646. C. Verneti........................... VIII l. XII s. VI d.
647. C. S. Germani Lern........................... XXII s. VI d.
648. C. Case Medie........................... LVII s.
649. C. S. Genesii........................... LXXII s.
650. C. de Chandelis........................... IIII l. II s. VI d.
651. C. Condati........................... XII l. XV s.
652. C. Flaci........................... IIII l. X s.
653. C. Olhaci........................... XLIII s. VI d.
654. C. Orbelli........................... LXXII s.
655. C. Parentignaci........................... IIII l. II s. VI d.
656. C. Brolii........................... LX s.
657. C. de Grezino sive du Broc........................... VII l.
658. C. S. Germani Lembron........................... LXXII s.
659. C. S. Joannis Lembron........................... XXX s.
660. C. S. Clementis........................... LX s.

636. Beaulieu et Clais, h., c[ne] de Beaulieu.
637. Usson.
638. La Chapelle-sur-Usson.
639. Bansat.
640. Nonette.
641. Orsonnette.
642. Auzat-sur-Allier.
643. Saint-Martin-des-Plains.
644. Champagnat-le-Jeune.
645. Sainte-Catherine, autrement Sainte-Catherine-du-Fraisse et Châteauneuf [du Drac], même c[ne].
646. Le Vernet-la-Varenne.
647. Saint-Germain-l'Herm.
648. Chaméane.
649. Saint-Genès-la-Tourette.
650. Échandely.
651. Condat ou Condat-les-Montboissier.
652. Flat.
653. Aulhat.
654. Orbeil.
655. Parentignat.
656. Le Breuil.
657. Grézin, d[ne], c[ne] du Broc. (Voy. n° 603.)
658. Saint-Germain-Lembron.
659. *Idem*, église de Saint-Jean.
660. *Idem*, église de Saint-Clément, martyr.

661. C. S. Martialis de Colanges annexa archipræsbyteratui	Ad omnim. dispos. domini episcopi.
662. C. S. Juliani de Madriac	Ad omnim. dispos. domini episcopi Claromont.
663. C. S. Lupi de Boude	Ad præs. prioris ejusdem loci.
664. C. S. Cirici sous Monteillis, cum annexa S. Mennæ de Vichy[1]	Ad præs. abbatis de Chantoin.
665. C. S. Georgii de Charbonniers	Ad præsent. præceptoris ejusd. loci, ordinis S. Joannis Hierosolimitani[2].

VIII. ARCHIPRESTRÉ D'ISSOIRE.

666. Abbatia monasterii S. Austremonii oppidi d'Issoire.

667. Capitulum ecclesiæ sæcularis et collegiatæ SS. Victoris et Coronæ de Mareuge in Ambronio.

Canonicatus et præbendæ 14	Ad omnim. disp. domini episcopi pleno jure.

668. Abbatia monasterii conventualis Medii Montis, vulgo Mégemont, ordinis [S. Bernardi[3]], in parœcia de Chassaignes.

[PRIORATUS.]

669. P. S. Aviti Issiodori	
670. P. S. Agnani, près Issoire	
671. P. de Paix, près Issoire	Ad omnimodam dispositionem domini abbatis Issiodori.
672. P. de Champeix	
673. P. de Sauriers	
674. P. de Saint-Héran	
675. P. de Montaigut	Ad omnim. disp. prioris de Sauxillanges.
676. P. de Salhens	Ad omnim. disp. abbatis Casæ Dei.
677. P. S. Petri de Colamine le Puy	Ad omnim. disp. abb. de Chantoin.
678. P. de Compens.	

661. COLLANGES.
662. MADRIAC.
663. BOUDES.
664. TOUR DE MONTCELET, cⁿᵉ de Vichel, et VICHEL.
665. CHARBONNIER.
665[a]. B[1] ajoute ici : «Communauté des prestres du Broc.»
666. ISSOIRE; SAINT-YVOINE; SAINT-SATURNIN; CHADELEUF; PERRIER. Ces deux derniers prieurés ne figurent point parmi ceux de l'archiprêtré; mais on y trouve les deux cures.
666[a]. LE CREST. (Voy. ci-après, n° 729.)
666[b]. NOALHAT. (Voy. ci-dessus, n° 413.)
667. MAREUGHEOL.
668. MÉGEMONT, h., cⁿᵉ de Chassagne.
669. ISSOIRE.
670. SAINT-AGNÈS (*al.* Sᵗ-Agne), h., cⁿᵉ du Broc.
671. PAIX, maison, cⁿᵉ d'Issoire. Le prieuré était sous le vocable de saint Priest.
672. CHAMPEIX.
673. SAUDIER.
674. SAINT-HÉRENT.

[1] Lisez : Saint-Menne de Vichel, en latin *Vichiacum*, ce qui l'a fait confondre avec Vichy.
[2] En marge 40, chiffre exact des cures.
[3] Ces mots se trouvent dans B et C. Le vocable de l'abbaye était Notre-Dame.

661. C. Collengiarum cum archipresbiteratu Celciniarum............ x l. x s.
662. C. Madriaci.. x l. x s.
663. C. de Bosde.. LVII s.
664.
665.
665^{2}. Communitas Selciniarum............................ VII l. x s.
665^{3}. Communitas S. Germani Lern........................ LX s.
665^{4}. Communitas Nonete................................. VI l.
665^{5}. Communitas Carniaci............................... IIII l.
665^{6}. Communitas Bansiaci............................... IIII l.
665^{7}. Communitas Brolii................................. XL s.
665^{8}. Communitas Malbiaci............................... XL s.
665^{9}. Communitas Auzaci................................. XL s.

Summa totalis presentis archipresbiteratus Selciniarum ascendit mille sexaginta sex libras, duos solidos turon.......................... [MLXVI l. II s.]

IN ARCHIPRESBITERATU YSSIODORI.

666. Abbas Yssiodori, cum prioratibus S. Yvonii, S. Saturnini, Cadaleni et de Perers.. VI^{xx} l.
666^{2}. Conventus Yssiodori cum prioratu Castri (Cresti) unito et annexo dicto conventui.. XLV l.
666^{3}. Celerarius Yssiodori.................................. x l. x s.
666^{4}. Camerarius ejusdem.................................. VIII l. V s.
666^{5}. Decanus ejusdem loci cum prioratu de Nohalhat............... XXV l.
666^{6}. Sacrista dicti loci.................................. CXII s. VI d.
667. Collegium Marelogii cum cura eidem annexa................ XV l.
668. Abbatissa Medii Montis................................. XLV l.
669. Prior S. Avicti.. XLIII s. VI d.
670. Prior capelle S. Agnani................................ XLIII s. VI d.
671. Prior Pacis.. LXXII s.
672. Prior Campellis.. XII l. X s.
673. Prior Sauriarum.. LXVII s. VI d.
674. Prior S. Heremi.. XVIII l. V s.
675. Prior Montisacuti...................................... XXXV l.
676. (Vide supra n° 516^{1}.)
677. Prior curatus Colominarum (*sic*) in Podio.................. XXV l.
678. Prior de Compens....................................... LXXII s.

675. MONTAIGUT. Voy. la note 707.

676. SAILLANT, autrement SAILHANT, h., c^{ne} de Saint-Nectaire.

677. SAINT-PIERRE-COLAMINE.

678. COMPAINS. D ajoute : «Ad dispos. prioris de Bort, dioc. Lemovicensis.»

<table>
<tr><td>679. P. de Saint-Floret</td><td>Ad omnim. disp. abbatis de Chantoin.</td></tr>
<tr><td>680. P. S. Geraldi de Dozat cum Ternam près Vodable</td><td>Ad omnimod. dispos. abbatis d'Aurillac.</td></tr>
<tr><td>681. P. de Mareuge</td><td>Unitus sacristiæ monasterii d'Issoire.</td></tr>
<tr><td>682. P. S. Galli d'Anthoin et Bergonne</td><td>Ad omnim. disp. abbatis de Chantoin, près Clermont.</td></tr>
<tr><td>683. P. S. Georgii, alias S. Blasii, in oppido de Vodable</td><td>Unitus conventui Rongeriarum.</td></tr>
<tr><td>684. P. de Châlus</td><td>Unitus celerariæ de Soussillanges[1].</td></tr>
</table>

CURÆ.

<table>
<tr><td>685. C. SS. Genesii, Victoris et Coronæ de Nescher</td><td>Ad omnim disp. domini episcopi.</td></tr>
<tr><td>686. C. S. Amantii de Chadeleuf</td><td rowspan="6">Ad præsentationem abbatis monasterii d'Issoire.</td></tr>
<tr><td>687. C. S. Yvonis cum annexa Sancti Blasii de Sauvaignat</td></tr>
<tr><td>688. C. S. Aviti oppidi d'Issoire</td></tr>
<tr><td>689. C. S. Pauli ejusd. oppidi</td></tr>
<tr><td>690. C. S. Saturnini ejusdem oppidi</td></tr>
<tr><td>691. C. S. Petri de Périers</td></tr>
<tr><td>692. C. S. Remigii de Melhau</td><td rowspan="13">Ad omnimodam dispositionem domini episcopi Claromontensis pleno jure.</td></tr>
<tr><td>693. C. S. Martialis de Pardines</td></tr>
<tr><td>694. C. S. Cirici sur Milhau</td></tr>
<tr><td>695. C. S. Vincentii sur Milhau</td></tr>
<tr><td>696. C. S. Petri de Granderol</td></tr>
<tr><td>697. C. S. Laurentii de Crenam (sic)</td></tr>
<tr><td>698. C. S. Anastasiæ, vulgo Sainte-Eustasie</td></tr>
<tr><td>699. C. S. Christophori de Courgoul</td></tr>
<tr><td>700. C. S. Nicolai d'Espinchal</td></tr>
<tr><td>701. C. S. Blasii de la Goudivelle</td></tr>
<tr><td>702. C. B. Mariæ de Rochesize</td></tr>
<tr><td>703. C. S. Petri vel Caprasii de Chassaignes.</td></tr>
<tr><td>704. C. S. Joannis Baptistæ de Rouziers</td></tr>
<tr><td>705. C. S. Crucis de Champeix</td><td>Ad præs. abbatis d'Issoire.</td></tr>
</table>

679. Saint-Floret.
680. Dauzat ou Dauzat-sur-Vodable et Ternant.
681. Mareugheol.
682. Antoingt et Bergonne.
683. Vodables.
684. Chalus. D'après E, ce prieuré était, au XVIIIe siècle, uni au célerier d'Issoire.
685. Nesschers.

[1] En marge le chiffre 16.

679. Prior S. Flori de Castro .... VII l. X s.
680. Prior Dauzat supra Vodabulam .... LV l.
681. (Cf. n° 666².)
682. Prior Anthoennii .... XXV l.
683.
684. (Vide supra n° 605³.)
685. C. de Neschers .... L l.
686. C. de Chadaleuf .... XLIII s. VI d.
687. C. S. Yvonis .... LX l.
688. C. S. Avicti .... IIII l. X s.
689. C. S. Pauli Yssiodori .... VII l. II s. VI d.
690.
691. C. de Périers .... LXXII s.
692. C. Meilhaci .... IIII l. X s.
693. C. Pardinarum .... VII l. II s. VI d.
693². C. Chidraci .... X l. X s.
694. C. S. Cirici .... IIII l. II s. VI d.
695. C. S. Vincentii .... LXXII s.
696. C. Granderolii .... XXII s. VI d.
697. C. Crestarum .... XLV s.
698. C. Sᵉ Anastasie .... LVII s.
699. C. Crogolii .... LX s.
700. C. d'Espinchal .... XL s.
701. C. de la Godivelle .... IIII l. II s. VI d.
702. C. Rupissirle .... LXXII s.
703. C. de Chassagnes .... IIII l. II s. VI d.
703². C. S. Heremi .... XLV s.
704. C. Rongeriarum .... IIII l. XVII s. VI d.
705. C. Sᵉ Crucis Campellis .... LXXII s.

686. Chadeleuf.

687. Saint-Yvoine et Sauvagnat ou Sauvagnat-Sainte-Marthe.

688. Issoire.

689. *Idem.*

690. *Idem.*

691. Perrier.

692. Meilhaud.

693. Pardines.

693². Chidrac. Cette cure de Saint-Martin-de-Chidrac était à la nomination du prieur de Sauxillanges. Il a existé, en ce lieu, un prieuré. (Voy. le Cart. de Sauxillanges, chartes 472, 475, 695 et 700.)

694. Saint-Cirgues.

695. Saint-Vincent.

696. Grandeyrolles.

697. Creste. *Crenam* est une erreur du pouillé.

698. Saint-Anastaize.

699. Courgoul.

700. Espinchal.

701. La Godivelle.

702. Roche-Charles.

703. Chassagne.

703². Saint-Hérent. La paroisse était sous le vocable de sainte Claire ou saint Clair, et à la présentation du prieur du lieu. (D et E.)

704. Ronzières.

705. Champeix.

706. C. S. Joannis de Champeix..........	Ad præsentationem prioris de Sauxillanges.
707. C. S. Blasii de Montaigut...........	
708. C. S. Germani de Clémensat........	Ad præsent. domini temporalis de Montaigut.
709. C. S. Crucis de Sailhens............	Ad præs. prioris de Saint-Nectère.
710. C. S. Petri de Sauriers.............	Ad præs. abbatis d'Issoire.
711. C. S. Petri de Colamine le Puy.......	Ad præs. abbatis de Chantoin.
712. C. S. Andreæ de Besse.............	Alia ad præsentationem domini comitis Arverniæ unita capitulo de Vic-le-Comte; altera ad præsentationem capituli ecclesiæ cathedralis Claromontensis.
713. C. B. Mariæ de Valbeleis...........	Ad præs. abb. de Saint-Allyre, près Clermont.
714. C. S. Georgii de Compens..........	Ad præs. prioris de Bort, ordinis S. Benedicti.
715. C. S. Salvatoris du Lacmeyran.......	Ad præs. abbatis Casæ Dei.
716. C. S. Flori......................	Ad præs. abbatis de Chantoin, sive les Carmes déchaussez de Clermont.
717. C. SS. Marii et Illidii de Colamire (*sic*) sous Vaudable................	Ad præs. prioris de Sauxillanges.
718. C. S. Geraldi de Dozat, cum annexa B. Margueritæ de Trenam..........	Ad præs. abbatis Orleaci[1].
719. C. S. Petri de la Chapelle sous Mareuge[2]......................	Ad præsent. domini de Frumental, baron de Mercenil (*sic*[3]).
720. C. SS. Victoris et Coronæ de Mareuge [sive Mareugheol[4]]............	Ad præs. abbatis d'Issoire.
721. C. S. Claudii de Villeneufve.........	Ad præs. abbatis d'Issoire, quondam annexa de Mareuge.
722. C. SS. Galli et Martialis d'Anthoin, cum annexa de Bergonne............	Ad præs. abbatis de Chantoin.
723. C. B. Mariæ Magd. d'Ouzat sous Chaslus, cum annexa S. Petri de Chignac[5].......................	Ad præs. prioris de Sauxillanges.
724. C. S. Juliani de Solignat...........	Ad præs. capituli de Brioude[6].
725. Vicaria B. Mariæ de Vodable........	Ad disp. abbatis de Chantoin.

706. CHAMPEIX.

707. MONTAIGUT ou MONTAIGUT-LE-BLANC, jadis MONTAIGUT-SUR-CHAMPEIX.

708. CLÉMENSAT.

709. SAILLANT, autrement SAILHANT, h., cne de Saint-Nectaire.

[1] Lisez *Aureliaci*. — [2] Lisez *Marcousse*. — [3] Lisez *Mercueil*, pour Mercœur. — [4] Ces deux mots en interligne, d'une autre main. — [5] Lisez *Gignac*. — [6] En marge 40, chiffre des cures.

706. C. S. Joannis Campellis.................................... XLIII s. VI d.

707. C. Montisacuti supra Campellem.............................. CXII s. VI d.

708. C. Clemensiaci.. IIII l. X s.

709. C. de Sailhens... XLV s.

710. C. Sauriarum.. XLVIII s.

711. (Vide supra n° 677.)

712. C. Bessie... XXI l.

713. C. Balbelesii.. LVII s.

714. C. Compensis... IIII l. X s.

715. C. de Lac Meran... VII l. XVII s. VI d.

716. C. S. Flori.. IIII l. II s. VI d.

717.

718. C. Dauzat sublus Vodabulam................................ LXXII s.

719. C. Capelle Marcousse....................................... IX l.

720.

721. C. Ville Nove... XXXVII s. VI d.

722. C. d'Anthoing et Bergone.................................. LXXII s.

723. C. Auzaci supra Castra cum cura Julhaci (Gigniaci) subtus Castra. VI l. XV s.

724. C. Soligniaci.. LVII s.

725.

710. Saurier.
711. Saint-Pierre-Colamine.
712. Besse-en-Chandesse.
713. Valbeleix.
714. Compeins.
715. La Matrand.
716. Saint-Floret.
717. Collamine, h., c^ne de Vodables.
718. Dauzat et Ternant.
719. La Chapelle-sous-Marcousse.
720. Marcognol.
721. Villeneuve.
722. Antoingt et Bergonne.
723. Auzat-sous-Chalus, h., c^ne de Chalus. Cette paroisse a disparu et a été remplacée par celle de Chalus. — Gignat. Cette seconde église paraît avoir eu pour patron, dans l'origine, saint Julien. (Cartul. de Sauxillanges, n°s 18 et 146.)
724. Solignat.
725. Vodables.

726. Vicaria fundata in honorem B. Joannis Baptistæ in parœcia de Compens, solita deservire in sacello de Brion...	Ad præs. domini temporalis de Brion et institutionem domini episcopi.

IX. ARCHIPRESTRÉ DE MERDOGNE.

727. Capitulum ecclesiæ sæcularis et collegiatæ B. Mariæ du Crest.

Decanatus pro duobus si deserviat.....	Ad omnimod. dispos. ejusdem capituli.
Canonicatus et præbendæ decem.....	

Nota tamen quod duæ illarum præbendæ sunt ad omnim. dispositionem domini episcopi, ratione unionis S. Petri de Juliac cum annexa B. Mariæ ejusdem Creti.

[PRIORATUS.]

728. P. S. Joannis de Merdogne, près la Roche du Crest, ordre des Prémonstrez........................	Ad omnim. dispos. abb. S. Andreæ, près Clermont.
729. P. du Crest......................	Unitus conventui d'Issoire.
730. P. S. Marii d'Orcet................	Ad omn. disp. decani de Mauriat.
731. P. S. Martialis des Martres..........	Uniti prioratui de Sauxillanges.
732. P. S. Hilarii de Monton............	
Sacristia ejusdem loci de Monton.....	
733. P. S. Sindulphi, vulgo Saint-Sandoux.	Ad disp. abb. Casæ Dei.
734. P. de Plauzat albus................	Ad omnim. disp. abbatis de Chantoin.
735. P. de Plauzat niger, unitus celerariæ de Sauxillanges..................	Ad omnim. disp. abbatis de Sauxillanges.
736. P. S. Desiderii..................	Ad omnimodam dispositionem abbatis Casæ Dei.
737. P. S. Necterii.....................	
738. P. S. Victoris....................	
739. P. de Chambon..................	
740. P. de Chanounat..................	Ad omnim. disp. prioris du Port Dieu.

CURÆ.

741. C. S. Joannis de Merdogne, cum annexa B. Mariæ de la Roche...........	Ad præsentationem abbatis Sancti Andreæ, près Clermont.
742. C. S. Juliani de Jussat.............	

726. BRIONS, h., c^ne de Compains.

726[1]. B[1] ajoute ici : «Communauté des prestres Saint Flors le Chastel; communauté des prestres Saint Vivorn (Vincent); communauté des prestres de Sauriers.»

726[12]. SAINT-GERVAIS-D'AUVERGNE fait partie de l'archiprêtré de Menat.

727. LE CREST et JUSSAT, chât., c^ne du Crest.

728. MERDOGNE, h., c^ne de la Roche-Blanche.

729. LE CREST.

726.
726^{2}. Communitas Nescheriis.................................. xxv l.
726^{3}. Communitas Bessie...................................... xxx l.
726^{4}. Communitas S. Pauli Yssiodori.......................... xxv l.
726^{5}. Communitas S^e Crucis Campellis......................... xxx l.
726^{6}. Communitas Montisacuti supra Campellem.................. xxv l.
726^{7}. Communitas d'Anthoing................................... xx l.
726^{8}. Communitas Soligniaci................................... xxv l.
726^{9}. Communitas Rongeriarum.................................. l s.
726^{10}. Communitas Dauzat...................................... xl s.
726^{11}. Communitas Collomimarum................................ xl s.
726^{12}. Communitas S. Gervasii................................. l s.
726^{13}. Communitas Compensis................................... xxx s.

Summa totalis presentis archipresbiteratus Yssiodori ascendit octo centum quatuor viginti novem lib., sexdecim solid., sex denar. turon. [$\text{viii}^{c}\text{iiii}^{xx}\text{ix}$ l. xvi s. vi d.]

IN ARCHIPRESBITERATU MERDONIE.

727. Capitulum Cresti.. xlv l.
728. Prior Merdonie cum pensione............................. vii l. ii s. vi d.
729. (Vide supra n° 666^{2}.)
730. Prior Urceti.. lvii l. x s.
731.
732.
733. Prior S. Sindulphi...................................... xxx l.
734. Prior albus Ploziaci cum cura........................... cxii s. vi d.
735. (Vide supra n° 605^{3}.)
736. Prior S. Desiderii. (Cf. n° 516^{1}.)................. xv l.
737. Prior S. Necterii....................................... lvii l. x s.
738. Prior S. Victoris....................................... xv l.
739. Prior Camboni... lii l. x s.
740. Prior Portus Dei, Lemovicensis diocesis, pro prioratu Canoniaci eidem unito.......... xxxvii l. x s.
741. C. Merdonie cum filiola Rupis Doneziaci................. lx s.
742. C. Jussiaci... xxxvii s. vi d.

730. ORCET.

731. MARTHES-DE-VEYRE.

732. SAINT-ALYRE, d^{me}, c^{ne} de Veyre-Monton.

733. SAINT-SANDOUX.

734 et 735. PLAUZAT, dit le prieuré blanc, sans doute parce qu'il dépendait des Augustins qui, dans l'origine, portaient l'habit gris des Franciscains, par opposition à PLAUZAT, dit le prieuré noir, parce qu'il appartenait aux Bénédictins vêtus de noir.

736. SAINT-DIÉRY.

737. SAINT-NECTAIRE.

738. SAINT-VICTOUR.

739. CHAMBON. Il était sous le vocable de saint Jean. (D E.)

740. CHANONAT.

741. MERDOGNE, h., et LA ROCHE-BLANCHE, chef-lieu de la commune.

742. JUSSAT, h., c^{ne} de Chanonat.

743. C. S. Petri de Juliac, cum annexa B. Mariæ du Crest	Olim ad omnim. disp. domini episcopi, nunc unita capitulo du Crest.
744. C. S. Marii d'Orcet	Ad præs. decani de Mauriac.
745. C. S. Martialis des Martres de Veyre	Ad præsentationem prioris de Soussillanges.
746. C. S. Hilarii de Monton	
747. C. S. Hippoliti de Talande le Mineur	Ad præs. capituli cathedralis.
748. C. S. Romani de Talande le Majeur	Ad præs. dom. temp. de Vernines.
749. C. S. Galli de Saint-Amand	Ad præs. domini episcopi.
750. C. S. Saturnini de la Chayre	Ad præs. abbatis d'Issoire.
751. C. S. Sindulphi sive Saint-Sandoux	Ad præs. prioris ejusd. loci.
752. C. B. Mariæ d'Autezat	Ad præs. capituli ecclesiæ cathedralis.
753. C. S. Petri de Plauzat	Alter albus ad præs. abbatis de Chantoin, alter niger ad præs. prioris de Sauxillanges comme prieur de Montaigu-sous-Champeix.
754. C. S. Vincentii de Ludesse	Ad præs. prioris de Sauxillanges, ratione prioratus de Montaigut.
755. C. S. Petri de Leausum	Ad præs. præceptoris d'Oloys.
756. C. S. Andreæ de Coude	Ad omnim. disp. domini episcopi.
757. C. S. Desiderii, vulgo S. Diéry, cum annexa S. Galli de Vernières[1]	Ad præsentationem prioris ejusd. loci.
758. C. S. Necterii in titulo	Ad præsentationem prioris Sancti Necterii.
759. C. S. Michaëlis de Murol	
760. C. S. Victoris sur Murol	Ad præs. prioris ejusd. loci.
761. C. S. Stephani de Chambon	Ad præs. prioris ejusd. loci.
762. C. B. Mariæ de Sauzet	Ad præs. abb. S. Andreæ, près Clermont.
763. C. S. Margaritæ du Vernet	Ad omnimodam dispositionem domini episcopi pleno jure.
764. C. S. Juliani annexa archipræsbiteratui	
765. C. S. Bartholomæi d'Eydat	
766. C. S. Jacobi de Montredon	
767. C. S. Stephani de Chanonat	Ad præs. prioris Portus Dei.

743. JULLIAT, château, c^ne du Crest, et LE CREST.
744. ORCET.
745. MARTRES-DE-VEYRE.
746. SAINT-ALYRE, d^ne, c^ne de Veyre-Monton.
747. PETIT-TALLENDE.
748. GRAND-TALLENDE. Ces deux localités réunies forment actuellement une commune sous le nom de TALLENDE.
749. SAINT-AMANT-TALLENDE.
760. SAINT-SATURNIN.
751. SAINT-SANDOUX.
752. AUTHEZAT.
753. PLAUZAT.
754. LUDESSE.
755. LIEUSON, lieu aujourd'hui ruiné, entre St-Saturnin et Olloix. Non marqué sur la carte de l'État-major; mais serait de la commune d'Olloix.
756. COUDES.

[1] Lisez *Verrières*.

743. C. Cresti .... XLV s.
744. C. Urceti .... XXXVII s. VI d.
745. C. S. Marcialis de Martris .... LVII s.
746. C. S. Hillarii Montoni .... X l. X s.
746². Sacrista ejusdem .... IIII l. X s.
747. C. Talendini Minoris .... LXIII s.
748. C. Talendini Majoris .... VII l. II s. VI d.
749. C. S. Amancii la Chaise (*sic*) .... VII l. X s.
750. C. S. Saturnini .... LXXII s.
750². Sacrista S. Saturnini .... LV s. VI d.
751. C. S. Sindulphi .... LXXII s.
752. C. Alteziaci .... VIII l. XII s. VI d.
753. (Vide supra n° 734.)
753². C. niger Ploziaci .... LXXII s.
754. C. Ludesse .... LXXII s.
755. C. S. Petri Leosunii, ordinis S. Joannis .... XLIX s. VI d.
756. C. de Cosde .... VI l. VII s. VI d.
757. C. S. Desiderii .... XLII s.
758. C. S. Necterii .... LXXII s.
759. C. de Murolio .... IX l.
760. C. S. Victoris .... IIII l. II s. VI d.
761. C. Chamboni .... IIII l. II s. VI d.
762. C. de Saulzet .... XXII s. VI d.
763. C. S. Margarete de Verneto .... VI l. XV s.
764. C. S. Juliani supra Eydacum, cum archipresbiteratu Merdonie unito. XV l.
765. C. S. Bartholomei Eidaci .... XVI l. X s.
766. C. Montis Rotundi .... VIII l. V s.
767. C. Canoniaci .... LXXII s.

757. Saint-Diéry et Verrières.

758. Saint-Nectaire.

759. Murols.

760. Saint-Victor (sur la carte de l'État-major : Saint-Victor-la-Rivière).

761. Chambon.

762. Saulzet-le-Froid.

763. Le Vernet ou Le Vernet-Sainte-Marguerite. Le rôle de taxe place cette église dans l'archiprêtré d'Issoire.

764. Saint-Julien, h., c^ne d'Aydat.

765. Aydat.

766. Montredon, château ruiné, c^ne d'Aydat.

767. Chanonat.

768. C. S. Genesii de Champanelles.......	Ad præs. abb. S. Illidii Claromontensis.
769. C. S. Nicolai de Laschamps.........	Ad præs. abbatissæ de Beaumont[1].

X. ARCHIPRESTRÉ D'ARDES.

770. Abbatia de Feniers, ordinis Cisterciensis.

[PRIORATUS.]

771. P. d'Ardes......................	Ad omnim. disp. abbatis de Manlieu.
772. P. de Mazoires..................	Ad omnimodam dispositionem prioris Sanctæ Crucis de la Voute.
773. P. d'Apchat.....................	
774. P. de Vèze des Fortunes...........	
775. P. d'Alanche.....................	Ad omnimodam dispositionem abbatis Casæ Dei.
776. P. de Ségur......................	
777. P. d'Eglise Neuve................	Ad coll. abb. d'Issoire.
778. P. ruralis seu vicaria de Valentinis prope et in parochia de Ségur.........	Ad præsent. domini de Bresome, domini tempor. ejusd. loci, vel prioris de Ségur.
779. Vicaria seu rectoria S. Joannis Baptistæ et [S.] Agathæ in sacello du château de Frumental.................	Olim ad præsentationem domini temporalis dud. château et institutionem domini episcopi, nunc vero unita communitati d'Ardes.

768. SAINT-GENÈS-CHAMPANELLE.

769. LASCHAMP, h., c^{ne} de Saint-Genès-Champanelle.

769^{2}. NAVES, maison, c^{ne} du Crest; elle n'est point marquée sur la carte de l'État-major; BONEVAL, maison, c^{ne} de Romagnat.

769^{3}. OLLOIX; LA SAUVETAT, h., c^{ne} d'Authezat; CHARBONNIER (Archip. de Sauxillanges).

769^{4}. CHAYNAT, h., c^{ne} de Ludesse.

769^{5}. CHANONAT.

769^{17}. B[1] ajoute : «Communauté des prestres Saint-Diéry.»

770. FENIERS, h., c^{ne} de Condat-en-Feniers (Cantal). La Sainte-Vierge.

771. ARDES OU ARDES-SUR-COUZE.

772. MAZOIRES et VÈZE.

773. APCHAT.

774. VÈZE, autrefois VÈZE-FORTUNIER (Cantal).

775. ALLANCHE (Cantal).

776. SÉGUR (Cantal).

777. ÉGLISENEUVE-D'ENTRAIGUES.

777^{2}. MOLÈDES (Cantal).

777^{3}. AUTRAC (Haute-Loire).

777^{4}. CHANET (Cantal).

777^{5}. LUSSAUD, h., c^{ne} de Laurie (Cantal).

777^{6}. RENTIÈRES.

777^{7}. LEYVAUX (Cantal).

778. VALENTINES, h., c^{ne} du Ségur (Cantal). Le prieuré était sous l'invocation de Notre-Dame.

779. FROMENTAL, h., c^{ne} de Rentières.

[1] En marge 29, nombre réel des cures.

768. C. S. Genesii Campanilharum .... VI l.
769. C. de Laschamps .... IX s.
769[2]. Abbas Bone Aque Lemovicensis, pro domibus de Naves et de Boneval, quas tenet in diocesi Claromontensi .... LXVII l. X s.
769[3]. Magnus prior Alvernie pro castro d'Oloys, Salvitatis et Carboneriarum, ordinis S. Joannis .... II^{c}IIII^{xx}XV l.
769[4]. Preceptoria S. Joannis de Cheynat .... LVII l. X s.
769[5]. Preceptoria S. Joannis Canoniaci .... XXV l.
769[6]. Communitas S. Saturnini .... XXV l. X s.
769[7]. Communitas Canoniaci .... XVIII l.
769[8]. Communitas Ploziaci .... XXV l.
769[9]. Communitas Alteziaci .... XXV l.
769[10]. Communitas S. Amancii la Chaize .... XXV l.
769[11]. Communitas Talendini Majoris et Minoris .... VII l. X s.
769[12]. Communitas S. Necterii .... C s.
769[13]. Communitas de Martris Vairie .... VI l.
769[14]. Communitas Montoni .... VI l.
769[15]. Communitas Verneti .... LX s.
769[16]. Communitas S. Genesii Campanilharum .... L s.
769[17]. Communitas S. Sindulphi .... XL s.

Summa totalis presentis archipresbiteratus Merdonie ascendit mille septuaginta unam libras, octo solidos turon .... MLXXI l. VIII s.

IN ARCHIPRESBITERATU ARDILIS.

770. Abbas de Feniers .... XII^{xx} l.
771. Prior Ardilis .... XXII l. X s.
772. Prior de Mazeires cum prioratu Aveze .... XXIIII l.
773. Prior Apchiaci .... XII l. XV s.
774. (Vide supra n° 772.)
775. Prior Alanchie .... LII l. X s.
776. Prior de Securo .... L l.
777. Prior Ecclesie Nove .... LV s. VI d.
777[2]. Priorissa Moledarum .... XLII s.
777[3]. Priorissa d'Autrac .... LXXII s.
777[4]. Priorissa de Chanet .... XLII s.
777[5]. Priorissa de Lupsault .... XXI s.
777[6]. Priorissa (Presentoriarum Resentoriarum)? .... LXXII s.
777[7]. Priorissa de Vallibus .... XLII s.
778.
779.

780.	Vicaria perpetua seu missarum commissio in sacello S. Joannis du château du Luguet deserviri ordinata et fundata per prædecessores dominos temporales ejusdem castri, ideo......	Præsentatio ad successores dominos temporales ejusdem castri, institutio vero ad dominum episcopum Claromontensem ab antiquo pertinere dignoscuntur.
781.	Vicaria de Faydit in parœcia de Chanet.	

CURÆ.

782.	C. S. Dicentii, vulgo Saint-Dizain....	Ad præs. abbatis de Manlieu.
783.	C. B. Mariæ de Rantières..........	Ad præsentationem abbatissæ Blezillæ, seu de Blayle.
784.	C. S. Juliani d'Austrat...........	
785.	C. S. Blasii des Vaux.............	
786.	C. B. Mariæ Magdalenæ de Lussaud...	
787.	C. S. Leodegarii de Molèdes.........	
788.	C. S. Juliani de Chanet............	
789.	C. SS. Romani et Jacobi de Merent[1].	Olim ad præs. domini tempor. ejusdem loci, nunc unita communitati d'Ardes.
790.	C. S. Saturnini de Mazoires.........	Ad præsentationem prioris de la Voute.
791.	C. S. Medardi d'Apchiat............	
792.	C. S. Jacobi d'Augniac, annexa archipræsbiteratui d'Issoire..............	Ad omnim. dispositionem domini episcopi.
793.	C. S. Saturnini de Torciat..........	Ad præs. domini temporalis.
794.	C. B. Annæ d'Anzat et Luguet.......	Ad præs. baronis du Luguet.
795.	C. S. Gervasii Lambron.	[Ad omnim. dispositionem domini episcopi[2].]
796.	C. S. Juliani de Moriac.	
797.	C. S. Sebastiani de Besserargues.	
798.	C. S. Saturnini des Montagnes.	
799.	C. S. Leodegarii de Cheylade.	
800.	C. SS. Crucis et Petri de Marchastel.	
801.	C. S. Blasii de Marsenat.	
802.	C. S. Laurentii de Montgrelles.......	
803.	C. S. Illidii annexa archipræsbiteratui..	
804.	C. S. Caprasii de Vèze des Fortunes...	Ad præs. prioris de la Voûte.
805.	C. S. Joannis d'Alanche............	Ad præsentationem prioris d'Alanche.
806.	C. S. Boniti in titulo..............	

780. Le Luguet, h., cne d'Anzat-le-Luguet.

781. Feydit, Feydol ou Feydin, v., cne de Chanet (Cantal). Cette chapellenie était à la nomination du prieur de Lavoûte, diocèse de Saint-Flour.

[1] Lisez Mercœur.

[2] La collation des cures nos 795 à 803, omise dans A, nous est fournie par D.

780.
781. C. de Faydit.. XLVIII s.
782. C. d'Ardres.. VII l. X s.
783. C. Renteriarum.. CV s.
784. C. d'Aultrat.. XLVIII s. VI d.
785. C. de Vallibus.. IX l.
786. C. de Lupsault.. XXX s.
787. C. Moledarum.. IIII l. X s.
788. C. de Chanet.. XLV s.
789. C. de Mercurol unita communitati Ardilis.................. X l. X s.
790. C. de Mazerat (*sic*).. XLII s.
791. C. Apchiaci.. IIII l. XVII s. VI d.
792. C. Augnaci cum archipresbiteratu Yssiodori.................. XII l. XV s.
793. C. de Torsiaco.. VIII l. V s.
794. C. Anzaci.. LXVII s. VI d.
795. C. S. Gervasii.. VI l. VII s. VI d.
796. C. Mauriaci.. VI l. VII s. VI d.
797. C. de Bosserargues.. IIII l. II s. VI d.
798. C. S. Saturnini.. XVIII l.
798². C. Condati en Feniers.. VI l. VII s. VI d.
799. C. de Chaylade.. XXI l.
800. C. de Marocastro.. XII l. XV s.
801. C. de Mercenaco.. XXI l.
802. C. de Montgrelez.. XL s.
803. C. S. Illidii cum archipresbiteratu Ardilis.................. XVI l. X s.
804. C. d'Avèze (*sic*).. XLV s.
805. C. Alanchie.. VI l. VII s. VI d.
806. C. S. Boniti.. LXXII s.

782. ARDES.
783. RENTIÈRES.
784. AUTHAC (Haute-Loire).
785. LEYVAUX (Cantal).
786. LUSSAUD, h., c^ne de Laurie (Cantal).
787. MOLÈDES (Cantal).
788. ÉGLISE DE CHANET (Cantal). Le village est détruit.
789. MERCOEUR, c^ne d'Ardes. L'État-major le désigne ainsi : «Ruines du château de Mercœur.»
790. MAZOIRES.
791. APCHAT.
792. AUGNAT.
793. TORSIAC (Haute-Loire).
794. ANZAT-LE-LUGUET.
795. SAINT-GERVAZY.
796. MAURIAT.
797. BOUSSELARGUES, h., c^ne de Blesle (Haute-Loire).
798. SAINT-SATURNIN (Cantal).
798². CONDAT-EN-FENIERS (Cantal). D : «C. S. Nazarii de Condat en Feniers, ad præs. capit. eccles. cathedr.» D'après E, cette cure était «unie au chapitre cathédral de Clermont, qui nomme.»
799. CHEYLADE (Cantal).
800. MARCHASTEL (Cantal).
801. MARCENAT (Cantal).
802. MONTGRELEIX (Cantal).
803. SAINT-ALYRE-ÈS-MONTAGNES.
804. VÈZE (Cantal).
805. ALLANCHE (Cantal).
806. SAINT-BONNET dit de MARCENAT (Cantal).

807. C. S. Martialis de Ségur.	Ad præs. prioris ejusd. loci.
808. C. S. Stephani loci S. Amandinæ.	Ad præsentationem domini tempor. de Lutgarde.
809. C. S. Martini de Lutgarde.	
810. C. S. Austremonii d'Église Neufve.	Ad præs. abbatis d'Issoire [1].

XI. ARCHIPRESTRÉ DE MAURIAC.

811. Capitulum ecclesiæ sæcularis et collegiatæ B. Mariæ Montis S. Amantii, vulgo S. Chamant...

Decanatus	Ad præsentationem domini d'Antraigues, domini ejusd. loci, et institutionem domini episcopi.
Canonicatus et præbendæ 12.	

812. Abbatia monialium monasterii de Bragheat.

[PRIORATUS.]

813. P. de Menet.	Unitus prioratui de Bort, diocèse de Limoges.
814. P. de Chastel Marlhac.	Unitus abbatiæ monialium de Blayle.
815. P. de Vignonet.	Ad omnim. disp. abbatis Casæ Dei.
816. P. de Bassignat.	Ad omn. disp. decani de Mauriat.
817. P. de Champaignac.	Ad omnim. dispos. abbatissæ de Bonnesaigne.
818. P. de Mauriac.	Ad disp. decani de Mauriac.
819. P. S. Geraldi de Drughac.	Ad disp. abbatis d'Aurillac.
820. P. de Pleaux.	Ad omnim. disp. abbatis Carrotensis (Carrofensis), diocèse de Poictiers.
821. P. S. Juliani, aliter S. Martini de Montchantelis.	Ad omnim. dispos. abbatis Casæ Dei.
822. P. de Vigen.	Ad dispos. decani de Mauriac.
823. P. de S. Christofle.	Unitus decanatui de Mauriac.
824. P. d'Ambial in parœcia S. Martini de Valmaroux.	Alias ad omn. dispos. decani de Mauriac, nunc ad collat. abbatis d'Aurillac.

807. SÉGUR (Cantal).

808. SAINT-AMANDIN (Cantal). D'après D cette église appartenait à l'évêque de Clermont.

809. LUGARDE (Cantal).

810. ÉGLISENEUVE-D'ENTRAIGUES.

810[7]. RIVIÈRE-L'ÉVÊQUE, maison, c[ne] d'Ardes.

810[9]. B[1] ajoute : «Communauté des prestres de [S[t]-] Gervasy; communauté des prestres d'Anzat.»

811. SAINT-CHAMANT (Cantal).

812. BRAGEAC (Cantal).

813. MENET (Cantal).

814. CHASTEL-MARLHAC (Cantal).

815. VIGNONET, us., c[ne] d'Antignac (Cantal).

816. BASSIGNAC et VENDES, c[ne] de Bassignac (Cantal).

816[2]. L'ABBAYE DU BROC, auj. ferme à peu de distance du hameau de ce nom, c[ne] de Menet (Cantal). L'abbaye de Valette était du diocèse de Tulle.

817. CHAMPAGNAC (Cantal).

818. MAURIAC (Cantal). Sous le vocable de S. Pierre.

819. DRUGEAC (Cantal).

[1] En marge 29, chiffre exact des cures.

807. C. de Securo.. CXII s. VI d.
808. C. S. Amandine.. VI l. VII s. VI d.
809. C. de la Garde.. LXXV s.
810. C. Ecclesie Nove.. LVII s.
810^{2}. Preceptoria Riparie Levesque.. XX l.
810^{3}. Communitas Ardilis.. XLV l.
810^{4}. Communitas Alanchie.. XXX l.
810^{5}. Communitas S. Saturnini in Montibus.. XL s.
810^{6}. Communitas Apchiaci.. XL s.
810^{7}. Communitas Marcenaci.. IIII l.
810^{8}. Communitas Ranteriarum.. XL s.
810^{9}. Communitas Mazoriarum.. XL s.

Summa totalis presentis archipresbiteratus Ardilis ascendit septem centum quadraginta octo libras, unum solidum, unum denarium turon.... VII^{c}XLVIII l. I s. I d.

IN ARCHIPRESBITERATU MAURIACI.

811. Collegium S. Amancii cum duobus supernumerariis.. XLV l.
812. Abbatissa de Braghaco.. XII l.
813. Prior Meneti.. XII l. XV s.
814. Priorissa Castri Marlhaci.. CXII s. VI d.
815. Prior Vignoneti.. XII l. XV s.
816. Prior de Bassignaco et de Vende.. LV s. VI d.
816^{2}. Abbas de Vallete pro domo sua de Broco.. LII l. X s.
817. Priorissa de Champagnaco.. VII l. X s.
818. Prior Mauriaci cum capella S. Antonii.. XLV s.
818^{2}. Decanus Mauriaci.. IX^{XX} l.
818^{3}. Infirmarius Mauriaci.. IIII l. X s.
818^{4}. Celerarius Mauriaci.. L l.
818^{5}. Camerarius Mauriaci.. XIIII l. V s.
818^{6}. Thesaurarius Mauriaci.. XIIII l. V s.
818^{7}. Elemosinarius ejusdem.. IIII l. II s. VI d.
819. Prior Drughaci.. LX l.
820. Prior de Pleoux.. LII l. X s.
821. Prior S. Martini Montis Chantalesii.. XXX l.
822. Prior de Vigano.. L l.
823. Prior S. Christofori.. L l.
824. Prior d'Ambialz.. XXI l.

820. PLÉAUX (Cantal).
821. SAINT-MARTIN-CANTALÈS (Cantal).
822. LE VIGEAN (Cantal).
823. SAINT-CHRISTOPHE (Cantal).
824. AMBIAL, h., c^{ne} de Saint-Martin-Valmeroux (Cantal).

825. P. des Falgoux	Ad omnim. dispos. decani de Mauriac.
826. P. de Riom des Montagnes	Unitus abbatiæ monialium d'Antraigues, aliter de la Vassin, ordre de Cisteaux[1].

CURÆ.

827. C. S. Roberti de Vignonet, cum annexa S. Petri d'Antignat	Ad præs. prioris ejusd. loci.
828. C. S. Stephani de Chomeil	
829. C. S. Martini de Salvat	
830. C. S. Crucis de Saignes	
831. C. S. Petri d'Auzer[2]	
832. C. S. Bartholomæi de Moussages	
833. C. S. Georgii de Méalet	
834. C. S. Blasii d'Escouraille	
835. C. S. Martini de Barriac	
836. C. S. Simphoriani in titulo	
837. C. S. Christophori in titulo	
838. C. S. Ferreoli d'Aly	Ad omnimodam dispositionem
839. C. S. Amantii, vulgo S. Chamant	domini episcopi Claromontensis diœcesis.
840. C. S. Lupi de Lumprat (*sic*)	
841. C. S. Eulaliæ Danlarie	
842. C. S. Martini de Valmaroux	
843. C. S. Præjecti cum annexa S. Georgii	
844. C. S. Pauli, près Salers	
845. C. B. Mariæ de Salers	
846. C. S. Boniti in titulo	
847. C. S. Martini de Colandres	
848. C. S. Hippoliti cum annexa S. Blasii d'Apchon	
849. C. S. Ferreoli de Salsignat	Ad præsentationem prioris SS. Remigii
850. C. S. Petri de Menet	et Germani de Bort, diocèse de Limoges.
851. C. B. Mariæ Magdalenæ de Chastel Marlhac	Ad præs. abbatissæ de Blayle.
852. C. S. Baudelii de Trizac	Ad præsentationem prioris de Vebret.

825. Le Falgoux (Cantal).

825[a]. Saint-Vincent (Cantal). D ajoute : «P. S. Vincentii, ad omn. dispos. decani Mauriaci.»

826. Riom-ès-Montagne [Montagnes] (Cantal).

827. Vignonet, us., c[ne] d'Antignac, et Antignac (Cantal).

828. Saint-Étienne-de-Chomeil ou Saint-Étienne (Cantal).

829. Sauvat (Cantal).

830. Saignes (Cantal).

831. Auzers ou Auzer (Cantal).

832. Moussages (Cantal).

833. Méallet (Cantal).

834. Escorailles (Cantal).

835. Barriac (Cantal).

836. Localité inconnue et probablement détruite.

[1] En marge 14, chiffre exact des prieurés.

[2] Le copiste avait écrit d'abord *Vozers*, comme dans C.

825. Prior doz Falgoux........ xxii s. vi d.
825[1]. Prior S. Vincentii........ lxiiii s. vi d.
826.
827. C. Vignoneti........ iiii l. ii s. vi d.
828. C. S. Stephani de Charmeil........ vii l. ii s. vi d.
829. C. Salvati........ vi l.
830. C. de Saignes........ iiii l. x s.
831. C. de Vozers........ xix l. x s.
832. C. Mossagiarum........ xii l. xv s.
833. C. de Mealeto........ xv l.
834. C. Escorrallie........ xviii s.
835. C. Barriaci........ xvii l. v s.
836.
837. C. S. Christophori........ xxi l.
838. C. d'Aly........ xxi l.
839. C. S. Amancii........ lxvii s. vi d.
840. C. Lupiaci........ xxi l.
841. C. S. Eulalie........ xviii l.
842. C. S. Martini Valismarone........ xvii l. x s.
843. C. S. Prejecti cum capella S. Georgii........ xii l. xv s.
844. C. S. Pauli........ xxi l.
845. C. Salerni........ xv l.
846. C. S. Boniti cum archipresbiteratu Rupisfortis........ xx l.
847. C. de Colandres........ x l. x s.
848. C. S. Ypoliti........ vii l. x s.
Capella d'Apchon........ xxxix s. vi d.
849. C. Salsiniaci........ iiii l. x s.
850. C. Meneti........ lxvii s. vi d.
851. C. Castri Marlhaci........ vii l. ii s. vi d.
852. C. Trizaci........ xii l. xv s.
852[1]. C. de Claviers........ lvii s.

837. Saint-Christophe (Cantal).
838. Ally (Cantal).
839. Saint-Chamant (Cantal).
840. Loupiac (Cantal).
841. Sainte-Eulalie (Cantal).
842. Saint-Martin-Valmeroux (Cantal).
843. Saint-Projet et Saint-Georges, h., c[ne] de Saint-Projet (Cantal).
844. Saint-Paul-de-Salers (Cantal).
845. Salers (Cantal).
846. Saint-Bonnet-de-Salers (Cantal).
847. Collandre (Cantal).
848. Saint-Hippolyte et Apchon (Cantal).
849. Salsignat, h., c[ne] d'Antignac (Cantal). D paraît mentionner deux fois cette église, en ces termes: «C. S. Ferreoli de Sabrignat, ad omn. disp. dom. episcopi;» et ailleurs: «C. S. Jacobi de Sabrignat, ad pres. prioris de Bort, ord. S. Benedicti, dioc. Lemovicensis.»
850. Menet (Cantal).
851. Chastel-Marlhac (Cantal).
852. Trizac (Cantal).
852[1]. Clavières, h., c[ne] de Saint-Étienne-de-Riom (Cantal).

853. C. S. Mauricii de Vebret	Ad præsentationem prioris de Vebret.
854. C. S. Georgii d'Isde	Ad præs. præceptoris ejusd. loci.
855. C. SS. Quirini et Eutropii de Madic	Ad præs. domini temporalis ejusd. loci.
856. C. S. Petri de Proudelle	Ad præsentationem decani
857. C. S. Radegundis de Bassignat	de Mauriac.
858. C. S. Martini de Jaleyrat	Ad præs. capituli de Notre Dame du Port de Clermont.
859. C. B. Mariæ de Champaignac	Ad præsentationem
860. C. S. Crucis de Verrières	abbatissæ de Bonnesaigne.
861. C. S. Amantii de Surgnat	Ad præs. archipræsbyteri de Mauriac.
862. C. S. Juliani d'Arches	Ad præs. decani de Mauriac.
863. C. S. Petri de Chalvignat	Ad præs. abbatissæ de Beaumont.
864. C. B. Mariæ de Mauriac	Ad præsentationem decani
865. C. S. Laurentii du Vigen	de Mauriac.
866. C. de Saint-Thierry d'Anglardz	Ad præsentationem
867. C. S. Pantaleonis de Salheims	archipræsbiteri de Mauriac.
868. C. S. Gerardi de Drugheat	Ad præsentationem
869. C. S. Stephani de Chaussenat	abbatissæ de Bragheat.
870. C. S. Victoris de Turgnac	Ad præs. archipræsbiteri de Mauriac.
871. C. S. Salvatoris de Pleaux	Ad præs. abb. Carnetensis (Carrofensis), diocèse de Poitiers.
872. C. S. Martini de Montchantelys	Ad præs. prioris S. Juliani des Pons in eadem parœcia.
873. C. S. Remigii	Ad præs. archipræsbiteri de Mauriac.
874. C. S. Vincentii de Fontanges	Ad præs. præsbiterorum communitatis ejusd. loci.
875. C. S. Germani du Falgoux	Ad præsent. decani
876. C. S. Vincentii des Valmiers	de Mauriac.
877. C. S. Georgii de Riom des Montagnes	Ad præs. abbatissæ de la Vassin[1].

853. Vebret (Cantal).
854. Ydes (Cantal).
855. Madic (Cantal).
856. Prodelles, h., c[ne] de Champagnac (Cantal).
857. Bassignac (Cantal).
858. Jaleyrac (Cantal).
859. Champagnac (Cantal).
860. Veyrières (Cantal).
861. Sourniac (Cantal).
862. Arches (Cantal).
863. Chalvignac (Cantal).
864. Mauriac (Cantal). Église N.-D.-des-Miracles.
865. Le Vigean (Cantal).
866. Anglards (Cantal).
867. Salins (Cantal).
868. Drugeac (Cantal).
869. Chaussenac (Cantal).
869[2]. Brageac (Cantal). D: «C. B. Mariæ de Bragheat, ad præs. abbatissæ monialium de Bragheat.» E ajoute au vocable de Notre-Dame celui de saint Thibaud.
870. Tourniac (Cantal).

[1] En marge le chiffre des cures, 51.

853. C. Vebreti .... VI l. VII s. VI d.
854. C. d'Ide, ordinis S. Joannis........ LVII s.
855. C. de Madico........ XVIII s.
856. C. de Prodella........ IIII l. II s. VI d.
857. C. de Bassignat........ LVII s.
858.
859. C. de Champagnaco........ VII l. II s. VI d.
860. C. de Vayrières........ XLV s.
861. C. de Surgnat........ IIII l. X s.
862. C. d'Arches........ LXXII s.
863. C. de Chalvignaco........ XXXIIII l. X s.
864. C. Mauriaci........ CXII s. VI d.
865. C. de Vigano........ CXII s. VI d.
866. C. d'Anglars........ IX l.
866[a]. Archipresbiteratus Mauriaci, cum annexa d'Anglars........ XLVIII l. X s.
867. C. de Sailhens........ XVI l. X s.
868. C. Drughaci........ VI l.
869. C. Chaussenaci........ LXXII s.
869[a]. C. Braghaci........ LXXII s.
870. C. seu vicarius perpetuus de Turgnat........ IX l. V s.
871. C. Plodii........ XXI l.
872. C. S. Martini Montis Chantalesii........ LXXII s.
873. C. S. Remigii........ IX l.
874. C. Fontangiarum........ VI l. XV s.
875. C. del Falgoux........ XXXVII s. VI d.
876. C. S. Vincentii........ LVII s.
877. C. Riomi in Montanis........ IIII l. X s.

871. Pléaux (Cantal).

872. Saint-Martin-Cantalès (Cantal). Le hameau d'Esponts, même commune, paraît désigner l'emplacement de l'ancien prieuré de Saint-Martin, jadis nommé Saint-Julien des Ponts ou d'Esponts. Cf. n° 821.

873. Saint-Remy (Cantal).

874. Fontanges (Cantal).

875. Le Falgoux (Cantal).

876. Saint-Vincent; auprès est le domaine dit Le Vaulmier (Cantal).

877. Riom-ès-Montagne (Cantal).

878.	Vicaria seu capellania S. Antonii in ecclesia de Saint-Thierry d'Anglardz per archipræsbiterum Mauriaci fundata et deserviri ordinata	Ad præsentationem archipræsbiteri Mauriaci.

XII. ARCHIPRESTRÉ DE ROCHEFORT.

879. Capitulum ecclesiæ sæcularis B. Mariæ d'Orcival :

Cantoria......................	Ad omnimodam dispositionem prædicti capituli.
Canonicatus et præbendæ 13........	

Quatuor ad omnim. disp. domini de Cordez, una ad omnimod. dispos. domini de Curton.

880. Capitulum ecclesiæ sæcularis et collegiatæ B. Mariæ de la Queüille :

Decanatus cum præbenda........	Ad plenam dispositionem domini temporalis ejusd. loci.
Cantoria cum præbenda.........	
Canonicatus et præbendæ simplices 8.	
Alia præbenda unita curionatui S. Martini de Perpezat..............	Ad præsent. capituli eccles. cathedralis et institutionem domini episcopi.

881. Abbatia monasterii monialium de la Vassin, alias d'Antraigues, ordinis Cisterciensis, infra limites parochiæ S. Donati.

882. Præceptoria S. Antonii de Nabouzat.

883. Præceptoria S. Joannis de Pontviel in parœcia S. Galli.

884. Præceptoria seu Hospitale S. Bartholomæi.

[PRIORATUS.]

885.	P. de Nabouzat..	Ad præs. abbatis S. Illidii.
886.	P. de S. Saulve....................	Ad omnim. disp. prioris Portus Dei.
887.	P. de Tauves......................	Ad omnim. disp. prioris de Sauxillanges.
888.	P. de Bourg Lastic unitus camerariæ Portus Dei..................	Ad omnim. disp. prioris Portus Dei.
889.	P. S. Germani sous Herment.	
890.	P. de Briffons......................	Ad omnim. disp. prioris Portus Dei.
891.	P. de Verneghol.	
892.	P. de Savène......................	Ad omnim. dispos. abbatis S. Illidii.
893.	P. d'Avèse........................	Ad omnim. disp. prioris Portus Dei, unitus infirmariæ.

878. ANGLARDS (Cantal).
878a. ENROUSSOUS, h., cne de Pléaux (Cantal).
878b. SAINT-PAUL-DE-SALERS.
879. ORCIVAL.
880. LAQUEUILLE. Cf. n° 564.
881. LA VASSIN (Saint-Jean de), abbaye en ruines, cne de Saint-Donat.
882. NÉBOUZAT.

878. (Vide supra n° 818.)
878[2]. Preceptoria de Rosson, in parrochia Plodii .... IIII l. II s. VI d.
878[3]. Communitas Salerni .... XXX l.
878[4]. Communitas Mauriaci .... XXX l.
878[5]. Communitas Fontangiarum .... XXXV l.
878[6]. Communitas S. Martini Valismarone .... XX l.
878[7]. Communitas Plodii .... XV l.
878[8]. Communitas Anglaris .... X l.
878[9]. Communitas S. Pauli .... VII l. X s.
878[10]. Communitas Riomi in Montanis .... XXX s.
878[11]. Communitas Mossagiarum .... XXX s.
878[12]. Communitas Trizaci .... LX s.

Summa totalis presentis archipresbiteratus Mauriaci ascendit mille quattuor centum quadraginta sex libras, novem solidos, turon .... MIIII^{c}XLVI l. IX s.

IN ARCHIPRESBITERATU RUPISFORTIS.

879. Decanus et capitulum B. M. Urcivalis cum cura .... LVII l.
880. Capitulum Queulhie cum cura Camboni in archipresbiteratu Libratensi eidem unita .... LVII l.
881. Abbatissa de la Vaissy .... XII l.
882. Preceptoria S. Antonii Neboziaci .... XXV l.
883. Preceptoria de Pont Vieil, ordinis S. Joannis .... LX l.
884.
885.
886. Prior S. Silvani .... VI l. XV s.
887. Prior de Talvis et de S. Perdulpho .... LVII l.
888.–889. Prior de Burgo, cum S. Germano subtus Hermencum .... IX l.
890. Prior Aprifontis .... XXXVII l. X s.
891. Prior de Vernughol .... IX l.
892. Prior Savene .... VI l. XV s.
893. Prior Aveze .... VI l. VII s. VI d.

883. Portvieux, h., c^{ne} de Tauves. C place à tort cette commanderie dans l'archiprêtré de Mauriac.

884. Rochefort, avec le vocable de saint Barthélemy. D «Precept. seu hosp. S. Bartholomei de Rochefort, ad dispos. capit. cathedralis ratione capelle S. Bartholomei Claromontensis.»

885. Nébouzat.

886. Saint-Sauves.

887. Tauves.

888. Bourg-Lastic.

889. Saint-Germain-près-Herment. D ajoute : «Unitus prioratui Portus Dei.» E : «Uni au chambrier du Port-Dieu.»

890. Briffons.

891. Verneugheol. D ajoute : «Ad omn. dispos. abbat. S. Martialis Lemovicensis.»

892. Savennes.

893. Avèze.

894. P. de Singles	Ad omnim. dispos. prioris de Sauxillanges.
895. P. S. Pardulphi La Tour	Ad omnim. dispos. prioris de Sauxillanges.
896. P. de Trémouilhe Marchal ou Trémouilhe	Baron de la Tour.
897. P. de la Rodde	Ad omnimodam dispositionem prioris du Port Dieu[1].
898. P. de Beaulieu	
899. P. de Baignol	

CURÆ.

900. C. S. Martini d'Alaignat	Ad præs. domini tempor. ejusd. loci.
901. C. S. Georgii de Nabouzat	Ad præsent. abbatis de Saint-Allyre lès Clermont.
902. C. S. Joannis de Savène	
903. C. S. Petri d'Olby	Ad præsentationem capituli ecclesiæ cathedralis Claromontensis.
904. C. S. Martini de Tours et Rochefort	
905. C. S. Pardulphi des Bains du Mont d'Or.	
906. C. S. Mauricii de Murat le Caire	
907. C. S. Juliani sur la Queuilhe	
908. C. S. Martini de Perpezat, cum canonicatu et præbenda ecclesiæ sæcul. et colleg. B. Mariæ de la Queuilhe	
909. C. S. Boniti, près Orcival	Ad præsentationem capituli B. Mariæ d'Orcival.
910. C. B. Mariæ d'Orcival	
911. C. S. Petri de Roche	
912. C. S. Joannis de Monge	Ad omnimod. disp. domini episcopi pleno jure.
913. C. S. Annæ d'Heume	
914. C. S. Remigii de Champs	
915. C. B. Mariæ de la Queuille	Olim ad præs. capituli ecclesiæ cathedralis, nunc vero ad præs. capituli ejusd. loci de la Queüille.
916. C. S. Desiderii de Vernines et d'Aurière	Ad præs. domini temporalis ejusd. loci.
917. C. B. Mariæ de Tauves	Ad præsentationem prioris de Sauxillanges.
918. C. S. Nazaræi de Singles	
919. C. S. Galli	Ad præsentationem domini temporalis Baronis de la Tour.
920. C. B. Mariæ de la Bessette	
921. C. S. Lupi de Trémouilhe	
922. C. S. Donati in titulo	
923. C. B. Mariæ de Picherande	

894. Singles.

895. Saint-Pardoux, h., c[ne] de Latour-d'Auvergne.

896. Trémouille-Marchal (Cantal). D ajoute : «Ad omn. dispos. dom. temporalis de la Tour.»

[1] En marge 15, chiffre exact des prieurés.

894.	
895. (Vide supra n° 887.)	
896. Prior de Tremolia	xlv s.
897. Prior de Rota	x l. x s.
898. Prior de Belloloco	xlv s.
899. Prior de Bagnolz	xlv s.
900. C. d'Allagnat	IIII l. xvii s. vi d.
901. C. Neboziaci	cxii s. vi d.
902. C. Savene	xxxvii s. vi d.
903. C. d'Olby	vi l. vii s. vi d.
904. C. Rupisfortis cum Tours et S. Martino	lxxii s.
905. C. de Baings	lxxii s.
906. C. Murati	xxxix s.
907. C. S. Juliani	lxx s. vi d.
908. C. Perpeziaci	v l.
909. C. S. Boniti	IIII l. xvii s. vi d.
910. (Vide supra n° 879.)	
911. C. S. Petri de Rupe	lxxii s.
912. C. de Monge	vi l.
913. C. de Heume	IIII l. x s.
914. C. de Champs	vi l.
915.	
916. C. Verninarum	lx s.
917. C. de Talves	lxxv s.
918. C. de Singulis	xliii s. vi d.
919. C. S. Galli	xv s.
920. C. de la Bessete	lxiiii s. vi d.
921. C. S. Lupi de la Tremolhete	IIII l. x s.
922. C. S. Donati	xii l.
923. C. Picherandie	ix l. vii s. vi d.

897. Larodde.
898. Beaulieu (Cantal).
899. Bagnols.
900. Allagnat.
901. Nébouzat.
902. Savennes.
903. Olby.
904. Saint-Martin-de-Tours et Rochefort.
905. Les Bains-du-Mont-Dore.
906. Murat-le-Quaire.
907. Saint-Julien-Puy-Lavèze.
908. Perpezat. Cf. n° 880 de A.
909. Saint-Bonnet-près-Orcival.
910. Orcival.
911. Saint-Pierre-Roche.
912. Saint-Jean-de-Monges, h., c^ne de Gelles.
913. Heume-l'Église.
914. Champs-de-Bort (Cantal).
915. Laqueuille. D : «C. B. M. Magdalenæ de la Queuille, ad omn. dispos. dom. episcopi.»
916. Verninès-Aurières.
917. Tauves.
918. Singles.
919. Saint-Gal, h., c^ne de Tauves.
920. Labessette.
921. Trémouille-Saint-Loup.
922. Saint-Donat.
923. Picherande.

924. C. S. Genesii Champestre...........	Ad præsentationem domini temporalis Baronis de la Tour.
925. C. S. Martini de Trémouilhe Marchal..	
926. C. S. Gregorii de Marchal[1].........	
927. C. S. Fregi seu Ferjeu du Bourg Lastic.	Ad præsentationem prioris Portus Dei.
928. C. B. Mariæ d'Avèse...............	
929. C. S. Martini de la Rodde...........	
930. C. B. Mariæ Magd. de Beaulieu......	
931. C. S. Petri de Bagnol...............	
932. C. S. Germani, près Herment.......	
933. C. B. Mariæ de Briffons............	Ad præs. prioris ejusd. loci.
934. C. S. Martialis de Verneghol........	Ad præsentationem domini temporalis eorumdem locorum.
935. C. S. Petri de Messeis.............	
936. C. B. Mariæ de la Nobre...........	Ad præs. B. Mariæ du Port de Clermont.
937. C. B. Mariæ de Croc..............	Ad præs. dom. temp. de la Tertière.
938. C. S. Sulpitii....................	Ad præs. abbatissæ de l'Esclache.
939. C. S. Stephani de Saint-Sauve........	Ad præs. dom. temporal. ejusd. loci.
940. C. SS. Annæ et Leodegarii loci de Saint-Pardoux la Tour..............	Altera domino episcopo pleno jure, altera priori de Sauxillanges.
941. C. S. Boniti de Chastreix...........	Ad præs. domini temporalis patroni laici[2].

XIII. ARCHIPRESTRÉ D'HERMENT.

942. Capitulum B. Mariæ d'Herment :	
Decanatus cum præbenda........	Ad omnim. disp. capituli ecclesiæ cathedralis Claromontensis.
Officium cantoriæ..............	Ad omnim. dispos. capituli B. Mariæ d'Herment.
Canonicatus et præbendæ 7......	
Canonicatus et præbenda una.....	Ad præs. domini temporalis d'Herment et institutionem ejusd. capituli d'Herment.
Canonicatus et præbendæ quatuor sacerdotales..................	Ad omnimod. dispositionem prædicti capituli.

924. SAINT-GENÈS-CHAMPESPE.
925. TRÉMOUILLE-MARCHAL (Cantal).
926. MARCHAL (Cantal).
927. BOURG-LASTIC. Le patron est saint Frigion.
928. AVÈZE.
929. LARODDE.
930. BEAULIEU (Cantal).
931. BAGNOLS.
932. SAINT-GERMAIN-PRÈS-HERMENT.
933. BRIFFONS.
934. VERNEUGHEOL.
935. MESSEIX.
936. LANOBRE (Cantal).

[1] En marge : «Sancti Georgii» qui est le véritable vocable d'après D et E.

[2] En marge 42, chiffre exact des cures.

924. C. S. Genesii .... IIII l. X s.
925. C. Tremolie .... LXXII s.
926. C. de Marchal .... IIII l. X s.
927. C. de Burgo .... VI l.
928. C. Aveze .... IIII l. II s. VI d.
929. C. de Rota .... LVII s.
930. C. Belliloci .... XLV s.
931. C. Bagnolis .... IIII l. X s.
932. C. S. Germani prope Hermencum .... XXX s.
933. C. Aprifontis .... XXX s.
934. C. de Vernughol .... LVII s.
935. C. de Messes .... VI l. VII s. VI d.
936. C. de la Nobre .... IIII l. X s.
937. C. de Cros .... LXXII s.
938. C. S. Sulpicii .... XXII s. VI d.
939. C. S. Silvani .... XII l. XV s.
940. C. S. Perdulphi .... IIII l. II s. VI d.
C. alter ibidem .... IIII l. II s. VI d.
941. C. de Chartres .... XI l. V s.
941[2]. Preceptoria de la Forestz Tortebesse, cum preceptoriis S. Joannis Camelarie et de Martris Vayrie .... VIII^{xx} l.
941[3]. Communitas S. Perdulphi de Turre .... XVIII l. X s.
941[4]. Communitas de Chastres .... XII l.
941[5]. Communitas Nobrie .... C s.
941[6]. Communitas Pichenandie .... XLV s.
941[7]. Communitas de Champs .... LX s.
941[8]. Communitas Neboziaci .... C s.
941[9]. Communitas Messesii .... LX s.
941[10]. Communitas S. Salvani .... LX s.

Summa totalis presentis archipresbiteratus Rupisfortis ascendit sex centum quatuor viginti decem octo libras, undecim solidos, sex denarios tur. VI^{c}IIII^{xx}XVIII l. XI s. VI d.

IN ARCHIPRESBITERATU HERMENCI.

942. Capitulum Hermenci .... XXXVII l. X s.
942[2]. Decanus Hermenci .... LX s.
942[3]. Cantor Hermenci .... XV s.

937. CROS.
938. SAINT-SULPICE, h., c^{ne} de Bourg-Lastic.
939. SAINT-SAUVES.
940. SAINT-PARDOUX, h., c^{ne} de Latour-d'Auvergne.
941. CHASTREIX.
941[2]. LA FORÊT, h., c^{ne} de Cisternes-la-Forêt, et TORTEBESSE; CHAMALIÈRES et MARTRES-DE-VEYRE.
941[10]. B[1] ajoute : «Communauté des prestres de Vernines».
942. HERMENT.

943. Capitulum SS. Trinitatis de la petite ville de Croc :
Canonicatus et præbendæ 8, ad omnim. disp. ejusd. capituli, solis præsbyteris et filiolis ejusdem oppiduli et ecclesiæ conferendæ ; præbendæ sunt hebdomadariæ. Curio, si deserviat, pro duobus.

944. Abbatia monialium de l'Esclache, ordinis S. Bernardi, in parœcia de Prondines. Nunc manent supradictæ moniales in urbe Claromontensi.

945. P. conventualis monialium S. Genesii, vulgo les Monges.

946. P. S. Georgii de Gelle .... } Ad omnim. dispos.
947. P. S. Illidii de Basville............. } abbatis S. Illidii Claromontensis.

948. P. de Perol, près Prondines.

949. P. de Giac...................... } Uniti prioratui monialium de Marsat,
950. P. de Vohens .... } près Riom.

951. P. S. Præjecti des Champs.......... Ad omnim. disp. abbatis de Menat.

952. P. SS. Petri et Martini de Mautes..... } Ad omnim. dispos. præpositi monasterii
953. P. S. Spartii, vulgo S. Bar de Chambon........................ } conventualis Sanctæ Valeriæ, ord. S. Bened., diœces. Lemovicensis.

954. P. de Chardz.................... } Ad omnimod. dispositionem
955. P. de Verghat................... } abbatis d'Ebreule.

956. P. de Dontreix et du Montel de Gelat.. Ad præsentationem abbatis Sancti Genulphi, vulgo S. Genoux.

957. P. S. Agnetis de Leyrat in parœcia de Mérinchal.

958. P. de Bromon................... Unitus prioratui conventuali de Montferrand.

959. P. S. Martialis de Val in parœcia de Combraille...................... Ad præs. domini de Châlus.

960. P. S. Blasii de Montléon in parœcia de la Forest.................... Ad omnimodam dispositionem abbatis S. Andreæ Claromontensis.

961. P. de Bresson.

962. P. de Valle Omen caro (*sic*), alias de Baville.

963. P. de Banson [1].

[CURÆ.]

964. C. S. Petri le Chastel, cum annexa de Pontgibaud.................. Ad præsentationem abbatis de Mozac.

965. C. S. Georgii de Gelle............ } Ad præsentationem
966. C. S. Illidii de Baville............. } abbatis de Saint-Allyre.

943. Crocq (Creuse).
944. L'Esclache, h., c[ne] de Prondines.
945. Saint-Genès-les-Monges, h., c[ne] de Saint-Hilaire-les-Monges. D ajoute : «Ord. S. Bened. sub dom. episcopo, benef. elect. ad nom. reg. christianiss.»
946. Gelles. Ce prieuré a été nommé quelquefois

[1] En marge 19, chiffre des prieurés.

943. Capitulum Croci .... XVIII l.
944. Abbatissa de l'Esclache .... XXXV l.
945. Priorissa S. Genesii Monialium .... X l.
946.
947. Prior de Basville .... XXXV l.
948. Prior de Perol .... XII l. X s.
949. Prior Giaci .... XLV l.
950.
951. Prior S. Prejecti .... XXI l.
952. Prior de Maultis .... XV l.
953. Prior S. Sparcii, ordinis Cisterciensis .... VIII l. V s.
953². Prior S. Sparcii .... XXV l.
954.
955. Prior Verghaci .... XXXV l.
956. Prior Dontrigii .... XV l.
957. Prior d'Aleyrat .... LXIIII s. VI d.
958. (Vide supra n° 33.)
959.
960. Prior de Montlion .... LX s.
961.
962.
963.
964. C. Pontisgibaldi cum filiola S. Petri de Castro .... IX l. XVIII s.
965. C. Agelle .... VI l. VII s. VI d.
966. C. Basseville .... LX s.

prieuré de Banson, à cause des seigneurs de Banson qui en étaient les fondateurs. (Voy. toutefois le n° 963 ci-après.)

947. Basville (Creuse).

948. Pérols ou mieux Perol, h., c^ne de Prondines. La présentation du prieuré de Saint-Martin de Perol appartenait, à la fin du XVe siècle, à l'abbé de Beaulieu en Touraine. (D.) Au XVIIIe siècle, elle avait fait retour à l'évêque de Clermont. (E.)

949. Giat.

950. Voingt.

951. Saint-Priest-des-Champs.

952. Mautes (Creuse).

953. Saint-Bard (Creuse).

953². Saint-Bard, h., c^ne de Condat.

954. Chard (Creuse).

955. Verghеas.

956. Dontreix (Creuse) et Montel-de-Gelat.

957. Layraud (?), h., c^ne de Mérinchal (Creuse). D ajoute : «Ad omn. dispos. prepositi du Chambon.» E : «Au prieur de Sainte-Valérie de Chambon.»

958. Bromont ou Bromont-la-Mothe.

959. Le Val, h., c^ne de Combrailles.

960. Montléon, maison, c^ne de Cisternes-la-Forêt.

961. Barmont, al. Bremont, c^ne de Mautes (Creuse).

962. La Villeneuve (?), ferme, c^ne de Basville.

963. Banson, h., c^ne de Gelles.

964. Saint-Pierre-le-Chastel et Pontgibaud. C place ces deux cures dans l'archiprêtré de Clermont.

965. Gelles.

966. Basville (Creuse).

967. C. SS. Cosmæ et Damiani de Prondines	Ad præs. domini episcopi. Prætendit jus dominus temporalis, sed contra eum probatur ab antiquo.
968. C. B. Margaritæ de Cisternes	Ad præs. dom. temporalis.
969. C. S. Gervasii de Sauvaignat	Ad præs. ecclesiæ cathedralis.
970. C. S. Genesii Monialium	Ad præsentationem priorissæ Sancti Genesii les Monges.
971. C. S. Georgii du Puy Saint-Galmier	
972. C. B. Mariæ d'Herment	Ad præsentationem capituli d'Herment.
973. C. S. Stephani près Herment	
974. C. B. Mariæ Magdalenæ de Vohens	Ad præs. priorissæ et conventus de Marsat, près Riom, ratione unionis factæ prioratui dictorum locorum.
975. C. S. Bartholomæi de Giac	
976. C. S. Patrocli de Fernouer, cum annexa S. Pardulphi de Gorsses	
977. C. S. Aviti	Ad præs. domini temporalis.
978. C. S. Alavardi	Ad præsentationem capituli B. Mariæ d'Herment.
979. C. S. Eligii de Croc	
980. C. S. Oratoris, vulgo S. Ouradour	
981. C. B. Mariæ de Celle	Ad omnim. disp. domini episcopi.
982. C. S. Martini de Condat, près Herment	Ad præs. domini temporalis.
983. C. S. Joannis de Mazières	Ad præs. præceptoris de Tortebesse.
984. C. S. Spartii, aliter S. Bar	Ad præs. præpositi de Chambon, diœces. Lemovicensis.
985. C. S. Pardulphi de Char, cum annexa S. Blasii de Chatelard	Ad præsent. abbatis d'Ebreule.
986. C. SS. Petri et Martini de Mautes	Ad præs. præpositi S. Valeriæ de Chambon, diocèse de Limoges.
987. C. B. Mariæ de Verghat	Ad præs. prioris ejusd. loci.
988. C. S. Petri de Biolet	Ad præs. capituli B. Mariæ de Chamalières.
989. C. S. Præjecti des Champs	Ad præs. abbatis de Menat.
990. C. S. Juliani de Dontreix, cum annexa B. Mariæ du Montel de Gelat	Ad præs. abbatis de Saint-Genoux, diocèse de Bourges.
991. C. S. Pardulphi de Villausanges, annexa archipræsbiteratui	Ad omnimodam dispositionem domini episcopi.
992. C. S. Martini de Charensac	
993. C. S. Martini de Mérinchal	

967. Prondines.
968. Cisternes-la-Forêt.
969. Sauvagnat.
970. Saint-Genès-les-Monges, h., c^ne de Saint-Hilaire-les-Monges.
971. Puy-Saint-Gulmier.

967. C. Prondinarum .... VIII l. V s.
968. C. de Cisternes .... LXX s. VI d.
969. C. de Saulvagnat .... XII l.
970. C. S. Genesii Monialium .... XXVIII s. VI d.
971. C. Podii S. Gumerii .... IIII l. X s.
972. C. Hermenci .... IX l.
973. C. S. Stephani .... VI l. VII s. VI d.
974. C. de Vohenco .... XXXVII s. VI d.
975. C. Giaci .... IIII l. X s.
976. C. Farnoelli .... IIII l. II s. VI d.
977. C. S. Avicti .... X l. X s.
978. C. S. Alavardi .... XXXV s.
979. C. de Croco .... VIII l. V s.
980. C. S. Oratoris .... IIII l. II s. VI d.
981. C. de Celle .... VI l. VII s. VI d.
982. C. Condati prope Hermencum .... IIII l. II s. VI d.
983. C. Mazerie Bonorum Hominum .... XXII s. VI d.
984. C. S. Sparcii .... XLIII s. VI d.
985. C. de Caro .... XLII s.
986. C. de Maultis .... XXXIII s.
987. C. Verghaci .... XLII s.
988. C. Bioleti .... LXXII s.
989. C. S. Prejecti .... X l. X s.
990. C. Dontrigii et Montili Gelati .... LXXII s.
991. C. Ville Ursangie .... XVI l. X s.
992. C. Charensiaci .... IX l.
993. C. de Merinchal, cum archipresbiteratu Hermenci .... XVI l. X s.

972. Herment.
973. Saint-Étienne-des-Champs.
974. Voingt.
975. Giat.
976. Fernoël; Les Gorses(?), h., c^ne de Saint-Pardoux d'Arnet (Creuse).
977. Saint-Avit, jadis Saint-Avit d'Auvergne.
978. Saint-Alvard, h., c^ne de Basville (Creuse).
979. Crocq (Creuse).
980. Saint-Oradoux-près-Crocq (Creuse).
981. La Celle, jadis La Celle d'Auvergne.
982. Condat.
983. La Mazière-aux-Bons-Hommes (Creuse).
984. Saint-Bard (Creuse).
985. Chard et Châtelard (Creuse).
986. Mautes (Creuse).
987. Verghéas.
988. Biollet.
989. Saint-Priest-des-Champs.
990. Dontreix (Creuse) et Montel-de-Gelat.
991. Villossanges.
992. Charensat.
993. Mérinchal (Creuse). D désigne aussi cette cure comme unie à l'archiprêtré d'Herment, au lieu de Villossanges indiqué par A et E. Elle fut remplacée, au XVIIe siècle, par la cure de Saint-Avit. (Voy. ci-devant p. 69, en note, et le *Dict. du Puy-de-Dôme*, au mot *Saint-Avit*.)

994. C. S. Boniti de Mirmont...........	Ad præs. capituli ecclesiæ cathedralis Claromontensis.
995. C. de S. Jacques sous Amburg......	
996. C. S. Petri de Landogne...........	Ad præs. abbatis d'Ebreule.
997. C. S. Martini de Bromon..........	Ad præs. prioris de Montferrand.
998. C. SS. Martialis et Lupi de Combraille en Val......................	Ad præsentationem domini tempor. de Chaslus.
999. C. S. Gabrielis du Mont Saint-Hilaire.	
1000. C. S. Martialis de Lyou les Monges..	Ad præs. abbatissæ de Beaumont.
1001. C. S. Joannis de la Forest.........	Ad præs. præceptoris de Tortebesse, ordinis S. Joannis Hierosolimitani [1].
1002. C. S. Joannis de Tortebesse.........	
1003. C. S. Joannis de Tralaigue.........	
1004. Vicaria S. Catharinæ et BB. Angelorum in ecclesia parrochiali du Montel de Gelat.............	Per dominos temporales fundata, ad eorum præsentationem.

Nota quod Le Croc, nunc oppidulum, fuit olim parœcia S. Alavardi.

XIV. ARCHIPRESTRÉ DE MENAT.

1005. Abbatia S. Menelai de Menat, cujus officia claustralia sunt :

1005^3. Eleemosinaria.................	Ad omnim. dispos. abbatis S. Menelai de Menat.
1005^4. Sacristia......................	
1005^5. Generalaria....................	
1005^6. Annualaria.....................	
1005^7. Cameraria......................	
1005^8. Refectuaria....................	
1005^9. Cantoria......................	
1005^{10}. Hospitalaria....................	

1006. Abbatia de Bellaigue in parœcia de Virelet.

[PRIORATUS.]

1007. P. Menati.

1008. P. de Saint-Eloy, cum annexa de Montaigu...................... Unitus camerariæ de Menat.

994. MIRBMONT.

995. SAINT-JACQUES-D'AMBURG, ou mieux D'AMBUR.

996. LANDOGNE, h., c^{ne} de Pontaumur.

997. BROMONT.

998. COMBRAILLES, jadis COMBRAILLES EUVAL ou ENVAL.

999. SAINT-HILAIRE-LES-MONGES.

1000. LIOUX-LES-MONGES (Creuse).

1001. LA FORÊT, h., c^{ne} de Cisternes-la-Forêt.

1002. TORTEBESSE.

1003. TRALAIGUES.

1004. MONTEL-DE-GELAT.

1004^2. LE MONTEL-AU-TEMPLE (?), h., c^{ne} de Lioux-les-Monges (Creuse).

[1] En marge 40, chiffre réel des cures.

994. C. Mirimontis — IIII l. X s.
995.
996. C. Lendonie — XIIII l. XVII s. VI d.
997. C. de Bromont — LXIIII s. VI d.
998. C. de Combraille — XIII l. X s.
999. C. Montcelli S. Hillarii — XXX s.
1000. C. de Lious — XVIII s.
1001.
1002. C. Tortebessie — XVIII s.
1003. C. Retroaque, ordinis S. Joannis — XXX s.
1004.
1004^{2}. Communitas Montili Gelati — XXXIII l.
1004^{3}. Preceptoria S. Joannis du Temple — X l. X s.
1004^{4}. Communitas Merinchalmi — LX s.

Summa totalis presentis archipresbiteratus Hermenci ascendit quinque centum septuaginta septem libras, octo solidos t. — V^c LXXVII l. VIII s.

EN L'ARCHEPREVERÉ DE MENATE [1].

1005. De l'abbé dudict lieu et du prieur de la Vallée Saincte Anne — LX l.
1005^{2}. Du couvent dudict lieu — LXXVI s.
1005^{3}. De l'aumosnier dudict lieu — X l. IX s.
1005^{4}. Du sacriste dudict lieu — XX s.
1005^{5}. Du général avec le prieuré — LX s.
1005^{6}.
1005^{7}. Du chambrier dudict lieu pour le prieuré de S. Elige et le prieuré de Pervoise — XII l.
1005^{8}. Du réformateur (réfectorier) — V s.
1005^{9}. Du chantre — XX s.
1005^{10}. De l'hostellier avec le prieuré Sainte-Ra[de]gonde — LX s.
1006. De l'abbé de Beleacgue — XXXV l.
1007. (Vide supra n° 1005^{5}.)
1008. (Vide supra n° 1005^{7}.)

1004^{4}. B[1] ajoute : «Communauté des prestres de Miremont.»

1005. MENAT. LAVAUX-SAINTE-ANNE (Allier) était un prieuré du diocèse de Bourges et de l'archiprêtré de Montluçon.

1005^{7}. SAINT-ÉLOY, canton de Montaigut-en-Combraille. *Pervoise* représente LA PEYROUSE, paroisse du diocèse de Bourges et de l'archiprêtré de Montluçon, et aujourd'hui c^ne du canton de Montaigut.

1005^{10}. Sans doute SAINTE-RADEGONDE, h., c^ne du Châtelet (Creuse), de l'ancien diocèse de Bourges.

1006. BELLAIGUE, abbaye, c^ne de Virlet.

1007. MENAT.

1008. SAINT-ÉLOY et MONTAIGUT-EN-COMBRAILLE.

[1] L'archiprêtré de Menat manquant dans le *Liber taxæ*, nous le remplaçons par la liste des églises du même archiprêtré tirée du Compte de Décimes de 1516 (Arch. Nat. G[8], n° 2, fol. 562 et suiv.). Ce texte est très défectueux.

1009. P. du Cartier	Unitus eleemosinariæ de Menat.
1010. P. de la Crosylle	Unitus camerariæ de Menat.
1011. P. de Marsillac	Ad omnim. disp. abbatis de Menat.
1012. P. du Chastel sur Cher	Ad collat. abbatis d'Ebreule.
1013. P. SS. Marcelli et Ferreoli	Ad collat. præpositi d'Evaux.
1014. P. S. Genulphi de Rochedagour	Ad omnim. disp. abbatis de Saint-Genoux [diœcesis Pictaviensis][1].
1015. P. de Chatelard, près Goutière	Ad omnim. disp. prioris de Lacrouay.
1016. P. de Saint-Gervais	Ad collationem abbatis de Masset (Massay), ord. S. Benedicti, diocèse de Bourges[2].
1017. P. de Chambonnet	
1018. Vicaria S. Theobaldi de Rochedagour.	Ad præs. domini temporalis et institutionem domini episcopi.
1019. Vicaria S. Lupi, près Saint-Maigner	Ad præsentationem conventus d'Ebreule.

CURÆ.

1020. C. SS. Rochi et Andreæ de Neuféglise.	Ad præsentationem domini abbatis Sancti Menelai de Menat.
1021. C. S. Hilarii d'Ayat	
1022. C. S. Eligii de Bouble, cum annexa S. Hilarii de Montaigut	
1023. C. S. Martini d'Youx	
1024. C. S. Saturnini du Cartier	
1025. C. S. Menelai de la Crozille	
1026. C. B. Mariæ de Marcillac le Mau	
1027. C. S. Sulpitii de Virelet	Ad præs. archipresbiteri de Menat.
1028. C. S. Martini du Chaster (*sic*) sur Cher	Ad præs. abbatis d'Ebreule.
1029. C. S. Pardulphi pauperis	Ad præsent. præpositi S. Petri d'Eyvaux, ord. S. Aug., Lemovicensis diœcesis.
1030. C. cum prioratu SS. Marcellini et Ferreoli	
1031. C. S. Mauricii unita archipræsbiteratui de Souvigny	Ad collationem episcopi.
1032. C. S. Hilarii les Pionsat	Ad præs. domini temporal. ejusd. loci.
1033. C. S. Boniti de la Bussière	Ad præsentationem abbatis S. Genulphi.
1034. C. S. Genulphi de Rochedagour	
1035. C. S. Georgii de Saint-Magnier	Ad præsentationem abbatis d'Ebreule.

1009. Le Quartier.
1010. La Crouzille.
1011. Marcillat ou Marcillat-d'Allier (Allier).
1012. Château-sur-Cher.
1013. Saint-Marcel-en-Marcillat et Saint-Fargeol (Allier).
1014. Roche-d'Agoux.
1015. Chatelard, h., c^ne d'Ebreuil (Allier). En

[1] Ces mots ajoutés d'une autre main.
[2] En marge le chiffre 11.

1009.
1010.
1011. Du prieur de Marcilliac.......... x l.
1012. Du prieur du Chasteau desu Charon.......... XL s.
1013. Du prieur et curé de S. Marcelle.......... XV l.
1014. Du prieur de Roche Digulphe.......... LX l.
1015. Prior du Chastillard prope Gouetière.......... XLV s.
1016.} Du prieur de Champbonnet avec S. Gervais, avec la chapelle de
1017.} Pont Boucher.......... XX l.
1018.
1019.
1020. Du curé de Neufve Eglise.......... L s.
1021. Du curé d'Agace.......... XXX s.
1022. Du curé de Montasgu en Ambrole (Combraille).......... x l.
1023. Du curé de Dioux.......... LX s.
1024. Du curé de Cartier.......... XX s.
1025. Du curé de Crozelie.......... LX s.
1026. Du curé de Marcillaire.......... LX s.
1027. Du curé de Virelete.......... LXX s.
1028.
1029.
1030. (Voir ci-dessus n° 1018.)
1031. Du curé de Sainct-Maurice avec l'archepreveré.......... VIII l.
1032. Du curé de S. Hilarie.......... XL s.
1033. Du curé de Buserye.......... XXXVI s.
1034. Du curé de Roche Degulphe.......... XX s.
1035. Du curé de S. Menant (?).......... C s.

regard de ce n° du pouillé, nous plaçons une mention tirée de C, où elle figure dans l'archiprêtré de Limagne. Quelques pouillés confondent à tort ce Châtelard, qui avait pour vocable sainte Madeleine, avec celui de l'archiprêtré d'Herment, n° 985.

1016. Saint-Gervais-d'Auvergne et Pont-du-Bouchet, h., c^ne de Miremont.

1017. Chambonnet, h., c^ne de Sauret-Besserve.

1018. Roche-d'Agoux.

1019. Saint-Loup, dom., c^ne de Saint-Maignier.

1020. Neuve-Église, h., c^ne de Menat.

1021. Ayat.

1022. Saint-Éloy et Montaigut-en-Combraille.

1023. Youx.

1024. Le Quartier.

1025. La Crouzille.

1026. Marcillat ou Marcillat-d'Allier (Allier).

1027. Virlet.

1028. Château-sur-Cher.

1029. Saint-Pardoux-le-Pauvre, h., c^ne de Sannat (Creuse). Cette église se trouvant enclavée dans le diocèse de Limoges, nous sommes porté à croire que le pouillé a voulu désigner Saint-Pardoux-les-Eaux, h., c^ne de la Petite-Marche près Marcillat, (Allier), qui faisait partie du diocèse de Clermont.

1030. Saint-Marcel-en-Marcillat et Saint-Farjeol (Allier).

1031. Saint-Maurice du canton de Pionsat.

1032. Saint-Hilaire-près-Pionsat.

1033. Bussières ou Bussières-sous-Roche-d'Agoux.

1034. Roche-d'Agoux.

1035. Saint-Maignier.

1036. C. S. Bravii de Pionssat. . . . . }
1037. C. S. Petri de la Celette. . . . . } Ad præsentationem abbatis d'Ebreule.
1038. C. S. Petri de Goutière, unita archipræsbiteratui de Menat. . . . . Ad collationem episcopi.
1039. C. S. Juliani de la Geneste. . . . . Ad præs. abbatissæ de Saint-Genez les Monges.
1040. C. S. Christinæ in titulo . . . . }
1041. C. S. Martini d'Espinasse. . . . . } Ad præsentationem archipræsbiteri de Menat.
1042. C. S. Petri de Besserve . . . . }
1043. C. SS. Gervasii et Prothasii. . . . . }
1044. C. S. Martini de Chambonnet. . . . . . . } Ad præsent. abbatis de Masset, ord. S. Bened., diocèse de Bourges [1].

XV. ARCHIPRESTRÉ DE BLOT.

1045. Prioratus conventualis des Chartreux in parœcia de Chapdes.
1046. P. de Teilhède. . . . . Ad omnim. disp. abb. Casæ Dei.
1047. P. de Combronde. . . . . Ad dispos. abbatis de Masset.
1048. P. de Chavanon in parœcia de Combronde . . . . Ad dispos. abbatis de Grammont, ordinis S. Stephani dud. Grandmont, diocèse de Limoges.
1049. P. de Cellula. . . . . Unitus mensæ conventuali de Menat.
1050. P. de Pessat. . . . . Unitus capitulo S. Amabilis de Riom.
1051. P. de Saint-Coust, vulgo Chatel Guyon. Unitus abbatiæ de Mozat.
1052. P. d'Issac. Unitus capitulo S. Amabilis de Riom.
1053. P. de Prompsat. . . . . Unitus conventui d'Ebreule.
1054. P. S. Hippoliti . . . . Unitus capitulo S. Amabilis de Riom.
1055. P. de Saint-Ours. . . . . Unitus abbatiæ de Mozac.
1056. P. de Saint-Ligier de Montfermy. . . . Unitus mensæ abbatiali d'Ebreule.
1057. P. S. Georgii de Mons. . . . . Ad omnim. disp. abbatis de Mozac.
1058. P. de Vitrac. . . . . Unitus capitulo S. Amabilis de Riom.
1059. P. de la Mongie in parœcia S. Cirici. . Unitus generalariæ de Menat [2].

1036. PIONSAT. Communauté des prêtres de Punssat (B[1]).
1037. LA CELLETTE.
1038. GOUTTIÈRES.
1039. SAINT-JULIEN-LA-GENESTE.
1040. SAINTE-CHRISTINE.
1041. ESPINASSE.
1042. BESSERVE, h., cne de Sauret-Besserve.
1043. SAINT-GERVAIS-D'AUVERGNE.
1044. CHAMBONNET, h., cne de Sauret-Besserve.
1045. LA CHARTREUSE, h., cne de Chapdes-Beaufort, jadis LE PORT-SAINTE-MARIE.
1046. TEILHÈDE.
1047. COMBRONDE.
1048. CHAVANON, h., cne de Combronde. Le prieuré était sous le vocable de Notre-Dame.

[1] En marge 25, chiffre exact des cures.
[2] En marge 15, chiffre des prieurés.

1036. Du curé de S. Pounace (?) .... LXX s.
1037. Du curé de Celette .... XXX s.
1038. Du curé de Goutière avec l'archepreveré de Menat .... X l.
1039. Du curé de S. Jullian .... XVI s.
1040. Du curé de Ste Cristine .... XL s.
1041. Du curé de Espinasse .... LXVI s.
1042. Du curé de Vesove (?)[1] .... XVI s.
1043. Du curé de S. Gevaise .... VI l.
1044. Du curé de Champbonnet .... XX s.
1044[2]. De la communaulté de Montasgu .... XIIII l.
1044[3]. De la communaulté de S. Gervais .... XVI l.
1044[4]. Du luminaire dudict lieu .... XIIII l.
1044[5]. D'une vicairye de Montasgu .... XXXII s.
1044[6]. De la communaulté de S. Ylaire .... VI s.

S[e] .... IIIcXII l. XIII s.

IN ARCHIPRESBITERATU BLOTI.

1045. Prior et conventus B. Marie Cartusiensis .... LX l.
1046. (Vide supra n° 516.)
1047. Prior Combronii .... VI l.
1048. Prior de Chavanon .... XXX l.
1049.
1050. Prior de Pessaco .... CV s.
1051.
1052.
1053.
1054.
1055.
1056. (Vide supra n° 103.)
1057. Prior S. Georgii de Montibus, cum pensione .... XVII l. X s.
1058.
1059.

1049. CELLULE. A la monse abbatialo. (D et E.)

1050. PESSAT-VILLENEUVE.

1051. CHÂTELGUYON. D'après E, le patron du prieuré était saint Maurice. Cassini marque l'église de Saint-Coust, à 1 kil. environ au nord de Châtelguyon.

1052. YSSAC, h. — LA TOURETTE. L'église ruinée d'Yssac était un peu à l'ouest du chef-lieu de la c[ne].

1053. PROMPSAT.

1054. SAINT-HIPPOLYTE.

1055. SAINT-OURS.

1056. MONTFERMY.

1057. SAINT-GEORGE-DE-MONS.

1058. VITRAC.

1059. LA MONZIE, h., c[ne] de Châteauneuf. La carte de Cassini le nomme Saint-Jean-la-Moysie.

[1] Le pouillé d'Alliot porte ici : «Cure de Besseria, à l'Évêque.»

1060. Præceptoria S. Joannis de la Tourrette, ordinis S. Joannis de Jérusalem.

1061. Sacristia de Theillìède........... Ad præs. abbatis Casæ Dei.

CURÆ.

1062. C. S. Joannis de Loubeyrat, annexa archipræsbiteratui.............	Ad omnim. dispos. domini episcopi.
1063. C. S. Petri de Charbonnières les Vieilles....................	Ad omnim. disp. domini episcopi.
1064. C. S. Petri de Thellìède...........	Ad present. abbatis Casæ Dei.
1065. C. S. Nicolai de Gimeaux..........	
1066. C. S. Galli de Blot l'Eglise.........	
1067. C. S. Præjecti de Moncel..........	Ad præsentationem capituli ecclesiæ cathedralis Claromontensis.
1068. C. S. Galli de Vandon............	
1069. C. S. Crucis de Chapdes...........	
1070. C. S. Boniti de Charbonnières les Varennes....................	
1071. C. SS. Georgii et Genesii de Combronde.....................	Ad præsentationem abbatis de Masset, diocèse de Bourges.
1072. C. B. Mariæ de Comps............	
1073. C. S. Medulphi, vulgo Saint-Myon...	Ad præsentationem abbatis et capituli d'Artonne.
1074. C. S. Juliani de Davayat, aliter Sainte-Flamine....................	
1075. C. SS. Annæ et Saturnini de Celleule..	Ad præs. abb. de Menat.
1076. C. S. Martini de Varenes, cum annexa des Martres sur Morges.........	Ad præsent. capituli d'Enezat.
1077. C. S. Martini de Pessat, cum annexa de Villeneufve................	Ad præs. [capituli] S. Amabilis de Riom.
1078. C. S. Ursi sive Saint-Ours..........	Ad præsentationem abbatis de Mozat.
1079. C. S. Georgii de Mons............	
1080. C. S. Joannis de la Queüilhe.......	
1081. C. S. Boniti las Champs, près Riom..	
1082. C. S. Boniti de Saint-Coust, cum annexa B. Annæ de Châtel Guyon...	
1083. C. S. Leodegarii de Montfermy......	Ad præsentationem abbatis d'Ebreule.
1084. C. S. Victoris de Pouzol...........	
1085. C. S. Genesii de Manzat...........	Ad præsentationem capituli S. Amabilis de Riom.
1086. C. S. Georgii de Vitrac............	
1087. C. S. Saturnini d'Issac et la Tourrete.	

1060. Yssac-la-Tourette.

1061. Thilhède.

1062. Loubeyrat. Notre-Dame d'après D.

1063. Charbonnières-les-Vieilles.

1064. Thilhède.

1065. Gimeaux. Saint-Genès d'après D et E.

1060. Preceptor S. Joannis de la Torrette, prope Riomum .... XLVIII l.
1061. Sacrista de Telhede .... IIII l. X s.
1062. C. Loberiaci, cum archipresbiteratu Bloti, cum pensione .... VII l. X s.
1063. C. Carboneriarum Veterum .... VII l. II s. VI d.
1064. C. Teilheti .... LXXII s.
1065. C. Gimellis .... CXII s. VI d.
1066. C. Bloti .... VII l. II s. VI d.
1067. C. Montcelli .... LXVII s. VI d.
1068. C. Vendoni .... LXXV s.
1069. C. de Chapde .... IIII l. X s.
1070. C. Carboneriarum Varenarum .... CXII s. VI d.
1071. C. Combronii .... VI l. VII s. VI d.
1072. C. de Comps .... X l. X s.
1073. C. S. Medulphi .... CXII s. VI d.
1074. (Vide supra n° 99.)
1075. C. Celeuli .... VI l.
1076. C. Varenarum supra Morgiam .... XII l.
1077. C. de Pessaco .... CXII s. VI d.
1078. C. S. Urci .... CXII s. VI d.
1079. C. S. Georgii de Montibus .... XLV s.
1080. C. de Queulha .... XXX s.
1081. C. S. Boniti de Campis .... CXII s. VI d.
1082. C. Sane Culture .... VII l. X s.
1083. C. Montisfirmini .... XLVIII s.
1084. C. de Pozolz .... LXIIII s. VI d.
1085. C. Manziaci .... CXII s. VI d.
1086. C. Victriaci .... CXII s. VI d.
1087. C. Yssiaci .... LXXII s.

1066. Blot-l'Église.
1067. Montcel.
1068. Beauregard-Vendon.
1069. Chapdes-Beaufort.
1070. Charbonnières-les-Varennes. Au grand prieur d'Auvergne, suivant D et E.
1071. Combronde.
1072. Comps.
1073. Saint-Myon.
1074. Davayat. Sainte Flamine y fut martyrisée.
1075. Cellule.
1076. Varennes-sur-Morges et Martres-sur-Morges.
1077. Pessat-Villeneuve. D ajoute le mot *capituli*.
1078. Saint-Ours.
1079. Saint-Georges-de-Mons.
1080. Queuille.
1081. Saint-Bonnet-près-Riom.
1082. Saint-Coust, maison, c^ne de Châtelguyon, et Châtelguyon. D'après D et E, saint Gal serait le patron de l'église de Saint-Coust.
1083. Montfermy.
1084. Pouzol.
1085. Manzat.
1086. Vitrac.
1087. Yssac-la-Tourette.

1088. C. S. Martini de Prompsat......... 1089. C. S. Hippoliti, vulgo Saint-Jean de Naut......................	Ad præsentationem capituli S. Amabilis de Riom.
1090. C. SS. Michaëlis et Dionisii de Saint-Angel......................	Ad præsent. capituli S. Genesii de Clermont.
1091. C. S. Cirici sur Sioule, cum annexa S. Valentini de Châteauneuf........	Ad præsentationem abbatis de Menat.
1092. C. B. Mariæ de Lisseule...........	Ad præsentationem abbatis de Menat[1].

275 prieurés.
700 cures.
12 commanderies[2].

Signé : SAHUT.

Curé de Saint-Gal de Vandon, 1699.

[1] En marge 31, chiffre exact des cures.

[2] Ces trois dernières lignes sont d'une écriture un peu différente, mais contemporaine. Les chiffres donnés ici sont incomplets. Voici le relevé exact de tous les bénéfices du diocèse : 35 chapitres, 22 abbayes, 265 prieurés, 2 hôpitaux, 11 commanderies, 21 vicairies, 735 cures et 1 sacristie, ce qui forme le total de 1092 églises ou chapelles.

1087[2]. C. S. Remigii .... cv s.
1088. C. Prompsiaci .... vii l. ii s. vi d.
1089. C. S. Ypoliti .... cxii s. vi d.
1090. C. S. Angelli .... l s.
1091. C. S. Cirici .... cxii s. vi d.
1092. C. Luzoli .... lxiiii s. vi d.
1092[2]. Communitas Combronii .... xxx l.
1092[3]. Communitas S. Boniti de Campis .... lx s.
1092[4]. Communitas Carbonerìarum Veterum .... vii l. x s.
1092[5]. Communitas Manziaci .... xxx s.

Summa totalis presentis archipresbiteratus Bloti ascendit tricentum triginta unam libras, octodecim solidos, sex denarios turon .... iii[c]xxxi l. xviii s. vi d.

1087[2]. Saint-Remy-de-Blot. D ajoute : «C. S. Remigii cum annexa S. Michaëlis de Blot le Chateau, ad præs. abbat. Menati.» Château de Blot, c[ne] de Blot-l'Église.

1088. Prompsat.

1089. Saint-Hippolyte, autrement «Saint-Jean-d'en-Haut», nom qu'il devait à l'ancienne église située sur un rocher à l'ouest de Saint-Hippolyte. *Saint-Jean-de-Naut* est une forme altérée.

1090. Saint-Angel.

1091. Châteauneuf. L'église de Saint-Cyr se trouvait au lieu dit aujourd'hui Cimetière Saint-Cirgues, c[ne] de Châteauneuf, d'après l'État-major.

1092. Lisseuil.

APPENDIX.

CONVENTUS ET SODALITATES[1].

I. ARCHIPRESBYTERATUS CLAROMONTENSIS.

Conventus abbatia canonicorum regularium Premonstratens. S. Andreæ Claromonti. (A. 17.)
Conventus canonicorum regularium S. Antonii Viennensis Montisferrandi.
Conventus canonicorum regularium S. Genovefæ Riomi.
Congregatio presbiterorum Oratorii Claromonti. (B^1, B^3.)
Congregatio presbiterorum Oratorii Riomi. (B^1, B^3.)

MONASTERIA VIRORUM.

Conventus abbatia Benedictinorum S. Mauri Claromonti. (A. 16.)
Conventus Benedictinorum S. Mauri Montisferrandi.
Conventus abbatia Benedictinorum Cluniacensium Moziaci. (A. 19.)
Conventus Dominicorum Claromonti. (B^1, B^3.)
Conventus Carmelitarum antiquorum Claromonti (B^1, B^3.)
Conventus Augustinorum antiquorum Enneziaci. (B^1, B^3.)
Conventus Augustinorum discalceatorum Claromonti. (B^3.)
Conventus Franciscanorum Observantiæ Claromonti. (B^1, B^3.)
Conventus Franciscanorum Observantiæ Montisferrandi. (B^1, B^3.)
Conventus Franciscanorum Observantiæ Riomi. (B^1, B^3.)
Conventus Minimorum Claromonti (B^1, B^3.)
Conventus Capucinorum Claromonti.
Conventus Capucinorum Riomi.
Conventus Recollectorum Montisferrandi.

[1] Cet appendice est tiré en entier du pouillé D. Ces couvents s'y trouvent placés à la fin de chaque archiprêtré, nous avons cru devoir conserver cette répartition. Lorsque ces couvents ou communautés figurent dans d'autres manuscrits, nous les avons indiqués par leur lettre à la suite de chaque nom. Pour conserver l'ensemble de ce document, nous avons même reproduit les noms de quelques monastères qui figurent déjà dans notre pouillé, en ayant soin d'y renvoyer. Nous indiquerons également, en note, quelques établissements qui ne se trouvent pas dans D.

Conventus Carmelitarum discalceatorum Claromonti.
Conventus discalceatorum Carmelitarum Riomi. (B³.)
Conventus fratrum hospitalium Joannis Dei, Claromonti.

MONASTERIA MONIALIUM.

Conventus abbatia monialium S. Claræ Claromonti, sub domino episcopo. (A. 15, B¹.)
Conventus monialium S. Benedicti Claromonti, sub domino episcopo. (B³.)
Conventus abbatia monialium O. S. Benedicti Bellomonti, sub domino episcopo. (A. 18.)
Conventus prioratus monialium Sancti Benedicti Cluniacensis Marciaci. (A. 36.)
Conventus abbatia monialium de l'Eclache, ordinis Sancti Bernardi Cisterciensis, Claromonti. (A. 944.)
Conventus monialium ordinis Sancti Bernardi Claromonti, sub domino episcopo. (B³.)
Conventus monialium Sanctæ Ursulæ Claromonti, sub domino episcopo. (B¹, B³.)
Conventus monialium Sanctæ Ursulæ Montisferrandi, sub domino episcopo. (B¹, B³.)
Conventus monialium a Visitatione Claromonti sub domino episcopo. (B³.)
Conventus monialium a Visitatione Montisferrandi, sub domino episcopo. (B¹, B³.)
Conventus monialium a Visitatione Riomi, sub domino episcopo. (B¹, B³.)
Conventus monialium Hospitalium sub regula S. Augustini Claromonti, sub domino episcopo. (B³.)
Conventus monialium Hospitalium sub regula S. Augustini Riomi sub domino episcopo. (B³.)
Conventus monialium Carmelitarum Riomi. (B¹, B³.)
Conventus monialium Beatæ Mariæ Riomi, sub domino episcopo. (B¹, B³.)

SEMINARIA ET COLLEGIA STUDENTIUM.

Seminarium clericorum Claromonti.
Collegium studentium Societatis Jesu Claromonti. (B¹, B³.)
Collegium studentium presbiterorum Oratorii Riomi.

SODALITATES SORORUM.

Sodalitas sororum Sancti Lazari pauperibus inservientium in hospitali Sancti Josephi Claromonti.
Sodalitas sororum Sancti Lazari pauperibus inservientium in parrochia Sancti Genesii Claromonti.
Sodalitas sororum Nivernensium pauperibus inservientium in parrochia du Port Claromonti.
Sodalitas sororum Nivernensium pauperibus inservientium in parrochia de Gerzat.
Sodalitas sororum Sancti Lazari pauperibus inservientium in parrochia Riomi.
Sodalitas sororum Nivernensium pauperibus inservientium in parrochia d'Obière.
Sodalitas sororum Nivernensium pauperibus inservientium in parrochia d'Ennezat.

II. ARCHIPRESBYTERATUS LIMANIÆ.

MONASTERIA RELIGIOSORUM.

Conventus abbatia canonicorum regularium Præmonstratensium S. Gilberti. (A. 104.)
Congregatio presbiterorum Oratorii Effiati. (B³.)

Statio missionariorum de Banelle [1].
Conventus abbatia Benedictinorum Ebrolii, sub domino episcopo. (A. 103.)
Conventus Augustinorum regularium Gannati. (B^1, B^3.)
Conventus Cappucinorum Gannati.
Conventus Recollectorum de Maringues.
Domus Charitatis d'Effiat [2].

CONVENTUS MONIALIUM.

Conventus monialium de Pontratier, ordinis Fontis Evraldii. (A. 121.)
Conventus monialium de Notre Dame Gannati, sub domino episcopo. (B^3.)
Conventus monialium S. Ursulæ Aquæpercæ, sub domino episcopo. (B^3.)
Conventus monialium S. Claræ Aquæpercæ.
Conventus monialium S. Ursulæ de Maringues, sub domino episcopo. (B^3.)
Sodalitas sororum Nivernensium pauperibus inservientium, in hospitali d'Aigueperce.

III. ARCHIPRESBYTERATUS SILVINIACI.

MONASTERIA RELIGIOSORUM.

Monasterium prioratus Benedictinorum S. Mauri, in oppido S. Portiani. (A. 211, B^3.)
Monasterium prioratus Cluniacensium, in vico de Souvigny. (A. 214.)
Monasterium Franciscanorum Observantiæ, in oppido S. Portiani. (B^1, B^3.)

CONVENTUS MONIALIUM.

Conventus Benedictinarum Cluniacensium, in vico de Souvigny, sub domino episcopo. (B^3.)
Conventus Benedictinarum in vico de Charroux, sub domino episcopo. (B^3.)
Sodalitas sororum Nivernensium pauperibus inservientium, in hospitali S. Portiani [3].

IV. ARCHIPRESBYTERATUS CUSSIACI.

MONASTERIA RELIGIOSORUM.

Conventus canonicorum regularium S. Crucis de la Bretonnière, in vico de Varennes [4]. (A. 329.)
Conventus prioratus Benedictinorum Cluniacens., in vico de Riz, sub domino episcopo. (A. 258.)
Conventus abbatia Bernardinorum Cisterciensium, in vico de Montpeyroux. (A. 253.)
Conventus Cœlestinorum, in vico de Vichy. (A. 257.)
Conventus Franciscanorum Observantiæ, in vico de Chateldom. (B^3.)
Conventus Cappucinorum, in oppido Cussiaci.
Conventus Cappucinorum, in vico de Vichy.

[1] BANELLE, h., c^ne d'Escurolles (Allier). Ce lieu possède une église et un pèlerinage célèbre en Auvergne.

[2] L'hôpital d'Effiat, fondé par le célèbre maréchal Coiffier de Rusé d'Effiat, et confié par lui aux frères de la Charité.

[3] Bénédictines de Saint-Pourçain. (B^3.)

[4] Chanoines de Ste-Croix de Varennes-sur-Allier.

CONVENTUS MONIALIUM.

Conventus abbatia Benedictinarum Cussiaci, sub domino episcopo.
Conventus monialium S. Claræ, in vico de Chateldom, sub domino episcopo[1].

SODALITATES SORORUM.

Sodalitas sororum S. Lazarii pauperibus inservientium, in hospitali de Vichy.
Sodalitas sororum S. Lazari pauperibus inservientium, in hospitali de Varennes.

V. ARCHIPRESBYTERATUS BILHOMI.

MONASTERIA VIRORUM.

Collegium Jesuistarum Billomi. (B[1], B[3].)
Conventus religiosorum Grandimontium de Thiers. (B[3].)
Conventus Franciscanorum de Vic le Comte. (B[1], B[3].)
Conventus Minimorum de Courpierre. (B[3].)
Conventus Minimorum de Beauregard. (B[1], B[3].)
Conventus Augustinorum discalceatorum de Lezoux.
Conventus Cappucinorum de Thiers.
Conventus Cappucinorum de Billom.

MONASTERIA MONIALIUM.

Conventus Benedictinarum de Courpière. (A. 407.)
Conventus Benedictinarum Billom., sub domino episcopo. (B[1], B[3].)
Conventus Ursularum de Cunlhat, sub domino episcopo. (B[3].)
Conventus Bernardinarum de Lezoux, sub domino episcopo. (B[3].)
Conventus monialium a Visitatione de Thiers, sub domino episcopo.
Conventus Ursularum de Thiers, sub domino episcopo. (B[3].)
Conventus monialium Fonsvraldi (Fontis Ebraldi), de Vic le Comte. (B[3].)
Sodalitas sororum S. Lazari pauperibus inservientium, in hospitali de Lezoux[2].

VI. ARCHIPRESBYTERATUS LIBRATENSIS.

MONASTERIA VIRORUM.

Conventus abbatia Benedictinorum congreg. S. Mauri Caze Dei. (A. 516.)
Conventus Recollectorum d'Ambert.

MONASTERIA MONIALIUM.

Conventus monialium Sanctæ Ursulæ d'Ambert. (B[1], B[3].)
Conventus monialium Sanctæ Ursulæ, in burgo d'Arlanc. (B[3].)

[1] Augustines de la Palisse. (B[3].) — [2] Religieuses de Ste Marie (la Visitation) de Billom. (B[3].)

VIII. ARCHIPRESBYTERATUS ICIODORENSIS.

MONASTERIA VIRORUM.

Conventus abbatiæ Sancti Benedicti congreg. Sancti Mauri Issidori. (A. 666, B[3].)
Conventus abbati[æ] ordinis Sancti Bernardi de Megemont (*sic*). (A. 668.)
Conventus Cappucinorum Issidori.

MONASTERIA MONIALIUM.

Conventus monialium de Nostre Dame Issidori, sub domino episcopo.
Conventus Benedictinarum Issidori, sub domino episcopo. (B[1], B[3].)

IX. ARCHIPRESBYTERATUS MERDONIÆ.

MONASTERIA VIRORUM.

Conventus Recollectorum de S. Amant.

MONASTERIA MONIALIUM.

Conventus monialium S. Claræ de S. Amand, sub domino episcopo. (B[3].)

X. ARCHIPRESBYTERATUS ARDILIS.

MONASTERIA VIRORUM.

Conventus Recollectorum Sancti Francisci d'Ardes.
Conventus abbatia Bernardinorum Cistercensium de Fenier. (A. 770.)

XI. ARCHIPRESBYTERATUS MAURIACENSIS.

MONASTERIA VIRORUM.

Conventus Benedictinorum congregationis Sancti Mauri Mauriaci[1]. (B[3].)

MONASTERIA MONIALIUM.

Conventus abbatia monialium S. Benedicti de Bragheat, sub domino episcopo. (A. 812.)
Conventus monialium Sanctæ Catharinæ Sinensis [Mauriaci], sub domino episcopo[2]. (B[3].)

COLLEGIA STUDENTIUM.

Collegium Societatis Jesu a dom. du Prat Clarom. episcopo fundatum. (B[1], B[3].)

[1] Le couvent des Pères Carmes de Pleaux. (B[1], B[3].)

[2] Religieuses de Notre-Dame de Salles [Sallers]. (B[3].) Il y avait aussi, dans cette ville, un couvent de Récollets fondé en 1625, et une maison de Missionnaires, établie en 1674. (*Dict. hist. et stat. du Cantal*, t. V, p. 228-229.)

XII. ARCHIPRESBYTERATUS RUPISFORTIS.

MONASTERIA MONIALIUM[1].

Conventus abbatia monialium de Lavassin, ordinis Sancti Benedicti. (A. 881.)

XIV. ARCHIPRESBYTERATUS MENATI.

MONASTERIA VIRORUM.

Conventus Franciscanorum Observantiæ[2].
Conventus Franciscanorum de Montegut en Combraille.

MONASTERIA MONIALIUM.

Conventus prioratus monialium Sancti Julliani de la Geneste, ordinis Sancti Benedicti, sub episcopo. (B[3].)

XV. ARCHIPRESBYTERATUS BLOTI.

VICARIÆ.

Vicaria S. Theobaldi de Rochedagoux, ad præs. dom. temporal. ejusd. loci et instit. dom. episcopi. (A. 1018.)

MONASTERIA VIRORUM.

Conventus Chartusianorum in parrochia de Chapdes. (A. 1045.)
Conventus religiosorum de Grammont de Chavanon, in parrochia de Combronde. (A. 1048.)

[1] B[3] place dans cet archiprêtré un couvent de Cordeliers sans indication de lieu, sans doute celui des Cordeliers de la Cellette, archiprêtré de Menat, transférés de là à Messeix. (*Tableau général des Archives départementales antérieures à 1790*, p. 181.)

[2] C'est le couvent des Pères Cordeliers de la Cellette. (B[1].) Cf. le Pouillé, n° 1037, pour la cure du même nom.

SUPPLÉMENT

AU POUILLÉ DU DIOCÈSE DE CLERMONT,

OU

LISTE DES ÉGLISES ET CHAPELLES

QUI NE FIGURENT NI DANS LE POUILLÉ, NI DANS LE RÔLE DES TAXES[1].

I.

ARCHIPRÊTRÉ DE CLERMONT.

BÂTISSE (LA), château, c^ne de Chanonat. Ce château avait jadis une chapelle, suivant Cassini.

CHAMALIÈRES. Outre les églises mentionnées au pouillé, il y avait en ce lieu trois monastères : celui de Saint-Sauveur, celui de Saint-Pierre, et un troisième, de Sainte-Cécile; celui-ci était un couvent de religieuses Bénédictines[2]. — L'église Saint-Paul de Chamalières, mentionnée dans D, était

[1] En dehors des pouillés et des comptes de décimes, nous avons puisé les indications relatives à ce Supplément dans les ouvrages suivants : Estiennot, *Antiquitates Benedictinæ*, Bibl. nat., ms. lat. 12745; *Gallia christiana*, t. II; J.-B. Bouillet, *Dictionnaire des lieux habités du département du Puy-de-Dôme*, Clermont-Ferrand, 1854, in-8°; nous nous sommes servi aussi du *Grand dictionnaire historique du département du Puy-de-Dôme*, par A. Tardieu, Moulins, 1877, in-4°, qui renferme beaucoup de renseignements, malheureusement trop souvent inexacts, et qu'il faut contrôler sans cesse. Enfin, nous avons emprunté d'utiles indications à un travail qui a paru dans la *Semaine religieuse du diocèse de Clermont*, 7e et 8e années (1874-1875), sous le titre de *Description de l'Auvergne chrétienne avant 1789. Diocèse de Clermont*. Ce travail, qui ne comprend encore que l'archiprêtré de Clermont, est dû à M. l'abbé L.-A. Chaix de Lavarène. C'est à son entremise que nous devons la communication du pouillé de M. Bellaigue de Bughas; nous saisissons cette occasion de lui en exprimer notre reconnaissance.

[2] Estiennot, *Antiquitates Benedictinæ*, Bibl. nat., ms. lat. 12745.

une annexe de l'église Notre-Dame[1]. Si aux églises de Notre-Dame, de Saint-Sauveur, de Saint-Pierre et de Sainte-Cécile on joint celle de Sainte-Croix, on aura les cinq églises qui passent pour avoir été fondées à Chamalières par le comte Genès, de Clermont, à la fin du VIIe siècle. Sainte-Croix fut également annexée à l'église Notre-Dame. Il y avait de plus, à Chamalières, une église dite de Saint-Victor, vulgairement *Saint-Victour*, qui existait encore du temps de Savaron [2] et qui est représentée aujourd'hui par le château de Saint-Victor, c^{ne} de Chamalières.

L'abbé Delarbre cite en outre une chapelle fondée à Chamalières, sous le titre de Saint-Nazaire et de Saint-Celse; mais comme il la place parmi les églises fondées par saint Genès, il y a peut-être confusion de sa part[3].

Enfin, la commanderie de Tortebesse[4] avait une chapelle à Chamalières en 1658.

CHAMPFLEURY, domaine, c^{ne} de Clermont. Ancienne chapelle située au sud de Montferrand. (Cassini.)

CHANTOIN, maison, c^{ne} de Clermont. D : « C. S. [Petri] Cantoenii in suburbis civitatis Claromont., olim ad præs. abbatis ejusdem monasterii, nunc un a abbatiæ. » Cette église, qui paraît avoir existé dès 312, était anciennement dédiée à saint Gal; elle fut unie à Notre-Dame-du-Port (E) lors de la suppression de l'abbaye de Chantoin en 1633[5]. — L'église de Notre-Dame-de-Chantoin, construite en 330 dans le verger de l'abbaye de ce nom, était dédiée à Notre-Dame-de-Gloire. Elle fut également supprimée en 1633 et unie à celle de Notre-Dame-du-Port[6].

CHAZAL, h., c^{ne} de Pont-du-Château. Le monastère ou prieuré de Chazal aurait été fondé au XIIe siècle par les religieuses de Chantoin, et laissé ensuite par elles aux chanoines de la cathédrale. En 1698, c'était un prieuré de l'ordre de Saint-Augustin[7]. Mais d'après un titre que nous avons retrouvé,

[1] A. Tardieu, *Dict. du Puy-de-Dôme.*

[2] *Liber de sanctis ecclesiis*, l. II, c. VII. *Dict. du Puy-de-Dôme*, p. 112.

[3] Ant. Delarbre, *Notice sur l'ancien royaume des Auvergnats et sur la ville de Clermont*, an. XIII, p. 198.

[4] *Dict. du Puy-de-Dôme*, à ce mot.

[5] *Dict. du Puy-de-Dôme*, au mot *Clermont-Ferrand.*

[6] *De sanctis ecclesiis*, l. I, c. XXVII. *Dict. du Puy-de-Dôme*, p. 134 a.

[7] Visite pastorale de 1698, dans la *Semaine religieuse de Clermont*, 8e année, p. 174.

la fondation de ce prieuré doit être attribuée à l'évêque de Clermont, Robert, et à sa mère, Mathilde de Bourgogne, qui firent, en 1206 et 1207, l'acquisition de divers biens et droits en faveur de l'église de Saint-Pierre, « ecclesie Beati Petri de Chatzach et fratribus ibidem servituris in perpetuum. » Ce sont bien les termes employés d'ordinaire pour désigner l'établissement d'un prieuré [1]. La collation de la cure de Notre-Dame-de-Paulhac appartenait aux Carmes déchaussés de Clermont, à raison du prieuré de Chazal.

CLERMONT. Un document fort important, intitulé : *De sanctis ecclesiis et monasteriis Claromontii* [2] et qui se rapporte à l'an 950 environ, nous apprend qu'à cette époque il n'y avait pas moins de 54 églises ou chapelles à Clermont et aux environs, savoir : à Chamalières et à Royat ; nous faisons connaître les églises de ces deux localités sous leurs noms respectifs ; quant à la ville même de Clermont, le Pouillé et l'*Appendix* renferment un assez grand nombre d'églises et d'établissements religieux, et il nous reste à en faire connaître environ autant. Toutefois, nous avons pensé qu'il serait utile de donner ici un relevé complet, par ordre alphabétique, de toutes les églises et chapelles qui ont pu exister à Clermont, en ajoutant seulement quelques détails sur celles qui paraissent pour la première fois dans ce supplément. Nous indiquons en abrégé les sources qui nous les ont fournies.

—— Augustins déchaussés. (*Appendix.*)

—— Bénédictines. (*App.*)

—— Bénédictins de Saint-Alyre. (Pouillé, n° 16 [3].)

—— Bernardines de l'Éclache. (*App.*)

—— Bernardines. (*App.*)

—— Bernardins de Molesme. Ce monastère fut fondé à Clermont, au XII° s° ; on le trouve aussi mentionné en 1365 [4].

—— Capucins. (*App.*)

—— Carmes anciens, ou église des Carmes déchaux. (*App.*)

—— Cathédrale. (Pouillé, n° 1 [5].)

[1] Archives nationales, L. 989, rouleau original.

[2] Ce document se trouve dans Labbe, *Nova bibl. mss. librorum*, t. II, p. 707 à 727. Il avait été publié pour la première fois et annoté par Saveron. Paris, 1608, in-8°.

[3] Voy. aussi *De sanct. eccl.*, l. I, c. XXI.

[4] *Sem. rel. de Clermont*, 7° ann., p. 342.

[5] Voy. aussi *De sanct. eccl.*, l. I, c. I.

CLERMONT. Champ-Colomb ou du Colombier (Monastère de). Le Livret des églises de Clermont le nomme *Monasterium Columbariense*[1]. Il aurait été remplacé par l'église de Saint-Guillaume, d'après Savaron.

—— Chantoin. (Voy. à ce mot.)

—— Chapelle d'Alègre, fondée en 1415 par Morinot de Tourzel, baron d'Alègre, à droite du portail de Notre-Dame-de-Grâce de la cathédrale, démolie en 1796[2].

—— Chapelle de l'ancien palais épiscopal[3].

—— Chapelle de Murat[4].

—— Congrégation de Saint-Joseph (Les religieuses de la), sans doute les sœurs de l'hôpital Saint-Joseph. (*App.*)

—— Dominicains. (*App.*)

—— Franciscaines de Sainte-Claire. (*App.*)

—— Franciscains, frères Mineurs ou Cordeliers. (*App.*)

—— Frères de la Charité, ordre de Saint-Jean-de-Dieu. (*App.*)

—— Hospitalières, ou Augustines hospitalières. (*App.*)

—— Maison-de-la-Châsse ou séminaire de Saint-Austremoine. (*App.*)

—— Minimes, de la place de Jaude. (*App.*)

—— Notre-Dame-de-Beaurepaire. Chapelle bâtie sur le tombeau de saint Légonce, évêque, en 334, rebâtie en 1241 pour servir aux Cordeliers, elle appartint plus tard au chapitre cathédral jusqu'à la Révolution ; elle a été convertie depuis en poudrière[5].

—— Notre-Dame-d'Entre-Saints. Église nommée plus tard de Saint-Clément, puis de Saint-Alyre; elle était située dans le faubourg et dans l'enclos de l'abbaye de Saint-Alyre[6].

—— Notre-Dame-de-Jaude. Chapelle qui semble avoir été bâtie pour la première fois au milieu du IIIe siècle[7].

—— Notre-Dame-de-la-Paix. C'était un prieuré de religieuses, fondé en 1661 au faubourg du Cerf, à Clermont. Il fut uni, en 1664, à l'abbaye de l'Éclache[8].

[1] *De sanct. eccl.*, l. I, c. XXX.
[2] *Dict. du Puy-de-Dôme*, p. 135.
[3] *Ibid.*
[4] *Ibid.*
[5] *Dict. du Puy-de-Dôme*, p. 135.
[6] *De sanct. eccl.*, l. I, c. XI.
[7] *Dict. du Puy-de-Dôme*, p. 135.
[8] *Sem. rel. de Clermont*, 8e ann., p. 172.

CLERMONT. Notre-Dame-du-Passeport. Chapelle dans le faubourg de ce nom[1].

—— Notre-Dame-du-Port. (Pouillé, n° 2.)

—— Oratoriens. (*App.*)

—— Prémontrés de Saint-André. (Pouillé, n° 17 et *App.*)

—— Saint-Adjutor. (Pouillé, n° 61.)

—— Saint-Alyre. (Voy. les mots *Bénédictins*, *Notre-Dame-d'Entre-Saints* et *Sainte-Magdelaine.*)

—— Saint-Alyre ou Saint-Hilaire, église mentionnée dans le *De sanctis ecclesiis*, l. II, c. XX. Le pouillé d'Alliot indique un prieuré de Saint-Alyre de Clermont à l'abbé de Saint-Alyre, mais on ne le trouve pas mentionné ailleurs.

—— Saint-Alvard, domaine, c^ne de Clermont-Ferrand.

—— Saint-Amandin. Cette église, située au-dessous des rochers de Saint-Amandin, dépendait du monastère d'Youx; elle fut détruite vers 1570[2].

—— Saint-André. (Voy. *Prémontrés.*)

—— Saint-Antolien. Cette église, démolie en 1306, fit partie de l'enclos des religieuses de Sainte-Claire[3].

—— Saint-Arthème. Cette église ou chapelle, bâtie vers 394 sur le tombeau de saint Arthème, dans le faubourg de Saint-Alyre, est mentionnée en 950[4]; au temps de Savaron, elle était ruinée et on l'appelait vulgairement *Le vas de S. Arthem*[5].

—— Saint-Austremoine. Église détruite[6].

—— Saint-Austremoine (Séminaire de). (Voy. *Maison-de-la-Châsse.*)

—— Saint-Barthélemy. Église détruite et remplacée par une chapelle du même nom, qui servait pour l'hôpital[7].

—— Saint-Bonnet ou Saint-Ferréol. (Pouillé, n°s 20 et 49.)

—— Saint-Cassi ou Sainte-Georges. (Pouillé, n°s 21 et 50.)

—— Sainte-Catherine. (Voy. *Saint-Martin.*)

[1] *Dict. du Puy-de-Dôme*, p. 135.

[2] *Ibid.* Elle se nommait d'abord Saint-Saturnin. Voy. ce mot.

[3] *Ibid.*

[4] *De sanctis eccl.*, l. I, c. XXIX.

[5] *Nova bibliotheca*, t. II, p. 722. *Dict. du Puy-de-Dôme*, p. 135. Du Cange, v° *Vas.*

[6] *De sanctis eccl.*, l. I, c. XXXII.

[7] *Dict. du Puy-de-Dôme*, p. 135.

CLERMONT. Saint-Christophe. Église située au faubourg de Saint-Alyre, détruite vers 1550[1].

—— Saint-Cirgues, monastère, puis église paroissiale. (Pouillé, n° 52.)

—— Sainte-Claire. (Voy. *Franciscaines.*)

—— Saint-Clément. (Voy. *Notre-Dame-d'Entre-Saints.*)

—— Saint-Clément, deuxième église de ce nom, détruite[2].

—— Sainte-Cliamine, église ainsi nommée, par corruption, à cause des reliques de sainte Flamine; elle était en ruines au temps de Savaron[3].

—— Sainte-Croix ou du Saint-Sépulcre. (Pouillé, n° 44.) L'église de Sainte-Croix prit au XIIe siècle le nom d'église du Saint-Sépulcre[4].

—— Saint-Désidérat, église détruite. Elle était dans l'enceinte du monastère de Saint-Alyre[5]. Le Livret des églises de Clermont mentionne une autre église, *Sancti Desiderii*, l. I, c. XXVIII.

—— Saint-Éloy, chapelle construite, en 730, à côté de l'église de Saint-Genès, et démolie au commencement de ce siècle[6].

—— Saint-Étienne, Saint-Patrocle ou Saint-Eutrope. (Pouillé, n° 51.)

—— Saint-Ferréol, le même que Saint-Bonnet.

—— Saint-Gal. (Voy. *Saint-Pierre-de-Chantoin.*)

—— Saint-Genès. (Pouillé, nos 3 et 47.)

—— Saint-Genès-les-Carmes. Ancienne chapelle conventuelle des Pères Carmes, devenue église paroissiale. (Pouillé, n° 47.)

—— Sainte-Georges. (Voy. *Saint-Cassi.*)

—— Saint-Gilles, chapelle mentionnée au XVIe siècle[7].

—— Saint-Guillaume, église située non loin de Rabanesse, et qui appartenait au chapitre cathédral. Détruite vers 1745. (Voy. *Champ-Colomb*[8].)

—— Saint-Hilaire, église détruite. Elle était située près de l'abbaye de Saint-Alyre, sur une colline. (Cf. ci-dessus Saint-Alyre[9].)

—— Saint-Jacques, maison, cne de Clermont, au sud de la ville. (Cassini.) Ce nom rappelle sans doute l'emplacement de l'église Saint-Jacques à Rabanesse, connue dès le Xe siècle. Savaron dit qu'elle existait encore de son

[1] *De sanctis eccl.*, l. I, c. V.

[2] *Ibid.*, l. I, c. XXXI.

[3] *Ibid.*, l. II, c. XIX.

[4] A. Tardieu, *Hist. de Clermont-Ferrand*, t. I, p. 324.

[5] *De sanctis eccl.*, l. I, c. XVIII.

[6] *Dict. du Puy-de-Dôme*, p. 135.

[7] *Ibid.*

[8] *Ibid.*

[9] *Ibid.*, p. 134.

temps et qu'on la nommait communément *Saint-Jaume;* elle fut démolie en 1793[1].

Clermont. Saint-Jean-Baptiste. Église détruite, qui était située dans l'enclos de l'abbaye de Saint-André; elle existait encore en 1640[2].

Une autre église de ce nom, mentionnée dans le *De sanctis ecclesiis,* fut donnée, en 1280, aux religieuses Clarisses; elle était située dans les jardins du couvent de Saint-Alyre[3].

—— Saint-Joseph. «Monasterium S. Josephi de Claromonte sanctimonialium ord. Benedictini, conditur anno MDCL a sanctimonialibus S. Scholasticæ Billomi.» Ce sont les Bénédictines dont il a été question ci-dessus[4].

—— Saint-Julien ou Saint-Julien-de-Jaude. Cette église ou chapelle, figurée par Cassini à l'ouest de Clermont, était un prieuré qui fut donné au commencement du XIIe siècle à l'abbaye de la Chaise-Dieu par Aimeri, évêque de Clermont; elle est mentionnée déjà dans le Livret des églises de Clermont[5]. L'abbé Delarbre l'a possédée en bénéfice jusqu'à la Révolution[6].

Le Livret des églises mentionne une autre église de Saint-Julien, que Savaron qualifie de «parœcialis in villa Versinate posita.» Nous ne saurions dire où était cette église[7], à moins d'y voir Saint-Julien-d'Orcines quelquefois nommé en latin *Orcinas,* d'où l'on aurait fait *Urcinas, Urcinatis.*

—— Saint-Laurent. (Pouillé, n° 46.)

—— Saint-Légonce, église détruite, à l'occident et hors la ville[8]. (Voy. *Notre-Dame-de-Beaurepaire.*)

—— Sainte-Magdeleine. On connaît, sous ce nom, une église mentionnée dès 950[9], et que quelques-uns placent dans l'enclos du bois de Cros[10]; elle aurait appartenu à l'église de Saint-Amable de Riom. En effet, le pouillé d'Alliot mentionne une cure de Sainte-Marie-Magdelaine près

[1] *De sanctis eccl.,* l. I, c. XXIII. *Dict. du Puy-de-Dôme.*

[2] *Dict. du Puy-de-Dôme.*

[3] *De sanctis eccl.,* l. I, c. VII. *Dict. du Puy-de-Dôme.*

[4] Estiennot, Bibl. nat., ms. lat. 12745, p. 120.

[5] *De sanctis eccl.,* l. I, c. XXXIII.

[6] Delarbre, *Notice sur l'ancien royaume des Auvergnats,* p. 188. *Dict. du Puy-de-Dôme,* p. 134.

[7] *De sanctis eccl.,* l. II, c. XIII.

[8] *Ibid.,* l. II, c. XVIII.

[9] *Ibid.,* l. I, c. XII.

[10] Savaron, apud Labbe, *Nova biblioth.,* t. II, p. 716.

Clermont, à l'abbé de Riom. Cette église, aliénée au seigneur du bois de Cros en 1643, aurait été détruite vers 1750[1]. D'autre part, l'auteur de la *Description de l'Auvergne chrétienne* cite un prieuré de chanoines réguliers nommé Sainte-Magdeleine-du-Colombier, et en latin «Pr. Stæ Magdalenæ de Columberio, *al.* Stæ Marie de Columberio», qui était situé, paraît-il, à l'endroit où fut l'hôpital fondé par Saint-Priest, et sans doute distinct de la cure de Sainte-Madeleine[2].

CLERMONT. Saint-Martin ou Sainte-Catherine. Cette église, placée au xe siècle sous le vocable de saint Martin, était située dans l'enclos du monastère de Saint-André, et était paroissiale au temps de Savaron. Elle fut démolie en 1797[3].

——— Saint-Michel, église ou chapelle placée près du portail occidental de la cathédrale, fut détruite vers 1490[4].

——— Saint-Nicolas, chapelle au nord de la cathédrale, bâtie en 1093, démolie en 1739[5].

——— Saint-Pardoux, église qui existait au xe siècle[6].

——— Saint-Patrocle. (Voy. *Saint-Étienne.*)

——— Saint-Pierre. (Pouillé, nos 4 et 8.)

——— Saint-Pierre, église qui était située entre celles de Saint-Alyre et de Saint-Cassi[7].

——— Saint-Pierre-le-Château, église ainsi nommée parce qu'elle était dans l'intérieur du «castrum Claromontis». Savaron pense qu'elle était unie à la cathédrale; elle est détruite depuis longtemps[8].

——— Saint-Pierre-les-Minimes, ancienne chapelle conventuelle des Pères Minimes, aujourd'hui église paroissiale[9]. (*App.*)

——— Saint-Priest, église détruite, qui était située à Rabanesse. Le Livret des églises en mentionne une autre sous le même vocable[10].

——— Saint-Remy, h., cne de Clermont-Ferrand. Cette église, située au-dessous des dépendances de l'abbaye de Saint-André, et qui existait déjà

[1] *Dict. du Puy-de-Dôme.*

[2] *Sem. rel. de Clermont*, 8e année, p. 172.

[3] *De sanctis eccl.*, l. I, c. XVI. *Dict. du Puy-de-Dôme.*

[4] *Dict. du Puy-de-Dôme.*

[5] *Ibid.*

[6] *De sanctis eccl.*, l. II, c. VIII.

[7] *Ibid.*, l. I, c. XVII.

[8] *Ibid.*, l. I, c. XX. *Dict. du Puy-de-Dôme.*

[9] *Dict. du Puy-de-Dôme*, p. 134.

[10] *De sanctis eccl.*, l. I, c. XXIV. *Ibid.*, l. II, c. XI.

au xe siècle, fut érigée en prieuré au XIIIe; elle relevait de l'abbaye de Saint-Alyre [1].

CLERMONT. Saint-Saturnin. Cette église, qui porta ensuite le titre de Saint-Amandin, est mentionnée dans le Livret des églises de Clermont; elle était détruite au temps de Savaron [2]. Elle appartenait au prieuré d'Youx (*Evodii*), dont la cure seule est marquée au Pouillé sous le n° 1023.

——— Saint-Sauveur. (Pouillé, n° 44.)

——— Saint-Sépulcre. (Voy. *Sainte-Croix*.)

——— Saint-Sulpice. Le *De sanctis ecclesiis* mentionne une église de Saint-Sulpice. Nous ne savons où elle était située [3].

——— Saint-Symphorien. (Voy. *Saint-Genès*.)

——— Saint-Vénérand. Cette église était voisine de Saint-Alyre; elle renfermait de nombreux corps saints; elle fut vendue en 1792 et détruite [4].

——— Saint-Vincent. Église détruite [5].

——— Saint-Yves. Cette église, aujourd'hui détruite, existait encore en 1683; elle était dans l'enceinte de la cité [6].

——— Sœurs de Nevers. (*App.*)

——— Sœurs de Saint-Vincent-de-Paul de la paroisse Saint-Genès; le pouillé D les nomme sœurs de Saint-Lazare [7]. (*App.*)

——— Ursulines. (*App.*)

——— Visitandines. (*App.*)

——— Visitandines, dites de Sainte-Élisabeth [8].

COEUR, domaine, c[ne] de Ménétrol. Chapelle de Cœur. (Cassini.)

COURNON. Le monastère de Cournon existait au commencement du VIe siècle; au xe on y établit des chanoines réguliers, et il fut qualifié d'abbaye (*abbatia Chornonensis*), à laquelle succéda la collégiale de Cournon [9], mentionnée dans le Pouillé sous le n° 13.

DÔME. Il a existé, au sommet du Puy-de-Dôme, presque à l'endroit où l'on

[1] *De sanctis eccl.*, l. II, c. I. *Dict. du Puy-de-Dôme*, p. 134. Le *Dict. des Postes* l'appelle Saint-Remège, c[ne] de Clermont-Ferrand.

[2] *De sanctis eccl.*, l. I, c. XXII.

[3] *Ibid.*, l. II, c. XVII.

[4] *Ibid.*, l. I, c. X. Longnon, *Géographie de la Gaule au VIe siècle*, p. 489.

[5] *De sanctis eccl.*, l. I, c. XIX.

[6] *Dict. du Puy-de-Dôme.*

[7] Leur couvent de Paris était au faubourg de Saint-Lazare.

[8] *Dict. du Puy-de-Dôme.*

[9] A. Longnon, *Géogr. de la Gaule*, p. 498. *Sem. relig. de Clermont*, 7e année, p. 344.

a établi depuis un observatoire météorologique, une chapelle dédiée à saint Barnabé, élevée, dit-on, dès le XIIe siècle, par un comte d'Auvergne. Donnée en 1166 aux moines bénédictins d'Orcival, elle devint un prieuré et avec le prieuré d'Orcival elle fut unie à celui de Saint-Robert de Montferrand. Abandonnée dès le commencement du XVIIIe siècle, elle a complètement disparu depuis[1].

GANDAILLAT, domaine, cne de Clermont. Mentionné dans le pouillé de 1740, en ces termes : «Gandaillat sans paroissiens.» Ce lieu avait une église qui, en 1190, fut comprise dans une bulle parmi les dépendances du chapitre cathédral de Clermont[2].

LANTERNE (LA). Cassini désigne sous ce nom une chapelle à l'est de Montferrand.

LIGNAT, h., cne de Lussat. Cette chapelle se trouve mentionnée sous le nom de «ecclesia de Luignaco» parmi les possessions de l'abbaye de Cluny en Auvergne, dans une bulle de Pascal II, en faveur de Hugues, abbé de Cluny, en date du 8 février 1107[3].

MANSON, h., cne de Saint-Genès-Champanelle. L'abbaye de Saint-Alyre permit, en 1693, d'élever en ce lieu une chapelle qui devint succursale, en 1803, à l'époque de l'organisation des paroisses du diocèse[4].

MARSAT. Avant d'être un couvent de Bénédictines, dépendant de l'abbaye de Mozac, Marsat avait été un monastère fondé sous la première race de nos rois, pour des religieuses. M. Longnon pense qu'il faut l'identifier avec la *domus Marciacensis* dont parle Grégoire de Tours[5].

MARTRES-D'ARTIÈRES (Saint-Amand, domaine, cne des). La carte de Cassini marque, près de cet endroit, une chapelle dédiée à saint Amand, et qui doit être celle désignée en ces termes, dans une bulle de Pascal II, de 1107, déjà citée ci-dessus : «Ecclesia Sancti Amandi juxta fluvium Arteriam.» Elle appartenait alors à l'abbaye de Cluny[6].

MÉNÉTROL (*Monasteriolum*). D'abord simple église, puis couvent sous la dépendance de l'abbaye de Mozac jusqu'au XVIe siècle, Ménétrol devint ensuite le prieuré qui fut annexé plus tard à celui de Volvic. (Voy. le Pouillé, no 347.)

[1] *Dict. du Puy-de-Dôme.*
[2] *Ibid.*
[3] *Bullarium Cluniac.*, p. 34, col. 2.
[4] *Dict. du Puy-de-Dôme.*
[5] *Gallia christiana*, t. II, col. 321. A. Longnon, *Géographie de la Gaule*, p. 504.
[6] *Bull. Clun.*, p. 34, col. 2. A. Chaix, *Bullaire de l'Auvergne*, no LXV.
[7] *Semaine religieuse de Clermont*, 7e année, p. 344.

MONTFERRAND, c^ne^ de Clermont. Le pouillé E mentionne la «vicairie de Saint-Pierre de Montferrand, au supérieur du grand séminaire de Saint-Sulpice de Clermont.» Il a voulu, sans doute, désigner la chapelle de Saint-Pierre qui servit au bailliage royal jusqu'à sa suppression, en 1556, a appartenu ensuite aux Jésuites et a disparu à l'époque de la Révolution[1].

MOZAC. Des lettres de Louis VII, de l'année 1169, en faveur de Saint-Pierre de Mozac, mentionnent, parmi les possessions de cette abbaye, les églises suivantes : «Prope prefatum monasterium ecclesiam Sancti Laurentii cum pertinentia sua, videlicet vicaria terre de Mabiliaco; ecclesias Sancti Pauli, Sancti Martini et Sancti Calminii, ejusdem monasterii primi fundatoris, cum pertinentiis earum.» Les auteurs du *Gallia christiana*, qui ont publié ce texte, l'accompagnent du commentaire suivant : «Saint-Laurent de Mabillac prope abbatiæ curtem, nunc destructa est ecclesia; Saint-Paul et Saint-Martin, duæ parochiæ in burgo de Mauziac (voy. le Pouillé, n°s 88 et 89); S. Carmery, nunc destructa est[2].» Nous n'avons pu trouver rien de plus sur ces églises. Les mêmes auteurs citent «prioratum S. Pauli de Mauziaco, an. 1401.» C'est la seule mention que nous ayons de ce prieuré. N'était la différence de vocable, nous croirions qu'il s'agit ici de l'abbaye de Mozac, qui n'était plus qu'un prieuré depuis son union à l'ordre de Cluny; il se peut toutefois que l'on ait voulu nommer l'église de Saint-Paul, considérée comme prieuré dépendant de l'abbaye de Mozac[3].

NADAILLAT, h., c^ne^ de Saint-Genès-Champanelle. La carte de Cassini place en ce lieu un château et une chapelle qui a fait place à une église moderne, consacrée en 1837 et érigée en succursale en 1839[4].

NEYRAT, chapelle, c^ne^ de Clermont. Le prieuré, nommé «Notre-Dame-de-Néra» (Cassini), existait dès la fin du XIIIe siècle, et fut plus tard transformé en cure. L'État-major le nomme «Chapelle-de-Neyra[5]».

NOTRE-DAME, maison, c^ne^ de Lempdes. Cassini marque en cet endroit une

[1] *Dict. du Puy-de-Dôme.*

[2] *Gallia christ.*, t. II, *Instr.*, col. 114 c.

[3] L'abbaye de Mozac a été sous le vocable de saint Caprais, quelquefois de saint Austremoine, plus communément sous celui de saint Pierre, auquel notre pouillé joint saint Paul (n° 19), et peut-être sous celui de saint Jean-Baptiste. (*Dict. du Puy-de-Dôme*, p. 241.)

[4] *Dict. du Puy-de-Dôme*, p. 243.

[5] *Monasticon Benedictinum*, Bibl. nat., ms. lat. 12676, fol. 48. D'après le *Dict. du Puy-de-Dôme*, p. 227 *d*, elle était paroissiale en 1165, sous le vocable du Saint-Sauveur.

chapelle, qui est sans doute la chapelle de Notre-Dame-de-Bonne-Nouvelle [1].

Notre-Dame. Cette chapelle indiquée par Cassini serait aujourd'hui de la commune de Nohanent, mais elle ne figure plus sur la carte de l'État-major.

Notre-Dame. Une troisième chapelle de ce nom se voit encore sur la carte de Cassini, à 1 kil. environ au sud-ouest de Royat, et paraît être celle que l'on nommait chapelle de Notre-Dame-de-Lorette, mais elle a disparu.

Oratoire (L'), maison, c^ne de Gerzat. Le nom de cette habitation semble indiquer l'existence ancienne d'une chapelle. (Cassini.)

Paulhat-le-Vieux, près Pont-du-Château. Le souvenir de cette localité se trouve dans le nom de l'église de Notre-Dame-de-Paulhac [2]; mais il y avait de plus un prieuré uni en 1327 à l'abbaye de Chantoin, et qui dépendait avant 1140 de l'église de Vertaizon. Il fut visité en 1286 par Simon de Beaulieu, archevêque de Bourges [3].

Pont-du-Château. L'église de Sainte-Martine [4] avait été d'abord un prieuré qui relevait de l'abbaye de Cluny et qui fut uni à Laveine au XVIe siècle [5].

Pontgibaud. Cette ville a possédé un prieuré de Bénédictines, dont les premières religieuses vinrent du couvent de Saint-Genès-les-Monges et qui fut uni vers 1756 à l'abbaye de Sainte-Claire de Clermont [6].

Prat, domaine, c^ne de Romagnat. Prieuré situé au pied de la montagne de Gergovie, et qui relevait, au XIVe siècle, de l'abbaye de l'Éclache [7].

Riom. Saint-Cassi avait commencé par être un prieuré avant de devenir un hôpital, ce qui eut lieu dès le XIe siècle; toutefois au XVIe siècle on lui donnait encore le titre de prieuré, comme le montre une transaction conclue en 1554, au sujet de l'administration des revenus dudit hôpital [8].

Royat. Le Livret des églises de Clermont désigne sous ces mots *in monasterio Rubiacense* un couvent de femmes, sis à Royat, et qui fut donné en titre de prieuré à l'abbaye de Mozat [9].

[1] *Dict. du Puy-de-Dôme*, p. 197.

[2] Voy. le Pouillé, n° 71.

[3] *Miscellanea*, p. 300 *a*. *Sem. rel. de Clermont*, 8e année, p. 173.

[4] Voy. le Pouillé, n° 415 *c*.

[5] *Sem. rel. de Clermont*, 8e année, p. 173.

[6] *Ibid.*, 8e année, p. 174.

[7] *Dict. hist. du Puy-de-Dôme*, au mot *Prat*. *Sem. relig. de Clermont*, 8e année, p. 173.

[8] Chabrol, *Coutumes d'Auvergne*, t. IV, p. 463. (Voy. le Pouillé, n° 39.)

[9] *De sanctis eccl.*, l. II, c. IX. *Gallia christ.*, t. II, *Instrum.*, col. 115 *a*. (Voy. le Pouillé, n° 24.)

Saint-Amand, domaine, c^ne des Martres-d'Artières. (Voyez ce mot.)

Saint-André, maison, c^ne de Sayat. Chapelle, d'après la carte de Cassini.

Sainte-Anne, domaine, c^ne de Clermont. Cassini y place une chapelle sur la route de Clermont à Pont-du-Château.

——— chapelle, aujourd'hui détruite, à 500 mètres environ à l'ouest de Malintrat, canton de Clermont-Ferrand.

Saint-Avit, maison, c^ne de Cébazat. Cassini indique, sous ce nom, une chapelle ruinée, placée à l'ouest de celle de Saint-Blaise, du même lieu. Il paraît que cette chapelle appartenait au chapitre de Cébazat, auquel elle fut maintenue contre les prétentions des Bénédictins de Saint-Alyre[1].

Saint-Blaise, c^ne de Cébazat. La carte de Cassini est seule à figurer cette chapelle, qui n'est plus marquée sur celle de l'État-major. Peut-être faut-il y voir un petit prieuré qui dépendait de l'abbaye de Saint-Alyre et qui était voisin de Saint-Avit[2].

Saint-Fiacre, chapelle au sud de Clermont (Cassini); elle serait aujourd'hui de la c^ne de Clermont.

Saint-Domp, auj. «chapelle de Saint-Don», c^ne de Riom, à 2 kil. environ au nord-ouest de la ville. On remarque aussi dans la même commune un domaine nommé «Saint-Don»[3].

Sainte-Geneviève. Cassini place une chapelle sous ce vocable, à 4 kil. environ à l'est de Riom, sur le ruisseau d'Enbenne, et deux maisons dites *Grande* et *Petite Sainte-Geneviève*; toutes trois ont disparu.

Saint-Jacques. Une chapelle de ce nom se trouvait au nord d'Ennezat (Cassini); elle est détruite.

Saint-Lazare. La carte de Cassini nous fait connaître une chapelle ou léproserie sous le nom de «Saint-Lazare», près de Ménétrol.

Sainte-Marie. C'est le nom de trois maisons ou fermes indiquées sur la carte de Cassini, à l'est de Montferrand, à peu de distance les unes des autres, et qui n'existent plus de nos jours.

Saint-Mart, h., c^ne de Royat. Le solitaire saint Mart, en se retirant non loin de la ville d'Auvergne, avait établi au pied du Puy-de-Châtel, entre Royat et la chapelle de Saint-Victor, un monastère qui, dès le XIe siècle, devint un prieuré de l'abbaye de Saint-Alyre; il fut uni à la mense abbatiale au

[1] *Dict. du Puy-de-Dôme*, au mot *Cébazat*. — [2] *Ibid.* — [3] *Ibid.*, art. *Saint-Don*.

milieu du XIVe siècle et existait encore à la fin du XVIIIe, au témoignage de l'abbé Delarbre[1]. La chapelle est aujourd'hui abandonnée à des usages profanes[2].

SAINT-MARTIN, usine, cne de Mozac, aujourd'hui «Saint-Martin-lès-Riom». C'est l'ancienne église Saint-Martin-de-Mozac[3].

SAINT-VINCENT, usine, cne de Blanzat. En cet endroit existait, au XIVe siècle, un prieuré nommé Saint-Vincent-de-Blanzat, qui fut transformé en doyenné et uni à l'abbaye de Saint-Alyre. (Cf. le Pouillé, n° 96[4].)

TEMPLE (LE), domaine, cne de Pont-du-Château (Cassini). Ce nom semble indiquer que ce lieu dépendait d'une commanderie de Templiers, probablement de celle de Montferrand, qui était la maison principale de l'ordre en Auvergne[5].

VOLVIC. Le prieuré de Volvic avait été, dans l'origine, un monastère fondé par saint Avit II, évêque de Clermont[6].

II.

ARCHIPRÊTRÉ DE LIMAGNE.

BRIAILLE, h., cne de Saint-Pourçain (Allier). La chapelle qui est marquée en ce lieu par Cassini paraît être celle qui est mentionnée parmi les églises confirmées par le pape Pascal II à Pierre, abbé de Tournus, le 24 avril 1105, sous le nom d'église *de Briarsis*[7].

CARTEAUX (LES), maison, cne de Jussat. Cassini y marque un hameau avec chapelle.

CHALIGNAT, h., cne de Saint-Bonnet-de-Rochefort (Allier). L'ancienne église de Sainte-Marie-de-Chalignat est désignée sous le nom de «ecclesia Sanctæ Mariæ de Caliniaco» parmi les églises dont la possession fut confirmée au

[1] A. Delarbre, *De l'origine des Auvergnats*, etc., p. 98.

[2] *Liber de Ecclesiis*, l. II, c. XVI. *Dict. du Puy-de-Dôme*, art. *Saint-Mart.* Longnon, *Géogr. de la Gaule au VIe siècle*, p. 510-511.

[3] *Dict. du Puy-de-Dôme.* Voy. le Pouillé, n° 89.

[4] *Sem. rel. de Clermont*, 8e année, p. 173.

[5] *Dict. du Puy-de-Dôme*, p. 228.

[6] *Gallia christ.*, t. II, col. 320-321. Voy. le Pouillé, n° 37.

[7] A. Chaix, *Bullaire de l'Auvergne*, n° LXIII, notes 10 et 11. Cf. Juénin, *Nouv. hist. de Tournus*, pr., p. 147.

monastère d'Ébreuil, par Pascal II, dans une bulle en date du 12 avril 1115[1]. La carte de l'État-major place en cet endroit «Château-Lignat», hameau.

Chapelle (La), maison, c^ne de Montpensier. Ancienne chapelle de Notre-Dame-de-Montpensier. (Cassini.)

École, h., c^ne de Brout-Vernet (Allier). Le pouillé d'Alliot nous apprend qu'il y avait «deux chapelles au bourg d'Escolle» dont la présentation appartenait au prieur de Souvigny.

Jarige (La). *L'ecclesia Sancti Martini de Garriga*, placée parmi les dépendances de l'abbaye d'Ébreuil, par la bulle de Pascal II du 12 avril 1115, répondrait à «Saint-Martin-de-la-Jarige, ancienne vicairie située aux extrémités de la paroisse d'Ébreuil, vers le bois de Grandval,» d'après M. l'abbé Chaix. Mais cette localité ne figure point sur les cartes que nous avons pu consulter[2].

Montgacon, hameau divisé entre les communes limitrophes de Maringues et de Luzillat. Le pouillé d'Alliot nous fait connaître la «cure ou vicairie de Montgascon, à l'évesque,» et la «vicairie de Saint-Amant, sous le château de Montgacon, au seigneur du lieu.» La première de ces deux églises devait se trouver dans le hameau actuel, elle paraît détruite; la seconde semble représentée par la chapelle du château qui dépendait, en 1052, de l'abbaye de la Chaise-Dieu, et qui est seule figurée sur la carte de Cassini[3].

Peyrolles, h., c^ne de Gannat (Allier). Hameau avec chapelle. (Cassini.)

Priorat (Le), château, c^ne de Saint-Sylvestre, paraît avoir remplacé une chapelle, sans autre désignation, que l'on voit sur la carte de Cassini, au sud de Brughat et près du château de Beauvezay. Le nom actuel fait penser que les Bénédictins de Saint-Alyre, propriétaires d'une partie de la seigneurie de Saint-Sylvestre, avaient fondé à la lisière de ces bois un petit prieuré.

Randan. Grégoire de Tours signale le monastère de Randan (*Randanense monasterium*) comme étant, vers 565, la résidence d'un prêtre nommé Julien[4]. La cure de Randan figure au Pouillé sous le n° 192.

Saint-Cirgues, château, c^ne d'Artonne.

[1] A. Chaix, *Bullaire de l'Auv.*, n° LXXV.
[2] *Ibid.*
[3] *Dict. du Puy-de-Dôme.*
[4] *Greg. Turon. Histor. Francorum*, l. IV, c. XXXII. A. Longnon, *Géogr. de la Gaule au VIe siècle*, p. 509.

Saint-Étienne, h., cne de Gannat (Allier). Cassini y marque une église. L'État-major le nomme « Haut-Saint-Étienne ».

Sainte-Flamine. Chapelle près Gannat. (Cassini.)

Sainte-Foy, h., cne d'Ébreuil, ancienne chapelle.

Saint-Jaumes, aujourd'hui Saint-James, faubourg de Gannat (Allier). Il y avait autrefois, en ce lieu, une chapelle. (Cassini.)

Saint-Lazare. La carte de Cassini marque une chapelle de Saint-Lazare, près Saint-Laure, au sud de Maringues, sur le territoire actuel de cette commune. Cette chapelle, qui n'existe plus aujourd'hui, pourrait avoir été l'ancienne léproserie de Maringues.

Saint-Maillard, usine, cne de Chaptuzat[1].

Saint-Paul (Les), maison, cne de Brout-Vernet (Allier). Le pouillé d'Alliot mentionne la cure de « Saint-Paul-près-Brout à l'abbé d'Ébreule. » Or, la bulle de Pascal II, du 12 avril 1115, énumère parmi les dépendances de l'abbaye d'Ébreuil *ecclesia S. Pauli*. Un mémoire de 1736 cite cette église de Saint-Paul-de-Brout comme étant depuis longtemps détruite[2].

Sainte-Procule, chapelle aujourd'hui détruite, sur la rivière d'Andelot, à 2 kil. environ au sud-ouest de Gannat (Allier), d'après la carte de Cassini.

Saint-Quintin, h. avec château, près le chef-lieu de la commune du même nom.

Saint-Thibault, maison, cne de Saint-Pont (Allier).

Valmort, h., cne de Saint-Hilaire-la-Croix. Cassini place une chapelle en ce lieu qu'il nomme « Volmort ».

Villemont, château, cne de Vensat, avec chapelle. (Cassini.)

Villeneuve, h. et chapelle à l'ouest de Randan et distincts de Villeneuve-les-Cerfs (Cassini), ne figurent plus sur la carte de l'État-major.

III.

ARCHIPRÊTRÉ DE SOUVIGNY.

Maladrie (La), h., cne de Saint-Pourçain (Allier). La carte de Cassini le nomme « la Maladerie » et y place une chapelle.

[1] Bouillet, *Dict. des lieux habités du Puy-de-Dôme*. — [2] A. Chaix, *Bullaire de l'Auv.*, n° LXXV.

Saint-Marc, h., cne de Châtel-Deneuvre (Allier). Chapelle. (Cassini.)

Sainte-Marguerite, h., cne d'Étroussat (Allier).

Saint-Pourçain. La bulle de Pascal II du 24 avril 1105 appelle *ecclesiam Sancti Nicolai* une église située dans un des faubourgs de Saint-Pourçain[1]; le pouillé d'Alliot la nomme «chapelle de Saint-Nicolas, à l'évesque.»

Saint-Roch, chapelle (Cassini), aujourd'hui «la Chapelle», église, cne de Besson (Allier).

Saint-Rondin, aujourd'hui «Rondin», ferme, cne de Besson (Allier).

IV.

ARCHIPRÊTRÉ DE CUSSET.

Aubepière (L'), h. avec église, cne de Cusset (Allier). Cassini y indique un hameau avec chapelle.

Chapelle (La), ferme ou maison, cne de Perrigny (Allier).

—— ferme ou maison, cne de Saint-Gérand-de-Vaux (Allier). La carte de Cassini indique encore dans les limites de l'archiprêtré de Cusset une «chapelle» sans autre nom et aujourd'hui détruite, sur le territoire actuel de la commune de Ris, près le hameau de Bancherel, et deux localités nommées «La Chapelle», l'une au nord de Sail-les-Bains (Loire), l'autre sur la paroisse de Boucé (Allier); elles ont également disparu.

Chapelot, maison près Montoldre (Allier), d'après Cassini.

Frelay, chapelle qui serait de la commune d'Isserpens (Allier).

Gayette, abbaye (Cassini), aujourd'hui hôpital, cne de Montoldre (Allier).

Jeune-Fond (La), fief et chapelle, au nord et près de Saint-Léon. (Cassini.)

Madelaine (La), chapelle, cne de Laprugne (Allier). Cassini indique cette chapelle comme ruinée, dans le bois de la Madelaine.

Milbonnet, ferme, cne de Toulon (Allier), jadis «Mibonnet», chapelle. (Cassini.)

Moutier (Le), h., cne de Thionne (Allier). On voit, en cet endroit, sur la carte de Cassini un prieuré en ruines.

Notre-Dame-des-Prés, maison, cne de Cusset (Allier). Chapelle, suivant Cassini.

[1] A. Chaix, *Bullaire de l'Auv.*, n° LXIII, note.

Puy (Le), h. avec église, cne de Saint-Léon (Allier), jadis prieuré en ruines. (Cassini.)

Puy-Guillaume est marqué comme succursale de Saint-Alyre sur la carte de Cassini, et avait une église qui datait du xve siècle[1].

Saint-Amand, signal, cne d'Abrest (Allier). Cassini place en ce lieu une chapelle ruinée.

Saint-Didier-Gaudinière, château (Cassini), aujourd'hui «La Godinière», h., cne de Droiturier (Allier).

Sainte-Madelaine, chapelle, cne de Cusset (Allier), jadis «la Madelaine». (Cassini.)

Saint-Martin, h., cne de Saint-Gérand-le-Puy (Allier), ancien fief, d'après Cassini, qui marque aussi, un peu plus au sud du chef-lieu de la paroisse, le «Grand-Saint-Martin» et le «Petit-Saint-Martin», maisons isolées.

Saint-Mayard, h., cne de Billy (Allier).

Saint-Michel, «chapelle au cimetière de l'église paroissiale de Brole,» d'après le pouillé d'Alliot; elle se trouvait au Breuil, arrondissement et canton de la Palisse; elle figure sur la carte de Cassini, mais ne paraît plus exister aujourd'hui.

Saint-Nicolas, chapelle qui paraît remplacée par une simple croix sur le territoire de la commune de Saint-Nicolas-des-Biefs (Allier).

Saint-Pierre, nommée par l'État-major «Chapelle-Saint-Pierre», cne d'Arfeuille (Allier).

——— maisons isolées, cne d'Andelaroche (Allier).

Saint-Pierre-Laval (Allier). La carte de Cassini marque une chapelle à côté de l'église de ce lieu.

Saint-Roch, chapelle, à 2 lieues environ au sud de Marcy[-les-Chezeaux] (Allier), suivant Cassini. Elle n'existe plus.

Saint-Vincent ou Roch-Saint-Vincent, aujourd'hui «Roche-Saint-Vincent», cne de Ferrières (Allier). La carte de Cassini indique en cet endroit, aujourd'hui inhabité, un château en ruines et une chapelle.

Servilly (Allier). Cassini marque, au sud de cette ville, une église ruinée que l'on ne voit plus sur la carte de l'État-major.

[1] *Dict. du Puy-de-Dôme.* Voy. le Pouillé, nos 259 et 282.

V.

ARCHIPRÊTRÉ DE BILLOM.

Auteyras, château et mas, c^ne d'Égliseneuve-près-Billom, est figuré avec une chapelle sur la carte de Cassini.

Boissonnelle, h., c^ne de Saint-Dier. Le pouillé d'Alliot mentionne la «chapelle de Boissonnelle au seigneur du lieu,» sans doute la chapelle du château que Cassini nomme «Boissenet».

Brugeron (Le), aujourd'hui chef-lieu de commune, figure sur la carte de Cassini comme succursale. L'État-major y indique aussi une église.

Chabanne, h., c^ne de Brousse. Hameau et chapelle. (Cassini.)

Chantemerle, h., c^ne de Saint-Dier. «La vicairie de Chantemerle-près-Boissonnelles, parroisse Saint-Didier.» (B¹.) Cassini y a marqué un château.

Chapelle-de-Palie, aujourd'hui «Chapelle», c^ne d'Auzelles.

Chassignole, domaine, c^ne d'Orléat. Château et chapelle. (Cassini.) Il y a aujourd'hui auprès de Chassignole un hameau dit *la Chapelle*.

Châteauneuf. Une dame pieuse avait construit en face de Meymont, et de l'autre côté de la rivière, un château nommé Châteauneuf qui fut détruit plusieurs siècles avant la Révolution. Ce lieu avait conservé un oratoire dédié à saint Lazare, que l'on vénérait sous le nom de saint Langon[1].

Chauriat. Outre l'église de Saint-Julien, il y avait en ce lieu une église de Notre-Dame, que l'on appelait la grande église. Elle était une de celles qui avaient été données au prieuré de Sauxillanges par Étienne, évêque de Clermont, sa mère, ses frères et les chanoines de son église. Une bulle d'Urbain II, du 7 décembre 1095, qui confirme les possessions du prieuré de Sauxillanges, mentionne les églises *Sancti Juliani et Sanctæ Mariæ apud Cauriacum*[2].

Chignat, château, c^ne de Vertaizon. Cassini y figure aussi une chapelle. C'est sans doute celle qui est désignée dans la bulle de Pascal II à Hugues, abbé de Cluny, en date du 8 février 1107, sous le nom de *ecclesia Sanctæ Mariæ de Chiniaco*, parmi les églises qui appartenaient à cette abbaye[3].

[1] *Dict. du Puy-de-Dôme*, art. *Meymont*.

[2] A. Chaix, *Bullaire de l'Auv.*, n° LII, note. *Dictionn. du Puy-de-Dôme*, à ce mot.

[3] A. Chaix, *Bullaire de l'Auv.*, n° LXV.

COPEL, h., c[ne] de Saint-Julien-de-Copel. On trouve dans le pouillé d'Alliot la «chapelle de Coppel, aux plus proches héritiers du fondateur.» Ce doit être la chapelle du château, depuis longtemps ruiné, de Copel. (Cassini.)

COURPIÈRE. Dans le faubourg, dit *aux Arnaud*, est une très ancienne chapelle dédiée à la Nativité de Notre-Dame[1].

CRAIMPS, CRAMPS ou CREMPS, h., c[ne] de Sallèdes. Alliot mentionne la «chapelle de Crens, au seigneur du lieu.»

CROIX-DU-BRANLE (LA), h., c[ne] de Thiers. On voit sur Cassini, à l'ouest de Thiers, «la chapelle de la Croix-du-Branle.»

FONTENILLE, maison, c[ne] de Lezoux. «La vicairie des Fontanilles desservie dans le château de Fontanilles.» (B[1].)

FRÉDEVILLE, maison, c[ne] d'Augerolles. Le château, aujourd'hui en ruines, avait auprès de lui une chapelle. (Cassini.)

GRENETIE (LA), h., c[ne] de Cunlhat. Chapelle et maison, suivant Cassini.

LAUDAN, h., c[ne] de Courpière. Chapelle et fief. (Cassini.)

LEZOUX. L'église de Notre-Dame, qualifiée de prieuré dans le pouillé, sous le n° 417, est désignée ainsi dans Alliot : «Cure de Notre-Dame-de-Lezoux, à l'abbé de Thiers.» Le curé, nommé par les Bénédictins, faisait les fonctions de prieur-curé[2].

MERCUROL, h., c[ne] de Sallèdes. «Chapelle de Mercurol, le seigneur du lieu.» (Alliot.)

MOISSAT-HAUT. Outre l'église du prieuré de Saint-Lomer et l'église de Saint-Pierre, situées toutes deux à Moissat-Bas[3], il existe à Moissat-Haut une église paroissiale dédiée à saint Jean-Baptiste; construite sur l'emplacement de l'ancienne église du château, elle a conservé le même vocable. Avant la Révolution, Moissat-Haut ou le Chastel appartenait à la paroisse d'Espezen[4].

MOLIÈRE (LA), château, c[ne] de Glaine-Montaigut. Château avec chapelle. (Cassini.)

MONTAIGUT, h., c[ne] de Glaine-Montaigut. «Chapelle de Montaigu, au seigneur

note. Le *Dict. du Puy-de-Dôme* renvoie au *Cartul. de Sauxillanges*, mais nous n'y avons trouvé aucune mention de Chignat.

[1] *Dict. du Puy-de-Dôme.*

[2] *Ibid.*

[3] Voy. le Pouillé, n°s 418 et 499.

[4] Renseignements communiqués par M. Legay, desservant de Moissat-Haut. Cf. Longnon, *Géogr. de la Gaule au VIe siècle*, et le Pouillé, n° 500.

du lieu. » (Alliot.) La chapelle de ce château, surnommé *Listenois*, était sous le vocable de sainte Foy[1].

Montel (Le), h. et château, c^{ne} de Busséol. « Chapelle de Monteil, le seigneur du lieu. » (Alliot.)

Notre-Dame-du-Beau-Pommier. Chapelle, aujourd'hui détruite, située au sud de Bulhon. (Cassini.) Elle dépendait de l'abbaye de la Chaise-Dieu.

Paillier, h., c^{ne} de Saint-Jean-des-Ollières. Nous inclinons à voir, dans ce lieu, l'église *Sancti Juliani de Palearüs*, mentionnée dans une bulle d'Urbain II, accordée aux moines de Sauxillanges, à la date du 7 décembre 1095. Les chartes de ce prieuré nous font connaître qu'il y avait, au lieu dit *Pallerios*, un château et une obédience. M. Houzé, dans ses notes sur la géographie des cartulaires de Brioude et de Sauxillanges, et M. l'abbé Chaix ont proposé d'identifier *Pallerios* ou *de Palearüs* avec d'autres localités; mais la mention d'un seigneur de Cunlhat, localité voisine de Saint-Jean-des-Ollières, nous paraît décisive en faveur de Paillier[2].

Pérotine. La carte de Cassini indique l'hermitage, et un peu au sud la chapelle de Pérotine, dans les bois, au sud de Noirétable. Cet endroit paraît répondre aux articles suivants du pouillé D : « Prioratus B. Mariæ de l'hermitage, unitus prioratui monialium de la Veyne, » et de E : « Notre-Dame-de-l'Hermitage, uni aux missionnaires du clergé. » Or, ces mentions s'appliquent bien à la chapelle de Pérotine, qui est indiquée d'ailleurs ainsi sur la carte de l'État-major : « ancien couvent de l'Ermitage, » c^{ne} de Noirétable (Loire). Les bois qui avoisinent cette petite ville s'appellent encore « Forêt de l'Ermitage »[3].

Petit-Saint-Jean (Le). Cassini place sous ce nom, au sud-ouest de Thiers, une chapelle qui paraît aujourd'hui détruite.

Sainte-Agathe. Chapelle à Vollore-Ville[4].

Saint-Agne, aujourd'hui Sainte-Agnès, maison, c^{ne} d'Arconsat. Agne, en latin *Agno* (*Agano*), nom d'homme, a été souvent confondu avec celui d'Agnès.

[1] Arch. nat., P. 507[3], cote 1151. Aveu du 12 juin 1717.

[2] A. Chaix, *Bullaire de l'Auv.*, n° LII. *Cartul. de Sauxillanges*, n°s 629, 782, 785, 796, 812, 906 et 914; n° 792 : « Franco de Cumliaco et alius Poncius de Imbais... tempore Gerardi monachi, dederunt quasdam terras juxta ecclesiam S. Juliani de Pallerios. »

[3] Cf. Archives nation., Q[1] 509.

[4] Bouillet, *Dict. des lieux hab. du Puy-de-Dôme*.

Saint-Antoine-sous-Ligones, chapelle qui était située au-dessous de Ligones. (Cassini.) Aujourd'hui «Ligonnes», château et village, cⁿᵉ de Lezoux.

Saint-Aventin, chapelle qui se trouvait à environ 4 kilomètres au nord-ouest de Beauregard-l'Évêque et qui peut avoir été détruite par un débordement de l'Allier.

Saint-Bertrand, h., cⁿᵉ de Sermentison[1].

Saint-Bonnet, h., cⁿᵉ de Manglieu. (Cassini.)

——— h., cⁿᵉ d'Olmet. (Cassini.)

——— maison, cⁿᵉ de Saint-Bonnet-près-Chauriat[2].

Saint-Chamand, h., cⁿᵉ de Saint-Julien-de-Copel[3].

Saint-Chamant, domaine, cⁿᵉ de Busséol[4].

Saint-Didier ou Saint-Dier. Le pouillé d'Alliot nomme la «chapelle de Saint-Didier à l'abbé de la Chaise-Dieu,» et la «chapelle de Saint-Dier-d'Auvergne,» qui paraît se confondre avec la cure du même nom.

Saint-Genès, h., cⁿᵉ de Glaine-Montaigut[5].

Saint-Jacques, chapelle aujourd'hui détruite, au sud de Péchadoire. (Cassini.)

Saint-James, h., cⁿᵉ de Marat[6]. La carte de l'État-major le nomme «Saint-Jeames».

Saint-Jean (Les), maison, cⁿᵉ de Lezoux[7].

Saint-Jean-du-Bary, h., cⁿᵉ de Courpières. La carte de Cassini y figure une chapelle auprès du hameau.

Saint-Joannis, h., cⁿᵉ d'Arconsat.

Saint-Laurent, maison, cⁿᵉ de Saint-Victor, cᵒⁿ de Saint-Remy[8].

Sainte-Marcelle, domaine, cⁿᵉ de Vertaizon. Il y avait en ce lieu, nommé quelquefois à tort Saint-Marcel, un prieuré dépendant de Sauxillanges, qui est cité dans un rôle de visite des prieurés de Cluny de la province d'Auvergne, en 1286[9], et mentionné en ces termes dans le catalogue des prieurés de

[1] Bouillet, *Dict. des lieux hab. du Puy-de-Dôme.*

[2] *Ibid.*

[3] *Ibid.*

[4] *Ibid.*

[5] *Ibid.*

[6] *Ibid.*

[7] Bouillet, *Dict. des lieux hab. du Puy-de-Dôme.*

[8] *Ibid.*

[9] A. Bruel, *Visites des monastères de l'ordre de Cluny de la province d'Auvergne*, en 1286 et 1310, Paris, 1877, p. 8 : «In domo S. Marcelli ubi solebant esse duo monachi.»

Cluny : « Prioratus S. Marcelli (*lisez* Sanctæ Marcellæ) in quo debet esse prior cum uno monacho[1]. »

SAINTE-MARGUERITE, h., c^ne d'Escoutoux. Chapelle ou maison au sud de Thiers. (Cassini.)

——— maison, c^ne de Saint-Maurice, canton de Vic-le-Comte[2].

SAINT-MARTIN, h., c^ne de Lezoux. Il y avait en ce lieu une chapelle, suivant Cassini.

SAINT-MICHEL, chapelle, c^ne de Mezel. (Cassini.)

SAINT-PARDOUX ou PAREDOUX, domaine, c^ne de Beauregard-l'Évêque. (Cassini.)

SAINT-PIERRE-LA-BOURLHONNE, h., c^ne de Marat[3].

SAINT-THOMAS, maison, c^ne d'Arconsat[4].

SEYMIER, château, c^ne de Fayet. La carte de Cassini indique le « château de Simier », avec une chapelle.

TRINQUARD, h., c^ne de Vollore-Montagne, est nommé dans Cassini « la chapelle de Trinquard ».

VERTAIZON. Le pouillé d'Alliot s'exprime ainsi : « Au-dessous du chasteau de Vertaizon est une vicairie de Saint-Blaise. L'évêque de Clermont confère de plein droit. » Mais elle n'est point marquée sur la carte de Cassini.

VI.

ARCHIPRÊTRÉ DE LIVRADOIS.

AMBERT. Cette ville avait plusieurs chapelles, savoir : la chapelle du Gonfalon, bâtie en 1630[5]; la chapelle de Notre-Dame-de-Bon-Secours, qui fut détruite en 1769; la chapelle de Notre-Dame-de-Grâce, située au milieu de la place du Pontel, et détruite vers 1768; la chapelle de Notre-Dame-de-Laire (appelée d'abord Notre-Dame-des-Sept-Douleurs, elle reçut ensuite le nom sous lequel elle est connue aujourd'hui, après que la statue de la Vierge, qui y est vénérée, eut été cachée au lieu de Laire, voisin d'Ambert, pendant les ravages des Huguenots), elle fut détruite en 1793; la chapelle de Notre-Dame-Marchadière ou du Marché; la chapelle des Pé-

[1] *Biblioth. Cluniacensis*, col. 1739 *a*. Cf. le cartulaire de Sauxillanges, n° 476.

[2] Bouillet, *Dict. des lieux hab. du Puy-de-Dôme.*

[3] Bouillet, *Dict. des lieux hab. du Puy-de-Dôme.*

[4] *Ibid.*

[5] Voy. Du Cange, v° *Guntfano*, p. 597 *a*.

nitents, située au sud de l'église paroissiale et qui existe encore; enfin, la chapelle Saint-Michel dont le titulaire est appelé «curé de Saint-Michel d'Ambert». (B1.) Elle n'existe plus[1].

Arlanc. Le pouillé d'Alliot nous apprend l'existence de la «chapelle de Sainte-Croix au chasteau d'Arlans, fondée par feu Antoine de Visac. Les seigneurs d'Arlans présentent.»

Chaumont. Le prieuré de Chaumont, qui figure au Pouillé sous le n° 538, fut acquis en 1604 par les Pères Minimes, qui obtinrent, la même année, une bulle d'union de ce prieuré, et des lettres patentes en 1613[2].

Ligonne, h., cne d'Ambert. La carte de Cassini la nomme «commanderie de Ligonne». C'était un membre de la commanderie de Courteserre. La chapelle était sous le vocable de saint Jean[3].

Noiras, h., cne d'Ambert. Cassini y représente une chapelle.

Notre-Dame-de-Bonne-Rencontre, chapelle figurée par Cassini sur le territoire actuel de la commune de Saint-Anthême, et un peu au nord du bourg. La carte de l'État-major ne la marque plus[4].

Notre-Dame-du-Puy. Cassini nomme ainsi une chapelle située au nord de Job, et qui paraît répondre, soit à la chapelle des Peux, cne de Job, soit au Puy-Besson, h., cne de Job[5].

Roche-Savine, château et fief, cne du Monestier. Il possédait une chapelle et un pèlerinage de saint Barnabé et de sainte Marthe, patrons du lieu[6].

Saint-Anthême. Ce lieu avait deux chapelles : la chapelle des Pénitents, construite vers 1685 en partie aux frais de Balthazard de la Roue, sr de Saint-Anthême, et de Claude de Talaru, sa femme; et la chapelle de Saint-Just, établie près de la ville en exécution du testament d'Armand, sire de la Roue, du 7 août 1379. Les seigneurs de la Roue jouissaient du patronage[7]. Il faut probablement confondre avec Saint-Anthême, malgré la différence des présentations, une église ainsi désignée dans D : «Prioratus S. Antonii, ad præs. prioris Salcinarum;» car ce prieuré, mentionné également dans le *Calendrier d'Auvergne* de 1762, comme appartenant au prieur de Sauxil-

[1] *Dict. du Puy-de-Dôme*, art. Ambert.

[2] *Dict. du Puy-de-Dôme*, p. 122. *Tableau des Archives départementales*, p. 182.

[3] *Dict. du Puy-de-Dôme*. Voy. le Pouillé, n° 4233.

[4] Voir plus bas, au mot *Saint-Anthême*.

[5] Bouillet, *Dict. des lieux hab. du Puy-de-Dôme*.

[6] *Dict. du Puy-de-Dôme*.

[7] *Ibid.*

langes, tandis que celui de Saint-Anthême était à la collation de l'abbé de Manlieu, ne s'est trouvé sur aucune des cartes que nous avons pu consulter.

Sainte-Catherine, maison, c^ne^ d'Arlanc[1].

Saint-Claude, chapelle, près la Chaise-Dieu. (Cassini.) Elle était placée à l'endroit où se trouvent aujourd'hui des maisons isolées, nommées « Notre-Dame », c^ne^ de la Chaise-Dieu (Haute-Loire).

Saint-Georges, maison, c^ne^ de Saint-Alyre[2].

Saint-Jean. Les comptes de décimes de 1641 et de 1760 nous font connaître la « chapelle de Saint-Jean-près-la-Chaise-Dieu ». Elle est aussi marquée sur la carte de Cassini, mais elle manque sur celle de l'État-major.

Saint-Léger, chapelle au sud-ouest d'Églisolles. (Cassini.)

Saint-Pardoux, jadis Saint-Perdoux, h., c^ne^ d'Ambert. (Cassini.)

Saint-Priest, maisons isolées, c^ne^ de Saint-Just-de-Baffie. Cassini nous représente en ce lieu *Saint-Priez*, château.

Saint-Yvoie, h., c^ne^ de Saint-Anthême.

Tour-Goyon (La), h., c^ne^ de Job. Cette paroisse aurait possédé, d'après le pouillé du XVIIIe s^e^, un prieuré de Saint-Bonnet, dépendant de l'abbé de Thiers, et qui serait distinct de la vicairie de Saint-Nicolas, placée aussi à la disposition de l'abbé de Saint-Symphorien de Thiers[3].

VII.

ARCHIPRÊTRÉ DE SAUXILLANGES.

Broc. Le prieuré, qui dépendait de l'abbaye de la Chaise-Dieu et avait été uni à celui de Grézin, était sous le vocable de saint Agne[4].

Chargnat, h., c^ne^ de Saint-Remy-de-Chargnat. Ce lieu possède une église. Cassini y figure une chapelle et le nomme *Chargniat*[5].

Couzance, château, c^ne^ de Collanges, jadis Couzence, château avec chapelle. (Cassini.)

Fraisse (Le), h., c^ne^ de Chambon[6]. C'est à ce lieu que paraît se rapporter la

[1] Bouillet, *Dict. des lieux hab. du Puy-de-Dôme.*

[2] *Ibid.*

[3] *Calendrier d'Auvergne* de 1762, p. 9. Voy. le Pouillé, n° 542, ci-dessus.

[4] *Dict. du Puy-de-Dôme. Tableau des arch. départem.*, p. 181. Voy. le Pouillé, n° 622.

[5] Voy. le Pouillé, n° 630.

[6] Ou Le Fraisse, h., c^ne^ de Saint-Germain-l'Herm.

mention suivante du pouillé d'Alliot : «Cure de Notre-Dame-de-Fraissy. Le prieur de Saint-Germain-Lern,» si toutefois cette cure est distincte de celle de Sainte-Catherine, inscrite au Pouillé sous le n° 645.

LIBERTY, château, c^ne de Condat[1], jadis LYBERTIE-TEYRAS, château avec chapelle. (Cassini.)

MONTCELET, c^ne de Vichel. Le pouillé d'Alliot porte : «Chapelle de Demoncelles. Le seigneur du lieu.» Nous pensons qu'il faut y voir la chapelle du château de Montcelet, qui était, suivant un aveu de 1724, sous le vocable de saint Austremoine[2].

SAINT-BLAISE, maison, c^ne de Beaulieu, d'après la carte de l'État-major.

SAINT-ÉLOI, h., c^ne de Saint-Germain-l'Herm[3].

SAINT-QUENTIN, h., c^ne du Breuil, nommé quelquefois «Saint-Quentin-sous-Nonette». Cassini le représente comme un fief.

VERNÈDE (LA), ferme, c^ne de Saint-Remy-de-Chargnat, jadis château et chapelle. (Cassini.)

VIALLETTES (LES), h., c^ne de Saint-Germain-l'Herm. Ce lieu, nommé quelquefois *Valette*, pourrait répondre à un article du pouillé d'Alliot : «Cure de Valette, à l'évêque.» Car ce texte, fort inexact, nomme quelquefois cures de simples chapelles[4].

VIII.

ARCHIPRÊTRÉ D'ISSOIRE.

ANGLARD, h., c^ne de Saint-Anastaize. Cette église, qui figure sous le n° 72 du Registre de G. Trascol, est ainsi désignée dans D : «Anglard olim parrochia et nunc annexa parrochiæ Sancti Anastasiæ.» Elle est mentionnée aussi dans le pouillé du XVIIIe siècle. (E.)

BELLESTAT, domaine, c^ne de Vodable. Château avec chapelle. (Cassini.)

BOSLABERT, h., c^ne de Roche-Charles. La carte de Cassini marque en ce lieu un hameau et une chapelle.

CHANDÈZE, h., c^ne de Besse. Nous avons la même observation à faire que pour

[1] Bouillet, *Dict. des lieux hab. du Puy-de-Dôme.*

[2] Archives nat., P. 509[4], cote 1544. Pour le prieuré et la cure, voy. le Pouillé, n° 623.

[3] Bouillet, *Dict. des lieux hab. du Puy-de-Dôme.*

[4] *Dict. du Puy-de-Dôme.* Cartes de Cassini et de l'État-major.

Anglard. Inscrite dans le Registre de Trascol sous le n° 71, cette église est encore énoncée dans D : « Chandeze fuit olim parrochia, nunc directa annexa parrochiæ de Besse, » et dans E : « Chandèze, alias cure, etc. »

COMBES (LES), h., c^ne de Besse. Il y avait en ce lieu, suivant Cassini, un hameau et une chapelle sous le nom de *Saint-Roch* ou *Combe Saint-Roch*.

FAVARD, h., c^ne de Dauzat. Chapelle et château, suivant Cassini.

EYRY, château, c^ne de Mareugheol, jadis HERY, château avec chapelle. (Cassini.)

ISSOIRE. Nous devons signaler ici deux chapelles situées auprès de cette ville, celle de Saint-Georges, bâtie vers 660 par saint Priest, évêque de Clermont, sur le bord de la route de Clermont, et démolie vers 1690; et la chapelle de Cormeil, élevée à la fin du XVe siècle par le sieur Boyer, en l'honneur de saint Austremoine, son patron, et qui eut peu de durée [1].

LAVORD, château, c^ne du Broc. Ce lieu possédait autrefois deux châteaux et une chapelle. (Cassini.)

LOMPRAX ou LOMBRAS, h., c^ne de Saint-Pierre-Colamine. Cassini figure une chapelle en ce lieu qu'il nomme « Lempras [2] ».

MARCENAT, h., c^ne de Valbeleix. Jadis hameau et chapelle. (Cassini.)

NOTRE-DAME-D'ANCIAT, chapelle, c^ne de Champeix. La carte de Cassini la nomme simplement *Anciat*, et la place à 1 kil. environ au nord-est de Champeix [3].

RONZIÈRE (LA), h., c^ne de Chadeleuf. Cet endroit, où Cassini ne marque qu'une maison, a été le chef-lieu d'une commanderie de Templiers, supprimée en 1309, et annexée à celle des chevaliers de Saint-Jean-de-Jérusalem de Montferrand, en 1312. Elle avait une chapelle mentionnée en 1679, et qui était en ruines en 1750 [4].

ROQUET (LE), h., c^ne de la Meyrand. Jadis château avec chapelle, nommé par Cassini « château du Roquet ».

SAINT-IGNAT, h., c^ne de Solignat, jadis Solignac-Lambron. Nous ne relevons ce lieu que pour mettre en garde contre l'orthographe moderne de son nom, écrit en un seul mot par Cassini : « Saintignat » [5]. La charte 26 du car-

[1] Voir, sur ces chapelles, le *Dict. du Puy-de-Dôme*, p. 184. Notons enfin que B[3] ajoute l'Ouvrier d'Issoire parmi les dignitaires du monastère de Saint-Austremoine d'Issoire.

[2] Bouillet, *Dict. des lieux hab. du Puy-de-Dôme*. Carte de l'État-major, feuille 175.

[3] Courte notice sur le pèlerinage de Notre-Dame-d'Anciat. *Sem. relig. de Clermont*, t. Ier, p. 745-747 (1868-1869).

[4] *Dict. du Puy-de-Dôme*. Voy. le Pouillé, n° 41.

[5] Voir plus loin le mot *Sainte-Linge*.

tulaire de Brioude prouve qu'il n'y a aucun nom de saint dans la composition de ce mot; on y lit en effet : «In cultura de Sentinnago, in vicaria Ambronense.»

SAINT-JULIEN, h., c[ne] de Montaigut-le-Blanc. (Cassini.)

SAINT-LAURENT, chapelle. (Cassini.) C'est la chapelle de Saint-Laurent de Jaunat, annexe de la paroisse de Saint-Pierre-Colamine. Elle fut donnée à l'abbaye de Chantoin, par Dalmas de Jaunad, seigneur du lieu, en 1223. JONAS est un hameau, c[ne] de Saint-Pierre-Colamine. La chapelle n'existe plus; mais il paraît qu'il y en a une dans les *Grottes de Jonas,* qui furent habitées, dit-on, par les Templiers, aussitôt après leur expulsion en 1309[1].

SAINTE-MADELEINE, maison, c[ne] de Chalus, à 1 kilomètre environ au nord du bourg, d'après la carte de l'État-major.

SAINT-MENDE, château, c[ne] de Saint-Yvoine[2]. Cassini y figure une chapelle.

SAINT-SAUVEUR-DE-CROSTEIL. Le pouillé de Clermont du XVIIIe siècle (E) ainsi que ceux qui sont imprimés dans les *Calendriers d'Auvergne* de 1740 et de 1762 portent le nom de cette cure et en attribuent la présentation à l'évêque. Il nous a été impossible de retrouver cette localité dans l'archiprêtré d'Issoire, et parmi les noms qui s'en rapprochent nous ne connaissons que Saint-Laurent-de-Creste qui appartient aussi à l'évêque et qui manque dans E, ainsi que dans les autres pouillés cités ci-dessus.

SAINT-SÉRAIN près Issoire est une localité détruite de la commune de Perrier. E : «Prieuré de Saint-Serain, à l'abbé d'Issoire[3].»

VASSIVIÈRE, h. et chapelle, c[ne] de Besse. Il y avait jadis, en ce lieu, une paroisse qui était ruinée en 1321 et qui, après avoir été rétablie, fut détruite de nouveau par les Anglais, au XIVe siècle. La chapelle actuelle, sous l'invocation de Notre-Dame, fut construite en 1555 et agrandie en 1634. C'est un pèlerinage célèbre en Auvergne[4].

VIELLE-CAPELLE. La carte de Cassini représente, sous ce nom, une chapelle ruinée, à l'ouest de Chassagne (feuille 53). Elle serait aujourd'hui de cette même commune de Chassagne.

[1] *Dict. du Puy-de-Dôme,* à ce mot.

[2] Bouillet, *Dict. des lieux hab. du Puy-de-Dôme.*

[3] Communication de M. A. Chassaing qui voit dans ce nom, et avec toute apparence de raison, le *Sanctus Cyreneus* de la charte 516 du cartulaire de Sauxillanges.

[4] *Dict. du Puy-de-Dôme.* Cet ouvrage cite, sur ce pèlerinage, plusieurs notices dont l'une remonte à 1615.

IX.

ARCHIPRÊTRÉ DE MERDOGNE.

CHEIX, h., c^ne de Saint-Diéry. Cassini le nomme *le Chay-Paillard*, h. avec chapelle.

COTEUGE, h., c^ne de Saint-Diéry. Cassini y figure un château avec chapelle. Pierre de la Tour fonda une vicairie à *Costueghol* en 1348[1].

COURNOL, h., c^ne d'Olloix. Ce lieu, nommé jadis CORNOL, était une annexe de la paroisse d'Olloix; on l'appelait la paroisse de la Varenne[2].

LIEU-DIEU, maison, c^ne d'Authézat. Cet endroit, nommé en latin *Locus Dei*, était un prieuré dépendant de Saint-Genès-les-Monges, et placé sous le vocable de sainte Magdeleine. Il existait dès 1184 et fut uni au couvent en 1194[3].

MONTON, h., c^ne de Veyre-Monton. L'église de Monton était à Saint-Alyre, comme le marque le Pouillé sous le n° 746. Il y avait cependant à Monton une église qualifiée chapelle en 1096 et qui, en 1149, avait un curé, *capellanum de Montone*[4], commun avec Saint-Alyre. Cette église avait dû être bâtie vers 1030, car on voit par une charte de cette époque qu'un nommé Louis Morralla avait donné au prieuré de Sauxillanges, dans la *villa* de Monton, un terrain *ad ecclesiam faciendam*, église qui fut consacrée par l'évêque de Clermont, Rencon[5]. Chabrol fait remarquer que cette église était desservie par une communauté de prêtres[6].

PAULAGNAT, domaine, c^ne de Saint-Sandoux. C'était un membre de la commanderie d'Olloix[7]. (Cassini.)

SAINT-ALYRE, domaine, c^ne de Veyre-Monton. En ce lieu, qui s'appelait en 954 *Cardonetum*, était l'église paroissiale de la petite ville de Monton, ainsi qu'un prieuré[8]. (Voy. ci-dessus au mot MONTON.)

[1] Baluze, *Maison d'Auvergne*, t. II, preuv., p. 713.

[2] Chabrol, *Coutumes d'Auvergne*, t. IV, p. 215 *a*.

[3] Baluze, *Maison d'Auvergne*, t. II, pr., p. 269, 303, 306. *Dict. du Puy-de-Dôme.*

[4] *Cartul. de Sauxillanges*, n° 918.

[5] *Cartul. de Sauxillanges*, n° 378. Cf. *Dict. du Puy-de-Dôme*, au mot *Monton*.

[6] *Coutumes d'Auvergne*, t. IV, p. 373. Cf. le Pouillé, n° 769[14].

[7] *Tableau des archives départem.*, p. 182.

[8] Voy. le Pouillé, n°s 732 et 746, et le *Cartul. de Sauxillanges*, n° 235.

Saint-Amant-Tallende. La carte de Cassini nous montre en cet endroit la chapelle du Suzot. Construite vers 1660 au terroir du Suzot et dédiée à Notre-Dame, elle a été rebâtie il y a quelques années [1].

Saint-Diéry-Bas, h., c^ne de Saint-Diéry-Haut. La cure et le prieuré étaient à Saint-Diéry-Haut; mais Saint-Diéry-Bas avait aussi une église [2]. (Cassini.)

Saint-Gal, chapelle, c^ne de Saint-Amant-Tallende. Outre la cure de Saint-Gal dans Saint-Amant, il y avait en dehors de la ville, à 1 kil. environ au nord, une chapelle dite de Saint-Gal, que l'on voit sur les cartes de Cassini et de l'État-major. La première marque même une autre chapelle entre celle de Saint-Gal et celle du Suzot.

Saint-Martial. La carte de Cassini indique une chapelle de Saint-Martial, à 2 kil. environ à l'est des Martres-de-Veyre. C'était peut-être le prieuré énoncé dans le Pouillé, sous le n° 731. On ne la retrouve plus sur la carte de l'État-major.

Saint-Sandoux, hameau à 1 kil. environ au nord du chef-lieu de la commune de ce nom. (Cassini.) Ce lieu paraît aujourd'hui remplacé par la chapelle Notre-Dame [3].

Saint-Saturnin. Le pouillé D nous révèle l'existence, en ce lieu, d'un prieuré : «Prioratus S. Saturnini de la Chayre, ad omn. disp. abbat. Issiodorensis.» Le pouillé E nous apprend qu'il fut uni au couvent d'Issoire. Les textes font mention des moines et clercs de Saint-Saturnin vers 1270, et peu après, en 1286, Simon de Beaulieu, archevêque de Bourges, visita ce prieuré [4].

Soulasse, h., c^ne de Veyre-Monton. Ce lieu a été regardé comme la traduction de l'*Ecclesia de Soletis* (*in pago Tallendensi*) qui figure dans une bulle d'Urbain II, en date du 7 décembre 1095, parmi les possessions confirmées au monastère de Sauxillanges. Nous y souscrirons volontiers, à la condition de lire *Solecis*, comme semble nous y autoriser la charte 564 du cartulaire de Sauxillanges, où il est question de Pierre «canonicus provisor ecclesiæ Solechiensis [5].»

[1] *Dict. du Puy-de-Dôme.*

[2] *Ibid.*

[3] Voy. la carte de l'État-major, n° 166.

[4] *Dict. du Puy-de-Dôme*, p. 318 c. Baluze. *Miscellanea*, t. I, p. 297 a, édit. de Lucques.

[5] Baluze, *Miscellanea*, t. II, p. 175. A. Chaix, *Bullaire de l'Auv.*, n° LII. Cf. les chartes 411 et 558 du *Cartul. de Sauxillanges*, qui mentionnent la *villa de Solechas*, et l'Appendice, p. 676, au mot *Soulasse*.

X.

ARCHIPRÊTRÉ D'ARDES.

ARDES, chapelle de Notre-Dame-de-la-Recluse. Oratoire ancien et qui existe encore[1].

BAC (LE), h., c^ne d'Allanche (Cantal). La carte de Cassini y représente un château avec une chapelle.

BADEL, h., c^ne de Mazoires. Ce lieu doit être « Saint-Jean-de-Badelle », membre de la commanderie de Montchamp, de l'ordre de Saint-Jean-de-Jérusalem[2]; en effet, la carte de Cassini y place un château avec chapelle, et le *Dictionnaire du Puy-de-Dôme* nous apprend qu'il y existe encore un château féodal carré.

BIERS. Le pouillé d'Alliot est le seul à nous faire connaître la « chapelle de Biers, au seigneur du lieu. » Le *Nobiliaire de l'Auvergne* mentionne une famille qui possédait, au XIVe siècle, les seigneuries de Biers et de l'Escouarde, et ajoute que la seigneurie passa ensuite à la maison de Chavagnac; mais il ne fournit aucun renseignement sur la terre de Biers ou Viers[3].

CHAPELLE-SAINT-PIERRE. Cette chapelle, figurée par Cassini au sud d'Apchat, n'existe plus aujourd'hui, à moins que ce ne soit la suivante.

CHAPELLE-DE-LA-VALETTE, c^ne d'Apchat[4]. Elle n'est pas sur la carte de l'État-major. Nous devons faire observer, toutefois, que le pouillé d'Alliot place dans cet archiprêtré les deux églises suivantes : « Cure de la Valèdes, le prieur de Celles, » et « Chapelle de Valèdes, le prieur de Chelles. » Le prieuré dont il est question ici paraît être celui de Celles (Cantal), qui dépendait de l'ordre de Saint-Jean-de-Jérusalem.

CHAPELLE (LA) ou LA CHAPELLE-DU-PONT-DES-TAULES, h., c^ne de Condat (Cantal). Cette chapelle, marquée sur la carte de Cassini, est sous l'invocation de Notre-Dame-de-l'Assomption[5].

CHAUMETTE (LA), h., c^ne de Saint-Saturnin (Cantal). Chapelle et hameau, suivant Cassini.

[1] *Dict. du Puy-de-Dôme.*

[2] *Tableau des archives départem.*, p. 183.

[3] Bouillet, *Nobiliaire d'Auv.*, t. I, p. 223.

[4] Bouillet, *Dict. des lieux habit. du Puy-de-Dôme.*

[5] *Dict. hist. et stat. du Cant.*, t. III, p. 224.

Largillier, h., cne de Saint-Alyre-ès-Montagnes. La carte de Cassini le nomme «Largilière, château et chapelle», et celle de l'État-major «l'Argillier»; cette dernière figure en ce lieu une église et une maison.

Lets, h., cne d'Augnat. Cassini y place un château avec chapelle sous le nom de «Letz ou Lis».

Luguet (Le), h., cne d'Anzat-le-Luguet. Le château, aujourd'hui ruiné, du Luguet avait une chapelle de Saint-Jean qui fut conférée, en 1339, par le vicomte de Polignac, seigneur du Luguet, à Durand de Fougères[1].

Maillargues, h., cne d'Allanche, château avec chapelle, suivant Cassini.

Rivière-l'Évêque, maison, cne d'Ardes. Il y avait en ce lieu, en dehors de la commanderie mentionnée au Pouillé sous le n° 810[2], une chapelle marquée sur Cassini et ainsi désignée dans Alliot: «Chapelle de Sainte-Marie-Magdelene de Rivière. Le seigneur comte Dauphin.... .[2], à présent au duc de Mercœur, à cause du chasteau F[r]omental.»

Saint-Antoine. Chapelle au sud d'Ardes. (Cassini.) Elle n'existe plus.

Sauzet, h., cne de Mazoires. Cassini y figure un hameau avec chapelle.

Vèze, h., cne de Mazoires. Château et chapelle. (Cassini.)

XI.

ARCHIPRÊTRÉ DE MAURIAC.

Apchon (Cantal). La chapelle du château d'Apchon était dédiée à saint Mary[3].

Chambre, h., cne du Vigean (Cantal). La carte de Cassini y représente une chapelle qui existe encore; il y a de plus une église nouvelle qui a été érigée en succursale en 1845[4].

Chapelle (La), h., cne d'Apchon (Cantal). Cet endroit, nommé par Cassini «la Chapelle», a été faussement désigné par l'État-major sous le nom de «la Chazelle»; mais on sait qu'il y existait un oratoire ancien dont on a retrouvé les murs[5].

[1] Archives nat., Inventaire de Mercœur, R[1] 1143, n° 243.

[2] Le texte d'Alliot porte ici le mot *Rauson* qui n'offre aucun sens.

[3] *Dict. hist. et stat. du Cantal*, t. IV, p. 223.

[4] *Ibid.*, t. V, p. 593.

[5] *Ibid.*, t. I, p. 83.

Chapelle. La carte de Cassini désigne ainsi, sans aucun autre qualificatif, une chapelle située sur la rive gauche de la rivière de Rue, et qui, si elle existait encore, serait de la commune du Claux (Cantal).

Charlus, h., c^ne de Bassignac (Cantal). Il y avait en ce lieu un très ancien château dont l'origine remonte au moins au IXe siècle. Il possédait une chapelle dédiée à sainte Barbe, et qui fut consacrée, en 1050, par Étienne, évêque d'Auvergne, lorsqu'il vint à Mauriac pour y bénir la chapelle de Saint-Mary. La chapelle de Charlus survécut à la ruine du château démantelé en 1633; elle existait encore en 1789[1].

Cheissac, h., c^ne de Vebret (Cantal). Cassini y place une chapelle.

Clavairou ou Champ-de-Claveyroux, maison, c^ne de Saignes (Cantal). Il y avait jadis une chapelle. (Cassini.)

Courtille, h., c^ne de Vebret (Cantal). Ce lieu était une dépendance de la commanderie d'Ydes et du Pontvieux (c^ne de Tauves), de l'ordre de Saint-Jean-de-Jérusalem. On y voyait une chapelle qui est marquée sur la carte de Cassini[2].

Drignac (Cantal). Ce chef-lieu de commune possédait une cure mentionnée dans le pouillé D : «Cura Sancti Babilly de Drignat, ad præs. prioris de Drugheat.» Cette église, citée aussi dans E, dans B³ et dans Alliot, était sous le patronage de saint Babel (*Babylius*) ou Babylas d'Antioche[3].

Enchanet, h., c^ne de Pleaux (Cantal). Cet endroit possède une église dédiée à Notre-Dame. Une succursale y a été érigée il y a quelques années. La carte de Cassini le nomme *Enchanel*[4].

Fayt (Le) ou Le Fayet, h., c^ne d'Ydes (Cantal), jadis La Faye, chapelle et hameau. (Cassini.)

Font-Sainte (La), chapelle, c^ne de Saint-Hippolyte (Cantal). Cassini la nomme «Notre-Dame-de-la-Font-Sainte». C'est une chapelle et un pèlerinage connus avant le XVIe siècle[5].

Lieuchy, h., c^ne de Trizac (Cantal). Cassini le nomme *Lieu*, hameau et chapelle[6].

Mauriac (Cantal). La chronique de Saint-Pierre-le-Vif nous apprend qu'en

[1] *Dict. hist. et stat. du Cantal*, t. I, p. 250-252.

[2] *Ibid.*, t. V, p. 524.

[3] *Ibid.*, t. III, p. 266.

[4] *Dict. hist. et stat. du Cantal*, t. V, p. 42-43.

[5] *Ibid.*, t. III, p. 466-467.

[6] *Ibid.*, t. V, p. 478.

l'année 1109 il y avait à Mauriac, outre l'église du monastère, un oratoire dédié à saint Benoît et la chapelle de Sainte-Marie. Le premier de ces sanctuaires est devenu plus tard une chapelle dont le desservant est nommé dans B[1] : « Curé de Saint-Benoît, en l'église de Mauriac. » Le second est l'église Notre-Dame-des-Miracles. (Voir le Pouillé, n° 864.) En dehors de l'église du monastère, il y avait aussi une chapelle dite de Saint-Michel, qui existait encore il y a quelques années[1]. Enfin, Mauriac possédait une maladrerie ou léproserie dont l'emplacement primitif paraît être marqué par le lieu dit *la Croix-des-Anders*, c[ne] de Jalleyrac[2].

Montfort, château, c[ne] d'Arches (Cantal). Ce château avait autrefois une chapelle. (Cassini.)

Murat-le-Domaine, h., c[ne] d'Antignac (Cantal). La carte de Cassini y figure un château et une chapelle.

Notre-Dame, h., c[ne] de Saint-Christophe (Cantal). Cette chapelle, nommée jadis « Notre-Dame-du-Château-Bas » (Cassini), existe encore sous le nom de chapelle de Notre-Dame[3].

Puy-Saint-Mary, chapelle, c[ne] de Mauriac (Cantal). Cassini la nomme « Saint-Mary », chapelle; elle est dédiée à la sainte Vierge et à saint Mary.

Sartiges, h., c[ne] de Sourniac (Cantal). La carte de Cassini marque en ce lieu une chapelle auprès d'un château ruiné.

Saint-Angeau, château, c[ne] de Riom-ès-Montagnes (Cantal).

Saint-Jean, h., c[ne] de Mauriac (Cantal). C'était, au siècle dernier, une simple chapelle. (Cassini.)

Saint-Luc, maison au nord de Mauriac. (Cassini.) Elle paraît détruite aujourd'hui.

Saint-Michel. On nommait ainsi la chapelle située au château de Fontanges (Cassini) et qui se confond aujourd'hui avec la commune de ce nom qui fait partie de l'arrondissement de Mauriac[4] (Cantal).

Saint-Thomas, h., c[ne] de Mauriac (Cantal). Ce hameau, nommé aussi Saint-Thomas-de-Salvalis, possédait autrefois une chapelle (Cassini) remontant au XIVe siècle, et aujourd'hui transformée en maison d'habitation[5].

[1] *Dict. hist. et stat. du Cantal*, t. IV, p. 233 et 235.

[2] *Ibid.*, t. III, p. 480-481.

[3] *Ibid.*, t. III, p. 199.

[4] *Dict. hist. et stat. du Cantal*, t. III, p. 437. La carte de Cassini semble indiquer une seconde chapelle en ce lieu.

[5] *Ibid.*, t. IV, p. 298.

Saint-Victor, h., c^ne de Chastel-Marlhac. Il y a, en ce lieu, une fontaine miraculeuse [1].

Temple (Le), nommé aujourd'hui improprement l'Estampe, h., c^ne de Riom-ès-Montagnes, paraît être une dépendance de la commanderie d'Ydes.

Vaulmier (Le) (Cantal), chapelle consacrée en 1279 et érigée de nos jours en succursale; elle est sous le vocable de Notre-Dame et de saint Ferréol [2].

XII.

ARCHIPRÊTRÉ DE ROCHEFORT.

Cornes ou Corne, h., c^ne de Bourg-Lastic. Ce lieu possédait une église, d'après Cassini. La carte de l'État-major ne la marque plus.

Granges, h., c^ne de Tauves. Il y avait en ce lieu une chapelle dont les provisions furent accordées à Pierre Giac par Bertrand de la Tour, seigneur d'Olliergues et de Granges, et par Marguerite de Beaufort sa femme, le 21 mai 1425; mais elle n'est point marquée sur la carte de Cassini [3].

Lastic, h., c^ne de Bourg-Lastic. Les commandeurs de Tortebesse, seigneurs du lieu, qui était une annexe du Bourg, y avaient construit une chapelle. La carte de l'État-major le désigne comme hameau avec église; la chapelle a été érigée en église paroissiale en 1802 [4].

Rochefort. L'église de Saint-Martin-de-Rochefort, portée au Pouillé sous le n° 904, et qui était une annexe de Saint-Martin-de-Tours, se trouve mentionnée dans une bulle d'Alexandre III, de 1165, parmi les possessions de l'abbaye de Mozac : *Ecclesiam de Roccaforti, cum capella de Castro* [5]. Un diplôme de Louis VII, de l'an 1169, confirma la même abbaye dans la possession de cette église qui, paraît-il, était alors dédiée à la Vierge : *ecclesiam de Rocaforti, quæ in honore sanctæ Mariæ constructa est* [6], et avait été unie au couvent des religieuses de Marsat, dépendant de l'abbaye de Mozac. La bulle d'Alexandre III montre que le château renfermait une chapelle; mais nous n'avons pas pu en découvrir le vocable.

[1] *Dict. hist. et stat. du Cantal*, t. III, p. 156.

[2] *Ibid.*, t. V, p. 521.

[3] Arch. nat., R² 36 *bis*, titres de la maison de la Tour d'Olliergues, n° 77.

[4] *Dict. du Puy-de-Dôme*, p. 193, au mot *Lastic*.

[5] *Gallia christ.*, t. II, *Instrum.*, col. 112.

[6] *Ibid.*, col. 115 et la note *l*.

Tartière (La), h., c^ne de Cros. On lit dans B[1] : « Vicairie de la Tartière en la paroisse de Cron [Cros]. » Cassini marque le château de Latartière.

Temple, h., c^ne de la Rodde. La carte de Cassini y figure une maison ou fief et une chapelle qui étaient des dépendances de la commanderie de Pontvieux[1].

Tour-d'Auvergne (La). Le pouillé B[1] porte : « Les vicairies de la Tour, deservies au château de la Tour. » D'après le cartulaire de Sauxillanges, la chapelle du château de la Tour fut donnée à ce prieuré par Géraud de la Tour et ses frères sous le règne de Philippe Ier et le pontificat de Guillaume de Chamalières, évêque d'Auvergne, de 1073 à 1076[2]. Si l'on en croit le *Dictionnaire du Puy-de-Dôme,* cet oratoire avait pour patron, en 1286, saint Nicolas. Néanmoins, en 1296, le testament de Robert III, comte de Clermont, dauphin d'Auvergne, lui donne pour vocable Saint-Pierre : *Item lego ecclesiis de Marologio..... et Sancti Petri de Turre cuilibet centum sol. semel*[3]. Quoi qu'il en soit, cette chapelle, qui est marquée sur la carte de Cassini, à l'ouest de la Tour, a été érigée en église paroissiale en 1802[4].

XIII.

ARCHIPRÊTRÉ D'HERMENT.

Chez-Doucet ou Chez-Dousset, h., c^ne de Saint-Priest-des-Champs, hameau avec chapelle. (Cassini.)

Giat. Il y avait au cimetière de Giat une chapelle dédiée à Notre-Dame[5].

Larfeux, h., c^ne de Saint-Bard (Creuse), jadis Larpheuil, chapelle. (Cassini.)

Roche (La), h., c^ne de Saint-Priest-des-Champs, hameau et chapelle, suivant Cassini.

Sainte-Barbe, h., c^ne de Saint-Pierre-le-Chatel[6].

Saint-Fargeot, château, c^ne de Cisternes-la-Forêt.

Saint-Jean. Le hameau de ce nom, placé par Cassini à 4 kil. environ au sud de Dontreix, paraît remplacé aujourd'hui par le hameau d'Orsange, c^ne de Dontreix (Creuse).

[1] *Dict. du Puy-de-Dôme*, à ce mot.

[2] *Cartul. de Sauxillanges*, charte 614.

[3] Baluze, *Maison d'Auv.*, t. II, *Instrum.*, p. 303.

[4] *Dict. du Puy-de-Dôme.*

[5] *Ibid.*, au mot *Giat.*

[6] Bouillet, *Dict. des lieux hab. du Puy-de-Dôme.*

Saint-Lazare, domaine, c^ne^ de Sauvagnat. Ce domaine (en y comprenant peut-être aussi celui dit *Chez-Bois* ou *Chez-Bohet*) était la léproserie de la ville d'Herment, fondée au XIIe ou au XIIIe siècle. Il y avait une chapelle située au lieu dit le *Champ-de-la-Chapelle*[1].

Saint-Pierre-le-Chastel. Ce lieu, dont la cure est mentionnée au Pouillé sous le n° 964, posséda aussi un prieuré qui dépendait de l'abbaye de Mozac[2]. On le place quelquefois, mais à tort, dans l'archiprêtré de Clermont, parce qu'il est voisin de la limite qui sépare les deux archiprêtrés.

Sauvagnat. Le *Dictionnaire du Puy-de-Dôme* nous révèle l'existence d'une petite chapelle sous le vocable de saint Protais, fondée par les anciens seigneurs du Rouzet et de Préchonnet, de la maison Le Loup, et située près du cimetière; elle existait encore en 1706. Elle portait aussi le nom de *Prieuré-de-la-Fressinette* (h. de la c^ne^ de Sauvagnat). Elle n'existe plus[3].

XIV.

ARCHIPRÊTRÉ DE MENAT.

Abbaye (L'), h., c^ne^ de Youx. Ce nom semble indiquer l'existence, en cet endroit, d'un couvent aujourd'hui détruit.

Chapelle, maison, c^ne^ de Menat[4].

Notre-Dame-de-Jarjulé. La carte de Cassini figure cette chapelle à 1 kil. environ au nord de Virelet. La chapelle n'existe plus, et l'on ne trouve plus aujourd'hui sur la carte de l'État-major que le *Bois-de-Gergullé* (c^ne^ de Virlet).

Notre-Dame-la-Perrière. Cassini place cette chapelle au sud de Montaigut, mais elle ne figure plus sur la carte de l'État-major. Il existe une maison nommée *la Perrière*, c^ne^ de Montaigut[5]. Nicolas de Nicolay, dans sa *Description du Bourbonnais*, en 1569 (Montaigut était alors du Bourbonnais), et Audigier, dans son *Histoire d'Auvergne manuscrite*, à la date de 1686, parlent de la chapelle et de la dévotion à la Vierge de Notre-Dame-de-Bonne-Nouvelle à Montaigut[6].

[1] *Dict. du Puy-de-Dôme*, article *Saint-Lazare*.
[2] *Ibid.*, p. 316 *c*.
[3] *Ibid.*, p. 324 *b*. Cf. le Pouillé, n° 969.
[4] Bouillet, *Dict. des lieux hab. du Puy-de-Dôme*.
[5] *Ibid.*
[6] *Dict. du Puy-de-Dôme*, p. 219 *b*.

PIONSAT. Cette petite ville avait, indépendamment de la cure mentionnée ci-dessus sous le n° 1036, un prieuré que les textes suivants nous font connaître. D : « Prioratus de Prompsat (*lisez* Pionsat), unitus conventui Ebrolii. » E : « Prieuré Saint-Bravi-de-Pionssat uni au couvent d'Ébreulles. » Le prieuré dépendait dès l'année 1118 de l'abbaye d'Ébreuil, à laquelle il fut uni en 1477[1]. Il fut visité par Simon de Beaulieu, archevêque de Bourges, en 1287[2]. Ce qui a amené la confusion entre Pionsat et Prompsat, c'est que le prieuré de Saint-Martin-de-Prompsat (archiprêtré de Blot) dépendait aussi du couvent d'Ébreuil.

SAINT-GEORGES. Un château de ce nom se trouve marqué sur la carte de Cassini, près de Marsilliat, aujourd'hui Marcillat (Allier); mais il manque sur la carte de l'État-major.

SAINT-LOUP, h., c[ne] de Saint-Maignier. Ce hameau possédait une chapelle, d'après Cassini.

TEILHET. L'église de ce lieu est ainsi indiquée dans D : « Cura B. Magdalenæ de Teillet, ad præs. abbatis de Menat. » Elle se trouve aussi dans E, dans B et dans B³, ainsi que dans le pouillé d'Alliot. Il paraît qu'il y avait aussi, en cette ville, un prieuré qui dépendait de l'abbaye de Menat et qui fut supprimé à l'époque de la Révolution[3].

XV.

ARCHIPRÊTRÉ DE BLOT.

BOURDELLES (LES) ou BOURDELLE, h., c[ne] de Saint-Georges-de-Mons. Ce lieu était une ancienne commanderie du Temple, qui devint ensuite un membre de la commanderie de Chanonat. Cassini le nomme *Bourdeille*[4].

CHEZ-SABY, h., c[ne] de Comps. C'était un hameau avec une chapelle. (Cassini.)

DAVAYAT. Château et chapelle à l'est de Davayat. (Cassini.) Cette chapelle paraît distincte de la cure[5].

NOTRE-DAME-DES-CHAMPS. Le pouillé E donne sous ce nom une cure dont la présentation appartenait au chapitre cathédral. Nous n'avons pu découvrir de quelle église il s'agit.

[1] *Dict. du Puy-de-Dôme*, p. 258 *b*.

[2] Baluze, *Miscellanea*, in-fol., t. I, p. 299 *a*.

[3] *Dict. du Puy-de-Dôme*.

[4] *Dict. du Puy-de-Dôme* au mot *Chanonat*. *Tableau des archives départ.*, p. 182.

[5] Voy. le Pouillé, n° 1074.

Puy-Saint-Bonnet (Le), maison, c^ne^ de Teilhède. La carte de Cassini le nomme simplement *Saint-Bonnet.*

Sainte-Linge, h., c^ne^ de Châteauneuf. (Cassini et État-major.) Il ne faudrait pas voir dans ce mot, évidemment altéré, un nom de personne, mais probablement une forme abrégée du nom de lieu *Issandolanges,* que le Pouillé nomme *Sandelanges* (n° 560), et un texte de 1384 *Saint-Holengeas.* Cf. le mot *Saint-Ignat*[1].

Saunat, h., c^ne^ de Cellule. La carte de Cassini marque en ce lieu un château et une chapelle.

[1] On trouve ainsi *Saint-Sac* pour *Sansac* (Arch. nat., p. 582, fol. 105 v°); *Saint-Trat* pour *Cintrat,* etc.

III.

POUILLÉ DU DIOCÈSE DE SAINT-FLOUR.

ECCLESIÆ TAXATÆ[1]

ET AD QUOS SPECTAT COLLATIO ET PRÆSENTATIO.

[ARCHIPRESBYTERATUS SANCTI FLORI.]

1. Episcopus Sancti Flori. . . . . Pro se et membris suis.
2. Capitulum Sancti Flori.
3. Sacrista Sancti Flori.
4. Cura dicti loci. . . . . Ad præsentationem dicti.
5. Prior Bredonii, monasterii Moysiaci Cluniacensis[2].
6. Vicaria perpetua dicti loci. . . . . Ad præsentationem prioris.
7. Prior de Talaysaco, monasterii Aureliaci.

1. SAINT-FLOUR, chef-lieu d'arr. du Cantal. La plus grande partie de ce diocèse étant située dans le département du Cantal, nous n'indiquerons la situation géographique que pour les églises qui se trouvent hors de cette circonscription; celles dont le nom ne sera suivi d'aucune indication appartiendront au département du Cantal. Nous ajouterons, comme précédemment, le nom des communes lorsque l'église n'est pas celle du chef-lieu. Nous y joindrons enfin, entre parenthèses, les vocables des églises.

2. SAINT-FLOUR. Chapitre de l'église cathédrale de Saint-Flour.

3. *Idem.*

4. *Idem.* On la nomme Saint-Vincent de Saint-Flour.

5 et 6. BREDON (Saint-Pierre); la cure était sous le vocable de saint Timothée et de sainte Croix, d'après le *Dict. hist. et stat. du Cantal*, par Déribier du Châtelet, t. I, p. 293.

7. TALIZAT (Saint-Lambert et Saint-Nicolas).

[1] La copie porte à tort *Terratæ*.

[2] La copie porte à tort *Climatensis*.

8. Vicaria perpetua dicti loci.............. Ad præsentationem prioris.
9. Prior de Chalerio, est domini abbatis Caze Dei.
10. Rectoria[1] dicti loci.................... Ad præsentationem dicti domini abbatis.
11. Prior S. Michaëlis, monasterii Casæ Dei.
12. Vicaria perpetua Sancti Georgii......... Ad præsentationem dicti prioris.
13. Prior de Lheutades, monasterii Casæ Dei.
14. Vicaria perpetua dicti loci.............. Ad præsentationem dicti prioris.
15. Prior S. Ursizii, unitus est mense hostalerii Case Dei, et est monasterii prædicti.
16. Rectoria ejusdem loci.................. Ad præsentationem dicti hostalerii.
17. Prior de Meleto.
18. Vicaria.
19. Prior de Paulhenco, monasterii Case Dei.
20. Vicaria dicti loci...................... Ad præsentationem dicti prioris.
21. Prior de Ruinis, monasterii Marcil[iensis].. Unitus est prioratui monasterii Cluniaci.
22. Vicaria dicti loci...................... Ad præsentationem dicti prioris.

Sequitur de non exemptibus (*sic*):

23. Prior Vallis Urseriæ, monasterii Piperaci, et camera[2] domini abbatis Piperaci.
24. Vicaria perpetua dicti loci........... Ad præsentationem dicti domini abbatis.
25. Priorissa de Coren, monasterii Blasiliæ, et camera dominæ abbatissæ Blasiliæ[3].
26. Vicaria perpetua domini dicti loci...... Ad præsentationem dominæ abbatissæ.
27. Prior de Calmo, monasterii Conchensis.
28. Vicaria dicti loci..................... Ad præs. domini abbatis Conchensis.
29. Prior Vastriæ, monasterii Conchensis... Unitus est prioratui Molendini Pizini.
30. Vicaria perpetua dicti loci........... Ad præs. domini abbatis Conchensis.
31. Prior Usselli, monasterii Conchensis.... Unitus est prioratui Molendini Pizini.
32. Vicaria dicti loci..................... Ad præsentationem prioris.

8. *Idem* (Saint-Lambert).

9 et 10. Chaliers (Saint-Blaise ou Saint-Martin, d'après le *Dict. hist. et stat. du Cantal*, t. III, p. 84).

11. Saint-Michel, h., c^ne de Saint-Georges.

12. Saint-Georges.

13 et 14. Lieutadès (Saint-Martin).

15 et 16. Saint-Urcize (Saint-Michel).

17 et 18. Mallet, h., c^ne de Sarrus (Saint-Nicolas).

19 et 20. Paulhenc (Saint-Saturnin); la cure était sous le vocable de saint Michel.

21 et 22. Ruines (L'Assomption-de-la-Vierge). Le prieuré appartenait à l'abbaye de Saint-Pierre-de-Marcillac (Lot).

23 et 24. Loncières (Saint-Sébastien).

25 et 26. Coren (Saint-Pierre).

27 et 28. La Calm (Aveyron, arr. d'Espalion, c^on de Sainte-Geneviève) (Saint-Martial pour le prieuré, et Sainte-Foy pour la cure).

29 et 30. La Vastrie (Saint-Pierre).

31 et 32. Ussel (Saint-Julien).

[1] *Dignitas curionis, vel ecclesia parochialis.* Du Cange, *Glossaire*, v° Rector 1, col. 635'.

[2] «*Camera abbatis*, quidquid immediate abbati subest, cella, præpositura, vel prioratus a monasterio dependens.» Du Cange, *Glossaire*, v° Camera, t. I, p. 50ᵉ.

[3] D ajoute: «Au chasteau de Coren est une vicairie. L'Evesque y présente selon qu'il fut résolu le 10 juin de l'an 1491 Dominus Petrus Ancha.»

33. Priorissa de Claveyras, monasterii B[l]asiliæ.	
34. Vicaria perpetua dicti loci...........	Ad præs. dominæ abbatissæ B[l]asiliæ.
35. Prior de S. Marc, monasterii Piperaci.	
36. Prior Belli Loci, monasterii de Carmel.,	et camera prioris de Carmel.
37. Prior de Duabus Virgis, secularis......	Collationis domini episcopi et sine cura.
38. Vicaria prædicti loci................	Collationis domini episcopi.
39. Prior Sancti Remigii, secularis........	Collationis domini episcopi.
40. Rectoria dicti loci [1].	
41. Prior de Roffiaco, secularis..........	Unitus est capitulo novæ ecclesiæ Beatæ Mariæ [2] Sancti Flori.
42. Vicaria perpetua dicti loci...........	Collationis domini episcopi.
43. Cura Sancti Justi [3] prædicti..........	Ad præs. domini abbatis Piperaci.
44. Capellanus Novæ Ecclesiæ [4]...........	Ad præs. capituli Sancti Flori et de mensa ejusdem.
45. Capella de Vabres...................	Ad præs. prioris S. Michaëlis.
46. Capellanus Helodiæ................	Ad præs. capituli Sancti Flori et de mensa ejusdem.
47. Capellanus de Spinassa.............	Unitus archipresbiteratui S. Flori.
48. Cura dicti loci.....................	Ad præs. domini archipresbiteri.
49. Capellanus de Narnhaco [5]............	Collationis domini episcopi.
50. Capellanus de Malbo [6].	
51. Capellanus de Barres...............	Collationis domini episcopi.
52. Capellanus Valogii.................	Ad præs. prioris Bredonii.
53. Capellanus de Trinitate.............	Ordinis Montissalvi.
54. Cura ejusdem loci................ ...	Ad præs. prepositi Montissalvi qui tenet eam.

33 et 34. Clavières (Sainte-Madeleine), *Dict. hist. et stat. du Cantal*, t. III, p. 211.

35. Saint-Marc (Saint-Mary), autrefois *Saint-Marc-de-Recoux*.

36. Beaulieu, h., c^ne de Raines (Notre-Dame d'après B [1]).

37 et 38. Deux-Verges (Saint-Médard).

39 et 40. Saint-Remy (de Chaudesaigues).

41 et 42. Roffiac (Saint-Gal), *Dict. hist. et stat. du Cantal*, t. V, p. 111.

43. Saint-Just, autrefois *Saint-Just-de-Recoux*.

44. Neuvéglise (Saint-Baudeil).

45. Vabres ou Vabres-Saint-Gal (Saint-Ferréol).

46. Alleuze (Saint-Illide).

47 et 48. Espinasse (Sainte-Croix).

49. Narnhac (Saint-Pierre-ès-Liens).

50. Malbo (Saint-Jean-Baptiste).

51. La Capelle-Barrez (Saint-Julien).

52. Valuéjols (Saint-Saturnin).

53 et 54. La Trinitat (La Sainte-Trinité).

[1] D ajoute : «Le Prieuré cy-dessus est uny au chapitre de Saint Flour et est de la mense du mesme.»

[2] Le texte porte à tort ici le mot *monast.* au lieu de *Mariæ*.

[3] Le copiste paraît avoir oublié ici le prieuré de Saint-Just, qui est dans D.

[4] Le mot *capellanus* semble pris ici au sens de prieur, comme on le verra souvent par la suite. Voir Du Cange au mot *Capellania*, n° 4. Alliot a traduit, à tort, ce mot par *chapitre*, d'où de nombreuses erreurs.

[5] Le ms. porte par erreur *Varnhaco*. Cette faute se trouve déjà dans le Registre de Trascol, n° 214.

[6] D ajoute : «Uni à l'archidiacre de Saint-Flour.» Ce qui eut lieu en 1367. *Dict. du Cantal*, t. IV, p. 91.

55. Capellanus S. Flori.................. Ad præs. capituli S. Flori.
56. Capellanus de Chanerio.............. }
57. Capellanus de Qualidis Aquis......... } Ad collationem domini episcopi.
58. Capellanus de Sarrubus.............. Unitus est sacristiæ Sancti Flori.
59. Vicaria dicti loci..................... Ad collationem domini episcopi.

Sequuntur aliæ ecclesiæ non taxatæ[1] ad decimam in archipresbiteratu S. Flori :

60. [Ecclesia] S. Gualli.................. Præs. prioris S. Michaëlis.
61. [Ecclesia] Sancti Georgii............ Præs. dicti prioris S. Michaëlis.
62. Manhac........................... Præs. prædicti prioris, ut dictum est.
63. Item in ecclesia collegiata Beatæ Mariæ S. Flori, infra quam dominus episcopus S. Flori habet collationem prebendarum.
64. Favayrol ecclesia.................... Est unita capitulo Brivatensi.
65. Vicaria perpetua..................... Ad præsentationem decanorum capituli.
66. Infra parrochiam prædictam est capella de Granzons præsentationis curati prædictæ ecclesiæ.
67. Item capella de Monchausso.......... Collationis domini episcopi.
68. Ecclesia de Coltinas.................. Præs. decani Brivatensis.
69. Prioratus de Taols, monasterii de Comps, infra parrochiam dictæ ecclesiæ de Coltinas.
70. Capella Alanhonis[2].
71. Ecclesia de la Veyssenet............. Præs. præceptoris Montiscalmi.
72. Ecclesia S. Mauricii.................. Præs. prioris Bredonii.
73. Ecclesia de Maurinis, hospitalis de Alto Braco.
74. Ecclesia S. Martialis.................. Collationis domini episcopi.
75. Ecclesia del Morle.................... Præs. domini abbatis Case Dei.
76. Ecclesia d'Anglare.................... Præs. Claromontis capituli.

55. Saint-Flour (Notre-Dame). B : «Le chappelain du collége (chapitre) de Nostre Dame dudict Saint-Flour.»

56. Chaniez, h., c^ne de Cantoin (Aveyron) (Sainte-Foy). B[5] et C. Nommée autrefois *La Capelle-Chaniès*. (Cassini.) Cf. Trascol, n° 239.

57. Chaudesaigues (Saint-Martin et Saint-Blaise). *Dict. du Cantal*, t. III, p. 164.

58 et 59. Sarrus (Saint-Martin).

60. Saint-Gal, h., c^ne de Vabres.

61. Saint-Georges (L'Invention-de-Saint-Étienne).

62. Magnac, h., c^ne de Sarrus (Saint-Michel).

63. Saint-Flour (chapitre de Notre-Dame).

64 et 65. Faverolles (Saint-Martin).

66. Granson, c^ne de Faverolles. Cette chapelle, qui n'est marquée ni sur Cassini, ni sur la carte de l'État-major, est mentionnée dans le *Dict. hist. et stat. du Cantal*, t. III, p. 294.

67. Montchanson, h., c^ne de Faverolles (Sainte-Magdelaine). C'était la chapelle du château.

68. Coltines (Saint-Vincent).

69. Touls, h., c^ne de Coltines (Saint-Blaise).

70. La Chapelle-d'Alagnon (La Nativité-de-la-Vierge). La paroisse a aujourd'hui pour patron saint Laurent. (*Dict. du Cantal*, t. III, p. 135.)

71. La Veissenet (Saint-Cirgues).

72. Saint-Maurice, h., c^ne de Valuéjols.

73. Maurines (Saint-Mari). C'était une dépendance de l'hôpital ou dômerie d'Aubrac (Aveyron).

74. Saint-Martial.

75. Le Morle, h., c^ne de Ruines (Saint-Antoine).

76. Anglards (Saint Pierre).

[1] Le texte porte *taratæ*.

[2] D ajoute : «Unie au chantre de Saint-Flour, à présent au chapitre de Saint-Flour et de la mense du mesme.»

77. Ecclesia de Guardia................ Collationis domini episcopi.
78. Ecclesia de Jabru.................. Præs. præceptoris Montiscalmi.
79. Grangia de Frayssenelo, monasterii Bonævallis.
80. Capella de Valhelhas.............. Collationis domini episcopi.
81. Domus de Cellis, hospitalis S. Joannis Hierosolimi.
82. Domus Montischalmi, prædicti hospitalis.

Sunt etiam in dicta ecclesia S. Flori et ditionis alia beneficia et officia non taxata[1] ad decimam quæ sequuntur :

83. Camerarius S. Flori, et tenet prioratus duos, scilicet :
84. Prioratum de Ternis, et solvit pro decima.
85. Prioratum de Brezons, et solvit pro decima[2].
86. In quolibet istorum duorum prioratuum sunt vicariæ perpetuæ, ad collationem domini episcopi.
87. Item cantor S. Flori tenet prioratum Menteriæ et solvit.
88. Vicaria perpetua dicti loci.
89. Item capitulum tenet prioratum de Brolio, Claromont. diœcesis, pro quo solvit pro decima[3].
90. Item refectoraria S. Flori, qui tenet prioratum S. Stephani de Brossadol, solvit[4].
91. Item prior Montisacuti, qui solvit pro decima.
92. Item helemosinarius.
92². Item infirmarius.

Ista decima quæ solvitur pro istis officiis et beneficiis supradictis debetur domino episcopo, in diminutionem decimæ debitæ per eundem pro decima sua.

Item ecclesiæ quæ sequuntur sunt de mensa episcopali, et in qualibet ipsarum ecclesiarum sunt vicariæ perpetuæ, ad collationem domini episcopi :

77. La Garde, h., c^ne de Lieutadès (Saint-Nicolas).

78. Jabrun (Saint-Jean).

79. Fraissinet, h., c^ne d'Oradour. La chapelle, qui a été rebâtie vers 1802, est dédiée à la Nativité de la Vierge. (Communication de M. Roussilhe, curé d'Oradour. Cf. *Dict. hist. et stat. du Cantal*, t. IV, p. 574.)

80. Valeilhes, nommé depuis Rochegonde, h., c^ne de Neuvéglise (Sainte-Barbe). (*Ibidem*, t. IV, p. 556.)

81. Celles (Saint-Ilide).

82. Montchamp, commanderie. La cure était sous le vocable de saint Jean-Baptiste.

83. Saint-Flour.

84. Les Ternes (Saint-Martin).

85. Brezons (Saint-Hilaire).

87 et 88. Saint-Flour et Mentières (Sainte-Magdelaine).

89. Le Breuil, diocèse de Clermont. Voir ci-dessus le Pouillé de Clermont, n° 656.

90. Saint-Flour et Broussadel ou Broussadols, h., c^ne de Saint-Georges, sous le vocable de saint Étienne. (*Dict. hist. et stat. du Cantal*, t. III, p. 450.)

91. Montaigu, h., c^ne de Villedieu. Nous n'avons pas pu découvrir le vocable de cet ancien prieuré.

92 et 92². Saint-Flour.

[1] Le texte porte *tarata*.

[2] Le chiffre des décimes manque dans la copie, ici et plus bas.

[3] D ajoute : «Le doyen de Saint-Flour.»

[4] D ajoute : «Il est uni au chapitre de Saint-Flour et est de la mense du mesme.»

93. Ecclesia Villedei.
94. Ecclesia Oratorii [1].
95. Ecclesia de Seriers.
96. Ecclesia Qualidarum Aquarum.
97. Ecclesia de Cussaco.
98. Ecclesia de Interrivis.
99. Ecclesia de Paulhaco.
100. Ecclesia de Cezens.
101. Ecclesia de Petrefortis.
102. Ecclesia S. Mariæ.
103. Ecclesia S. Cirici de Malverco.
104. Ecclesia de Boysseto.
105. Ecclesia de Censaco.
106. Ecclesia S. Ureisii................ Ad collationem domini nostri episcopi [2].

Item ecclesiæ quæ sequuntur sunt de mensa capituli et in qualibet ipsarum ecclesiarum sunt vicariæ perpetuæ, ad præsentationem dicti capituli :

107. Andalac ecclesia.
108. Nova Ecclesia.
109. Ecclesia de Gordegia.
110. Ecclesia S. Martini.
111. Ecclesia Helodie.
112. Ecclesia de Lubilhaco.

93. Villedieu (La Nativité-de-la-Vierge).
94. Oradour (Saint-Étienne).
95. Sériers (Saint-Jacques).
96. Chaudesaigues (Notre-Dame et Saint-Blaise).
97. Cussac (Saint-Amand).
98. Antérieux (Notre-Dame et Sainte-Anne).
99. Paulhac (Saint-Julien-d'Antioche).
100. Cezens (Saint-Germain).
101. Pierrefort (Saint-Jean-Baptiste).
102. Sainte-Marie. L'église est sous l'invocation de sainte Agathe.
103. Saint-Cirgues de Malbert. Cette église, quoique placée ici dans l'archiprêtré de Saint-Flour, à cause de sa dépendance de l'évêché, se trouve située dans celui d'Aurillac. Nous aurons plusieurs fois l'occasion de faire la même observation.
104. Boisset (Saint-Martin). Église située dans l'archiprêtré d'Aurillac. Voir plus loin, nos 180 et 181.
105. Sansac-de-Marmiesse (Saint-Sauveur). Église située dans l'archiprêtré d'Aurillac. (Voir n° 189 ci-après.)
106. Saint-Urcize. Cette église est indiquée ci-dessus, n° 15, comme dépendant de la Chaise-Dieu.
107. Andelat (Saint-Cirgues).
108. Neuvéglise (Saint-Baudeil).
109. Gourdièges (Saint-Mein).
110. Saint-Martin-sous-Vigouroux.
111. Alleuze (Saint-Illide).
112. Lubilhac (Haute-Loire) (Saint-Bonnet). Cette église était de la mense du chapitre de Saint-Flour, mais elle était située dans l'archiprêtré de Blesle, où nous la retrouverons plus loin sous les nos 444 et 445.

[1] Le texte porte *Pratorii* par faute de copie. D : Église *de Oratorio*.

[2] D : «Dans l'église *Petræfortis* est une vicairie ou chapellenie de Notre-Dame et de Saint-Pierre. La présentation estant au seigneur du lieu, la collation à l'Evesque.» Cf. *Dict. du Cantal*, t. V, p. 16.

113. Infra parrochiam Andolaci est situata capella infra castrum de Salhens, ad honorem beati Fredaldi; præsentatio pertinet domino de Salhens et collatio et institutio omnimoda pertinet domino episcopo S. Flori; et ita ad præsentationem dominæ Margaritæ de Apchonio, dominæ de Salhens, fuit collata dicta capella domino Johanni Noel, presbitero Anitiensis diœcesis, die XIII[a] mensis septembris, anno Domini millesimo trecentesimo nonagesimo quinto[1].

II. Sequitur in archipresbiteratu Aureliaci[2].

114. Abbas Aureliaci.
115. Camerarius Aureliaci.
116. Claustrerius Aureliaci.
117. Sacrista Aureliaci.
118. Cellararius Aureliaci.
119. Infirmarius Aureliaci.
120. Prior de Brossa[3], monasterii Aureliaci.
121. Cura dicti loci.................... Ad præsentationem dicti prioris.
122. Prior de Jussaco. In isto prioratu sunt duæ rectoriæ : una ad collationem domini episcopi; alia ad præsentationem prædicti prioris.
123. Hostalerius Aureliaci.
124. Prior Sancti Sanctini[4], monasterii Aureliaci.
125. Cura dicti loci.................... Ad præsentationem dicti prioris.
126. Prior Chassanhoza, monasterii Aurel.
127. Cura dicti loci.................... Ad præsentationem prioris.
128. Prior de Marcholezio, monasterii Aureliaci.
129. Cura dicti loci.................... Ad præsentationem prioris.
130. Prior S. Illidii, monasterii Aureliaci.
131. Cura dicti loci.................... Ad præsentationem prioris.

113. Le Saillant, h., c[ne] d'Andolat (Saint-Fréval). (*Dict. hist. et stat. du Cantal*, t. I, p. 48.)

114. Aurillac (abbaye de Saint-Géraud, primitivement de Saint-Pierre et de Saint-Clément).

115 à 119. *Idem.*

120 et 121. Labrousse (Saint-Martin). Au chapitre d'Aurillac, d'après C.

122. Jussac (Saint-Martin). Le prieuré dépendait de l'abbaye d'Aurillac (C).

123. Aurillac.

124 et 125. Saint-Santin-Cantalès.

126 et 127. Cassaniouze (La Purification).

128 et 129. Marcolès (Saint-Martin).

130 et 131. Saint-Illide.

[1] D donne la date du 12 septembre 1396 et ajoute : «Présent R. P. en Christ le seigneur Pierre S. Guilli evesque [P. d'Ailly, évêque du Puy], Hughes de Chanaca, prior Thalaisaci, Inberto de Roffiaco, moyne de Sainct-Flour, Estienne Bomparis, seigneur de Lastico, milite, et plusieurs autres.»

[2] Nous avons pour cet archiprêtré une source particulière d'informations dans le manuscrit de la Bibliothèque publique de Clermont-Ferrand, décrit ci-dessus, et qui renferme un pouillé de l'archiprêtré d'Aurillac. Ne pouvant le reproduire en entier, nous l'avons collationné avec le texte que nous publions. Nous désignerons les variantes sous la lettre A[2].

[3] A[2] : *Brussia*.

[4] Le texte porte *Sancturi*.

132. Prior de Tiazaco[1], monasterii Aureliaci.

133. Cura dicti loci.................... Ad præsentationem prioris.

134. Item ecclesia parrochialis seu capellania de Calvineto[2], cujus præsentatio dicitur pertinere ad abbatem et conventum[3] Aureliaci, collatio vero ad dominum episcopum; et ita fuit collata per dominum Johannem Goyeti, vicarium domini H. episcopi Sancti Flori, domino Bertrando Servans, die xxii[a] decembris, anno Domini millesimo ccc° nonagesimo nono[4], in domo episcopali Sancti Flori[5].

135. Prior de Coyrols, monasterii Aureliaci.

136. Cura dicti loci.................... Ad præsentationem prioris.

137. Prior de Monte Amato, monasterii Aurel.

137[2]. Cura dicti loci.................... Ad præsentationem prioris.

138. Ecclesiæ Aureliaci.

139. Prior de Hiori (Giou)[6], monasterii Case Dei.

140. Cura dicti loci.................... Ad præs. domini abbatis Case Dei.

141. Prior S. Constantii ..... Cluniac.

142. Cura dicti loci.................... Ad præsentationem prioris.

143. Prior Sancti Stephani de Cantalesio[7], monasterii Aureliaci.

144. Cura dicti loci.................... Ad præsentationem prioris, ut dicitur.

145. Prior Montisviridi, monasterii Aureliaci.

146. Cura dicti loci.................... Ad præsentationem prioris.

Sequitur de non exemptis :

147. Prior de Maorgho[8], monasterii Montissalvi.

148. Capellanus de Maorgho............ Ad præs. domini præpositi Montissalvi.

132 et 133. Thiézac (Saint-Martin).

134. Calvinet (Saint-Barthélemi).

135 et 136. Cayrols (L'Assomption).

137 et 137[2]. Montamat, h., c^ne de Cros de Montamat ou de Ronesque (Saint-Hilaire).

138. Aurillac. Les églises de cette ville étaient, outre le monastère de Saint-Géraud, nommé, dans la bulle de Nicolas IV de 1289, *ecclesia Sancti Benedicti*, celles de Notre-Dame, de Saint-Clément, de Saint-Étienne ou du château, de Saint-Lazare ou la maladrerie, de Sainte-Marie-Madeleine, couvent de filles, toutes citées dans la bulle de 1289, parmi les possessions de l'abbaye d'Aurillac, sans compter une église conventuelle que l'on trouvera ci-après au Supplément. (*Dict. hist. et stat. du Cantal*, t. I, p. 122.)

139 et 140. Giou de Mamou (Saint-Bonnet).

141 et 142. Saint-Constant. L'église est dédiée à saint Constant et à saint Pierre. (*Dict. hist. et stat. du Cantal*, t. III, p. 235.) C nomme cette église Saint-Constant-de-Gierles, et en donne la collation à l'évêque.

143 et 144. Saint-Étienne-Cantalès.

145 et 146. Montvert (Saint-Géraud).

147 et 148. Moorjou (Saint-Médard).

[1] Ms. : *Riazaco*. A[2] : *Thiezaco*. D : *Thiasaco*.

[2] Ms. : *Palimieto*. A[2] : *de Calvineto*.

[3] Ms. : *comitem*. A[2] : *conventum*. L'évêque de Saint-Flour était alors Hugues de Mainhac.

[4] D : 1391.

[5] A[2] ajoute : «Præsentibus domino Anthonio Nasci, presbitero, et Joanno Bersangbas et Petro Esclaux juniori.» Les mêmes noms se retrouvent dans D, p. 9, mais en français et altérés.

[6] A[2] : *Giou*. D : Juon.

[7] A[2] : *S. Stephani de Contuegioul*. D : *St Estienne de Cautueghol*.

[8] A[2] : *Mourjou*.

149. Abbas Maurtii, pro se et sacrista dicti loci : VIII l. II s. II d.

150. Item, pro capellania Sancti Michaëlis :

IIII s. IX d.	Præsentationis dicti domini abbatis.

151. Præpositura[1] Montissalvi[2] : XXV l. IIII s. IX d.

152. Prior de Carmel	Collationis domini abbatis de Corona, XII l.
153. Prior de Agriffuelha[3]	Collationis domini abbatis[4].
154. Capellanus S. Martini de Valoyre[5]	Præsentationis archipresbiteri[6] Aureliaci.
155. Capellanus de Roffiaco	Præsentationis dicti archidiaconi.
156. Capellanus de Brou[7]	Unitus decano Sancti Flori[8].
157. Vicaria dictæ ecclesiæ	Ad collationem domini episcopi.
158. Capellanus de Siram	Præsentationis prioris de Carmel.
159. Capellanus de Cros	Collationis domini episcopi.
160. Capellanus S. Geroncii[9]	
161. Capellanus de Veteribus Campis	Unitus archipresbiteratui Aureliaci.
162. Capellanus de Sancti Pauli de Landis	Collationis domini episcopi.
163. Capellanus de Texeriis de Corneto	Collationis domini episcopi.
164. Capellanus de Rupe Veteri	Præsent. archid. Aureliaci.
165. Capellanus de Polminhaco[10]	Unitus archid. Bilhiomii.
166. Cura dicti loci	Collationis domini episcopi.
167. Capellanus de Vezaco	Præsent. archid. Aureliaci.

149. MAURS (Saint-Pierre). L'abbaye de Maurs possédait un célerier, un pitancier, un camérier et un obier ou sous-prieur. (B, B^1, B^3.)

150. SAINT-MICHEL, chapellenie. Elle était placée dans l'église Saint-Sulpice de Maurs. (A^2, B^1.)

151. MONTSALVY (L'Assomption-de-la-Sainte-Vierge). La prévôté de Montsalvy avait un obier. (B^1 et B^3.)

152. LES CALMELS, h., c^ne de Saint-Saury (Saint-Eutrope). Ce prieuré avait un sacristain et un infirmier. (B, B^1, B^3.)

153. GRIFFEUILLE, h., c^ne de Roannes-Saint-Mary (Saint-Jean).

154. SAINT-MARTIN-VALOIS, h., c^ne de Saint-Cernin-du-Cantal.

155. ROUFFIAC (Saint-Martin).

156 et 157. LA ROQUEBROU (Saint-Martin, jadis Notre-Dame-des-Miséricordes).

158. SIRAN (Saint-Martin).

159. CROS-DE-MONTVERT (Sainte-Magdelaine).

160. SAINT-GERONS.

161. LA CAPELLE-VIESCAMPS (Sainte-Magdelaine).

162. SAINT-PAUL-DES-LANDES.

163. TEISSIÈRES-DE-CORNET (Saint-Men, jadis St-Étienne, et plus anciennement Notre-Dame, en 1545). (*Dict. hist. et stat. du Cantal*, t. V, p. 432.)

164. LA ROQUEVIEILLE (Saint-Pardoux).

165 et 166. POLMINHAC (Saint-Victor).

167. VÉZAC (Saint-Sulpice).

[1] Ms. : *præposita*.

[2] A^2 ajoute : *per electionem conventus*.

[3] A^2 : *Griffueilhe*.

[4] A^2 : *episcopi*.

[5] A^2 : *de Valloix*.

[6] A^2 : *archidiaconi*. Alliot dit aussi *archidiacre*.

[7] A^2 : *Braha*.

[8] A^2 ajoute : «Modo capitulo Sancti Flori et de mensa ejusdem.»

[9] A^2 ajoute : «Unita capitulo novæ ecclesiæ Sancti Flori.»

[10] Ms. : *Posminhaco*.

168. Capellanus de Vico................ Collationis domini episcopi[1].
169. Capellanus de Raolhaco............ Unitus præposito S. Flori[2].
170. Cura dicti loci.................... Collationis domini...
171. Capellanus de Rossi................ Collationis domini episcopi.
172. Capellanus de Sansaco de Baynaz., ordinis Montissalvi.
173. Capellanus de Senezergues.......... Præsent. archid. Aureliaci.
174. Capellanus de Longuo Campo......... Collationis domini episcopi.
175. Capellanus S. Stephani de Maurs[3].
176. Cura dicti loci.................... Ad præsent. dicti domini abbatis.
177. Capellanus de Laynhaco............ Unitus priori de Ponte.
178. Cura dicti loci.................... Ad præsentationem dicti prioris.
179. Capellanus de Veteri Via........... Ad præsent. præpositi Montissalvi.
180. Capellanus de Boysseto............. Unitus mensæ episcopali.
181. Cura dicti loci.................... Collationis domini episcopi.
182. Archidiaconatus Aureliaci, pro se et ecclesiis suis de Rialhaco et de Marmanhaco, ix l.

In parrochia[4] de Rialhaco est capella de Brosseta........................ Ad præsentationem heredum de La Fabria et ad collationem domini episcopi.

183. Capellanus Sancti Mameti........... Unitus capitulo Claromont.
184. Cura dicti loci.................... Ad præsent. dicti capituli.
185. Capellanus de Glenaco.............. Ad collationem domini episcopi.
186. Capellanus de Fraxino.............. Unitus hostalerio Aureliaci.
187. Cura dicti loci.................... Ad præsent. dicti hostalerii.

168. Vic-sur-Cère (Saint-Pierre).

169 et 170. Raulhac (Saint-Pierre-ès-Liens).

171. Roussy (Saint-Jullien).

172. Sansac-Veinazès (Saint-Michel).

173. Senezergues (Saint-Martin).

174. Leucamp (Saint-Amand).

175 et 176. Saint-Étienne-de-Maurs.

177 et 178. Leynhac (L'Assomption). — Le Pont, maison, c^ne de Leynhac, sur la rivière de Rance, à 4 kilom. environ au nord-ouest de Leynhac (Notre-Dame). (Voir ci-dessous, n° 226.)

179. Vieillevie (Saint-Laurent).

180 et 181. Boisset (Saint-Martin). Cette église figure déjà ci-dessus sous le n° 104.

182. Aurillac.

182[2]. Reilhac (Saint-Laurent).

182[3]. Marmanhac (Saint-Saturnin).

182[4]. Broussette, chât., c^ne de Reilhac. La chapelle est dédiée à Notre-Dame-des-Bois.

183 et 184. Saint-Mamet ou Saint-Mamet-la-Salvetat.

185. Glénat (Saint-Blaise).

186 et 187. La Capelle-del-Fraisse (Saint-Pierre-ès-Liens).

[1] A^2 ajoute : «Unita præposito S. Flori, et modo unita capitulo S. Flori et de mensa ejusdem.» D : «uny au prevost de Saint-Flour et a present uny au chapitre de Saint-Flour et de sa mense.»

[2] A^2 ajoute : «et de mensa ejusdem.» D ajoute : «Et à présent uny au chapitre de Saint-Flour et de sa mense.»

[3] A^2 ajoute : «Sancti Sanctini de Maurs.» Saint-Santin-de-Maurs. Ce prieuré, comme le précédent, étoit à la présentation de l'abbé de Maurs. D marque seulement St Sautin de Maurs.

[4] A^2 : *ecclesia.*

188. Capellanus de Pruneto............. }
189. Capellanus de Sansaco de Marmieyssas[1]. } Ad collationem domini episcopi.
190. Capellanus Sancti Victoris.......... }
191. Capellanus de Taorssaco[2]........... } Collationis domini episcopi.
192. Capellanus de Novo Dampno........ Ad præs. archid. Aureliaci.
193. Ecclesia de Romegos.............. Ad præsent.....
194. Capellanus de Tornamira........... }
195. Capellanus S. Clementis............ } Collationis domini episcopi.
196. Capellanus S. Stephani de Capell. præsent. prioris Bredonii, et in dicta ecclesia prioratus secularis, ad dictam præsentationem.
197. Capellanus S. Sigismundi.......... Præsentationis celararii Aureliaci.
198. Capellanus Montis Murati.......... Collationis domini episcopi.
199. Hospitalis de Albinhaco[3], camera prioris de Carmel.
200. Capellanus de Ladinacho[4].......... Ad præsent. præpositi Montissalvi.
201. Capellanus de Murato Laguassa, parrochiæ de Ladinhaco[5]........... Ad præsent. præpositi Montissalvi.
202. Capellanus de Juou[6].............. Collationis domini episcopi.
203. Plancaforcada, sine cura........... }
204. Saynt Silvestre, sine cura........... } Credo quod non sunt taxatæ.
205. S. Cirriac[7], sine cura.............. }

188. Prunet (Saint-Remy).

189. Sansac de Marmiesse (Saint-Sauveur). Cette église a déjà été citée ci-dessus comme dépendant de la mense épiscopale, n° 105.

190. Saint-Victor (dit aussi de La Roquebrou).

191. Saint-Julien-de-Toursac.

192. Nieudan (Saint-Julien). D'après C, la collation appartenait à l'évêque, au XVIIIe siècle.

193. Rouméoux (Saint-Paul). Au prieur de Cayrols.

194. Tournemire (Saint-Jean-Baptiste).

195. Saint-Clément. Le prieuré fut uni au chapitre de Murat en 1598.

196. Saint-Étienne-de-Carlat ou de Capel.

197. Saint-Simon (Saint-Sigismond).

198. Montmurat (Sainte-Marie).

199. L'Hôpital, nommé aussi Albinhac, h., c[ne] de Saint-Paul-des-Landes (Notre-Dame).

200. Ladinhac (Saint-Agnan).

201. Murat-la-Gasse ou Les Tours-de-Murat, château détruit, c[ne] de Ladinhac.

202. Jou-sous-Montjou (Notre-Dame-de-l'Assomption).

203. Il y avait un lieu de ce nom dans la paroisse de Ginouilhac, à l'est de Montsalvy, au diocèse de Rodez, mais sur la limite de celui de Saint-Flour.

204. Sylvestre, h., c[ne] de Roumégoux (?).

205. Saint-Cirgues (Lot) (?). «Ad pres. abb. Aureliaci.» (Pouillé de Cahors, n° 423.)

[1] A[2] ajoute : «Infra præfatam ecclesiam de Sansaco est quoddam castrum nuncupatum de Marmieysse, juxta quod castrum est quædam capella Sancti Avitii, cujus quidem præsentatio dictæ capellæ spectat ad dominum sive ad dominam dicti castri, cui domino sive dominæ præsentat curatus dicti loci de Sansaco, et curatus præsentatur [a] domino episcopo Sancti Flori.» La chapelle du château était sous le vocable de saint Avit-des-Croix et avait le titre de prieuré. (*Dict. hist. et stat. du Cantal*, t. V, p. 263.)

[2] Ms. : *Taorssaco*. A[2] : *de Rouffiaco* (?).

[3] A[2] : *Albiniaco*. D : *Abinhaco*. Le ms. porte *Albrahaco*.

[4] Ms. : *Laduiacho*.

[5] Ms. : *Mitrato Laguassa, parrochiæ de Ladrahaco*.

[6] A[2] : *Jou*.

[7] A[2] : *S. Muraci*. D : *S. Ciriaci*.

206. Capellanus de Monte Alto, curata....	Præsentationis domini de Aureliaco, non taxatæ, ut credo.
207. Capellanus de Conrotz [1], sine cura....	
208. Capellanus de la Bastida...........	
209. Capellanus de Rochana [2]...........	Unita archipresbitero Sancti Flori.
210. Cura dicti loci, scilicet de Rochana...	Ad collationem domini episcopi.
211. Capellanus de Pers...............	Præsentationis archipresbiteri Aureliaci.
212. Capellanus de Quezaco.............	Collationis domini episcopi.
213. Capellanus de Texeriis Les Bolies [3].	
214. Capellanus S. Saturnini, juxta Tornamira........................	Unitus capitulo Claro[montensi].
215. Cura dicti loci....................	Collationis domini episcopi.
216. Capellanus de Junhaco.............	Præsentationis præpositi Montissalvi [4].
217. Capellanus S. Severi[n]i [5]............	Collationis domini episcopi.
218. Capellanus Maurcii...............	Præsentationis domini abbatis Maurcii.
219. Capellanus de Ytraco..............	Præsentationis dicti domini abbatis.
220. Capellanus S. Cirici [6] de Meleto......	Collationis domini episcopi.
221. Capellanus de Vitraco [7].............	

222. Camerarius Montissalvi, pro iis quæ recipit in ecclesia de Ladinhaco [8].
223. Pitancerius Maurcii.
224. Prior de Junhaco, ordinis Montissalvi.
225. Prior de Ytraco, monasterii Maurcii.

206. Montal, h., c^ne d'Arpajon (Saint-Michel).

207. Conros, h., c^ne d'Arpajon (Saint-Nicolas).

208. La Bastide, h., c^ne de Girgols (?).

209 et 210. Roanne-Saint-Mary (Sainte-Barbe). (*Dict. hist. et stat. du Cantal*, t. V, p. 107.)

211. Pers (Saint-Martin).

212. Quézac (Saint-Pierre-ès-Liens).

213. Teissières-les-Bouliès (La Nativité-de-Notre-Dame). (*Dict. hist. et stat. du Cantal*, t. V, p. 434.)

214 et 215. Saint-Cernin (Saint-Saturnin).

216. Junhac (Saint-Justin).

217. Saint-Saury (Saint-Severin).

218. Maurs (Le prieur de).

219. Ytrac (Saint-Julien).

220. Saint-Cirgues-de-Malbert (Saint-Ciriec ou Cirique). Cette église est déjà mentionnée ci-dessus sous le n° 103. C'est par erreur qu'elle est nommée ici Saint-Cirgues-de-Melet.

221. Vitrac (Saint-Martial).

222. Montsalvy et Ladinhac. (Voir ci-dessus, n°s 151 et 200.)

223. Maurs. (Voir ci-dessus, n° 149.)

224. Junhac. (Voir ci-dessus, n° 216.)

225. Ytrac. (Voir ci-dessus, n° 219.)

[1] Le ms. porte *Tourotz*. A² : *Conros*. D : «A la présentation de l'abbé d'Aureilhac.»

[2] A² : *Roanna*.

[3] Ms. : *Tereriis Lerbolier*. A² : *de Texeriis de Lev lié*.

[4] D ajoute : «Dans cette paroisse est une autre église particulière dite de N. D. de la Boysserette. A la nomination du seigneur temporel du lieu et à la présentation du prévost Montissalvi.» La Besserette (La Nativité-de-la-Vierge). A Mr de Chambonat, d'après C. Annexe de Junhac, elle fut érigée en paroisse en 1506 (*Dict. hist. et stat. du Cantal*, t. Ier, p. 259).

[5] A² : *S. Sauri*.

[6] Ms. : *Ciriti*. A² : *S. Cirici de Meleto*.

[7] Ms. : *Vitrato*.

[8] Ms. : *Ladrahaco*.

226. Prior de Ponte, ordinis de Corona.
227. Prior S. Stephani de Maurcio, cum ecclesia S. Sulpicii, monasterii Maurcii.
228. Prior de Treolone[1], monasterii Figiaci.
229. Cura dicti loci.................. Ad præsentationem domini abbatis Figiaci.

Sunt etiam in dicto archipresbiteratu Aureliaci alia beneficia non taxata ad decimam quæ sequuntur :

230. Ecclesia Arpaionis[2]............... Collationis domini episcopi.
231. Prioratus de la Segualeisseyra[3], monasterii Aureliaci.
232. Cura.......................... } Ad præs. domini abbatis Aureliaci.
233. Ecclesia de Fornoles............... } Ad præs. domini abbatis Aureliaci.
234. Ecclesia de Ronesca[4].
235. Ecclesia de Rogerio............... Ad collationem domini episcopi.
236. Ecclesia de Ontino[5]............... Unita hostalerio Aureliaci.
237. Vicaria........................ Ad præsentationem ipsius.
238. Ecclesia de Carandele[6]............... Unita hostalerio prædicto.
239. Vicaria perpetua................ Ad præsentationem ipsius.
240. Ecclesia de Spinadeylh............ Ignoratur præsentatio[7].
241. Ecclesia de Arnaco[8]............... Dicitur spectare ad præsentationem abbatis[9].
242. Ecclesia d'Ayrenh[10]............... Dicitur pro aliquo spectare.....
243. Ecclesia de Girgols[11].

226. Le Pont, maison, c^{ne} de Leynhac. (Voir ci-dessus, n° 177.)

227. Saint-Étienne-de-Maurs, et Maurs (Saint-Antoine au xvie siècle, d'après le compte de décimes de 1526, et plus tard Saint-Sulpice d'après le *Dict. hist. et stat. du Cantal*, t. IV, p. 318, et le pouillé du xviiie siècle). (Voir ci-dessus, n° 175.)

228 et 229. Trioulou (Saint-Blaise et Sainte-Marie).

230. Arpajon (Saint-Vincent).

231 et 232. La Ségalassière (L'Assomption).

233. Fournoulès (La Sainte-Vierge et Saint-Mary).

234. Ronesque, b., c^{ne} de Cros-de-Montamat (Saint-Jacques).

235. Rouziers (Saint-Martin).

236 et 237. Omps (Saint-Julien).

238 et 239. Crandelles (Saint-Barthélemy).

240. Espinadel, b., c^{ne} de Glénat (Saint-Martin). La présentation appartenait à l'abbé de Maurs, d'après le pouillé du xviiie siècle. Espinadel formait autrefois une paroisse avec Clamagirand, v. Le tout a été réuni à Glénat. Il s'y trouvait alors un petit prieuré. (Voir Cassini et le *Dict. hist. et stat. du Cantal*, t. III, p. 463.)

241. Arnac (La Nativité-de-la-Vierge).

242. Ayrens (Saint-Christophe et Saint-Genès.)

243. Girgols (La Nativité-de-la-Vierge).

[1] A^2 : *du Trioulou.*

[2] A^2 ajoute : «Unita capellanis seu presbiteris Aurillaci.» D : *Idem.*

[3] Ms. : *La Segualeineyra.*

[4] Le ms. porte *Rouesta.* A^2 : *Rounesques.*

[5] A^2 : *Ontio.*

[6] Ms. : *Camudelo.* A^2 : *Grandelle.*

[7] D ajoute : «On dit qu'elle appartient à l'abbé Mauricii (de Maurs).»

[8] Ms. : *Arnato.* A^2 n'indique pas le présentateur. D'après Alliot, ce serait l'abbé d'Aurillac, et suivant le pouillé du xviiie siècle ce serait l'évêque.

[9] D ajoute : «d'Aureilhac.»

[10] Ms. : *Dayrouh.* A^2 : *Ayron.*

[11] Ms. : *Gigols.* D ajoute : «A la présentation de l'archidiacre d'Aureilhac.» A^2 : *Girgolz.*

244. Ecclesia de Yoleto[1].
245. Ecclesia de Parlan[2].
246. Ecclesia de Cellis[3].
247. Ecclesia Novæ Cellæ.............. Præsent. cellerarii Aureliaci.
248. Ecclesia S. Cyrici de Jordana........ Collationis domini episcopi.
249. Ecclesia de Mandalhas.............. Ignoratur præsentatio[4].
250. Præceptor de Carlato.............. } Hospitalis S. Johannis.
251. Domus de Salvitate............... }
252. Domus de Chalmfrancesa........... }
253. Domus de Dona.................... }
254. Domus Petrefixe[5]................. }

III. SEQUITUR IN ARCHIPRESBITERATU LANGIACI, DE EXEMPTIS.

255. Prior Cantoiolii[6], camera domini abbatis Case Dei.
256. Cura dicti loci.................... Presentationis dicti domini abbatis.
257. Prior de Mazaraco, ordinis Case Dei.
258. Prior Volte, ordinis Cluniaci, pro se et membris suis.
259. Camerarius Volte.

244. YOLET (Saint-Pierre).

245. PARLAN (Saint-Georges).

246. LASCELLE (Saint-Remy).

247. NAUCELLES (Saint-Christophe).

248. SAINT-CIRGUES-DE-JORDANNE.

249. MANDAILLES (Saint-Laurent).

250. CARLAT (Saint-Avit). Commanderie de l'ordre du Temple, qui fut attribuée, en 1312, à celui de Saint-Jean-de-Jérusalem, et qui comptait parmi ses annexes les quatre églises suivantes.

251. LA SALVETAT, h., c^ne de Saint-Mamet-la-Salvetat (La Décollation-de-Saint-Jean).

252. CHAUFRANCHE, ou l'hôpital de Chaufranche, était une annexe de la commanderie de Carlat, et était situé à Saint-Chamant, s'il faut s'en rapporter au *Dict. hist. et stat. du Cantal*, article *Carlat*, t. III, p. 49. Mais il n'en est point question à l'article de Saint-Chamant. Ne serait-ce pas plutôt le lieu nommé, sur les cartes de Cassini et de l'État major, l'*Hôpital*, h., c^ne de Saint-Cirgues-de-Malbert?

253. SAINT-JEAN-DE-DONNE, h., c^ne de Saint-Simon.

254. SAINT-JEAN-DE-PIERREFITTE, paroisse de Giou-de-Mamou, aujourd'hui L'HÔPITAL, h., c^ne de Giou-de-Mamou.

255 et 256. CHANTEUGES (Haute-Loire). Le prieuré fondé en 936 par Cunibert, prévôt de Brioude, fut placé sous l'invocation de saint Marcellin, archevêque d'Embrun; à cette époque il existait déjà en ce lieu deux églises, celles de Saint-Julien et de Saint-Saturnin. Voyez le *Cartulaire de Brioude*, chartes 337 et 338 (CCCCL et CCCCLI).

257. MAZEYRAT-CHRISPINHAC (Haute-Loire) (Saint-Pierre).

258 et 259. LAVOÛTE-CHILHAC (Haute-Loire) (Sainte-Croix). La cure de Lavoûte était sous l'invocation de saint Cirgues.

[1] D ajoute : «A la collation de l'Evesque.»

[2] D ajoute : «A la présentation de l'archiprestre d'Aureilhac.»

[3] D ajoute : «A la présentation du célerier d'Aureilhac.»

[4] D ajoute : «On dit qu'elle appartient au célerier d'Aureilhac.»

[5] Ms. : *Petrefire*. A[2] ajoute ici la date : «Du dix-sept febvrier mil cinq cent soixante treize.» Mais c'est la date de l'enregistrement du pouillé au greffe d'Aurillac, et non la date du document lui-même qui était certainement bien plus ancien. (Voy. l'*Introduction*, p. 19.)

[6] Ms. : *Cantaiolu*. Le copiste a mis souvent *u* pour deux *i*.

260. Prior de Blessaco, monasterii[1] Volte.	
261. Cura dici loci	Ad præsent. prioris Volte.
262. Sacrista Volte.	
263. Domus de S. Eble, monasterii Volte.	
264. Cura prædicti loci, scilicet S. Ebuli...	Ad præsent. domini prioris Volte.
265. Domus d'Aly, monasterii Volte.	
266. Cura dicti loci..................	Ad præsent. domini prioris Volte.
267. Domus de Cels, monasterii Volte.	
268. Cura dicti loci....	Præsent. domini prioris Volte.
269. Domus de Beysseyra..............	Monasterii Volte.
270. Domus S. Quintini................	
271. Sacrista de Rialhaco..............	
272. Prior S. Austremonii..............	
273. Cura dicti loci..................	Præsent. domini prioris Volte.
274. Lorssac (Jorssac)................	Monasterii Volte.
275. Moyssac........................	
276. Lo Brus........................	
277. Cura dictorum locorum............	Ad præsent. domini prioris Volte.
278. Prior de Obrazaco, monasterii Volte.	
279. Cura dicti loci..................	Præsent. prioris Volte.
280. Prior de Rialhaco, monasterii Volte.	
281. Cura........................	Præsent. domini prioris Volte.

260 et 261. BLASSAC (Haute-Loire) (L'Assomption).

262. LAVOÛTE-CHILHAC. (Voir ci-dessus, n° 258.)

263 et 264. SAINT-EBLE (Haute-Loire) (Saint-Maurice).

265 et 266. ALLY (Haute-Loire).

267 et 268. CELOUX (Saint-Roch).

269. LA BESSEYRE-SAINT-MARY (Haute-Loire) (Saint-Mary).

270. SAINT-QUINTIN, prieuré et église ruinés, sur un monticule boisé, au sud du h. des Chazaux, c^ne de Desges (Haute-Loire). Ni Cassini ni l'État-major ne l'ont indiqué. (Communication de M. A. Chassaing.)

271. REILHAC (Haute-Loire) (Saint-Privat).

272 et 273. SAINT-AUSTREMOINE (Haute-Loire) (Sainte-Croix).

274. JOURSAC (L'Invention-de-Saint-Étienne). Cette église et la suivante sont placées ici, sans doute à cause de leur dépendance de Lavoûte-Chilhac, car elles étaient situées dans l'archiprêtré de Blesle. (Cf. ci-dessous, n°s 667 et 668.)

275. MOISSAC (Saint-Hilaire).

276 et 277. LE BRU, h., c^ne de Charmensac (Notre-Dame). Chapelle fondée en 1389 par Jacques de Mercœur et Anne de la Tour, en mémoire d'une victoire remportée sur les Anglais. (Chabrol, *Coutumes d'Auv.*, t. IV, p. 109, et *Dict. hist. et stat. du Cantal*, t. III, p. 143.) D'après une note communiquée par MM. Lachenal et P. Le Blanc, le fondateur de la chapelle serait, non pas Jacques de Mercœur, mais un Jacques de Léotoing, seigneur de Charmensac, qui se rattachait, dit-on, à la famille de Mercœur. (Cf. J.-B. Bouillet, *Nobiliaire d'Auv.*, t. III, p. 391.)

278 et 279. AUBAZAT (Haute-Loire) (Saint-Projet).

280 et 281. REILHAC (Haute-Loire) (Saint-Privat).

[1] Le copiste a mis ici *apud*, qui n'a aucun sens. Il a répété la même faute aux n°s 263, 265, 267, 269, 271, 272, 275, 278, 280, 282, 284, 288, 292, 294 et 300. On pourrait lire *a priore*, mais D portant le mot *monastère* à tous les endroits cités ci-dessus, il nous a paru préférable de remplacer le mot mal lu par *monasterii* qui s'applique mieux à tous les cas.

282. Domus de Sezaraco[1], monasterii Volte.
283. Cura dicti loci.................... Præsentat. domini prioris Volte.
284. Domus de Curtinis, monasterii Volte.
285. Capella sine cura in dicta domo...... Ad præsent. domini prioris Volte.

Sequitur de non exemptis :

286. Abbatissa de Casis.
287. Abbas Piperaci.
288. Priorissa de Ratgada, monasterii de Casis.
289. Cura dicti loci, dictæ dominæ abbatissæ de Casis præsentatio spectat.
290. Prior de Aurato, monasterii Piperaci.
291. Cura dicti loci.................... Ad præsent. dicti domini abbatis Piperaci.
292. Prior Talliaci, monasterii Piperaci.
293. Cura dicti loci.................... Ad præsent. domini abbatis.
294. Prior de Flaghaco, monasterii Piperaci.
295. Cura dicti loci.................... Præsent. dicti domini abbatis.
296. Ecclesia de Selgue................ Præsent. dominæ abbatissæ de Casis.
297. Vicaria perpetua S. Blasii, parrochiæ de Selgue.
298. Capellanus de Contuoiol............ Præsent. domini Langiaci.
299. Capellanus de Peyrussa............ Unita archipresbitero Langiaci.

Sunt etiam in dicto archipresbiteratu Langiaci alia beneficia non taxata ad decimam quæ sequuntur :

300. Prioratus S. Arconcii, monasterii de Casis.
301. Vicaria dicti loci.................... Ad præsent. dominæ abbatissæ de Casis.
302. Ecclesia de Fis...................... Præsent. abbatis S. Petri monast. Aniciensis.

282 et 283. CERZAT (Haute-Loire) (Saint-Sylvestre).

284 et 285. COURTINES, h., c^ne des Ternes (Chapellenie de Sainte-Magdelaine).

286. LES CHAZES, quartier du bourg de Saint-Julien-des-Chazes, chef-lieu de commune (Haute-Loire). L'abbaye était sous le vocable de saint Pierre.

287. PÉBRAC (Haute-Loire) (La Nativité-de-Notre-Dame).

288 et 289. RAGEADE (Saint-Pierre). Le prieuré de Rageade avait été réuni à l'abbaye des Chazes en 1418. (D. Branche, *L'Auvergne au moyen âge; les monastères*, p. 312.)

290 et 291. SAINT-GEORGES-D'AURAT (Haute-Loire) (Saint-Georges).

292 et 293. TAILHAC (Haute-Loire) (Saint-Jean-Baptiste).

294 et 295. FLAGEAC, h., c^ne de Saint-Georges-d'Aurat (Haute-Loire) (Notre-Dame).

296 et 297. SIAUGUES-SAINT-ROMAIN (Haute-Loire). (Saint-Pierre et vicairie de Saint-Blaise, à LESPITALET, h., c^ne de Siaugues, où existait une maladrerie. B[3] et C la nomment «Vicairie de Saint-Blaise-l'Hôpital, à l'abbesse des Chazes».)

298. COUTEUGES (Haute-Loire) (Saint-Loup).

299. PEYRUSSE, h., c^ne d'Aubazat (Haute-Loire) (Saint-Barthélemi).

300 et 301. SAINT-ARCONS-D'ALLIER (Haute-Loire). La cure était sous le vocable de saint Loup.

302. FIX, h., c^ne de Fix-Saint-Geneys (Haute-Loire). (Saint-Julien). — «Le lieu de Fix a deux paroisses : Saint-Genès et Saint-Julien,» suivant Chabrol (*Coutumes d'Auv.*, t. IV, p. 247). La carte du diocèse du Puy, dressée par ordre des États de la province de

[1] D : *Sercsaco.*

303. Ecclesia de Jax, monasterii Piperaci.
304. Ecclesiæ de Vedrinis.............. }
305. De Castro.......................... } Præsentationis prioris Volte.
306. De Chazelis........................ }
307. Item est quædam vicaria perpetua infra castrum de Monte Petrusio, parrochiæ [1] de Chaselis supra Piperacum, ad honorem beati Jacobi.......... Ad præsent. domini de Marghanda (Margharida) ex (et) Tallago et ad collationem dicti domini [episcopi].

308. De Crozansa........................ }
309. S. Austremonii.................... }
310. De Solatgiis [2]...................... }
311. S. Privati........................... }
312. De Chilhaco......................... } Præsentationis prioris Volte.
313. De Vissacho........................ }
314. De Diegha........................... }
315. De Frussacho....................... }
316. De Bezayrolis...................... }
317. Langiaci, camera domini abbatis Case Dei.

Languedoc, marque, en effet, deux lieux de Fix avec le signe distinctif de paroisses. L'un, celui qui se trouve dans le diocèse du Puy, est nommé par erreur Fix-le-Bas, tandis que c'est en réalité *Fix-le-Haut*, d'où il suit que Fix-Haut de la carte est *Fix-le-Bas*. M. P. le Blanc, qui a eu l'obligeance de nous fournir ces renseignements précis, ajoute : «Il est constant dans le pays que la paroisse de Saint-Geneys, diocèse du Puy, était à Fix-le-Haut; tandis que celle de Saint-Julien, du diocèse de Saint-Flour, était à Fix-le-Bas. Cette erreur de Cassini s'est perpétuée jusqu'à nous. Saint-Julien-de-Fix comprenait trois domaines : Veyrac, la Bastide et Aubaron, et le village de Villeneuve (depuis nommé Villeneuve-de-Fix et Villeneuve-Sainte-Eugénie) où se trouvait une chapellenie sous le vocable de sainte Reine, dont la nomination appartenait au couvent de la Chaise-Dieu en 1790. A cette époque, ce village devint le chef-lieu de la commune qui, successivement, se nomma Saint-Julien-de-Fix, Fix-d'Auvergne (1793) et Villeneuve-de-Fix. Sous le second empire, Fix-Bas et les trois domaines qui en dépendaient furent annexés à Fix-Saint-Geneys. L'église de Fix-Saint-Julien existe encore, mais elle est dans le plus grand délabrement.»

303. Jax (Haute-Loire) (Saint-André).

304. Védrines-Saint-Loup (Saint-Loup).

305. Chastel (Haute-Loire) (Saint-Pierre).

306. Chazelles [sur-Cronce] (Saint-Laurent).

307. Montpeyroux (Haute-Loire). Cette église, qui ne figure pas sur la carte de l'État-major, était située sur le territoire de la commune actuelle de Chazelles (Saint-Jacques). A la présentation du seigneur de Margeride et de Taillac.

308. Cronce (Haute-Loire) (Saint-Mari).

309. Saint-Austremoine (Haute-Loire). (Voir ci-dessus, n° 272.)

310. Soulages (Saint-Michel).

311. Saint-Privat-du-Dragon (Haute-Loire).

312. Chilhac (Haute-Loire) (Saint-Honorat).

313. Vissac (Haute-Loire) (Saint-Julien).

314. Desges (Haute-Loire) (Saint-Étienne).

315. Ferrussac (Haute-Loire) (Saint-Jean).

316. Besseyrole, h., c^ne de Ferrussac (Haute-Loire).

317 et 318. Langeac (Haute-Loire). Le chapitre et la cure étaient sous l'invocation de saint Gal, et

[1] Le ms. porte *prope*; mais c'est une mauvaise lecture, comme le prouve le texte d'Alliot qui ajoute que cette vicairie fut conférée le 21 décembre 1419 par le sieur (*lisez* au sieur) Grégoire Meynadier.

[2] Ms : *Solatgus*.

318. Vicaria perpetua.................. Ad præsent. dicti domini abbatis. Et infra dictas ecclesias[1] est collegium.

319. Pinhols........................
320. Nozayrolas.....................
321. Arlet..........................
322. Lo Cros........................
} Ad præsent. dicti domini abbatis Case Dei.

323. Prioratus de Charays, monasterii de Casis.
324. Vicaria perpetua dicti loci.
325. Ecclesiæ S. Juliani,
326. S. Petri,
327. Et beatæ Mariæ de Casis.
328. Prioratus de Digons, mon. Piperaci... Ad præsentationem domini abbatis.

IV. SEQUITUR IN ARCHIPRESBITERATU BRIVATENSI, ET PRIMO DE EXEMPTIS.

329. Capitulum Brivate.
330. Decanus Brivate.
331. Forisdecanus Brivate.
332. Præpositus Brivate.
333. Abbas Brivate.
334. Sacrista Brivate.
335. Prior de Mazeraco, monasterii Case Dei.
336. Cura dicti loci.................... Ad præsentationem domini abbatis.
337. Prior de Systreyras, mon. Case Dei, et camera domini abbatis.
338. Cura prædicti loci................ Ad collationem domini abbatis.
339. Prior de Talhaco.
340. Prior de Azeraco, monasterii Case Dei.

le prieuré sous celle de sainte Magdeleine. Le chapitre avait un doyen et un sacristain. (B[1], B[2], B[3].)

319. PINOLS (Haute-Loire) (Saint-Martin). A l'abbé de la Chaise-Dieu, d'après C.

320. NOZEYROLLES (Haute-Loire) (Saint-Pierre).

321. ARLET (Haute-Loire) (Saint-Pierre).

322. LE CROS ou NOTRE-DAME-DU-CROS, h., c[ne] de Ferrussac (Haute-Loire). A l'abbé de la Chaise-Dieu, d'après C.

323 et 324. CHARRAIX (Haute-Loire) (Saint-Sébastien).

325 et 326. SAINT-JULIEN-DES-CHAZES (Haute-Loire) (Saint-Julien). Outre l'abbaye (n° 286) et l'église de Saint-Julien, il y avait encore en ce lieu une église ou cure de Saint-Pierre.

327. SAINTE-MARIE-DES-CHAZES (Haute-Loire) (Notre-Dame). Le pouillé du XVIIIe siècle, au lieu de cette église, mentionne Sainte-Anne-des-Chazes (?) à l'abbesse du lieu, ainsi que les deux précédentes.

328. DIGONS, h., c[ne] de Pébrac (Haute-Loire) (Saint-Hippolyte).

329 à 334. BRIOUDE (Haute-Loire) (Chapitre de Saint-Julien).

335 et 336. MAZEYRAT-AUROUZE (Haute-Loire) (Saint-Pierre.)

337 et 338. CISTRIÈRES (Haute-Loire) (Saint-Pierre).

339. TAILHAC (Haute-Loire). (Voir ci-dessus, n° 292.)

340 et 341. AZÉRAT (Haute-Loire). Le prieuré et la cure étaient sous l'invocation de saint Jean-Baptiste. On trouve dans C un autre prieuré et une

[1] Il faut lire *dictam ecclesiam*, car il n'y avait de chapitre qu'à Langeac.

341. Cura........................... Ad præsentationem domini abbatis.
342. Prior Montisclari, monasterii Case Dei.
343. Cura........................... Ad præsentationem prioris.
344. Priorissa S. Desiderii, monasterii de Comps.
345. Cura........................... Ad præsentationem priorissæ.
346. Prior de Dalmayraco, monasterii Case Dei.
347. Cura........................... Ad præsentationem domini abbatis.
348. Priorissa de Sancsaco, monasterii de Comps.
349. Cura........................... Ad præsentationem priorissæ.
350. Prior de Javalgue, monasterii Case Dei.
351. Cura........................... Ad præsent. domini abbatis.
352. Priorissa de Comps, mon. subjectum immediate monasterio Case Dei.
353. Cura........................... Ad præsent. priorissæ.
354. Cura Frotgeriarum................ Ad præsent. dictæ priorissæ.
355. Prior S. Ylarii, monasterii Case Dei.
356. Cura........................... Ad præsent. prioris.
357. Prior de Champanhaco[1], hostalerii Case Dei.
358. Cura........................... Ad præsent. dicti hostalerii.
359. Prior de Lenda, camerarii Selciniarum.
360. Cura........................... Ad præsent. domini prioris Selciniarum.
361. Prior de Bornhoncles, camera prioris Salciniarum.
362. Cura........................... Ad præsent. domini prioris prædicti.
363. Prior S. Gervasii, camera domini prioris Salciniarum.
364. Cura........................... Ad præsent. dicti domini prioris.

autre cure sous le vocable de saint Hilaire d'Azérat, c'est le prieuré de Saint-Hilaire-sur-Auzon, uni, comme celui d'Azérat, à l'office claustral d'hôtelier de la Chaise-Dieu.

342 et 343. MONTCLARD (Haute-Loire) (Saint-Clair).

344 et 345. SAINT-DIDIER-SUR-DOULON (Haute-Loire) (Saint-Jean).

346 et 347. DOMEYRAT (Haute-Loire) (Saint-Hilaire).

348 et 349. CENSAC-LAVAUX, h., c^ne de Paulhaguet (Haute-Loire) (Sainte-Croix).

350 et 351. JAVAUGUES (Haute-Loire) (Saint-Loup).

352 et 353. LAVAUDIEU, jadis COMPS (Haute-Loire). Ce prieuré était placé sous le vocable de saint André; le pouillé du XVIIIe siècle le nomme *Saint-Benoît-de-la-Vaudieu*, abbaye de filles.

354. FRUGIÈRES-LE-PIN (Haute-Loire) (Saint-Julien).

355 et 356. SAINT-HILAIRE (Haute-Loire). *Saint-Hilaire-sur-Auzon* (Cassini).

357 et 358. CHAMPAGNAC (Haute-Loire) (Saint-Pierre).

359 et 360. LEMPDES (Haute-Loire). D'après le pouillé du XVIIIe siècle, le prieuré dépendait de l'abbé de Pébrac; la cure est nommée Saint-Gérard du Pont-de-Lempdes.

361 et 362. BOURNONCLE (Haute-Loire). Le prieuré à l'abbé de Pébrac, d'après C. La cure était sous l'invocation de saint Pierre. Le pouillé du XVIIIe siècle mentionne une église de l'Assomption de Bournoncle, au chapitre cathédral.

363 et 364. SAINT-JEAN-SAINT-GERVAIS (Puy-de-Dôme). La cure a pour vocable la Décollation-de-Saint-Jean.

[1] Ms. : *Champarahaco*.

365. Prior de Vezezo, camera dicti prioris.
366. Cura.......................... Ad præsent. dicti domini prioris.
367. Priorissa de Chassanholis, monasterii de Comps.
368. Cura.......................... Ad præsent. priorissæ.
369. Priorissa de Paulhagueto, monasterii de Comps.
370. Cura.......................... Ad præsent. dominæ priorissæ.

Sequitur de non exemptis :

371. Prior Bajassiæ, conventualis, immediate subjecta domino episcopo.
372. Prior Veteris Brivate, monasterii Piperaci.
373. Cura.......................... Ad præsent. domini abbatis Piperaci.
374. Prior S. Ylpidii, monasterii Piperaci.
375. Cura dicti loci.................. Ad præsent. abbatis.
376. Priorissa S. Stephani, monasterii Blasiliæ et camera dominæ abbatissæ.
377. Cura.......................... Ad præsentationem dominæ abbatissæ.
378. Priorata S. Stephani, super[1] Sinodorum est.
379. Priorata de Mazeraco, monasterii Case Dei.
380. Cura S. Stephani................. Ad præsent. ipsius prioris de Mazeraco.
381. Prior de Chassanh, monasterii Piperaci.
382. Cura.......................... Ad præsent. domini abbatis.
383. Prior Ville, monasterii Piperaci.
384. Cura.......................... Ad præsent. domini abbatis.
385. Prior de Cussa, monasterii Bajassie... Ad præsent. prioris.
386. Prior de Collato, monasterii Case Dei.
387. Cura.......................... Ad præsent. prioris.

365 et 366. Vézézoux (Haute-Loire). La cure est sous l'invocation de saint Prejet, d'après C.

367 et 368. Chassignoles (Haute-Loire) (L'Assomption).

369 et 370. Paulhaguet (Haute-Loire) (Saint-Étienne).

371. La Bajasse, h., c^ne de Vieille-Brioude (Haute-Loire) (Saint-Jean). Prieuré de l'ordre de Saint-Augustin.

372 et 373. Vieille-Brioude (Haute-Loire). Sous le vocable de saint Vincent.

374 et 375. Saint-Ilpize (Haute-Loire). La cure est sous l'invocation de sainte Magdelaine.

376 et 377. Saint-Étienne-sur-Blesle (Haute-Loire) (Saint-Étienne). Cette église est placée ici par erreur; elle devait faire partie de l'archiprêtré de Blesle.

378. Saint-Étienne-près-Allègre [sur la Sénouire] (Haute-Loire). Les titres de la Chaise-Dieu nomment aussi ce prieuré «Sainte-Marguerite.»

379. Mazeyrat-Aurouze. (Voir ci-dessus, n° 335.)

380. Saint-Étienne-près-Allègre, cure (Haute-Loire).

381 et 382. Chassagne (Haute-Loire) (Saint-Pierre).

383 et 384. Vialle, h., c^ne de la Mothe (Haute-Loire) (Saint-Saturnin).

385. Cusse (Haute-Loire), m. is., c^ne de Montclard. Ce prieuré était situé à La Trinité, même commune, et portait souvent les deux noms. Le vocable paraît avoir été la Trinité.

386 et 387. Collat (Haute-Loire) (Saint-Martial).

[1] Le ms. porte *scilicet*. D fournit la leçon *super*. Alliot a traduit : «C'est le prieuré de Maseraco de l'abbaye de la Chaise-Dieu.» Les deux églises étaient néanmoins distinctes.

388. Capellanus de Mercoyras........... Ad collationem domini...[1].
389. Prior de Fontanis, monasterii Piperaci.
390. Cura........................... Ad præsent. domini abbatis.
391. Prior S. Prejecti, monasterii Bajassiæ.
392. Prior S. Justi, monasterii Piperaci.
393. Cura........................... Ad præsent. domini abbatis.
394. Capellanus de Berbesino[2]........... Ad præsent. dominorum temporalium.
395. Capellanus de Cojac.............. Ad præsent. priorissæ de Comps, ut dicitur.

Sunt etiam in dicto archipresbiteratu Brivate alia beneficia non taxata ad decimam quæ sequuntur :

396. Ranayas[3]..................... }
397. Faet.......................... }
398. Sancti Veri................... } Præsentationis infirmarii Case Dei.
399. Conangles..................... }
400. De Valle...................... }
401. Priorissa d'Antremons, monasterii de Comps.
402. Paylleyras.................... }
403. La Brossa..................... }
404. S. Martini de Oleriis[4]........... } Collationis domini episcopi.
405. S. Gereonis................... }
406. Lhurlhangas................... }
407. Alzonii....................... Præsent. capituli Claromontensis.
408. S. Baudelii................... Præsent. abbatis Brivatensis.
409. Vergongho..................... Collationis domini episcopi.

388. Mercoeur (Haute-Loire) (L'Invention-de-Saint-Étienne).

389 et 390. Fontannes (Haute-Loire) (Notre-Dame).

391. Saint-Préjet-Armandon (Haute-Loire).

392 et 393. Saint-Just-près-Brioude (Haute-Loire).

394. Berbezit (Haute-Loire) (Saint-Antoine).

395. Cougeat, h., c[ne] de la Mothe (Haute-Loire) (Saint-Laurent).

396. Ronnayes, h., c[ne] de Fayet-Ronnayes (Puy-de-Dôme) (Saint-Laurent).

397. Fayet-Ronnayes (Puy-de-Dôme) (Saint-Barthélemy).

398. Saint-Vert (Haute-Loire) (Saint-Ver).

399. Connangles (Haute-Loire) (Saint-Étienne).

400. Laval (Haute-Loire) (Notre-Dame). Placée dans l'archiprêtré de Saint-Flour. (Trascol, n° 182.)

401. Entremont, h., c[ne] de Saint-Laurent-Chabreuges (Haute-Loire). C'était une chapellenie, d'après le pouillé du XVIIIe siècle.

402. Peslières (Puy-de-Dôme) (La Décollation-de-Saint-Jean-Baptiste).

403. La Brousse, h., c[ne] de Chaniat (Haute-Loire) (Sainte-Foy).

404. Saint-Martin-d'Ollières (Puy-de-Dôme).

405. Saint-Géron (Haute-Loire).

406. Lorlange (Haute-Loire) (Saint-Julien-d'Antioche).

407. Auzon (Haute-Loire) (Saint-Laurent).

408. Saint-Beauzire (Haute-Loire).

409. Vergongheon (Haute-Loire) (L'Assomption).

[1] D : «A la collation de l'Evesque.»

[2] Le texte porte *Berbesmo.*

[3] Le ms. porte *Rayunas.* D : *Ravayas.*

[4] Le texte porte *Plerus* ou *Pleriis* pour *Oleriis.* Cf. n° 94. D : «De Soinct Martin de Oleriis.»

410. Bellimontis...................... Præsent. capituli Brivatensis.
411. Cappella de Rupe................ Collationis domini episcopi.
412. Domus de Chambo, hospitalis S. Joannis.
413. Domus de Frutgeriis, hospitalis S. Antonii Viennensis [1].
414. Prior Lastici, monasterii Volte.
415. Vicaria......................... Ad præsent. prioris Volte.
416. Capella Pontis Lerini............. Collationis domini episcopi [2].

V. SEQUITUR IN ARCHIPRESBITERATU BLASILIÆ, ET PRIMO DE EXEMPTIS.

417. Prior S. Marii de Crozo, monasterii Aureliaci [3].
418. Cura......................... Ad præsent. dicti prioris.
419. Prior de Chambezo, monasterii Selciniarum.
420. Cura.......................... Ad præsent. prioris.
421. Cantor Brivate, pro his quæ tenet ad manum suam.
422. Prior Auriaci, camera prioris Volte.
423. Cura.......................... Ad præsent. dicti prioris.
424. Prior de Peyrussa, monasterii Volte.
425. Cura.......................... Ad præsent. prioris Volte.
426. Prior de Bonnaco, monasterii Selciniarum.
427. Cura dicti loci.................. Ad præsent. prioris Selciniarum.
428. Prior de Rupeforti, monasterii Volte.

410. Beaumont (Haute-Loire) (Saint-Hilaire). Cf. *Liber de honoribus S° Juliano collatis*, n° 43-XLV. (Circa 912.)

411. La Roche, h., c^ne de Bournoncle (Haute-Loire). C : Saint-Étienne-de-la-Roche-Vernassal, au seigneur du lieu.

412. Le Chambon, c^ne de Saint-Féréol-de-Cohade (Haute-Loire). C'était un membre de la commanderie de Courteserre, situé entre le ruisseau de la Vendage et l'Allier. Cassini le nomme Saint-Jean; auj. ruiné. (Commun. de M. Lachenal.)

413. Frugères-les-Mines (Haute-Loire) (Saint-Antoine).

414 et 415. Lastic (Sainte-Magdeleine).

416. Le Pont-de-Léry, h., c^ne de Vieillespesse, chapelle de Sainte-Anne. Elle est placée dans l'archiprêtré de Blesle et reproduite dans celui de Saint-Flour par le Registre de Trascol (n°s 151 et 230).

417 et 418. Saint-Mary-le-Cros. Cette église paraît placée aussi dans l'archiprêtré de Saint-Flour. (Trascol, n° 189.)

419 et 420. Chambezon (Haute-Loire) (Saint-Martin).

421. Brioude. (Voir ci-dessus, n°s 329 et suivants.)

422 et 423. Auriac (Saint-Nicolas).

424 et 425. Peyrusse (Saint-Roch et Sainte-Anne).

426 et 427. Bonnac (Saint-Maurice).

428. Rochefort, h., c^ne de Saint-Poncy (Le Saint-Nom-de-Marie). Le prieuré, ayant été reconstruit, aurait été placé sous l'invocation de saint Jean (*Dict. hist. et stat. du Cantal*, t. V, p. 60).

[1] D ajoute : «Brassat. Il n'est en la présentation de l'Evesque.» Brassac (Puy-de-Dôme) (Saint-Pierre). Au seigneur du lieu d'après B[1] et C.

[2] D ajoute : «Unie à l'aumosnier de Saint-Flour et à présent unie au chapitre et de la mense du même.»

[3] D ajoute : «Il est uni au prieuré Thalasaci.» C'est-à-dire de Talizat.

Sequitur de non exemptis :

429. Abbatissa Blasilie.
430. Cura S. Petri Blasiliæ............. Ad præsent. dominæ abbatissæ.
431. Prior Molendini Pisini, cum Tanavilla, monasterii Conchensis.
432. Capellæ Molendini Pisini et Tanavillæ. Ad præsent. dicti prioris.
433. Prior Vallis Claræ, monasterii Coronæ.
434. Prior Veteris Spissæ, monasterii S. Honorati.
435. Cura.......................... Ad præsent. dicti prioris.
436. Prior de Graneriis, mon. Montissalvi[1]. Ad præsent. præpositi.
437. Capellanus de Laurenco............ Ad præsent. domini de Rupe, militis.
438. Capellanus de Dyana............... Unita (*sic*) conventui Blasiliæ.
439. Cura.......................... Ad præsent. dominæ abbatissæ.
440. Capellanus de Chalhinargues........ Ad collationem domini episcopi.
441. Priorissa Capellæ Alanhonis, monasterii Blasiliæ.
442. Cura.......................... Ad præsent. dominæ abbatissæ.
443. Cappellanus S. Pontii.............. Ad præsent. prioris de Rupeforti.
444. Capellanus de Lhubilhaco.......... Unita capitulo S. Flori.
445. Vicaria assignata................. Ad collationem domini episcopi.
446. Capellanus S. Marii de Bosseriis...... Unita archipresbiteratu[i] Blasiliæ[2].
447. Capellanus de Fornols.............. Unitus infirmario S. Flori[3].
448. Vicaria dicti loci de Fornols......... Ad collationem domini episcopi.

Sunt etiam in dicto archipresbiteratu Blasiliæ aliæ ecclesiæ non taxatæ ad decimam, quæ sequuntur :

449. Ecclesia S. Martini Blasiliæ......... Præsent. dominæ abbatissæ Blasiliæ.

429 et 430. Blesle (Haute-Loire), abbaye et cure de Saint-Pierre.

431 et 432. Molompize et Tanavelle (Sainte-Foy). Tanavelle fait partie de l'archiprêtré de Saint-Flour dans le Registre de G. Trascol, n° 234.

433. Vauclair (Notre-Dame), h. et chapelle, c^ne de Molompize. La carte de l'État-major le nomme *Volclaire*.

434 et 435. Vieillespesse (Saint-Sulpice).

436. Grenier-Montgon (Haute-Loire) (Saint-Grégoire).

437. La Chapelle-Laurent (L'Assomption). Cette église appartenait, en 1326, à Guy de Rochefort.

438 et 439. Dienne (Saint-Cirgues).

440. Chalinargues (Saint-Barthélemy), au chapitre de Murat, d'après C.

441 et 442. Chapelle-d'Alagnon, lieu ruiné de la c^ne de Blesle (Haute-Loire). (Notre-Dame).

443. Saint-Poncy.

444 et 445. Lubilhac (Haute-Loire) (Saint-Bonnet).

446. Saint-Mary-le-Plain. Cette église se trouve aussi dans l'archiprêtré de Saint-Flour (Trascol, n° 216); elle était sous le patronage du trésorier du chapitre cathédral de Saint-Flour, d'après le pouillé du XVIIIe siècle.

447 et 448. Fournols (Sainte-Magdelaine).

449. Blesle (Saint-Martin).

[1] Il faut sans doute ajouter ici *cura dicti loci*. (Voy. D.) Même remarque pour le n° 437.

[2] D ajoute : «Et à présent uny au trésorier de Saint-Flour, et de la mense du mesme.»

[3] D ajoute : «Et à présent uny au chapitre de Saint-Flour, et de la mense du mesme.»

450. Ecclesia de Spalenco.............. Præsent. capituli Brivatensis.
451. Ecclesia de Veyrargues............ Collationis domini episcopi.
452. Ecclesia S. Anastasiæ.............. Præsent. prioris Bredonii.
453. Prioratus de Landayraco, monasterii Aureliaci.
454. Vicaria dicti loci.................. Ad præsent. dicti prioris.
455. Ecclesia de Chavanhaco............ }
456. Ecclesia de Castro................ } Collationis domini episcopi.
457. Ecclesia de Vernops............... }
458. Ecclesia de Aurie.................. Præsent. abbatis mon. Chantuennii, Clarom.
459. Prior de Lauthon, monasterii Celciniarum.
460. Vicaria dicti loci................ Ad præsent. prioris Celciniarum.
461. Ecclesia S. Victoris............... Præsent. abbatissæ Blasiliæ.
462. Ecclesia de Maciaco............... Præsent. prioris de Rupeforti.
463. Ecclesia de Sanhas................ Præsent. dicti prioris [1].

VISITATIONES DIOECESIS SANCTI FLORI [2].

I. PROCURATIONES INTEGRÆ IN ARCHIPRESBITERATU SANCTI FLORI.

464. Capitulum S. Flori. [Saint-Flour.]
465. Bredomii. [Bredon.]
466. Priorata de Ternis. [Les Ternes.]
467. Ecclesia de Sarrus. [Sarrus.]

450. Espalem (Haute-Loire) (Notre-Dame).

451. Virargues (Saint-Jean-Baptiste et Saint-Léger). (*Dict. hist. et stat. du Cantal*, t. V, p. 607.)

452. Sainte-Anastasie. Cette église est placée aussi dans l'archiprêtré de Saint-Flour (Trascol, nos 133 et 170).

453 et 454. Landeyrat (Sainte-Anne).

455. Chavagnac (Saint-Étienne).

456. Chastel-sur-Murat (Saint-Antoine).

457. Vernols (Saint-Jean-Baptiste).

458. Laurie (Notre-Dame). L'abbaye de Chantoin fut remplacée en 1633 par les Carmes-Déchaussés de Clermont.

459 et 460. Léotoing (Haute-Loire) (Saint-Vincent).

461. Saint-Victor, ancienne paroisse ruinée, qui est figurée sur la carte de Cassini, à 2 kilomètres environ au nord-ouest de Massiac, sur la rive droite de l'Allagnon, aujourd'hui cne de Massiac.

462. Massiac (Saint-André).

463. Sagne, h., cne de Massiac. B1 et C le nomment *Saint-Étienne-de-Saignes*.

[1] D ajoute : «En cette mesme église parochiale est une église parochiale ou vicairie perpétuelle nommée de Sainte Marie Magdelène de Chales par la pure et libre résignation faite ès mains de R. P. en Christ et Seigneur Jacques Lupi, miseratione divina S. Flori episcopi, causa tantum percunctationis, et per Petrum Champes curatorem R. Domini Joannis Champes, curati, et immediate possessorem dictæ ecclesiæ parrochialis dictæ Magdalenæ de Chales, fuit collata Antonio Champes clerico per eundem R. P. ad præs. nob. Joannis de Lenthoino, dom. dicti castri de Chales, 21 mens. febr. anno dom. 1049 (1449), præs. ibidem venerabili religioso dom. Geraldo de Lenthoing, priore prioratus de Saignes, Mimat. diœces., et mag. Antonio Gleysole notario, etc.» Challet, h., cne de Massiac. Chapelle signalée sur la carte de l'État-major. (Cf. *Dict. hist. et stat. du Cantal*, t. IV, p. 205, et notre *Introduction*, p. 31. Voir aussi B, B1 et C.)

[2] Pour ces *Visites*, les identifications de noms ont été faites au moyen du Pouillé qui précède.

PROCURATIONES CONCORDATÆ IN DICTO ARCHIPRESBITERATU.

468. Bresons [Brezons] concordata cum domino Magal. (Magdalenæ[1]).
469. Ecclesia nova S. Flori. [Chapitre de Notre-Dame de Saint-Flour[2].]
470. De Vabres. [Vabres.]
471. S. Georgii. [Saint-Georges.]
472. S. Galli. [Saint-Gal.]
473. Chalier. [Chaliers.]
474. Pinhols. [Pinols, jadis Pinhols[3].]
475. Lo Morle. [Le Morle.]
476. Melet [Mallet.]
477. Juou. [Jou-sous-Monjou.]
478. Nozayrolas. [Nozeyrolles[4].]
479. Arlet. [Arlet.]
480. Vallis Urseriæ. [Lorcières.]
481. S. Justi. [Saint-Just.]
482. S. Marchi. [Saint-Marc.]
483. Ruynas. [Ruines.]
484. Tyverii[5]. [Tiviers.]
485. Menterie. [Mentières.]
486. Coren. [Coren.]
487. Claveyras. [Clavières.]
488. Cappella Alanhonis. [Chapelle d'Alagnon[6].]
489. S. Stephani. [Saint-Étienne-sur-Blesle.]
490. Roffiac. [Roffiac.]
491. Valogii. [Valuéjols.]
492. Cappella Alanhonis. [La Chapelle d'Alagnon.]
493. Malbo. [Malbo.]
494. Manhac. [Magnac, h., c^ne de Sarrus.]
495. Lheutades. [Lieutadès.]
496. Paulhens. [Paulhenc.]
497. S. Urcisii. [Saint-Urcize.]

[1] Sans doute le seigneur du château de la Mejenasserre, dont la chapelle était dédiée à sainte Magdeleine. (Voir le Supplément au mot *Brezons*.)

[2] Ce chapitre datait de 1387. (*Dict. hist. et stat. du Cantal*, t. III, p. 375.)

[3] Ms. : *Prahols*. Cette église est de l'archiprêtré de Langeac, mais elle est placée sur la limite de celui de Saint-Flour.

[4] Ms. : *Vozayrolas*. Même observation que pour le n° 474.

[5] Ms. : *Cynerii*. L'église de Tiviers, qui ne figure pas dans notre pouillé, est dédiée à saint Laurent, comme on le voit dans le pouillé du XVIIIe siècle. Elle a remplacé une ancienne église, bâtie en l'honneur du Saint-Sauveur, au commencement du Xe siècle. (*Dict. hist. et stat. du Cantal*, t. V, p. 449.) — B[1] : Le curé de Tivers. (Trascol, n° 171.)

[6] Cette église et la suivante font partie de l'archiprêtré de Blesle.

498. Champanhat. [Champagnat[1].]
499. S. Ylarii. [Saint-Hilaire.]
500. De Chalmo. [Lacalm.]
501. De Trinitate. [La Trinitat.]
502. Montissalvi. [Montsalvy[2].]
503. La Salvetat. [La Salvetat, h., c[ne] de Saint-Mamet-la-Salvetat.]
504. Rochana. [Roanne-Saint-Mary.]
505. S. Remigii. [Saint-Remy.]
506. De Duabus Virgis. [Deux-Verges.]
507. De Maurinis [Maurines.]
508. S. Martialis. [Saint-Martial.]
509. Lespinassa, dicitur quod valet integram visitationem vel quasi. [Espinasse.]
510. Novæ Ecclesiæ. [Neuvéglise.]
511. De Bastria. [La Vastrie.]
512. Helovie. [Alleuze.]
513. De Favayrolis. [Faverolles.]

II. SEQUUNTUR PROCURATIONES INTEGRÆ IN ARCHIPRESBITERATU AURELIACI.

514. Raulhac. [Raulhac.]
515. Carlat. [Carlat.]
516. Prunet. [Prunet.]
517. Tornamira. [Tournemire.]
518. S. Martini. [Saint-Martin-Valois, h., c[ne] de Saint-Cernin-du-Cantal.]
519. S. Saturnini. [Saint-Cernin.]
520. De Rupe Veteri. [La Roquevieille.]
521. De Cellis. [Celles.]
522. S. Cirici Jordane. [Saint-Cirgues-de-Jordanne.]
523. De Novo Dampno. [Nieudan.]
524. De Croso Montisviridi. [Cros-de-Montvert.]
525. De Roffiaco. [Rouffiac.]
526. Romegos. [Roumégoux.]
527. Glenac. [Glénat.]
528. Pers. [Pers.]
529. De Rogerio. [Rouziers.]
530. De Caorssaco (Taorssaco). [Saint-Julien-de-Tourzac.]
531. De Quesaco. [Quézac.]
532. S. Stephani Maurcii. [Saint-Étienne-de-Maurs.]
533. De Veteribus Campis. [La Capelle-Viescamps.]
534. De Sansaco. [Sansac-de-Marmiesse.]

[1] Cette église et la suivante font partie de l'archiprêtré de Brioude.
[2] Cette église et les deux suivantes font partie de l'archiprêtré d'Aurillac.

535. Los Calmells. [Les Calmels, h., c^ne de Saint-Saury.]
536. Maurs. [Maurs.]
537. Laynhac. [Leynhac.]

SEQUUNTUR PROCURATIONES CONCORDATÆ IN DICTO ARCHIPRESBITERATU AURELIACI.

538. De Vico. [Vic-sur-Cère.]
539. De Posminhaco (Polminhaco). [Polminhac.]
540. S. Pauli de Landis. [Saint-Paul-des-Landes.]
541. De Brou. [La Roquebrou.]
542. S. Geroncii. [Saint-Gerons.]
543. De Maorgho. [Mourjou.]
544. De Boysseto. [Boisset.]
545. De Texeriis Lesbolies[1]. [Teissières-les-Bouliès.]
546. De Ytraco. [Ytrac.]
547. S. Stephani de Cappell. [Saint-Étienne-de-Carlat ou de Capel.]
548. De Longo Campo. [Leucamp.]
549. De Ladinacho. [Ladinhac.]
550. De Junhaco. [Junhac.]
551. De Senezergues[2]. [Senezergues.]
552. De Veteri Via. [Vieillevie.]
553. De Sansaco. [Sansac-Veinazès.]
554. De Veyraco. [Vitrac (?).]
555. Cappella Vesiani. [La Capelle-en-Vézie.]
556. De Fraxino[3]. [La Capelle-del-Fraisse.]

III. SEQUUNTUR PROCURATIONES INTEGRÆ IN ARCHIPRESBITERATU LANGIACI.

557. Chaselas. [Chazelles.]
558. De Parlan. [Parlan.]
559. S. Santinii[4]. [Saint-Santin-de-Maurs[5].]
560. Montismurati. [Montmurat.]
561. De Treolone. [Trioulou.]
562. De Yoleto. [Yolet.]
563. Arpaionis. [Arpajon.]
564. De Juou de Mamo. [Giou de-Mamou.]
565. De Vezato. [Vézac.]

[1] Ms. : *De Tereriis Lerbolier.*

[2] Ms. : *De Senefgues*, comme ci-dessus au n° 173.

[3] Ms. : *De Frarino.*

[4] Ms. : *S. Stinii*, avec abréviation après l'S.

[5] Cette église et les huit suivantes se rapportent à l'archiprêtré d'Aurillac, et se trouvent ici probablement par suite d'une erreur de copie.

566. S. Clementis. [Saint-Clément.]
567. De Rossi. [Roussy.]
568. Mon. de Casis. [Saint-Pierre-des-Chazes.]
569. Mon. Piperaci. [Pébrac.]
570. Priorata Cantaiolii. [Chanteuges.]
571. Ecclesia Langiaci. [Langeac.]
572. Prioratus de Rialhaco. [Reilhac.]
573. Ecclesia S. Ciricii prope Voltam. [Saint-Cirgues[1].]

SEQUUNTUR PROCURATIONES CONCORDATÆ IN DICTO ARCHIPRESBITERATU LANGIACI.

574. S. Arconcii. [Saint-Arcons.]
575. Ratgada. [Rageade.]
576. Ecclesia de Salgue. [Siaugues.]
577. Ecclesia de Fis. [Fix-le-Bas[2].]
578. Contuoiols. [Couteuge.]
579. Aurat. [Saint-George-d'Aurat.]
580. Alteyrac. [Auteyrac[3].]
581. Jacz[4]. [Jax.]
582. Digons. [Digons.]
583. Blessac. [Blassac.]
584. Sancti Privati. [Saint-Privat-du-Dragon.]
585. Flajac. [Flageac.]
586. Talliaci[5]. [Tailhac.]
587. De Fontanis. [Fontanes[6].]
588. Sancti Justi. [Saint-Just-près-Brioude.]
589. Chassanh. [Chassagne.]
590. Maserat. [Mazeyrat-Crispinhac.]
591. Dalmayrac. [Domeyrat.]
592. Javalgue[7]. [Javaugues.]
593. Monclar. [Montclard.]
594. Chambezo. [Chambezon[8].]

[1] Cette église ne figure pas dans le Pouillé qui précède, mais elle est mentionnée dans B et B[1] avec la communauté.

[2] Voy. n° 302.

[3] AUTEYRAC (Haute-Loire), prieuré et cure sous le vocable de Notre-Dame, d'après C, car ils ne sont pas mentionnés dans le Pouillé. (Cf. Payrard, *Cartularium sive terrarium Piperacensis monasterii*, Anicii, 1875, pag. 13 et 14.) Auteyrac n'existe plus. L'église et le chef-lieu paroissial sont à Sorlhac. [Note de M. P. Le Blanc.] On lit dans B[2] 581 : «Prieuré d'Auteyrat, uni au monastère de Pébrac.»

[4] Le ms. porte *Lacx*.

[5] Ms. : *Calliaci*.

[6] Les n°s 587 à 593, 595 et 604 font partie de l'archiprêtré de Brioude, dans le Pouillé qui précède.

[7] Ms. : *Lavalgue*.

[8] Cette église fait partie de l'archiprêtré de Blesle.

595. Collat. [Collat.]
596. Vedrinas. [Védrines-Saint-Loup.]
597. Chastel. [Chastel.]
598. Chaselas. [Chazelles[1].]
599. Crosanssa. [Cronce.]
600. S. Austremonii. [Saint-Austremoine.]
601. Solatges. [Soulages.]
602. Alis. [Ally.]
603. Celos. [Celoux.]
604. Lastic. [Lastic.]
605. Massiat. [Massiac[2].]

IV. SEQUUNTUR PROCURATIONES INTEGRÆ IN ARCHIPRESBITERATU BRIVATENSI.

606. Prioratus Veteris Brivate. [Vieille-Brioude.]
607. Monasterium de Comps. [Comps ou Lavaudieu.]
608. Prioratus Ville. [Vialle, h., c^ne de Lamothe.]
609. Prioratus de Azeraco. [Azérat.]
610. Prioratus de Mazeraco. [Mazeyrat-Aurouze.]
611. Prioratus de Bornhoncles. [Bournoncle.]
612. Mercoyras. [Mercœur.]
613. Ceserac. [Cerzat[3].]
614. Saynt Eble. [Saint-Eble.]
615. Vissac. [Vissac.]
616. La Besseyra. [La Besseyre-Saint-Mary.]
617. Dega. [Desges.]
618. Ferrussac. [Ferrussac.]
619. Obazac. [Aubazat.]
620. Sancti Desiderii. [Saint-Didier-sur-Doulon.]
621. Frutgeyras. [Frugières-le-Pin.]
622. Cojac. [Cougeat, h., c^ne de la Mothe.]
623. Paulhaguet. [Paulhaguet.]
624. Chassanholas. [Chassignoles.]
625. Sansac. [Censac-Lavaux, h., c^ne de Paulhaguet.]
626. Lenda. [Lempdes.]
627. Sancti Gervasii. [Saint-Jean-Saint-Gervais.]
628. Vezezo. [Vézézoux.]
629. Bonnac[4]. [Bonnac.]

[1] Double du n° 557?

[2] Cette église est classée par le Pouillé dans l'archiprêtré de Blesle.

[3] Cette église et les six suivantes font partie de l'archiprêtré de Langeac.

[4] Les églises placées sous les n°s 629, 630 et 634 figurent ci-dessus dans l'archiprêtré de Blesle; celles qui sont placées sous les n°s 631 à 633 font partie de l'archiprêtré d'Aurillac (n°s 502, 535 et 536).

630. Lauthon. [Léotoing.]
631. Maurs. [Maurs.]
632. Monsalvy. [Montsalvy.]
633. Lo[s] Calmelhs. [Les Calmels, h., c^ne de Saint-Saury.]
634. Bleyla. [Blesle.]
635. S. Flors. [Saint-Flour[1].]
636. Pebrac. [Pébrac[2].]
637. Comps. [Comps.]
638. Las Chazas. [Les Chazes, c^ne de Saint-Julien-des-Chazes[3].]
639. La Bajassa. [La Bajasse, h., c^ne de Vieille-Brioude.]

SEQUUNTUR PROCURATIONES CONCORDATÆ IN DICTO ARCHIPRESBITERATU BRIVATENSI.

640. Sancti Ylpidii. [Saint-Ilpize.]
641. Prior Bajassie [La Bajasse], pro se et membris suis, quæ sunt quinque ecclesiæ[4].
642. Systreyras. [Cistrières.]
643. Conangles. [Connangles.]
644. Val. [Laval.]
645. Sancti Veri Case Dei. [Saint-Vert.]
646. Faet. [Fayet-Ronnayes.]
647. Ranayas (Ronayas). [Ronnayes, h., c^ne de Fayet-Ronnayes.]

V. SEQUUNTUR PROCURATIONES INTEGRÆ IN ARCHIPRESBITERATU BLASILIE.

648. Monasterium Blasilie. [Blesle.]
649. Ecclesia Dyane. [Dienne.]
650. Ecclesia Sancti Marii de Besseriis. [Saint-Mary-le-Plain.]

SEQUUNTUR PROCURATIONES CONCORDATÆ IN DICTO ARCHIPRESBITERATU BLASILIE.

651. Ecclesia Aurie. [Laurie.]
652. Ecclesia de Graneriis. [Grenier-Montgon.]
653. Ecclesia de Lhubilhaco. [Lubilhac.]
654. Prioratus Veteris Spisse. [Vieillespesse.]

[1] Dans le ms., cette église et les quatre suivantes sont placées en regard de *Maurs, Montsalvy*, etc. Saint-Flour est de l'archiprêtré du même nom. Le copiste paraît avoir commis ici une erreur dans l'ordre de transcription des églises.

[2] Archiprêtré de Langeac. (Voy. n° 569.)

[3] *Idem.* (Voy. n° 568.)

[4] Voy. n° 639, ci-dessus. Les cinq églises qui dépendaient du prieuré de La Bajasse, auquel avait été unie la maladrerie du même lieu, étaient les suivantes : 1° la maladrerie de Beauregard, lieu détruit, c^ne de Lempdes; 2° celle de Saint-Barthélemy-du-Breuil, sous le Breuil (Pouillé de Clermont, n° 520); 3° celle de Sainte-Madeleine-de-Langeac, toutes les trois membres de la maladrerie de La Bajasse; 4° le prieuré de Saint-Préjet (ci-dessus, n° 391); et 5° celui de Cusse (n° 385). (Communications de MM. A. Chassaing et Lachenal.)

655. Ecclesia de Spalenco. [Espalem.]
656. Ecclesia de Fornols. [Fournols.]
657. Chalhinargues. [Chalinargues.]
658. Beyrargues. [Virargues.]
659. Chastel. [Chastel-sur-Murat.]
660. } Molenpeys pro se et ecclesia de Ucello. [Molompize et Ussel[1].]
661. }
662. Peyrussa. [Peyrusse.]
663. Auriac. [Auriac.]
664. Rochafort. [Rochefort, h., c^ne de Saint-Poncy.]
665. Sancti Pontii. [Saint-Poncy.]
666. Vallisjocose. [Valjouze[2].]
667. Jorssac. [Joursac[3].]
668. Moyssac. [Moissac.]

[1] Voy. ci-dessus, n°s 31 et 32.

[2] VALJOUZE, église sous le vocable de saint Antoine; elle n'est pas mentionnée dans le Pouillé. B : «La cure de Valghoze.» (Cf. *Dict. hist. et stat. du Cantal*, t. V, p. 512.) B[1] : «Le curé de Valiruzer», *lisez* Valjouze.

[3] Pour les n°s 667 et 668, voy. n°s 274 et 275, aux notes.

SUPPLÉMENT

AU POUILLÉ DU DIOCÈSE DE SAINT-FLOUR.

I.

ARCHIPRÊTRÉ DE SAINT-FLOUR.

A. CHAPITRES, CURES, ETC.

BOURNONCLES. L'église des Saints-Innocents et de Notre-Dame de Bournoncles était autrefois une annexe de Loubaresse. C'était très anciennement un prieuré dont les revenus appartenaient à l'église de Saint-Flour[1]. Elle figure dans le pouillé du XIVe siècle, sous le n° 236. (B1 et C.)

CHAUDESAIGUES. Il y avait dans cette ville un chapitre de Notre-Dame et de Saint-Martin, qui était, comme l'église, à la collation de l'évêq e[2]. (B, B1, B3, C.)

CORBIÈRES, h., cne de Chaliers. Ce lieu, nommé par B *Corboire*, avait une cure sous le vocable de Saint-Barthélemy, unie à la communauté de Chaliers[3]. (B, B1, C.)

COREN. Les chanoines et communauté[4]. (B1, B3.)

LOUBARESSE, h., cne de Bournoncles, paraît avoir été autrefois une paroisse (voir BOURNONCLES); la carte de Cassini n'y indique plus qu'une chapelle.

MURAT. Le chapitre de la Nativité de Notre-Dame de Murat[5]. (B1, B3, C.)

——— Les quatre choriers de Murat. (B3.)

[1] *Dict. hist. et stat. du Cantal*, I, 278.

[2] *Ibid.*, III, 166.

[3] *Ibid.*, III, 87.

[4] *Dict. hist. et stat. du Cantal*, III, 239. Cf. Alliot.

[5] *Ibid.*, IV, 445.

Murat. Église Saint-Martin, ancienne paroisse de Murat[1]. (Voy. Reg. de Trascol, n° 231, ci-dessus.)

—— Chapelle Saint-Étienne-sur-Murat, ou chapelle du château, érigée en prieuré. Le prieuré fut supprimé par lettres patentes de 1753, et la chapellenie de Saint-Étienne fut transférée à la collégiale de Murat[2]. (B, B[1], B[3], C. Voir le Reg. de Trascol, n° 231.)

Oradour. Chapitre de Saint-Étienne. (B, B[1], B[3], C.)

Pierrefort. Il y avait en ce lieu un prieuré ou une vicairie dite de Saint-Pierre (B[1]). Voir ci-dessus page 222, note 2.

Requistat, h., c^ne^ de Jabrun. (Trascol, n° 204.) Le prieuré de Saint-Laurent de Requistat. Au xviiie siècle, ce n'était qu'une chapellenie qui appartenait à l'abbaye de Pébrac[3]. (B, B[1], C.)

Ruines avait un chapitre de chanoines sous le titre de l'Assomption de la Vierge[4]. (B, B[1], B[3], C.)

Saint-Étienne, prieuré. (Voy. Murat.)

Saint-Flour. On trouve mentionnés, dans les pouillés et les comptes de décimes, l'archiprêtre, l'archidiacre, le trésorier, les douze choriers de la collégiale et la communauté des prêtres de Saint-Flour. (B, B[1], B[3].)

—— Église de Sainte-Christine, au faubourg de Saint-Flour, dont la fondation remonterait à saint Odilon; elle a servi de chapelle au couvent des Cordeliers[5].

Saint-Juéry, commune du c^on^ de Fournels (Lozère). Prieuré Saint-Antoine, à l'évêque. (B, B[1], C.) Cassini marque à *Saint-Guéry* deux chapelles dont une seule est de l'Auvergne.

Vastrie (La) possédait un chapitre sous le vocable de Saint-Pierre[6]. (B, B[1], B[3] et C.)

B. COMMUNAUTÉS.

MONASTÈRES D'HOMMES.

Les Récollets de Murat étaient établis dans le couvent dit de Saint-Gal, où ils avaient succédé en 1583 aux Cordeliers. Ceux-ci avaient été appelés à Murat en 1430 et établis sur l'emplacement de l'ancien ermitage de saint

[1] *Dict. hist. et stat. du Cantal*, IV, 443.
[2] *Ibid.*, IV, 454-455.
[3] *Ibid.*, III, 473.
[4] *Dict. hist. et stat. du Cantal*, V, 161.
[5] *Ibid.*, III, 376.
[6] *Ibid.*, V, 517.

Gal (XIe siècle) devenu au XIIIe siècle une chapelle, puis maladrerie dépendant des Templiers de Montferrand et après 1312 de l'ordre de Saint-Jean de Jérusalem. L'église des Récollets était dédiée à Notre-Dame-de-Paix, à saint François et à saint Gal[1].

Les frères Prêcheurs de Saint-Flour. (B, B^1, B^3.)

La communauté des Jésuites auxquels fut donnée, en 1662, la direction du collège[2] fondé en 1585, et régi jusqu'alors par des ecclésiastiques séculiers. (B^3.)

Le séminaire (B^3), confié, en 1674, aux Lazaristes. Il se nommait d'abord *Séminaire royal de Notre-Dame-de-l'Ermitage*[3].

Saint-Flour a encore possédé un couvent de Cordeliers[4].

MONASTÈRES DE FEMMES.

Les religieuses de Notre-Dame de Chaudesaigues. (B^3.)

Les religieuses de Sainte-Catherine-de-Sienne de Murat. (B^3.)

Les religieuses de la Visitation-Sainte-Marie de Saint-Flour. (B^1, B^3.)

Les religieuses de Notre-Dame de Saint-Flour. (B^1, B^3.)

Les filles de la Croix de Saint-Flour. (B^3.)

C. CHAPELLENIES[5].

ALBEPIERRE, h., c^{ne} de Bredon. Vicairie ou chapelle de l'Ascension d'Albepierre, au curé de Bredon. (B^3, C.) C'est peut-être la chapelle que Cassini figure à l'ouest du bourg, sous le nom de *l'Oratoire*. L'église est aujourd'hui une succursale sous l'invocation de saint Timothée. Il y avait autrefois, en ce lieu, un couvent de femmes de l'ordre des Prémontrés, fondé en 1150 par saint Gilbert, seigneur auvergnat[6].

ALLEUZE. Chapellenie Saint-Antoine-de-Fonverlines[7], au baron de Faverolles. (B^3, C.)

ANGLARS. Chapellenie Sainte-Agathe d'Anglars, au roi. (B^1, B^3, C.)

BEAULIEU (?). Chapellenie Notre-Dame de Beaulieu, paroisse de Chaudesaigues,

[1] *Dict. hist. et stat. du Cantal*, IV, 461.

[2] *Ibid.*, III, 385.

[3] *Ibid.*, III, 384.

[4] *Ibid.*, III, 382.

[5] Nous réunissons sous ce titre les vicairies, les chapellenies des églises collégiales et paroissiales et les simples chapelles, urbaines ou rurales.

[6] *Dict. hist. et stat. du Cantal*, I, 297.

[7] Fontverline, h., c^{ne} d'Alleuze.

à M. le marquis de Bosredon, sénéchal d'Auvergne, en sa qualité de baron de Montbrun. (C.)

Bélinay, h. et château, c^ne de Paulhac. Il y a en ce lieu une chapelle dédiée à saint Vincent-de-Paul, qui a été érigée en succursale en 1841[1].

Bourguet (Le), h., c^ne de Brezons. Chapellenie Sainte-Anne du Bourguet, à l'évêque[2]. (C.)

Boussac, h. avec chapelle, c^ne de Pierrefort. (Cassini.)

Bramejac. Chapellenie Sainte-Magdelaine de Bramejac, à l'évêque. (C.)

Bredon. Cassini figure à l'ouest du bourg une chapelle qui paraît être celle de Notre-Dame du Pont, qui s'élevait au pied du rocher de Bredon, vis-à-vis Murat[3].

Brezons. La vicairie de Sainte-Magdeleine, dite de Mejavesere (ou Mejennassière), dans l'église de Bresons[4]. (B^1, B^3.) Le *Dictionnaire du Cantal* assure qu'il y avait au hameau de Mejennassière un prieuré qui fut uni au monastère de Saint-Flour en 1292.

Buffiérette, h., c^ne de Lieutadès. Il avait jadis une chapelle[5].

Capelle-Barrez (La). La vicairie de la chapelle de la Barrez. (B^1.)

Chagouze, h., c^ne de Saint-Flour. Chapellenie Sainte-Anne de Chagouse, de Saint-Flour, au premier consul de Saint-Flour. (B^1, B^3, C.)

Châteauneuf. Voy. La Vastrie.

Chaudesaigues. Chapellenie Saint-Blaise de Chaudesaigues, au seigneur de Paulhenc. (C.)

—— Chapellenie Saint-Étienne de Chaudesaigues, aux héritiers de Pierre Clavières. (B^3, C.)

—— Chapellenie Saint-Pierre de Chaudesaigues. (B^1, B^3, C.)

—— Chapelle Notre-Dame-de-Pitié[6]. (Cassini.)

—— Chapelle des Pénitents, sous le patronage de la Vierge, sous le titre de *Gonfalon*, bâtie en 1694[7].

Cistrières, h., c^ne de Montchamp. Château avec chapelle. (Cassini.)

[1] *Dict. hist. et stat. du Cantal*, IV, 596.

[2] *Ibid.*, I, 301.

[3] *Ibid.*, I, 294.

[4] *Ibid.*, I, 305.

[5] *Ibid.*, IV, 23.

[6] *Ibid.*, III, 166.

[7] *Dict. hist. et stat. du Cantal*, III, 167. L'enceinte de Chaudesaigues était percée de six portes, qui étaient accompagnées chacune d'une chapelle. Cette ville avait aussi un hôpital dit de *Saint-Juéry*. *Ibid.*, p. 167-168.

Coltines. Chapellenie Saint-Blaise de Coltines, à la prieure du lieu. (B¹. B³, C.)

Corbières, h., c^ne de Chaliers, chapelle. (B³.)

Courtines, h., c^ne des Ternes. Chapellenie Sainte-Magdeleine de Courtines aux Ternes, aux religieux de la Voûte[1]. (C.)

Faverolles. Chapellenie Saint-Laurent de Faverolles, à l'évêque. (B¹, B³, C.)

Fressanges, h., c^ne de Neuvéglise. Chapelle dédiée à sainte Anne[2].

Fridière, h., c^ne de Saint-Flour. Chapelle de Notre-Dame de Fredeire ou Fridière[3].

Garde (La), dit aussi *La Garde-Roussillon.* Château ruiné avec chapelle[4].

Jarry (Le), h., c^ne de Paulhac. Château avec chapelle. (Cassini.)

Lieutadès. Chapelle de Saint-Blaize. (B³.)

Loubeyssargues, h., c^ne de Valuéjols. Chapellenie de Saint-Loup de Loubeyssargues. (B¹, B³.) Cassini y figure une chapelle.

Mallet, h., c^ne de Sarrus. Chapellenie de Saint-Mari et Saint-Robert de Mallet, au roi. (B, B¹, B³, C.)

Miermont. Il y a une chapelle de ce nom sur le territoire du village dit *Le Viallard,* c^ne d'Espinasse. (Cassini.)

Monteil (Le), h., c^ne de Vabres. Maison et chapelle. (Cassini.)

Murat. Chapelle Notre-Dame-de-Pitié, dans la collégiale de Murat. La présentation de cette chapelle appartenait aux consuls, et la collation au chapitre. (C.) On l'appelait quelquefois vicairie de Gorse, du nom d'une rente qui appartenait à cette chapelle[5]. (B¹, B³.)

—— Les deux chapellenies Saint-Claude de Murat, dans ladite collégiale, au seigneur d'Anteroche[6]. (B¹, B³, C.)

—— Chapellenie de Sainte-Marie-Magdelaine de l'hôpital de Murat[7]. (B. B¹.)

—— Chapelle Notre-Dame-de-Lescure, près Murat[8]. Enfin, nous mentionnerons l'église de la Trinité-du-Barry, ou église des Pénitents de Murat[9].

Neuvéglise. Chapellenie Sainte-Barbe dudit lieu. (B¹, B³.)

[1] *Dict. hist. et stat. du Cantal,* V, 438.

[2] *Ibid.,* IV, 554.

[3] *Ibid.,* III, 276.

[4] *Ibid.,* IV, 24, c^ne de Lieutadès.

[5] *Ibid.,* IV, 449.

[6] La collégiale de Murat possédait encore plusieurs autres chapelles moins importantes dont on peut voir le détail dans le *Dictionnaire du Cantal, l. c.*

[7] *Ibid.,* IV, 446.

[8] *Ibid.,* IV, 472.

[9] *Ibid.*

Paulhenc. Chapellenie Saint-Blaise dudit lieu. (B¹, B³.)

Pierrefort. Chapelle de Planchy, à l'ouest de la ville. (Cassini.)

Pirou (Le) ou Peyrou, h., c^ne de Saint-Georges, avec chapelle. (Cassini.)

Roche (La) ou La Roche-Canillac, h., c^ne de Saint-Remy de Chaudesaigues. Vicairie de la Roche-Canillac, qui était sans doute établie dans la chapelle du château de ce nom[1]. (B¹.)

Roueyre-Vieille, h., c^ne de Saint-Flour. Vicairie Saint-Pierre de Ruegre ou Rueyre. (B¹.)

Rueyre, h., c^ne d'Oradour. Chapellenie de Saint-Laurent-de-Rouyre ou Rueyre, à l'évêque. (B³, C.) Il y a en ce lieu une église, sous l'invocation de Notre-Dame de Ruyère, qui fut donnée, en 1053, au monastère de Saint-Flour[2].

Ruines. Le *Dictionnaire historique et statistique du Cantal* mentionne une chapelle de Notre-Dame dans l'enceinte du bourg (t. V, p. 159).

Saint-Antoine, c^ne de La Vastrie. Chapelle marquée par Cassini, près le Mas, et aujourd'hui ruinée.

Saint-Cirgues, c^ne de Saint-Georges. Chapelle située au sud du chef-lieu de la commune et qui existait encore en 1716[3].

Saint-Flour. Église cathédrale, dite «la grant église». (B.)

«De deux chappelains qui ont accoustumé deservir[4] en la grant église colégiale de Sainct Flour, par Maistre Jehan Jubie.» (B.)

«De la chappelle fondée par quelqu'un nommé Messire Pierre Imbert, qui a accoustumé deservir en la grant église de Sainct Flour, par Maistre Jacques Imbert, prestre[5].» (B, B¹.)

«De la chappelle de Rotgier, que tient Maistre Pierre Segathon en la dicte église.» (B.)

«De la chapelle de la Vigeo que tient Maistre Pierre Daurat, en la dicte église.» (B.)

«De la chappellenye de Rotgier que tient Me Jacques Ligol, accoustumée estre servie en la dicte grant église.» (B.)

«De la chappelle que tient Maistre Jehan Andrieux en la grand église Sainct Flour.» (B.)

[1] *Dict. hist. et stat. du Cantal*, V, 95, et Chabrol, *Coutumes d'Auv.*, IV, 834.

[2] *Dict. hist. et stat. du Cantal*, IV, 575.

[3] *Ibid.*, III, 452.

[4] Traduction de la formule latine : *est solita deservire*. Exemples dans le *Pouillé de Clermont*, A. 726.

[5] B¹ : «Les deux vicairies d'Imbert.»

« De la chappelle de Ymbert que tient Maistre Jehan Chastel en la grand église. » (B.)

« De la chappelle de Salhens que tient Maistre Mathieu Aymeric. » (B.)

« De l'aultre de Rogier que tient le dict Aymeric en la grand église. » (B.)

« De la chappelle que tient Maistre Jehan Constantin en la grand église de Jouvenroux. » (B.)

« De la chapelle de Jouvenroux que tient Maistre Jehan Voet en la grand esglise. » (B.)

« De l'aultre chappelle de Jouvenroux en la grand église Me Jehan le Mercier. » (B, B^{1}, B^{3}, C.)

« De la chappelle de la Viegeyre que tient en la grand église ledict Mercier. » (B.)

« De la chappelle de Trenchier que tient Maistre Guillaume Tremoleyra en la dicte grand église. » (B.)

« De la chappelle de Cortains qui a accoustumé deservir en la dicte grand esglise par Me Jehan de Faulcon. » (B.)

« De la chappelle de Trenchy que a accoustumé deservir en la dicte grand église par Me Pierre Goussard. » (B.)

« De la chappelle de Cocherie qu'a accoustumé deservir en la dicte église Maistre Mathieu de Bax. » (B.)

« De la chapelle de Scocole et a acoustumé deservir en la dicte grand église par Me Bernardin Monnyer. » (B.)

« De la chappelle de Trencher et a accoustumé deservir en la dicte église par le dict Monnyer. » (B.)

« De la chappelle de Transer qui a accoustumé deservir en la grand église par Me Pierre Esclau. » (B.)

« De la chappelle de Polier qui a accoustumé deservir en la dicte église par Maistre Guido Le Blanc. » (B.)

« De la chappelle fondée par Mag^{e} Juglar que a accoustumé deservir en la dicte grand église par Jehan Coltel. » (B.)

« De l'aultre fondée par ledit Juglar et a accoustumé deservir en la dicte église par Jehan Auren... » (B.)

« De la chappelle garnye pour Teyterie et a accoustumé deservir en la grand église par Me Jehan Aymeric. » (B.)

« De la chappelle de Righasse et a accoustumé deservir par Me Pierre Righasse. » (B.)

« De la chappelle de Trencher et a accoustumé deservir en la grand église par Me Bertrand Brouse. » (B.)

« La vicayrie dud. Fabri, laquelle tient Messire Claude Busquel. » (B, B¹.)

« La vicayrie de Ysabel Ferrande. » (B.)

« De la chappelle de Bonnaud et a accoustumé deservir en la grand église par Me Pierre Bonnancon. » (B.)

« De la chappelle de Bonnaud et a accoustumé deservir en la grand église par Me Jehan Tratel. » (B.)

Saint-Flour. Église collégiale de Notre-Dame.

« De la chappelle que tient Maistre Jean Part en l'église du collège Notre-Dame de Sainct Flour. » (B.)

« De la chappelle que tient Maistre Anthoine Jabru, en l'église du collège Saint-Flour. » (B.)

« De la chappelle de Cocherie et a accoustumé deservir en la dicte église et collège Nostre-Dame de Sainct Flour par Me Christophe de Vaneo? » (B.)

« De l'aultre chappelle de Poai et a accoustumé deservir en la dicte église par le dict de Baneo. » (B.)

« De la chapelle de Peat que tient en l'église Jean de Peat, clerc. » (B.)

« De la chappelle de Velat et a accoustumé deservir en la dicte église par Me Jehan Chapole. » (B.)

« De la chappelle de Ceysset et a accoustumé deservir en l'église collégiale de Nostre-Dame par le dict Le Blanc. » (B.)

« La vicairie de Sainct-Blaise de l'Hospitalière. » (B.)

——— Chapelle Saint-Thomas, à l'est de la ville. C'était une maladrerie avec une chapelle, qui appartenait aux Templiers. Elle fut acquise en 1320 par l'aumônier de la cathédrale; elle est détruite[1].

Saint-Gal, h., c^ne de Vabres. Chapelle de Saint-Gal, au seigneur de la Tremouillère. (B, B¹, B³, C.)

[1] *Dict. hist. et stat. du Cantal*, III, 381. Nous signalerons encore à Saint-Flour les chapelles suivantes : celles de Notre-Dame-de-la-Providence, de Notre-Dame-de-Bon-Secours, de Notre-Dame-de-Pitié, de Saint-Jean-Baptiste, et le Calvaire, chapelle marquée sur la carte de Cassini. *Dictionnaire du Cantal*, III, 378 et 379.

SAINT-GEORGES. Chapellenie Saint-Cirgues de Saint-Georges, au roi. (B[1], C.)

—— Chapellenie de Saint-Thomas-de-Cantorbéry de Saint-Georges, au chapitre cathédral de Saint-Flour[1]. (B[1], C.)

SAINT-JUÉRY. Chapelle[2]. (Voir le prieuré Saint-Antoine, p. 250.)

SAINT-LOUP, h., c[ne] de la Chapelle-d'Allagnon.

SAINT-MARTIN-SOUS-VIGOUROUX. Chapellenie Portal de Saint-Martin-sous-Vigouroux, à la famille de Prunet. (B[3], C.)

—— Chapelle de Saint-Laurent-au-Château[3]. (Voy. ci-dessus le Registre de G. Trascol, n° 212.)

SAINT-MARC-DE-RECOUX. Chapelle de la Vierge à Saint-Marc-de-Recoux. (B[3].)

SAINTE-REINE, chapelle figurée par Cassini au nord-est de Murat. Elle n'existe plus.

TANAVELLE. Chapelle de Saint-Blaise. (B[3].)

—— Chapellenie Roussel de Tanavelle, à la famille des Roussels. (B[3], C.)

—— La vicairie de Reginbalt, dans la paroisse de Tanavelle. (B[1].)

TEISSIÈRES-DE-CORNET. Chapellenie Saint-Mein de Teissières-de-Cornet, à l'évêque. (C.)

TERNES (LES). Chapellenie Saint-Antoine dudit lieu, à la famille des Houx. (B[3], C.)

—— Chapellenie Sainte-Marguerite des Ternes. (B[1], B[3].)

TURLANDE, h., c[ne] de Paulhenc, avec chapelle. Elle était fort ancienne et dédiée à la sainte Trinité et à la sainte Vierge[4].

VALUÉJOLS. Chapellenie Saint-Jean-Baptiste de Valeujol, au commandeur de Montchamp. (C.) Il existe aussi, à quatre kilomètres environ à l'ouest de Valuéjols, une chapelle de Notre-Dame-de-la-Visitation (Cassini) dite aussi Notre-Dame-de-l'Escure, à cause du voisinage du hameau de ce nom, chapelle qui a été érigée en succursale en 1821[5].

VAISSENET (LA). Chapellenie Saint-Blaise, dans ladite paroisse. (B[1], B[3], C.)

VASTRIE (LA). Chapelle Saint-Antoine-de-Châteauneuf, située près le Mas, h. de la Vastrie[6]. (B[1], B[3] et C.)

[1] Aujourd'hui Saint-Thomas, moulin, c[ne] de Saint-Georges. D'après le *Dict. hist. et stat. du Cantal*, III, 454, c'était une maladrerie, dont les revenus furent donnés à l'hôpital de Saint-Flour.

[2] *Dict. hist. et stat. du Cantal*, I, 65-66.

[3] *Ibid.*, IV, 177.

[4] *Ibid.*, V, 7 et 8.

[5] *Ibid.*, V, 515-516.

[6] *Ibid.*, V, 518, 519.

Vastrie (La). Chapellenie Saint-Paul de la Vastrie. (B^1, B^3 et C.)

—— Chapellenie de Saint-Michel dudit lieu (?). (B^1.)

Vedernat, h., c^ne de Roffiat. Chapellenie de Sainte-Radegonde de Vedernat, au chapitre collégial de Saint-Flour. (B^1 et C.)

Villedieu. Il existait en ce lieu, avant 1277, une chapelle dite *de Notre-Dame-de-Rozanet*[1].

II.

ARCHIPRÊTRÉ D'AURILLAC.

A. CHAPITRES, CURES, ETC.

Aurillac. Les pouillés et comptes de décimes mentionnent, en sus de l'abbé, le chapitre[2] (B^1 et B^3), les deux dignités de doyen et de chantre (B^1), l'aumônier, personat (B^1 et B^1), et les douze bas-chœurs (B^3).

—— L'archiprêtré d'Aurillac, avec son annexe de Viescamps. (Cf. Pouillé, n° 161.) (B et B^1.)

—— La communauté des prêtres de Notre-Dame d'Aurillac. (B, B^1, B^3.)

—— Saint-Jean-du-Buis-lès-Aurillac, abbaye de moniales, de l'ordre de Saint-Benoît, au roi. (B^1, B^3, C.)

—— L'Hôpital de la Sainte-Trinité d'Aurillac. (B, B^1.)

Bellonie (La), h., c^ne de Saint-Santin-de-Maurs. Le curé de la Bouesse, *alias* de la Bellonnie, dans ladite paroisse [de Trioulou]. (B^1. Voir aux chapellenies, v° Boisse.)

Capelle-en-Vézie (La). Saint-Rémi de la Capelle-en-Vézie, au prévôt de Montsalvy. (B, B^1, C.) (Cf. supra, n° 555.)

Caylus, h., c^ne de Roussy. Il a existé, sur l'emplacement du village, une église qui portait le nom de Caylus, et dont Géraud de Murat, damoiseau, s^r de Montsalvy, percevait les revenus en 1415[3].

Montsalvy. Prieuré de la Magdeleine de Montsalvy ou chapelle du Reclus[4]. (B, B^1, B^3. Voir aux chapellenies.)

Pailherols. Une chapelle élevée en ce lieu vers 1527 devint plus tard une

[1] *Dict. hist. et stat. du Cantal*, V, 597. — [2] L'abbaye d'Aurillac fut sécularisée en 1561 et remplacée par un chapitre. *Dict. hist. et stat. du Cantal*, I, 143. — [3] *Ibid.*, V, 145. — [4] *Ibid.*, IV, 378.

succursale de Raulhac, puis une paroisse. Elle est dédiée à Notre-Dame de l'Assomption[1].

ROQUEBROU (LA). Le collège des cinq chapellains de la Tremolière. (B[1] et B[3].) Cette communauté, qui passe pour avoir été fondée par deux frères du nom de la Tremolière, était placée sous le patronage de saint Blaise[2].

ROUFFIAC. Prieuré de Saint-Martin de Roffiat, à l'archidiacre d'Aurillac. (C et B[3].) L'église de ce lieu avait titre de prieuré, et elle se trouve deux fois mentionnée dans le Pouillé du XVIIIe siècle[3].

SAINT-ANTOINE. Commanderie Saint-Antoine-de-Marcouls ou Marcolès. (B, B[1] et B[2].) Cassini la désigne ainsi : « Saint-Antoine, succ. » C'était une dépendance de l'ordre de Malte, sous le titre de Saint-Antoine-de-la-Charité. Les prieurs étaient à la nomination des barons de Calvinet, d'après un titre de 1464[4]. La commanderie fut unie en 1703 au monastère de Montsalvy.

SAINT-MARTIN. Prieuré uni au collège d'Aurillac (?). (C.)

SAINT-MARY, h., c[ne] de Roanne-Saint-Mary. Le curé de Saint-Mary-lès-Marcolez. (B et B[1].) Le chef-lieu de la paroisse s'appelle l'Ermitage[5]. Cette église est située à 800 mètres au nord de Saint-Mary, près de Besserols. L'église marquée à Saint-Mary par Cassini est une chapelle fort ancienne sur une montagne appelée Puy-Saint-Mary. Elle est aujourd'hui tombée en ruines. Saint-Mary a été réuni, comme commune, à Roanne depuis 1844.

SAINT-PROJET, h., c[ne] de Cassaniouze. Les religieuses de Saint-Préjet et leur chapelain. (B[1].) Cette maison, que l'on trouve désignée aussi comme prieuré (B[3]), était une ancienne abbaye, plusieurs fois détruite et définitivement supprimée en 1749[6].

VILLEDIEU, h., c[ne] de Trioulou. La carte de Cassini place en ce lieu une commanderie.

B. COMMUNAUTÉS.

MONASTÈRES D'HOMMES.

AURILLAC eut depuis le XIIIe siècle un couvent de Cordeliers, qui dura jusqu'à la fin du XVIIIe, et dont l'église sert de paroisse à un quartier de la ville sous le nom de Notre-Dame-aux-Neiges[7].

[1] *Dict. hist. et stat. du Cantal,* IV, 577.
[2] *Ibid.,* V, 121-122.
[3] *Ibid.,* V, 138-139.
[4] *Ibid.,* I, 73.
[5] *Dict. hist. et stat. du Cantal,* V, 109-110.
[6] *Ibid.,* III, 57-59.
[7] *Ibid.,* I, 151.

AURILLAC. Le couvent des Pères Carmes de ladite ville. (B, B[1], B[3].)

—— Les Jésuites d'Aurillac (B[3]) auxquels fut confié le collège de la ville, dès 1619[1].

MONASTÈRES DE FEMMES.

Le monastère Sainte-Claire d'Aurillac, transféré de Boisset audit Aurillac. (B[1].)

Les religieuses de la Visitation d'Aurillac. (B[3].)

Les religieuses de Saint-Joseph d'Aurillac. (B[3].)

Les religieuses de Notre-Dame d'Aurillac. (B[1] et B[3].)

C. CHAPELLENIES.

ANTRAIGUES, h., c[ne] de Boisset. Chapellenie Roudier d'Entragues, à M. de Matha d'Entragues. (C.)

ARPAJON. Chapellenie de Lissat d'Arpajon, à Marie Boigue. (B[1], B[3], C.)

—— Chapellenie Maldebas d'Arpajon, à Jean Delfour, du village d'Enviales (Viale), paroisse d'Ytrac. (B[1], B[3], C.)

AUBESPEYRE, h., c[ne] de Junhac, avait une chapelle, suivant Cassini.

AURILLAC. La chapellenie Saint-Eustache dans le monastère d'Aurillac. (B, B[1].)

—— La chapelle Sainte-Anne, dans le monastère d'Aurillac, à l'abbé d'Aurillac. (B, B[1], B[3], C.)

—— La chapellenie de Saint-Benoît, dans l'église abbatiale d'Aurillac, à l'abbé d'Aurillac. (B[1], C.)

—— Les quatre chapelles de Bonne-Pinche, aux consuls d'Aurillac. (B[1], C.)

—— Les quatre chapelles de Bex, aux consuls d'Aurillac. (B[1], B[3], C.)

—— Les quatre chapelles de Broha, aux consuls d'Aurillac. Le sieur La Carrière y nomme aussi. (B[1], C.)

—— Les quatre chapelles de Taveige, aux consuls d'Aurillac (B[1], C); elles avaient été fondées par Me Jean Taveige, notaire. (A[2].)

—— Les quatre chapelles de Gripiat, aux consuls d'Aurillac. (B[1], B[2], C.)

—— Les trois chapellains de Danty, dans l'église paroissiale d'Aurillac. (B[1].)

—— Les deux chapellenies de Maringues, au sieur Collinet de Labeau. (B[1], C.)

[1] *Dict. hist. et stat. du Cantal*, I, 158-159.

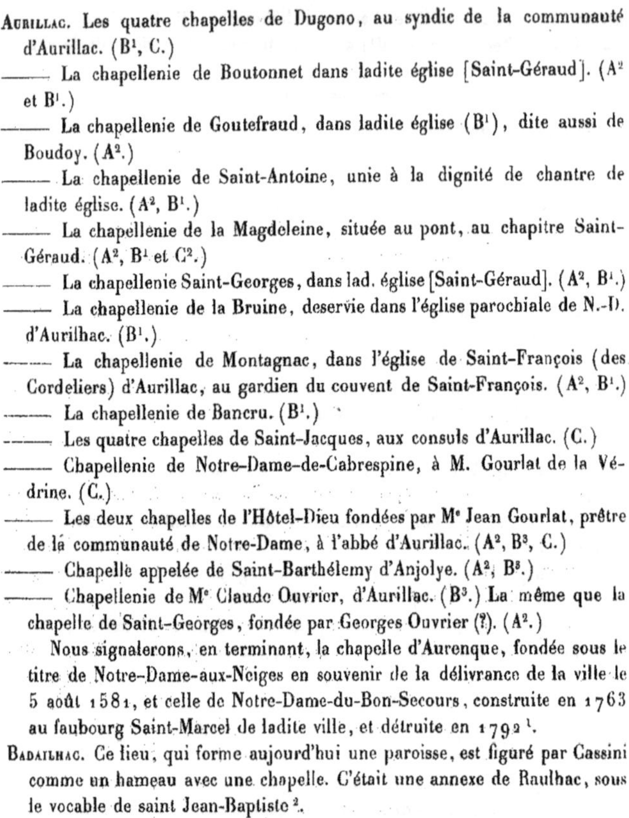

AURILLAC. Les quatre chapelles de Dugono, au syndic de la communauté d'Aurillac. (B^1, C.)

—— La chapellenie de Boutonnet dans ladite église [Saint-Géraud]. (A^2 et B^1.)

—— La chapellenie de Goutefraud, dans ladite église (B^1), dite aussi de Boudoy. (A^2.)

—— La chapellenie de Saint-Antoine, unie à la dignité de chantre de ladite église. (A^2, B^1.)

—— La chapellenie de la Magdeleine, située au pont, au chapitre Saint-Géraud. (A^2, B^1 et C^2.)

—— La chapellenie Saint-Georges, dans lad. église [Saint-Géraud]. (A^2, B^1.)

—— La chapellenie de la Bruine, deservie dans l'église parochiale de N.-D. d'Aurilhac. (B^1.)

—— La chapellenie de Montagnac, dans l'église de Saint-François (des Cordeliers) d'Aurillac, au gardien du couvent de Saint-François. (A^2, B^1.)

—— La chapellenie de Bancru. (B^1.)

—— Les quatre chapelles de Saint-Jacques, aux consuls d'Aurillac. (C.)

—— Chapellenie de Notre-Dame-de-Cabrespine, à M. Gourlat de la Védrine. (C.)

—— Les deux chapelles de l'Hôtel-Dieu fondées par Mᵉ Jean Gourlat, prêtre de la communauté de Notre-Dame, à l'abbé d'Aurillac. (A^2, B^3, C.)

—— Chapelle appelée de Saint-Barthélemy d'Anjolye. (A^2, B^3.)

—— Chapellenie de Mᵉ Claude Ouvrier, d'Aurillac. (B^3.) La même que la chapelle de Saint-Georges, fondée par Georges Ouvrier (?). (A^2.)

Nous signalerons, en terminant, la chapelle d'Aurenque, fondée sous le titre de Notre-Dame-aux-Neiges en souvenir de la délivrance de la ville le 5 août 1581, et celle de Notre-Dame-du-Bon-Secours, construite en 1763 au faubourg Saint-Marcel de ladite ville, et détruite en 1792 [1].

BADAILHAC. Ce lieu, qui forme aujourd'hui une paroisse, est figuré par Cassini comme un hameau avec une chapelle. C'était une annexe de Raulhac, sous le vocable de saint Jean-Baptiste [2].

BELBEX, h., cⁿᵉ d'Aurillac. Les trois chapellenies de Belvex. (B^1.) Chapelle Saint-Antoine-de-Belbé (A^2), à l'abbé d'Aurillac. (C.)

[1] *Dict. hist. et stat. du Cantal*, I, 165 et 167. — [2] *Ibid.*, I, 241.

Besserette (La). Chapellenie Chauzy de la Beiseyrette, au s^r du Vivico. (B³ et C.)

Boisse. Chapellenie Boisse ou la Bélonie, au seigneur de Naucase. (A², B³, C.) Voir ci-dessus Bellonie (La).

Boisset. Chapellenie de Conquans, dans lad. paroisse, au seigneur de Conquans. (B¹, B³, C.)

—— Les chapellenies de Murat, de Merle et de Naucaze, paroisse de Boisset. (B¹, B³, C.)

—— La chapellenie de Garoustel, dans l'église de Boisset. (B¹.)

Bos (Le), h., c^ne de Saint-Victor, paroisse d'Alex. Château et chapelle, d'après Cassini.

Boutonnet, h., c^ne d'Ayrens. En 1335, Archambaud, abbé d'Aurillac, conjointement avec Gaillard de Castelnau, prieur de Saint-Privat, fonda en ce lieu une chapelle dédiée à saint Jean[1].

Bouygue (La), h. et château avec une chapelle, c^ne de Leynhac. Les deux chapelles de Boigue, à Mr Martin de la Boigue[2]. (B¹, B³, C.)

Branugues, h., c^ne de Nieudan. Le château de Branugues avait une chapelle fondée en 1679 et dédiée à sainte Madeleine (A²)[3].

Calvinet. La vicairie ou chapellenie de Saint-Georges de Calvinet, annexe de Cassaniouze, au prince de Monaco. (B¹, C.)

—— Chapellenie Saint-Jean et Sainte-Catherine de Calvinet, au comte de Cadrieu. (B¹, C.)

—— Chapellenie Saint-André de Calvinet, *idem.* (C.)

Campan, h., c^ne d'Ytrac. Cassini y figure une chapelle et un fief.

Capelle-Viescamps (La). Chapelle de Puech-Broussou, dans lad. église. (A², B³.)

Carlat. Les six chapellenies des château et église de Carlat, unies au chapitre d'Aurillac[4]. (B¹, B³, C.)

Cassagne, h., c^ne de Jou-sous-Montjou. Ce lieu possédait une église ou chapelle, d'après Cassini.

Cassaniouze. La chapellenie de la Sainte-Vierge et de Saint-Géraud-de-Conquieste, aux consuls d'Aurillac. (B¹, C.)

[1] *Dict. hist. et stat. du Cantal*, I, 139.

[2] *Ibid.*, IV, 19.

[3] *Ibid.*, IV, 561. D'après cet ouvrage, il y a aussi sur la même commune, au hameau dit *Le Bruel*, un château avec une chapelle. Mais ni Cassini ni l'État-major n'en font mention.

[4] *Dict. hist. et stat. du Cantal*, III, 15.

CAVANHAC, h., c^ne de Crandelles. Le château de Cavanhac avait une chapelle en 1674[1].

CLAMAGERAND, h., c^ne de Glénat. La carte de Cassini indique une chapelle. Voir ci-dessus le Pouillé, n° 240, note.

CONROS, h., c^ne d'Arpajon. Les trois chapelles de Conros, au seigneur du lieu. (B^1, B^3, C.) A^2 les nomme chapelles de Saint-Mathurin et Saint-Marcellin.

CRANDELLES. La chapellenie de Jullien ou d'Anjolye, à Crandelles, aux consuls d'Aurillac. (A^2 et B^1?)

FONBULIN, h., c^ne de Saint-Cernin. Il y a eu, en ce lieu, une chapelle fondée au XVe siècle. (A^2.)

FOURNOULÈS. La chapellenie de Forestier, dans ladite paroisse. (B^1.)

GIOU-DE-MAMOU. La chapellenie Saint-Rogues (ou de Roques), au curé de la communauté. (B^1, B^3, C.)

GOURDIÈGES. Chapelle de Saint-Main. (B^3.)

GRILLIÈRE (LA), h., c^ne de Siran. La chapellenie de Queyrac ou Gayrac, *alias* de la Grillière, au seigneur de la Grillière. (B^1, B^3, C.)

HAUTERIVE, maisons isolées, c^ne de Jussac. La carte de Cassini y place une chapelle.

LADINHAC. Chapellenie N.-D.-de-Bon Secours, au prieur du Pont. (B^3, C.)

LEUCAMP (?). La chapellenie de Saint-Caprais-de-Cornat, au comte de Cadrieu (B^1, B^3, C.), et celle de Goutels, unie à la communauté dudict lieu (B^1).

LEYNHAC. La chapellenie de Rodiez. (B^1.)

——— La chapellenie de Mathalay, dans l'église de Leyniac. (B^1.)

——— Chapellenie Notre-Dame-de-Pont de Leyniac, au prieur du Pont. (B^3, C.) Il y a sur cette commune un hameau dit *Las Capelles*.

LOURADOU ou L'ORADOUR (*Oratorium*), h., c^ne de Mandailles. La tradition place en ce lieu un oratoire que l'on croit avoir été le plus ancien de la paroisse[2].

MARCOLÈS. Chapelle de Cabrespine, à Marcolès. (B^3.)

——— La chapellenie Notre-Dame, dans lad. église. (B^1.)

——— Chapelle de Saint-Antoine de Marcolès (distincte de la commanderie?). (B^3.)

——— Les trois chapelles de Billies, au curé de Marcolès. (C.)

——— Chapelle du Saint-Sépulcre[3].

[1] *Dict. hist. et stat. du Cantal*, III, 243. — [2] *Ibid.*, IV, 105. — [3] *Ibid.*, IV, 126.

MARCOLÈS. Chapelle de Cazes, fondée dans la chapelle Saint-Sébastien de Marcolès. (A².)

—— Chapelle de Nozières. (A².)

—— Chapelle de Saint-Eutrope, au nord de Marcolès. (Cassini.)

MAS-DE-SÉDAIGES, h., c^ne de Marmanhac. Fief et chapelle, suivant Cassini.

MAURS. Chapellenie Sainte-Croix de Maurs, dans l'enclos du monastère de Saint-Pierre, au seigneur de Merle. (A², B¹, C.)

—— Les trois chapellenies de Gouteredonde. (B¹.)

—— Les deux chapellenies de Polverel et de Landraille. (B¹.)

—— La chapellenie Saint-George dudit lieu, à l'abbé. (B¹, C.)

—— La chapellenie Saint-Blaise de Maurs, à l'abbé. (A², B¹.)

—— Chapellenie de Murat, dans la chapelle Saint-André-de-Murat, au monastère de Maurs. (A², B¹.)

MONTAL (LE), h., c^ne d'Arpajon. Les quatre chapelains du château de Montal. (B¹.) Cf. Pouillé, n° 206.

MONTAMAT, h., c^ne de Cros-de-Ronesque. Cassini y figure une chapelle qui était peut-être celle du château ruiné de Montamat.

MONTLAUZY ou MONTLOGIS, h. et château en ruines, c^ne de Ladinhac. Le château avait une chapelle dédiée à sainte Madeleine[1].

MONTMURAT. Les deux chapellenies qui sont dans ladite paroisse. (B¹.)

MONTSALVY. Chapelle de Saint-Fonds, à Montsalvy (B³), aujourd'hui SAINTE-FOND, h., c^ne de Montsalvy. On rapporte la première construction de cette chapelle à saint Gausbert, fondateur du monastère de Montsalvy au XIe siècle.

—— La Madeleine, chapelle, aujourd'hui la chapelle du Reclus, dont l'origine remonterait aussi à saint Gausbert[2].

MONTSERRAT, h., c^ne de Leynhac. La carte de Cassini figure au nord de Leynhac une chapelle qui nous paraît être celle dite de Notre-Dame de Montserrat[3].

MOURJOU. La chapellenie Saint-Blaise, dans lad. paroisse (B¹), *alias* Sainte-Barbe (B³).

—— La chapellenie Notre-Dame-de-Pitié, dans lad. paroisse. (B¹, B³.)

—— La chapellenie des Innocents de Morjou. (B¹.)

NIEUDAN. Chapelle de Notre-Dame-de-Niodan. (B³.) Cette chapelle, nommée

[1] *Dict. hist. et stat. du Cantal*, III, 514. — [2] *Ibid.*, IV, 378. — [3] *Ibid.*, IV, 19.

aussi *Notre-Dame-du-Puy-Rachat*, existait au xve siècle et paraît avoir une origine fort ancienne[1].

Nozerolles, h., c^ne^ de Saint-Simon. Chapellenie Nozerolles de Saint-Simon, aux consuls d'Aurillac[2]. (B^1, B^3, C.)

Raulhac. Les chapellenies des Portes et du Verdier, au seigneur de Carladès, aux successeurs de Guy-Porte et à la famille de Verdier, du Mur-de-Barrès. (B^1, B^3, C.)

—— Chapellenie de Buisson ou Aubuisson sous l'invocation de sainte Anne[3]. (B^1, B^3.)

Reilhac. Chapellenie Alest de Relhac, aux consuls d'Aurillac. (B^1, B^3, C.)

Roanne-Saint-Mary. Chapellenie de Saint-Michel de Roanne, deserviable dans la chapelle Sainte-Barbe, au seigneur de Roanne. (A^2, B^1, B^3, C.)

Roquebrou (La). La chapellenie de Reclusaige, dans l'église parochiale de Roquebro. (B^1.)

—— La chapellenie Saint-Mathieu, dans ladite église. (B^1.)

Roquenatou, maisons isolées, c^ne^ de Marmanhac. Ce lieu, où s'élevait jadis une forteresse, possède une chapelle dédiée sans doute à Notre-Dame. En 1129, il y avait un prieuré, et on y mentionne au xiiie siècle un hôpital pour les pauvres[4].

Roquevieille (La). La chapellenie fondée par M. de Requiran en ladite paroisse. (B^1, B^3.)

Rouffiac. Chapelle de Roffiac. (B^3.)

Roumégoux. Sur le territoire de cette commune, à 300 mètres environ à l'est du hameau dit La Chapelle-du-Bournïou, se trouve la chapelle de *Notre-Dame-de-Grâce*, indiquée déjà sur la carte de Cassini. Auprès de cette chapelle est une fontaine dite de Saint-Géraud, qui jaillit, dit-on, en un endroit où fut déposé le corps du saint, lors de sa translation du Quercy à Aurillac[5].

Rouziers. Vicairie de Rouziers. (B^3.)

Saint-Cairial ou Saint-Curial, h., c^ne^ de Vic. Chapelle ruinée, ancien ermitage, qui aurait succédé, suivant une tradition, à un couvent d'hommes et qui est connu par des titres des xve et xvie siècles[6].

Saint-Clément. Les deux chapellenies qui sont dans la paroisse. (B^1.) Il faut

[1] *Dict. hist. et stat. du Cantal*, IV, 560-561.
[2] *Ibid.*, V, 369.
[3] *Ibid.*, V, 76.
[4] *Dict. hist. et stat. du Cantal*, IV, 137-138.
[5] *Ibid.*, V, 143.
[6] *Ibid.*, V, 565.

sans doute entendre par ces mots deux chapelles, aujourd'hui en ruines, sur la commune de Saint-Clément, l'une située au hameau de La Tiolière, l'autre dite Chapelle du Cantal, au Puy-Gros. Elles étaient toutes deux sur l'ancienne route ou *estrade* d'Aurillac à Saint-Flour, et servaient aux pâtres qui habitent ces montagnes pendant six mois de l'année [1].

Saint-Étienne-de-Maurs. Chapellenie Murat-la-Roue de Saint-Étienne-de-Maurs, au seigneur de Murat-la-Roue. (C.)

Saint-Jacques-des-Béats. Chapelle de Saint-Jacques.

Saint-Julien, aujourd'hui Saint-Julien-de-Jordanne. Cette église, d'abord simple chapelle, était annexe de Saint-Cirgues-de-Jordanne; elle a été érigée en succursale en 1840. Elle a pour second patron saint Joseph [2].

Saint-Julien-de-Toursac. Chapellenie Naucaze, au seigneur de Naucaze. (C.)

Saint-Laurent, chapelle, c^ne de Saint-Mamet. Les cartes de Cassini et de l'État-major la mentionnent.

Saint-Mamet-la-Salvetat. La chapellenie de la Caly ou de Lacam. (B^1, B^3.) Elle était sans doute au hameau de *la Capelle-de-la-Cam*, c^ne de Saint-Mamet.

——— La chapellenie de Taille-Ferrioil. (B^1, B^3.)

Saint-Martin-Valois. La chapellenie Saint-Blaise. (B^1.)

Saint-Paul-des-Landes. La chapellenie de la Conception, de l'Hôpital, au prieur des Calmets. (B^1, B^3, C.)

——— La chapellenie de Fabri (B^1, B^3) et une vicairie du même nom. (B^3.)

Saint-Rames, h., c^ne de Saint-Santin-Cantalès. Il y avait jadis, en ce lieu, un oratoire [3].

Saint-Rouffy, h., c^ne d'Arnac (Cassini). L'État-major le nomme « Saint-Rauffy ».

Saint-Santin-Cantalès. Cassini marque au sud de ce village une chapelle de Saint-Jacques et de Saint-Philippe, aujourd'hui ruinée. Il paraît que c'était l'ancienne église du bourg [4].

Saint-Simon. La chapellenie de Galdieu ou Lagaldie, aux sindics de l'église de Saint-Simon. (A^2, B^1, B^3.)

Saint-Sulpice, h., c^ne de Maurs, où était probablement une chapelle dédiée au saint patron de Maurs [5].

Sansac-de-Marmiesse. Chapellenie Notre-Dame-de-la-Miséricorde, dans l'église

[1] *Dict. hist. et stat. du Cantal*, III, 215, et V, 446.

[2] *Ibid.*, III, 496.

[3] *Dict. hist. et stat. du Cantal*, V, 275.

[4] *Ibid.*, V, 271.

[5] *Ibid.*, IV, 325.

de Sansac [de Marmiesse?]. (B[1].) Il y avait au hameau de la Capelotte un oratoire consacré à Notre-Dame-de-Pitié (Cassini et État-major), qui se confond peut-être avec la susdite chapelle[1].

SENEZERGUES. La chapellenie de La Roque de ladite paroisse. (A[2] et B[1].)

SIRAN. La chapellenie Saint-Joseph-de-Barbarie de Siran, au prieur des Calmets. (C.) La Balbaric, h., est une annexe de Siran[2].

TEISSIÈRES-DE-CORNET. Les deux chapelles de Notre-Dame-de-Miséricorde et de Saint-Clair, au curé de Teissière-les-Cornet. (C.)

THIÉZAC. Chapellenie de Notre-Dame-de-Consolation, unie à la communauté (C.)

VELZIC, h., c^ne de Lascelle. La chapellenie de Belgie (B[1]) ou Velzit (B[3]).

YTRAC. La chapellenie del Capmas ou de La Carrière, dans lad. église. (B[1].)

III.

ARCHIPRÊTRÉ DE LANGEAC.

A. PRIEURÉS, CURES, ETC.

CHAVAGNAC, h., c^ne de Saint-Georges-d'Aurat (Haute-Loire). Cure de Saint-Roch de Chavaignat, au seigneur du lieu. (C.)

CHAZELLES (Haute-Loire). Cure de Saint-Pierre de Chazelles[-sur-Pébrac], au chapitre de Pébrac. (B, B[1], C. Cf. Payrard, *Terrarium Piperac. monast.*, ch. XXIII.) Le curé avait le titre de prieur.

CHAZES (LES) (Haute-Loire). Cure de Sainte-Anne des Chazes, à l'abbesse du lieu.

LANGEAC (Haute-Loire). Le prieuré de la Magdelaine-près-Langeac. (B, B[1], C.)

——— L'Hôpital de Notre-Dame de la ville de Langeac[3]. (B.)

——— Saint-Jean de Langeac, commanderie unie à celle de Montchamp[4].

LAVOÛTE-CHILHAC (Haute-Loire). Le prieur de la Magdeleine-près-la-Voulte. (B, B[1].)

PRADES (Haute-Loire), jadis PRADES-D'ALLIER. Ce lieu, qui possède une église paroissiale, fait partie du diocèse de Saint-Flour, d'après les cartes anciennes.

[1] *Dict. hist. et stat. du Cantal*, V, 263.

[2] *Ibid.*, V, 395.

[3] Cf. Chabrol, *Coutumes d'Auv.*, IV, 284.

[4] *Ibid.*, IV, 265 et 544.

Toutefois certains textes des XIVe et XVe siècles le placent dans l'évêché de Mende[1].

SAINT-JULIEN-DES-CHAZES (Haute-Loire). La prieure de Saint-Julien-des-Chazes. (B, B[1]. Voir le Pouillé, n° 286.)

B. COMMUNAUTÉS.

MONASTÈRE D'HOMMES.

LANGEAC (Haute-Loire). Le couvent des Capucins, indiqué par Cassini[2].

MONASTÈRES DE FEMMES.

LANGEAC (Haute-Loire). Le couvent des religieuses de Sainte-Catherine-de-Sienne de Langeac. (B[1], B[3].)

——— Les religieuses de Notre-Dame de Langeac. (B[3].)

LAVOÛTE-CHILHAC. «Les religieuses de la Croix de la Volte.» (B[3].)

C. CHAPELLENIES.

ALLY (Haute-Loire). La Nativité-de-la-Vierge d'Ally, aux curés de Celoux, de Raghade, de la Chapelle-Laurent et de Mercœur. (C.) Ce pouillé place ladite chapellenie dans l'archiprêtré de Brioude.

——— Chapelle de la Trinité, à un kilomètre environ au sud d'Ally. (Cassini et État-major.)

ARLET (Haute-Loire). Chapellenie Saint-Privat, au seigneur du lieu. (C.)

——— Chapellenie Saint-Blaise, dans ladite paroisse (?). (B[1].)

CERZAT (Haute-Loire). Chapellenie Saint-Jacques-de-Chambon, dans ladite paroisse. (B[1].)

CHANTEUGES (Haute-Loire). «Chapellenie Baynat de Chantuéjol, au seigneur de Baynat.» (C.)

CHAVAGNAC, h., c^ne de Saint-Georges-d'Aurat (Haute-Loire). «La vicairie (ou chapellenie Saint-Roch) du château de Chavaniac, dans lad. paroisse.» (B[1], C. Voir ci-dessus, p. 267.)

[1] Bibl. nat., ms. lat., nouv. acq. 1222, fol. 5 v°. Il faut noter aussi que Saint-Bérain, qui faisait partie au XIVe siècle du diocèse de Saint-Flour (Trascol, n° 201), est placé dans celui du Puy sur la carte gravée de ce diocèse, publiée à la fin du XVIIIe siècle.

[2] Cf. Chabrol, *Coutumes d'Auv.*, IV, 284.

Chazelles-sur-Pébrac (Haute-Loire). La chapellenie Saint-Loup de Chazelles-sur-Pébrac, au comte d'Apcher. (B[1], C.)

Chilhac (Haute-Loire). « Chapellenie Saint-Honorat de Chiliac, unie à la communauté du lieu. » (C.)

Chilhaguet, h., c[ne] de Langeac (Haute-Loire). Chapellenie Notre-Dame-des-Anges, au seigneur du lieu. (C.)

Desges (Haute-Loire). La chapellenie Saint-Quentin. (B[1].)

—— La chapellenie Sainte-Magdelaine-de-Godissac [Godissard](B[1]), *alias* de Goudibard-de-Terges [Desges], au comte de Pons. (C et B[8].)

Flageac, h., c[ne] de Saint-Georges-d'Aurat (Haute-Loire). Chapellenie de Flageac, au chapitre de Pébrac. (B[1], C.)

Jax (Haute-Loire). « Chapellenie Saint-Loup de Japs, à Ant. Dumas de Vergeat. »

Langeac (Haute-Loire). Chapelle de Sainte-Aure. On voit par le testament de Raymond Pons, comte de Toulouse et de Rodez, marquis de Gothie et seigneur de Langeac (960), testament rapporté par D. Mabillon[1], que son alleu de Langeac s'appelait Sainte-Aure. Or, il y a eu à Langeac une chapelle de Sainte-Aure (*Sancta Affra*), qui était détruite au temps de Chabrol, en 1786[2].

—— La chapellenie de Saint-Michel dudit Langeac. (B[1].)

—— La chapellenie de Russac [Rassac] dud. lieu. (B[1].)

—— La chapellenie des Trois-Maries. (B[1].)

—— La chapellenie Saint-Blaise dud. Langeac, dans l'église Saint-Jail. (B[1].)

—— La chapellenie Saint-Blaise, dans l'église [des religieuses de] Notre-Dame de Langeac. (B[1].)

—— La chapellenie Sainte-Marthe dudit Langeac. (B[1].)

—— La chapellenie Sainte-Catherine audit Langeac. (B[1].)

—— La chapellenie Saint-Martin aud. Langeac.

—— La chapellenie Chanteughol, fondée par M. de Muratet, et deservie par Me Claude Pradon et le curé de Langeac.

—— Saint-Roch. Chapelle au sud de Langeac. (Cassini.)

Lavoûte-Chilhac (Haute-Loire). Vicairie Saint-Blaise. (B[2].)

—— « La chapellenie Saint-Antoine, dans l'église de la Volte. » (B[1].)

[1] *De re diplomatica*, p. 574, c et d. — [2] Chabrol, *Coutumes d'Auv.*, IV, 276.

NOZEYROLLES (Haute-Loire). Chapellenie Saint-Georges, au prieur de la Voûte. (C.)

RONGIÈRE (LA) ou LA ROUGIÈRE, h., c^ne de Soulages. Hameau avec chapelle. (Cassini.)

SAINT-CIRGUES (Haute-Loire). La chapellenie Sainte-Anne-de-Romeuf, au prieur de la Voûte. (B[1], C.)

—— Chapellenie Saint-Blaise, au prince de Conti. (C.)

SAINT-EBLE (Haute-Loire). Les deux chapellenies fondées dans lad. paroisse par les sieurs de Saint-Eble et de Vissac. (B[1], C.)

SAINT-GEORGES-D'AURAT (Haute-Loire). Chapellenie Saint-Georges (?). (B[1], C.)

SAINT-JULIEN-DES-CHAZES (Haute-Loire). Église Saint-Pierre. La chapellenie Saint-Antoine des Chazes, au seigneur de Langeac. (B[1], C.)

SAINT-PRIVAT-DU-DRAGON (Haute-Loire). La vicairie d'Allaret, dans ladite paroisse. (B[1].) Il existait dans le château même d'Alleret une chapelle dédiée à la sainte Vierge, au témoignage de D. Jacques Boyer, bénédictin de la Chaise-Dieu, en son *Voyage littéraire,* encore manuscrit.

SAINT-ROMAIN, château, c^ne de Siaugues-Saint-Romain (Haute-Loire), à 800 mètres environ au sud de Siaugues.

SOULAGES. «La vicairie de Montsuc, dans la paroisse de Solatges.» (B[1].)

TAILHAC (Haute-Loire). Chapellenie Aubenas de Taillat, au seigneur d'Aubenas. (C.)

VALETTE (LA), m. is., c^ne de Chastel (Haute-Loire). «La chapellenie du château de Vallette, dans la paroisse de Châtel.» (B[1].)

VILLENEUVE-DE-FIX (Haute-Loire). La chapellenie Sainte-Reine de Villeneuve-de-Fix, au couvent de la Chaise-Dieu. (B[1], C.)

VISSAC (Haute-Loire). Vicairie ou chapellenie Sainte-Catherine, au seigneur du lieu. (B[1], C.)

IV.

ARCHIPRÊTRÉ DE BRIOUDE.

A. CHAPITRES, CURES, ETC.

AGNAT (Haute-Loire). «Cure de Saint-Julien d'Aniat, au seigneur du lieu.» (B, B[1], C.)

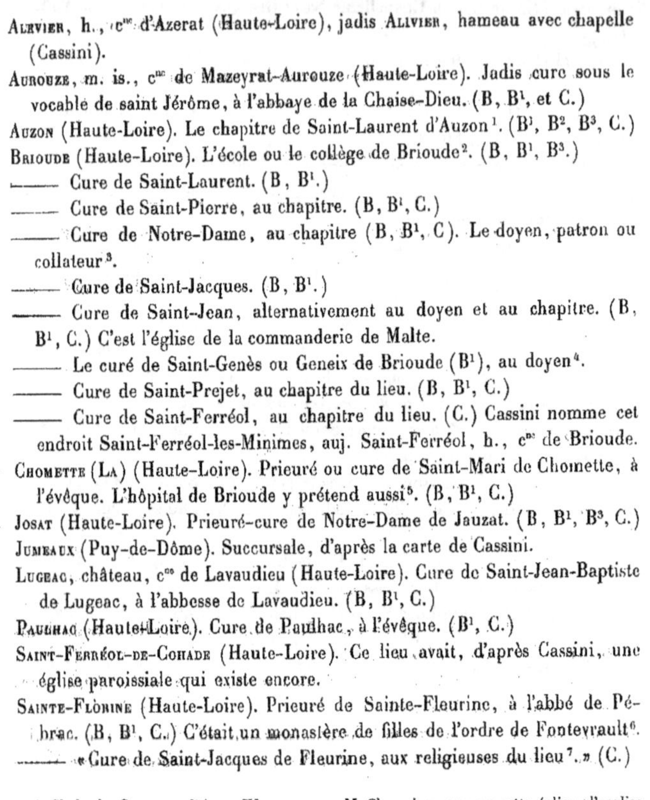

ALEVIER, h., c^ne d'Azerat (Haute-Loire), jadis ALIVIER, hameau avec chapelle (Cassini).

AUROUZE, m. is., c^ne de Mazeyrat-Aurouze (Haute-Loire). Jadis cure sous le vocable de saint Jérôme, à l'abbaye de la Chaise-Dieu. (B, B^1, et C.)

AUZON (Haute-Loire). Le chapitre de Saint-Laurent d'Auzon[1]. (B^1, B^2, B^3, C.)

BRIOUDE (Haute-Loire). L'école ou le collège de Brioude[2]. (B, B^1, B^3.)

—— Cure de Saint-Laurent. (B, B^1.)

—— Cure de Saint-Pierre, au chapitre. (B, B^1, C.)

—— Cure de Notre-Dame, au chapitre (B, B^1, C). Le doyen, patron ou collateur[3].

—— Cure de Saint-Jacques. (B, B^1.)

—— Cure de Saint-Jean, alternativement au doyen et au chapitre. (B, B^1, C.) C'est l'église de la commanderie de Malte.

—— Le curé de Saint-Genès ou Geneix de Brioude (B^1), au doyen[4].

—— Cure de Saint-Prejet, au chapitre du lieu. (B, B^1, C.)

—— Cure de Saint-Ferréol, au chapitre du lieu. (C.) Cassini nomme cet endroit Saint-Ferréol-les-Minimes, auj. Saint-Ferréol, h., c^ne de Brioude.

CHOMETTE (LA) (Haute-Loire). Prieuré ou cure de Saint-Mari de Chomette, à l'évêque. L'hôpital de Brioude y prétend aussi[5]. (B, B^1, C.)

JOSAT (Haute-Loire). Prieuré-cure de Notre-Dame de Jauzat. (B, B^1, B^3, C.)

JUMEAUX (Puy-de-Dôme). Succursale, d'après la carte de Cassini.

LUGEAC, château, c^ne de Lavaudieu (Haute-Loire). Cure de Saint-Jean-Baptiste de Lugeac, à l'abbesse de Lavaudieu. (B, B^1, C.)

PAULHAC (Haute-Loire). Cure de Paulhac, à l'évêque. (B^1, C.)

SAINT-FERRÉOL-DE-COHADE (Haute-Loire). Ce lieu avait, d'après Cassini, une église paroissiale qui existe encore.

SAINTE-FLORINE (Haute-Loire). Prieuré de Sainte-Fleurine, à l'abbé de Pébrac. (B, B^1, C.) C'était un monastère de filles de l'ordre de Fontevrault[6].

—— « Cure de Saint-Jacques de Fleurine, aux religieuses du lieu[7]. » (C.)

[1] Chabrol, *Coutumes d'Auv.*, IV, 79.

[2] *Ibid.*, IV, 136.

[3] Renseignement communiqué par M. Lachenal, de Brioude.

[4] *Idem.*

[5] Un titre de 1623, communiqué par M. Chassaing, nomme cette église « l'esglise parrochielle de Sainct-Jacques de Chounmette » et la qualifie de prieuré-cure dépendant du prieuré conventuel de la Bajasse.

[6] Chabrol, *Coutumes d'Auv.*, IV, 819.

[7] Guillaume de la Roche avait donné

SALZUIT (Haute-Loire). Cure régulière de Saint-Pierre de Salezuit, à l'évêque. (B, B[1], C.)

VAL-SOUS-CHÂTEAUNEUF (Puy-de-Dôme). Cure de Saint-Pierre-ès-Liens. (B[1], C.)

VALS-LE-CHASTEL (Haute-Loire). Cure de Saint-Pierre [1]. (B, B[1], C.)

B. COMMUNAUTÉS.

MONASTÈRES D'HOMMES.

Le couvent des pères conventuels de Saint-François de Brioude. (B[1], B[3].)

Le couvent des pères minimes de Saint-Ferréol de ladite ville. (B[1], B[3].)

Le couvent des capucins de Brioude, situé au nord de la ville, d'après Cassini; il datait de 1619 [2].

MONASTÈRES DE FEMMES.

Les religieuses [bénédictines] d'Auzon[3]. (B[3].)

Les religieuses de Notre-Dame de Brioude. (B[1], B[3].)

Les religieuses de la Visitation de Brioude. (B[3].)

Les religieuses de Saint-Joseph de Brioude. (B[3].)

Les religieuses de la Croix de Brioude. (B[3].)

Les religieuses de Lamothe[4]. (B[3].)

C. CHAPELLENIES.

AUBUSSON, h., c[ne] de Mazeyrat-Aurouze (Haute-Loire). Chapellenie Saint-Jean-Baptiste, au seigneur du lieu. (C.)

AUZON (Haute-Loire). Chapellenie de Saint-Joseph et de Sainte-Catherine, aux descendants de J. Boyer. (C.)

BAJASSE (LA), h., c[ne] de Vieille-Brioude (Haute-Loire). Outre le prieuré, il y avait au Pont-de-la-Bajasse une maladrerie sous le vocable de sainte Made-

cette église au monastère de Sauxillanges au XIe siècle. (*Cartul. de Sauxillanges*, n° 689.)

[1] Cette cure est relativement moderne; Vals-le-Châtel n'avait pas d'église paroissiale au moyen âge. B[1] semble y indiquer deux chapellenies.

[2] Chabrol, *Coutumes d'Auv.*, IV, 135.

[3] *Ibid.*, IV, 79.

[4] Réunies à celles de Brioude, du même ordre, c'est-à-dire de Fontevrault, au XVIIIe siècle. (Chabrol, *Coutumes d'Auvergne*, IV, 274.)

leine. Elle fut unie au prieuré par l'évêque de Saint-Flour le 23 septembre 1326 [1].

Brassac (Puy-de-Dôme). Chapellenie Sainte-Catherine, dudit lieu. (B¹.)

Brequeille (La), h., c^ne de Mazeyrat-Aurouze (Haute-Loire). Chapellenie de la Bresqueilhe ou Brequille, unie à la cure de Mazerat. (B¹, C.) «Stephanus Cabillongus et nepos ejus, Armandus de Sancto Privato et uxor sua et filii sui omnia que habebant in hiis ecclesiis de Albutio, de *Bercolio*, dimiserunt Deo et Sancto Roberto et monachis Case Dei.» La chapelle du château de la Brequeille était dédiée à saint Antoine [2].

Brioude (Haute-Loire). Les quatre chapelles du Sénéchal, qui sont dans l'enclos du cloître Saint-Julien de Brioude, au seigneur de Paulhac. (B¹, C.)

——— La vicairie ou chapellenie de Joannis audit lieu, aux chanoines hebdomadiers de Brioude. (B¹, B², C.)

——— La vicairie ou chapellenie de Contours, aux chanoines hebdomadiers de Brioude. (B¹, C.)

——— Les deux chapelles de Montaigut, au seigneur du lieu. (B¹, C.)

——— La vicairie ou chapellenie Dalmachie, aux chanoines hebdomadiers de Brioude. (B¹, C.)

——— La vicairie ou chapellenie de Papebœuf, au chapitre de Brioude. (B¹, C.)

——— La vicairie ou chapellenie de Bourdelie, ou Bouillie, aux chanoines hebdomadiers de Brioude. (B¹, C.)

——— La vicairie ou chapellenie Saint-Blaise, au doyen de Brioude. (B¹, C.)

——— La vicairie ou chapellenie de la Magdeleine (B¹), ou Sainte-Magdelaine-de-Montservier, au chapitre de Brioude. (C.)

——— La vicairie ou chapellenie de Montales, ou Montelar [Montclar], à la famille de Boyer la Salle Viverolles. (B¹, C.)

——— La vicairie en la chapelle de Saint-Cosme et Saint-Damien de Brioude, à la famille de Viverolles. (B¹, C.)

——— La vicairie appellée des Cars, servie dans la chapelle Saint-Jean de Brioude, aux chanoines hebdomadiers de Brioude. (B¹, C.)

——— La vicairie de Sainte-Catherine, audit lieu. (B¹.)

[1] Communication de M. A. Chassaing.

[2] *Extracta a terrario S. Roberti.* (Arch. nat., S. 3300³, fol. cxviii.) Un titre de 1557 du fonds de la Chaise-Dieu, aux archives de la Haute-Loire, porte: «la vicarie de sainct Anthonini (*sic*) de la Borquelhe.»

Brioude. La vicairie ou chapellenie de Saint-Robert-l'Hôpital, aux directeurs de l'hôpital de Brioude. (B[1], C.)

—— Chapellenie Bienvienne, à la famille de Dupuy et France, de Brioude. (B[1], B[3], C.)

—— Chapellenie de Saint-Robert, au chapitre de Brioude. (B[3], C.)

—— Chapellenie Notre-Dame-de-l'Hôpital, aux directeurs de l'hôpital de Brioude. (B[3], C.)

—— La vicairie ou chapellenie Sainte-Barbe, dans l'église Saint-Pierre. aux curé et marguillers de ladite église. (B[1], C.)

—— Chapellenie Sainte-Croix, à la maison de M. du Pont de la Grange. (B[3], C.)

—— Chapelle de Notre-Dame-des-Prés, à la famille de Du Mazel et de Montillet du Brandour, au diocèse de Clermont. (B[3], C.) Cette chapelle figure sur la carte de Cassini, à l'est de la ville de Brioude.

—— Chapellenie Saint-Ferréol, à la famille de Lugeac. (C.)

—— Vicairie ou chapellenie de Saint-Genès, à la famille de Luminhac. (B, B[1], C.)

Chabane, h., c[ne] de Lorlange (Haute-Loire). Château avec chapelle, d'après Cassini. La carte de l'État-major y figure un clocher.

Chassignoles (Haute-Loire). Chapellenie Chassignoles, aux Thaunats de Saint-Jean-Saint-Gervais. (C.)

Dombyrat (Haute-Loire). La chapellenie du château dudit lieu, et «la chapellenie annexée à l'église parochiale Dolmeirat.» (B[1].)

Entremont, h., c[ne] de Saint-Laurent-Chabreuges (Haute-Loire). Chapellenie Notre-Dame d'Antremont, à l'abbesse de la Vaudieu. (B, C.) Elle se confond peut-être avec le prieuré du même lieu (n° 401 du Pouillé).

Fontannes (Haute-Loire). La chapellenie Saint-Blaise, dans lad. paroisse, au prieur du lieu. (B, C.)

Lamothe (Haute-Loire). Chapellenie de Saint-Laurent, aud. château, au seigneur du lieu. (B, B[1], C.)

—— Chapellenie Sainte-Magdelaine, audit château, au seigneur du lieu. (B[1], C.) — Autre chapellenie audit château. (B[1].)

—— Les chapellenies fondées sur le mandement du Bois-Montparat, ou Montparent (auj. Bos-Bonparent, h., c[ne] de Saint-Beauzire, Haute-Loire) au seigneur du lieu. (B[1], B[3], C.)

LAMOTHE (Haute-Loire). « Aultre chapelle fondée par Jacqueline du Crest. »

——— « Aultre chapelle fondée par Mr de Ombies, aultrement de la Lyme. »

——— Vicairie ou chapellenie Sainte-Croix de la Mothe, au seigneur du lieu. (B^3, C.)

LAVAUDIEU (Haute-Loire). Chapellenie appellée l'Homme (B^1, C), ou l'Homme-d'Armes (B^3), à l'abbesse de la Vaudieu.

LÉOTOING (Haute-Loire). Chapellenie l'Authoin, à l'Authoin de Hajeux (?).

MAZEYRAT-AUROUZE (Haute-Loire). Chapellenie Saint-Blaise. (B^1.)

——— Chapellenie Sainte-Catherine dud. lieu. (B^1.)

PAULHAGUET (Haute-Loire). Chapellenie de Catavas de Pauliaguet, aux héritiers de Catavas. (B^1, C.)

REILHAC (Haute-Loire). Chapellenie de Reilhac. (B^1.)

SAINT-CIRGUES, h., c^ne^ de Lamothe (Haute-Loire). C'est là le nom que lui donne Cassini; la carte de l'État-major le nomme *les Cirgues*.

SAINT-ILPIZE (Haute-Loire). Huit vicairies dud. lieu (B^1), plus trois autres vicairies rapportées séparément. C mentionne les deux chapellenies qui suivent : Saignes de Saint-Ilpize, à Marie Estival de Saint-Ilpize, et Condros de Saint-Ilpize, à J. Fabre de Condros.

SAINT-JEAN-SAINT-GERVAIS (Puy-de-Dôme). Chapellenie aux héritiers de T. de Gourdines (lisez *Gourguines*). (C.)

SAINT-LAURENT-CHABREUGES (Haute-Loire). « Vicairie Saint-Blaise de Chabreughol. » (B^1.)

SALZUIT (Haute-Loire). Chapellenie Notre-Dame-de-Grâce, unie à la cure du lieu. (B^1, C.) « Notre-Dame, » chapelle, suivant Cassini.

SENAT, jadis SENAC, h., cne de Saint-Didier-sur-Doulon (Haute-Loire). Hameau avec chapelle, d'après Cassini. La carte de l'État-major le nomme *Cenac*.

VILLENEUVE, aujourd'hui VILLENEUVE-D'ALLIER (Haute-Loire). Chapelle, suivant Cassini.

V.

ARCHIPRÊTRÉ DE BLESLE.

A. CHAPITRES, CURES, ETC.

CHARMENSAC. La cure de Saint-Cirgues de Charmensac. (B, B^1, C.) Les titulaires de cette cure étaient archiprêtres du Livradois[1].

[1] *Dict. hist. et stat. du Cantal*, III, 143.

FEUILLADE (LA), auj. simple chapelle à moitié détruite, c^ne de Vernols, connue sous le nom de *Chapelle de Saint-Antoine*, a été le siège de la commanderie de Saint-Antoine de la Feuillade, aux Mrs de Saint-Antoine de Montferrand-lès-Clermont[1]. (B, B[1], B[2], B[3], C.)

MASSIAC. Chapitre de Massiac[2]. (B, B[1], B[3].)

C. CHAPELLENIES.

AULIAC, h., c^ne de Talizat. Château avec chapelle, suivant Cassini.

BLESLE (Haute-Loire). Les neuf chapelles de lad. église et celles de Sainte-Catherine et de Notre-Dame-des-Arches, dans le cloître de lad. église. (B[1] et C.)

BÔ (LE), château, c^ne de Blesle (Haute-Loire). Cassini marque en ce lieu une chapelle nommée *Le Bos*.

BOUCHET (LE), château et h., c^ne de Rageade. Cassini y figure une chapelle.

CHABANE, h., c^ne de Massiac. Château et hameau avec chapelle, d'après Cassini. Il dépendait jadis de la paroisse de Saint-Victor[3].

CHAVADE (LA) ou LA CHEVADE, h., c^ne de Chastel-sur-Murat. Cassini y représente une chapelle qui était dédiée à Notre-Dame-de-Bon-Secours[4].

CHAZELLES, h., c^ne d'Auriac ou Auriac-l'Église. Château et hameau avec chapelle, suivant Cassini.

CHEYLAT (LE), h. un peu au nord de Saint-Étienne-sur-Blesle (Haute-Loire), jadis CHEYLARD, h. avec chapelle. (Cassini.)

DIENNE. Chapellenie du château. (B[1].)

ESPALEM (Haute-Loire). Chapellenie Saint-Blaise d'Espelenc, unie à la cure dud. lieu. (C.)

FAGE (LA), maison isolée, c^ne de Saint-Étienne-sur-Blesle (Haute-Loire). Ancien fief avec chapelle. (Cassini.)

FORTUNIER, h., c^ne de Dienne. Il y avait, en ce lieu que Cassini nomme *Fortemier*, un château connu dès le XIVe siècle et qui possédait une chapelle[5].

FRAISSE-HAUT, h., c^ne de la Vaissière. Cassini y a marqué une chapelle. On y montre une grotte qui passe pour avoir été l'ermitage de saint Calupan, un des premiers apôtres de l'Auvergne[6].

[1] *Dict. hist. et stat. du Cantal*, V, 533.
[2] *Ibid.*, IV, 191.
[3] *Ibid.*, III, 205.
[4] *Dict. hist. et stat. du Cantal*, III, 159.
[5] *Ibid.*, III, 257.
[6] *Ibid.*, V, 510.

GIRONDE, h., c^{ne} d'Auriac. Cet endroit possède un château, qui peut remonter au XIVe siècle, avec une chapelle[1]. (Cassini.)

GRENIER-MONTGON (Haute-Loire). Chapellenie Saint-Loup-de-Montgon à Grenier, au seigneur de Montgon.

LAVIGERIE. La carte de Cassini marque, un peu à l'est du hameau de Lavigerie, érigé en commune en 1846, une chapelle qui devint succursale vers 1787. Elle est isolée du bourg et dédiée à Notre-Dame-de-la-Visitation[2].

LÉOTOING (Haute-Loire). Vicairie de Sainte-Catherine, au château de Léotoing. (B^{1}, C.)

LOUBARESSE, h., c^{ne} de la Chapelle-Laurent. Vicairie Sainte-Anne de Loubarzez ou Loubarzet, au prieur de Rochefort. (B^{1}, C.)

MASSIAC. Une chapelle de Saint-Jean-Baptiste existait anciennement dans cette ville[3].

MOLOMPIZE. La carte de Cassini figure auprès de ce lieu deux chapelles, celle de Notre-Dame-de-Bon-Secours, à un kilomètre environ au nord, et celle de Saint-Sauveur, un peu au sud. La première subsiste seule[4].

NUBIEU, château ruiné, c^{ne} de Fournols. Il avait une chapellenie dite vicairie de Nubieux. (B^{1}, C.)

PEYRUSSE. Chapellenie Daubezas, dans ladite paroisse. (B^{1}.)

PRADES (LES), auj. PRADT, h. et château, c^{ne} de Landeyrat. Hameau avec chapelle, d'après Cassini.

SAINT-MARY-LE-CROS. Chapellenie Chastelon, unie à la cure dud. lieu. (C.) Elle nous paraît avoir été établie dans la chapelle de Notre-Dame-de-Chastel, marquée par Cassini à trois kilomètres environ à l'ouest de Saint-Mary-le-Cros, et qui a disparu depuis.

TANAVELLE. Chapelle de Saint-Blaise, servie par le curé. (Voy. le Pouillé, n° 431.)

VÉDRINES, maisons isolées, c^{ne} de Lorlange (Haute-Loire). Château avec chapelle. (Cassini.)

VERNASSAL, h. et château, c^{ne} de Léotoing (Haute-Loire). La carte de Cassini y figure en outre une chapelle.

[1] *Dict. hist. et stat. du Cantal*, I, 111.
[2] *Ibid.*, V, 596.
[3] *Dict. hist. et stat. du Cantal*, IV, 192.
[4] *Ibid.*, IV, 356.

TABLE DES NOMS DE LIEUX

MENTIONNÉS

DANS LE REGISTRE DE G. TRASCOL

ET DANS LES POUILLÉS DE CLERMONT ET DE SAINT-FLOUR.

N. B. Dans cette table, la lettre majuscule A, placée devant les chiffres, désigne le registre de G. Trascol; B, le Pouillé de Clermont; C, le Pouillé de Saint-Flour. — La lettre minuscule *p* indique les pages de l'*Appendix* et des deux Suppléments.

CORRECTIONS ET ADDITIONS.

Page 11, ligne 19, archiprêtré de Limagne, anciennement d'Artonne (Grég. de Tours, *De gloria confess.*, 5).

Page 28, ligne 5, Magnaderio, *lisez :* Meynadier.

Page 43, note 8, Andier, *lisez :* Landier.

Page 45, 1698, l'abbé de Pruines, *ajoutez :* L'abbé de Pruines, fils d'un exempt des gardes du corps, fut pourvu par le roi pendant la vacance en régale de l'évêché de Clermont. (*Mém. de la généralité d'Auvergne*, par O. Lefèvre d'Ormesson.)

Page 46, 4°, Archidiacres de Souvigny. L'archidiacre Jean doit être Jean Pouhet, qui figure, sous ce titre, dans un acte passé à Maurs, au mois de mai 1255, entre l'abbé de Maurs et l'évêque d'Auvergne. (*Gallia christ.*, t. II, c. 448.)

Ibidem, 5°, Archidiacres de Cusset. *Ajoutez :* 1264, février. Vezian, archidiacre de Cusset, d'après un extrait du cartulaire épiscopal de Guy de la Tour, évêque de Clermont. (*Gallia christ.*, t. II, pr., c. 90.)

Page 56, n° 56, Periers, *lisez :* Perrier.

Page 57, n° 66, Crest, *lisez :* Creste.

Page 63. Effacez la note 4.

Page 74, n° 24. Lorsque les vocables des prieurés ne sont pas indiqués, il est entendu que ce sont ceux des églises du même nom; cette observation s'applique au Pouillé tout entier.

Ibidem, n° 32. P. ruralis S. Leonardi de Lortige. D ajoute : «Unitus capitulo Mont[is]ferrandi.»

Page 77, n° 56. Saint-Gènes, *lisez :* Saint-Genès.

Page 83, n° 107, Saint-Pries d'Andelot, *lisez :* Saint-Priest d'Andelot.

Page 90, n° 207, Verneuil est chef-lieu de commune.

Page 91, n° 216, Moladier, forêt, et maisons isolées, c^ne^ de Besson (Allier).

Page 93, n° 225, Nérignet, h. c^ne^ de Branssat, *lisez :* c^ne^ de Bayet.

Page 107, n° 388, Regnat, etc., *lisez :* Reignat, auj. chef-lieu de commune.

Page 108, n° 416, Medagnes, *lisez :* Medagues, et en note, Médague, domaine.

Page 111, n° 434. *Ajoutez :* C. Castri novi, *et en note :* Mirefleurs, ci-devant Château-Neuf.

Page 119, n° 538, Marsat, *lisez :* Marsac.

Page 127, note 625. D et E ont confondu le prieuré de Glais, de l'archiprêtré de Sauxillanges, avec celui de Saint-Clair ou Sainte-Claire de Saint-Hérent, situé dans l'archiprêtré d'Issoire, mais sur la limite des deux archiprêtrés indiqués ci-dessus.

Page 132, n° 684. «P. de Chalus, unitus celerariæ de Soussillanges.» *Ajoutez :* Le prieuré était établi dans la chapelle du château, dans laquelle le service religieux se trouvait transféré en 1710. On l'appelait le prieuré de Sainte-Foy. *Voy.* P. du Ranquet, *Notice sur la paroisse de Chalus-Lembron.* (*Sem. rel. du dioc. de Clermont*, 1869-1870.)

Page 133, n° 701. Saint-Blaise de la Godivelle, *ajoutez :* Alliot nomme aussi cette église «Genso» et Cassini figure à l'ouest de la Godivelle la «Croix de Janson» qui n'est plus marquée sur la carte de l'État-major.

Page 134, n° 725, Vodables. Il faut appliquer à cet endroit la mention suivante de E : «Sainte-Magdelaine au lieu de Volore (*lisez* Vodables), aux Carmes déchaussés (qui ont remplacé, comme on sait, l'abbaye de Chantoin).» D porte : «Sainte-Marie-Magdelaine de Vodable.» C'était la chapelle du château de Mallesaigne, sis à Vodables, au-dessous de

38.

la forteresse des Dauphins; la chapelle de ce château est nommée dans un titre de 1554 «la Marie-Magdeleine». (*Dict. du Puy-de-Dôme*, p. 360 *a*.)

Page 140, n° 770. Féniers. Cassini le nomme *les Feniers*.

Page 144, n° 811. S. Chamant..., *lisez :* S. Chamant :

Page 145, n° 818[2], Decanus Mauriaci, *ajoutez en note :* E. Doyenné de Saint-Pierre de Mauriac, au Roi.

Page 160, n° 1008. L'annexe de Montaigut pouvait être au lieu dit «Le Prioret», h., c[ne] de Montaigut. Cassini marque en cet endroit une chapelle nommée «Notre-Dame-la-Perrière».

Page 177. *Ajoutez :* BEAUREGARD (Grange ou maladrerie de), lieu détruit, c[ne] de Lempdes, membre de la commanderie de la Bajasse, au diocèse de Saint-Flour.

Page 178, ligne 17, un a, *lisez :* unita.

Page 194, ligne 7 en remontant, Marcy, *lisez :* Mercy.

Page 251, ligne 2 en remontant, Anglars, *lisez :* Anglards.

Page 257. Tanavelle appartient par sa situation à l'archiprêtré de Saint-Flour; c'est là que le placent tous les pouillés, sauf A, n° 431, qui le met dans l'archiprêtré de Blesle. Mais c'est sans doute parce que Tanavelle y est joint à Molompize, qui fait partie de ce dernier archiprêtré.

Ibidem. On sera peut-être étonné de voir figurer, dans l'archiprêtré de Saint-Flour, Teissières de Cornet, qui fait partie de celui d'Aurillac; c'est une erreur du pouillé C.

NOTE SUR LA CARTE DES DIOCÈSES DE CLERMONT ET DE SAINT-FLOUR.

Nos pouillés sont accompagnés d'une carte qui a pour but de montrer d'un seul coup d'œil les limites et les divisions de l'ancien diocèse d'Auvergne dont on a formé, au XIVe siècle, par démembrement, les deux diocèses de Clermont et de Saint-Flour.

La subdivision par archiprêtrés est la seule que nous ayons pu établir d'une manière complète et certaine au moyen des documents; quant aux archidiaconés, un seul nous est connu dans toute son étendue, grâce au registre de G. Trascol. (Voy. l'*Introduction*, p. 10, 11 et suiv.) Notre carte est dressée d'après les pouillés du XIVe au XVIIIe siècle; elle reproduit le dernier état des choses, qui différait peu, croyons-nous, de l'ancien; nous avons cependant relevé quelques divergences en ce qui concerne l'archidiaconé de Saint-Flour (p. 55, note 7; p. 58, note 4; p. 60, note 3; p. 61, note 6; p. 62, note 1; p. 66, note 1); nous n'y reviendrons pas ici et nous nous bornerons aux observations suivantes :

1° Archiprêtré de Merdogne. L'église de Lempty, A, 37, a cessé, après le XIVe siècle, de faire partie de cet archiprêtré; les pouillés la placent dans celui de Billom;

2° Archiprêtré de Blesle. Il manque dans le registre de Trascol l'église d'Espalem (Haute-Loire, arr. de Brioude, c[on] de Blesle), qui est peut-être postérieure au XIVe siècle;

3° Archiprêtré de Saint-Flour. L'église de Saint-Bérain, qui est mentionnée dans cet archiprêtré (A, 201), appartient, par sa situation, à l'archiprêtré et aujourd'hui au canton de Langeac.

Nous n'avons pas de liste aussi ancienne d'églises pour le reste du diocèse; mais il est à croire que les différences entre le XIVe siècle et les siècles suivants ne seraient pas plus importantes.

La carte que nous publions indique les abbayes, prieurés, commanderies et paroisses; mais elle ne figure pas les simples chapelles en dehors des villes, villages et hameaux chefs-lieux de paroisses.

BIBLIOTHÈQUE NATIONALE R.F. IMPRIMÉS

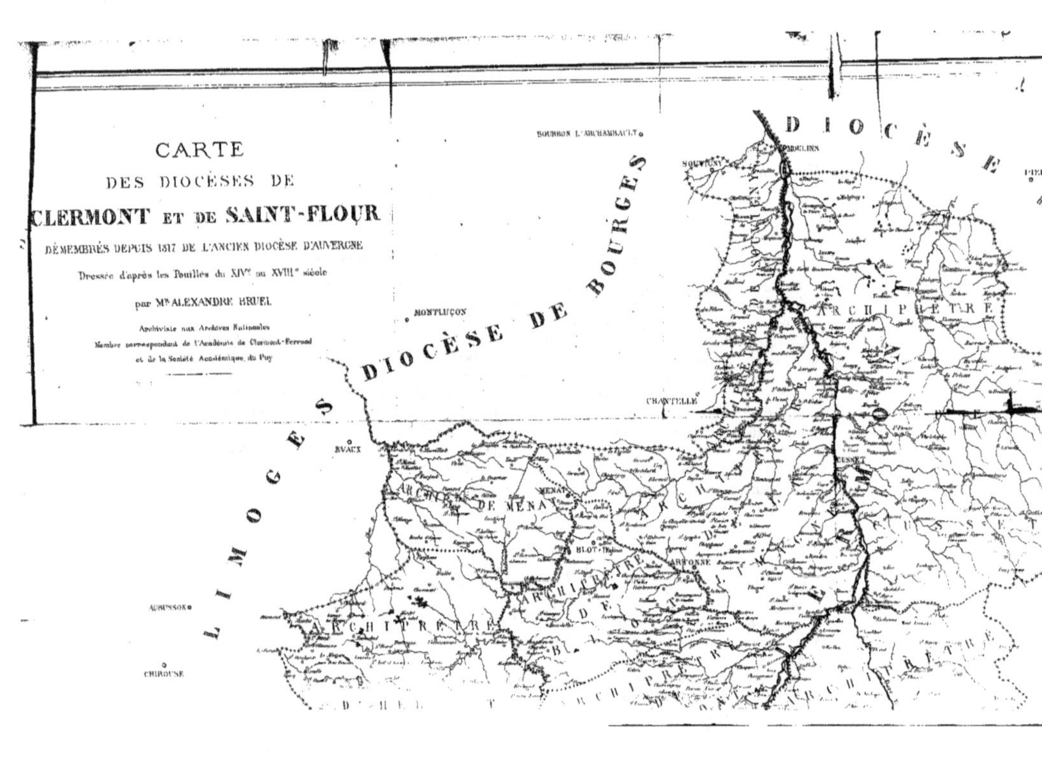
CARTE
DES DIOCÈSES DE
CLERMONT ET DE SAINT-FLOUR
DÉMEMBRÉS DEPUIS 1817 DE L'ANCIEN DIOCÈSE D'AUVERGNE
Dressée d'après les Pouillés du XIVe au XVIIIe siècle
par Mr ALEXANDRE BRUEL
Archiviste aux Archives Nationales
Membre correspondant de l'Académie de Clermont-Ferrand
et de la Société Académique du Puy
DIOCÈSE DE BOURGES
DIOCÈSE DE LIMOGES
BOURBON L'ARCHAMBAULT
MONTLUÇON
CHANTELLE
EVAUX
AUBUSSON
MOULINS
SOUVIGNY
MENAT
ARCHIPRÊTRÉ DE MENAT
BLOT-l'Église
ARTONNE
CUSSET
ARCHIPRÊTRÉ

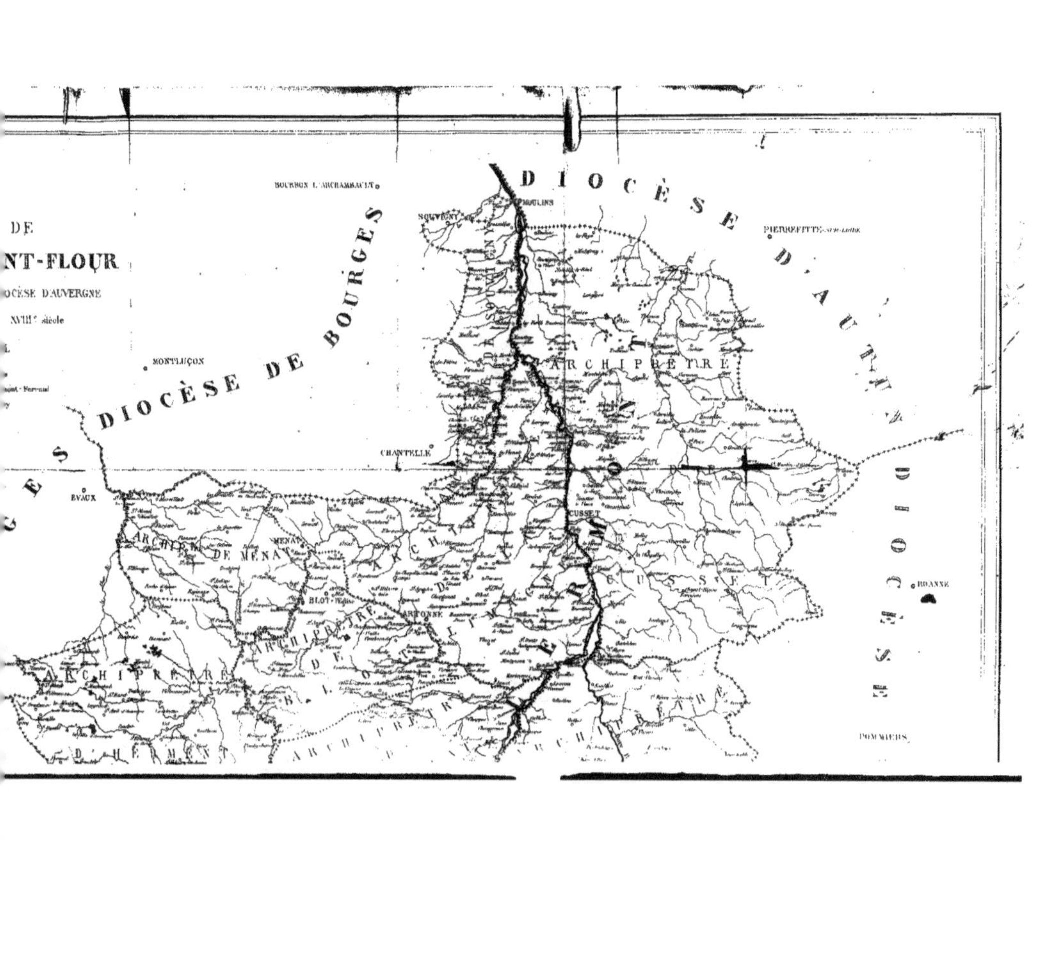

DE
NT-FLOUR
OCÈSE D'AUVERGNE
XVIIIe siècle
BOURBON L'ARCHAMBAULT
DIOCÈSE DE BOURGES
MONTLUÇON
CHANTELLE
EVAUX
MOULINS
SOUVIGNY
PIERREFITTE
DIOCÈSE D'AUT
ARCHIPRÊTRE
CUSSET
MENAT
ARCHIPRÊTRE DE MENAT
ARTONNE
ARCHIPRÊTRE DE
ROANNE
DIOCÈSE
POMMIERS

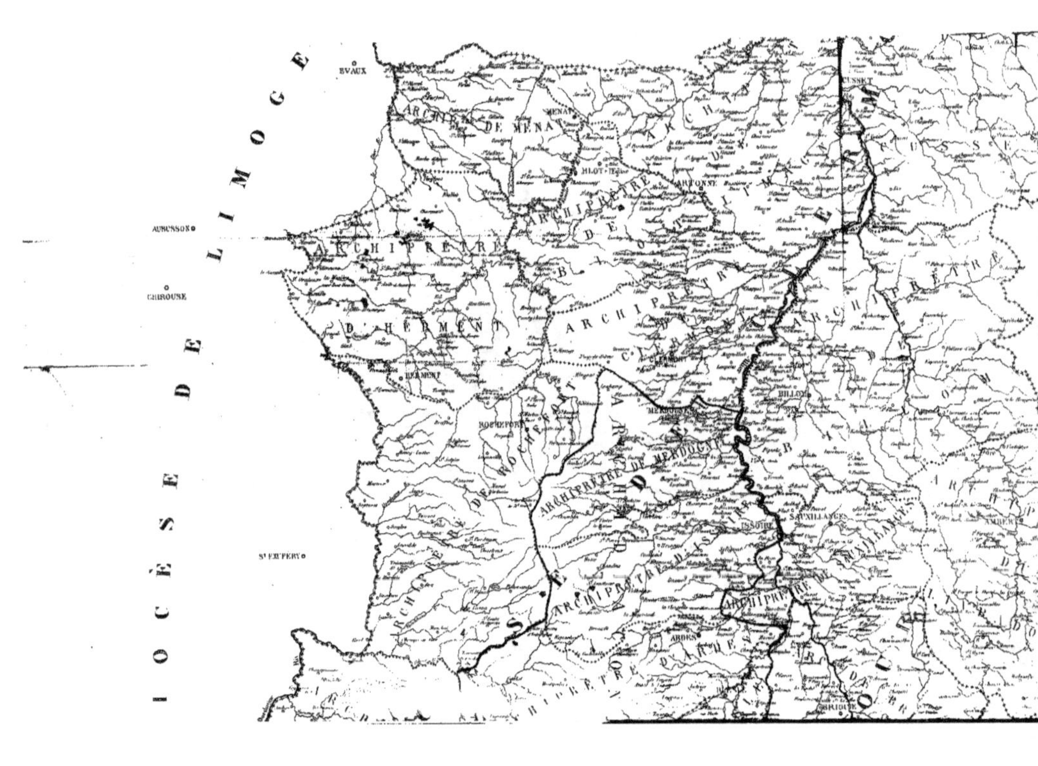

IOCÈSE DE LIMOGE
EVAUX
AUBUSSON
CHIROUSE
St EXUPERY
ARCHIPRÊTRÉ DE MENAT
MENAT
ARCHIPRÊTRÉ
D'HERMENT
HERMENT
ARCHIPRÊTRÉ DE LIMAGNE
ARTONNE
ARCHIPRÊTRÉ DE CLERMONT
CLERMONT
ROCHEFORT
ARCHIPRÊTRÉ DE MERDOGNE
MERDOGNE
ISSOIRE
ARCHIPRÊTRÉ D'ISSOIRE
ARCHIPRÊTRÉ D'ARDES
ARDES
ARCHIPRÊTRÉ
CUSSET
BILLOM
SAUXILLANGES
AMBERT
BRIOUDE

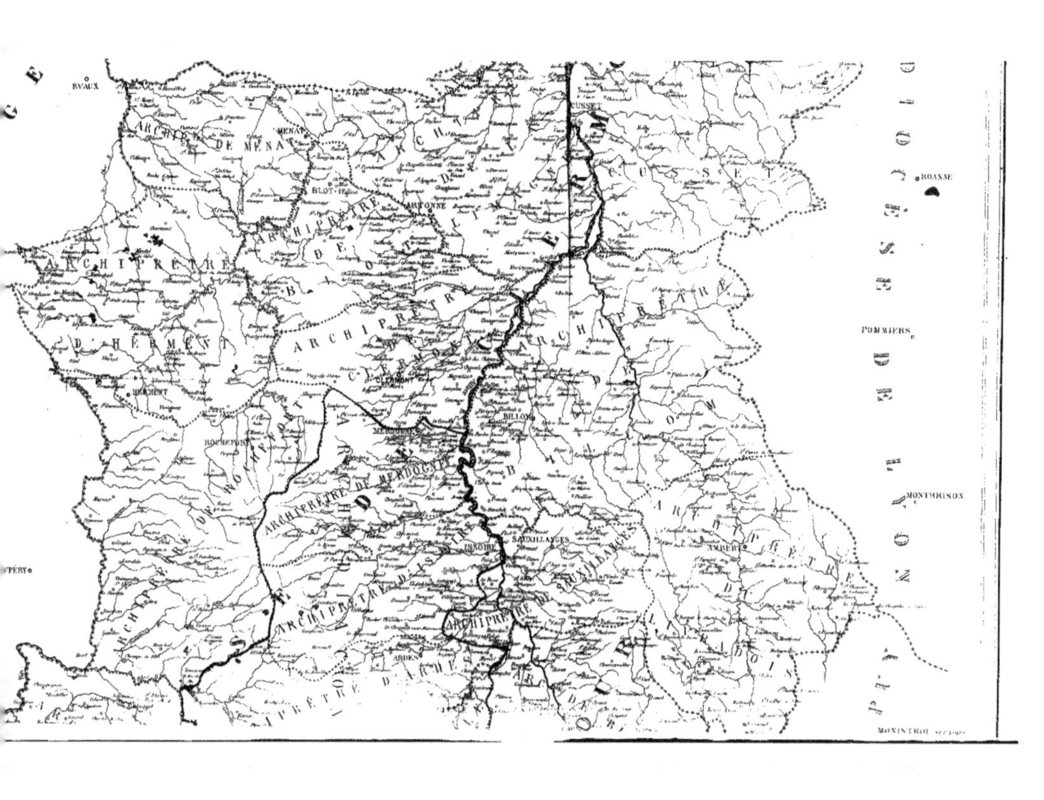

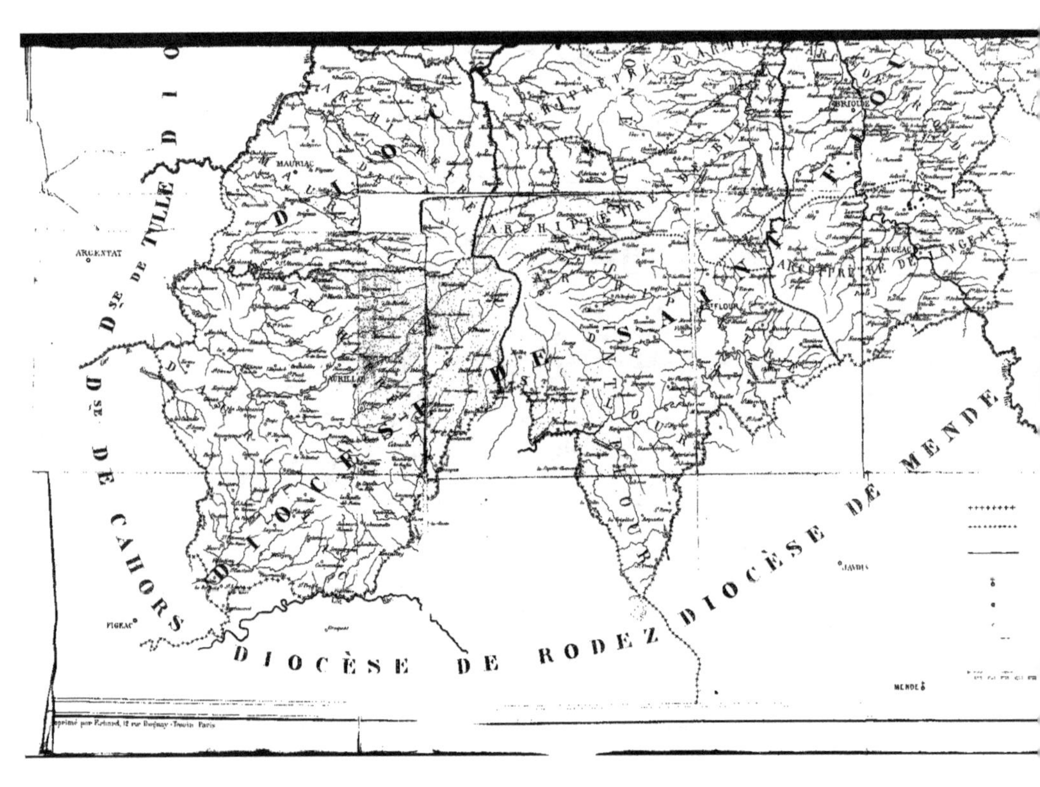

Imprimé par Erhard, 12 rue Duguay-Trouin, Paris

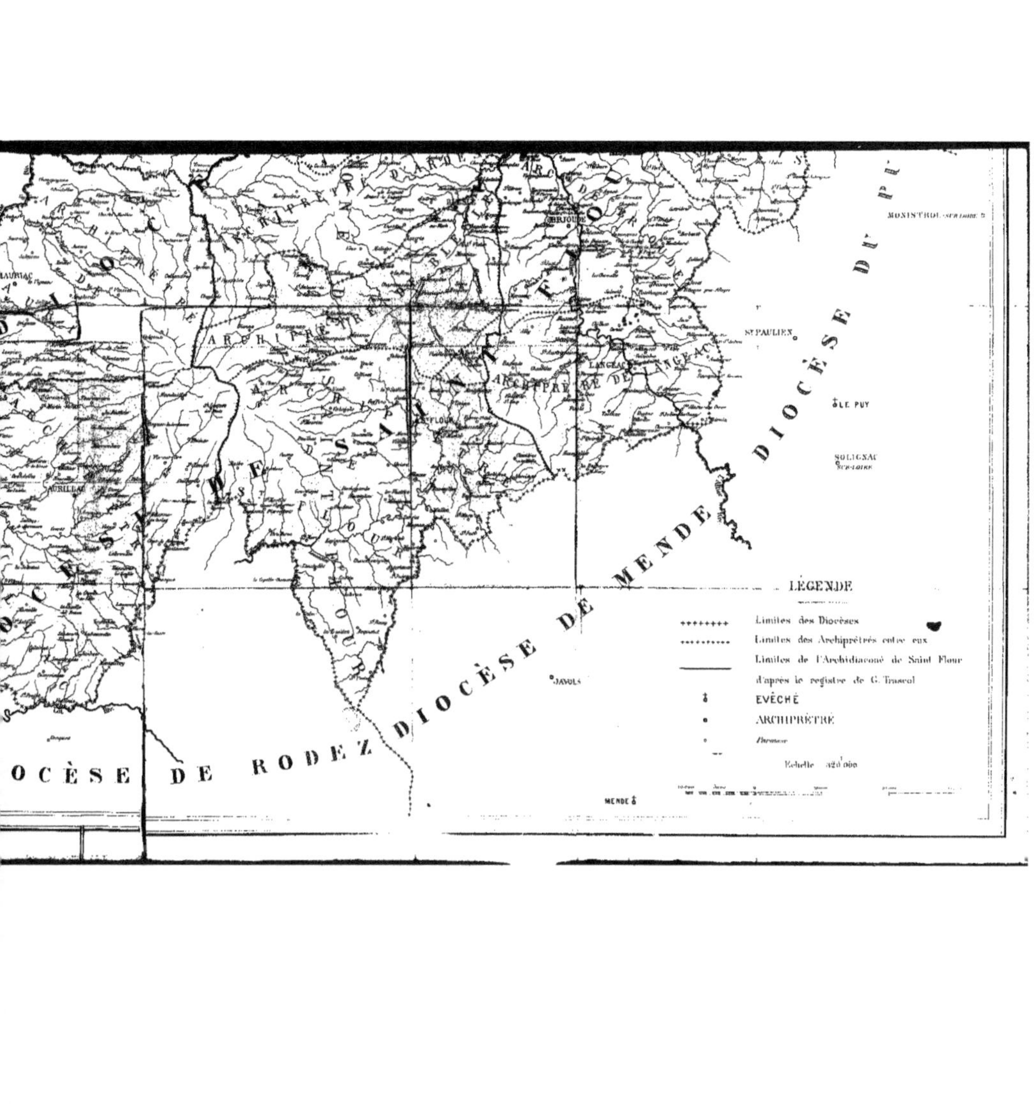
MONISTROL-SUR-LOIRE
BRIOUDE
S.T PAULIEN
LANGEAC
LE PUY
SOLIGNAC SUR-LOIRE
AURILLAC
S.T FLOUR
JAVOLS
MENDE
DIOCÈSE DE RODEZ
DIOCÈSE DE MENDE
DIOCÈSE DU PUY
ARCHIPRÊTRÉ DE LANGEAC
LÉGENDE
Limites des Diocèses
Limites des Archiprêtrés entre eux
Limites de l'Archidiaconé de Saint Flour
d'après le registre de G. Trascol
EVÊCHÉ
ARCHIPRÊTRE
Paroisse
Echelle 1/320 000

www.ingramcontent.com/pod-product-compliance
Lightning Source LLC
LaVergne TN
LVHW020545230826
846091LV00002B/394
9782019686253